最高人民法院
建设工程施工合同案例裁判规则

杜和浩　陈　浩 / 著

ZUIGAORENMINFAYUAN
JIANSHE GONGCHENG SHIGONG
HETONG ANLI CAIPAN GUIZE

法律出版社 | LAW PRESS
北京

图书在版编目(CIP)数据

最高人民法院建设工程施工合同案例裁判规则 / 杜和浩，陈浩著. -- 北京 : 法律出版社，2022
ISBN 978-7-5197-7136-2

Ⅰ. ①最… Ⅱ. ①杜… ②陈… Ⅲ. ①建筑施工－合同纠纷－案例－中国 Ⅳ. ①D923.65

中国版本图书馆 CIP 数据核字(2022)第 179745 号

最高人民法院建设工程施工合同案例裁判规则
ZUIGAO RENMIN FAYUAN JIANSHE GONGCHENG SHIGONG HETONG ANLI CAIPAN GUIZE

杜和浩 陈 浩 著

责任编辑 李沂蔚
装帧设计 鲍龙卉

出版发行	法律出版社	**开本**	710 毫米×1000 毫米 1/16
编辑统筹	法律应用出版分社	**印张**	27.5 **字数** 448 千
责任校对	王 丰 李景美	**版本**	2022 年 10 月第 1 版
责任印制	刘晓伟	**印次**	2022 年 10 月第 1 次印刷
经 销	新华书店	**印刷**	北京金康利印刷有限公司

地址:北京市丰台区莲花池西里 7 号(100073)
网址:www.lawpress.com.cn　　销售电话:010-83938349
投稿邮箱:info@lawpress.com.cn　　客服电话:010-83938350
举报盗版邮箱:jbwq@lawpress.com.cn　　咨询电话:010-63939796

书号:ISBN 978-7-5197-7136-2　　**定价**:108.00 元
凡购买本社图书,如有印装错误,我社负责退换。电话:010-83938349

序　言

近几十年来，我国建筑业在一直在国民经济中占据重要地位。据主管部门统计数据，2022年上半年，我国建筑业企业完成总产值128,979.8亿元，全国有施工活动的建筑业企业129,495个，从业人数4174.7万人。

关于建筑业的各类专业研究都非常有价值。建筑业作为纠纷多发、诉讼频繁的行业，人民法院对其相关案件的裁判规则至关重要。但是，对于人民法院特别是最高人民法院关于该领域裁判规则的系统梳理和研究，市面上一直没有出现及时且趁手的专著。所以，当书稿呈现在建工专业律师面前的时候，大家大为惊喜。

经济高质量发展阶段，建筑业企业在国民经济中占据非常重要的地位，建设工程施工合同作为建筑业企业主要的交易模式大量存在，故有必要对建设工程施工合同案例裁判规则进行深入研究和总结，以期助力建筑业企业持续健康发展。基于此背景，作者结合其20余年的律师执业经验，从2700余篇最高人民法院审理的建设工程合同纠纷案件中精选了百余篇典型案例，分别从合同签订，合同效力，工程质量，工期问题，合同变更、签证，索赔，工程价款及支付方式，工程款违约金、利息及履约保证金利息，合同解除，建设工程价款优先受偿权，税收及司法鉴定等12个方面、79个具体问题对建设工程施工合同案例裁判规则进行了全方位的解读。每个具体问题又包括案件名称、裁判规则、案情简介、判决结果、各方观点、法院观点、关联案例（若有）、相反案例（若有）、法律规定、律师点评和操作提示等内容，可谓全面周到。

翻阅本书，我们能深刻感受到作者的专业精神和乐于分享的豁达胸怀。作者将自己20余年的执业经验与2700余篇最高人民法院审理的建设工程合同纠纷案件的裁判规则深度融合，毫无保留地向同业人员分享观点和经验，提供帮助和启发。

本书内容翔实，观点简明，理论分析深入浅出，操作提示切实可行，可作为广大从业人员管理建设工程、承办诉讼仲裁案件等的参考工具。

全国优秀律师 胡明

2022 年 9 月 北京

自　　序

本书的目的在于为广大从业人员提供指引和参考。

我们从自己阅读的2700余篇最高人民法院审理的建设工程合同纠纷案件中精选出百余篇典型案例，分别从合同签订，合同效力，工程质量，工期问题，合同变更、签证，索赔，工程价款及支付方式，工程款违约金、利息及履约保证金利息，合同解除，建设工程价款优先受偿权，税收及司法鉴定共计12个方面分79个具体问题对建设工程施工合同案例裁判规则进行了全方位的解读。每个具体问题又包括案件名称、裁判规则、案情简介、判决结果、各方观点、法院观点、关联案例（若有）、相反案例（若有）、法律规定、律师点评和操作提示等内容。

本书共计12章，具体内容主要由杜和浩、陈浩执笔完成，李方伟、杨亮、杨小红、于智浩亦参与完成了部分章节的内容。各章节具体编写情况如下：

第一章　合同签订　杜和浩　杨小红

第二章　合同效力　陈浩　于智浩

第三章　工程质量　杜和浩

第四章　工期问题　杜和浩

第五章　合同变更、签证　陈浩　杨亮

第六章　索赔　杜和浩

第七章　工程价款及支付方式　杜和浩

第八章　工程款违约金、利息及履约保证金利息　陈浩

第九章　合同解除　杜和浩

第十章　建设工程价款优先受偿权　李方伟

第十一章　税收　陈浩

第十二章　司法鉴定　陈浩

本书为法律实务类书籍，对建设工程施工合同的理论问题涉及较少，然，裁判规则能为相关理论问题提供充实和丰富的素材。

由于我们水平有限，书中个别疏漏、错误难以避免，望方家不吝赐教。

如果本书能给从事建设工程合同业务的法务、律师、项目经理、造价人员等广大从业人员些许帮助或启发，善莫大焉。

杜和浩、陈浩

目　　录

第一章　合同签订

一、非必须招标项目，发包人通过招标方式确定承包人的，应当受《招标投标法》约束 ………… 1

二、投标人少于三个的招标不属于中标无效的情形 ………… 9

三、违约条款不属于实质性条款 ………… 15

第二章　合同效力

一、法院或者仲裁机构应当主动审查合同的效力 ………… 22

二、合同无效，且土地使用权被政府收回的，承包人不可以主张工程款 …… 26

三、合同无效，工程总价下浮的约定可以参照执行 ………… 29

四、合同无效，工程款支付方式条款无效 ………… 34

五、合同无效，承包人不可以主张可得利益损失 ………… 37

第三章　工程质量

一、合同无效，质保金扣留条款可以参照执行 ………… 47

二、未完工程，已完工程质量合格，合同终止的，发包人可以主张按照约定扣留质保金 ………… 52

三、因承包人导致工程质量不合格，发包人和承包人丧失信任的，发包人可以主张工程质量修复费用 ………… 58

四、工程质量不合格，发包人不能同时主张工程质量违约金和质量修复费用 ………… 62

五、未约定以工程质量合格为前提支付进度款，工程质量不合格的，发包人应支付进度款 …… 74

第四章 工期问题

一、工期延误损失和工期延误违约金不能同时主张 …… 79
二、发包人和承包人对工期延误均有过错，发包人要求承包人承担工期延误违约责任，承包人要求发包人承担停窝工损失，均不予支持 …… 84
三、发包人可以要求挂靠人和被挂靠人承担工期延误损失的连带责任 …… 90
四、建设工程施工合同无效，工期约定可以参照执行 …… 97
五、承包人在取得施工许可证前进场施工，主管部门要求承包人停工的，实际进场时间不能认定为开工日期 …… 102

第五章 合同变更、签证

一、承包人自行增加的施工内容，监理单位和发包人明知未提出异议的，可以视为发包人、承包人就该施工内容达成了变更 …… 108
二、签证不符合双方约定，但承包人已实际施工的，承包人可以主张该部分工程款 …… 115
三、监理签证确认人工误工补偿、机械闲置补偿、管理费补偿等工期延误损失的，该签证有效 …… 120
四、材料差价签证不符合约定的，材料差价不能计入工程价款 …… 124

第六章 索　赔

一、逾期索赔失去索赔的权利 …… 129
二、可以主张索赔利息 …… 142
三、合同无效，约定发包人导致停窝工的，发包人不承担停窝工损失，该约定可以参照执行 …… 147
四、合同无效，约定不可抗力导致的停窝工损失由承包人承担的，该约定可以参照执行 …… 150

第七章　工程价款及支付方式

一、自然人作为实际施工人不能取得规费 …………………………… 156
二、自然人作为实际施工人可以取得企业管理费 ……………………… 163
三、实际施工人主张发包人在欠付工程价款及利息范围内承担责任的，
　　予以支持 ……………………………………………………………… 167
四、层层转包、违法分包中，实际施工人可以要求所有转包人、违法分
　　包人支付工程价款 …………………………………………………… 171
五、约定社会保险费不予计取的，该约定有效 ………………………… 176
六、约定安全文明施工费不予计取，该费用仍可计入工程款 ………… 180
七、约定人工费不调差的，该约定有效 ………………………………… 187
八、约定材料费不调差的，该约定有效 ………………………………… 193
九、违法分包的，分包人可以参照约定主张管理费 …………………… 198
十、未约定总包配合费包含税金的，可以计取税金 …………………… 204
十一、承包人中途退场的，安全文明施工费可以按照已完工程计取 … 207
十二、固定总价合同未完工的，已完工程价款综合考量后予以认定 … 211
十三、以房抵款约定基本内容不明确，不能认定达成了以房抵款的合意 …… 221
十四、工程款履行期限届满后，发包人和承包人约定以房抵款，且约定
　　　债之更改的，承包人不可以继续主张工程款 ………………………… 225
十五、约定的质量保证金返还期限未满，缺陷责任期届满的，发包人不
　　　应当返还质量保证金 ……………………………………………… 232
十六、质保金返还期限起算时间无法确定，承包人不能主张质量保证金 …… 237
十七、承包人在发包人出具的罚款单上签字但未明确认可的，该罚款不
　　　能认定为已付工程款 ……………………………………………… 241
十八、工程量清单未列入但施工设计图已列入的项目，该项目不属于漏
　　　项 …………………………………………………………………… 244
十九、工程量清单说明规定，未列子目不予计量，其费用应视为均已分
　　　摊在合同工程的有关子目的单价或总价中，相关子目不属于漏项 …… 248
二十、发包人欠付工程款的，承包人可以拒绝交付施工资料 ………… 252
二十一、银行承兑汇票已承兑，银行承兑汇票保证金被冻结的，承兑行
　　　　不能拒绝付款 …………………………………………………… 256

第八章 工程款违约金、利息及履约保证金利息

一、合同无效，欠付工程款利息计付标准约定不能参照执行 …… 266
二、合同无效，工程款利息起算日不能参照合同约定执行 …… 273
三、未约定履约保证金利息支付标准的，可以按照同期同类贷款利率（市场报价利率）支付利息 …… 280
四、承包人可以同时主张工程款利息和违约金 …… 283
五、约定工程款不计利息，承包人主张工程款利息的，不予支持 …… 289

第九章 合同解除

一、合同解除后，发包人应当自解除之日起支付工程款 …… 292
二、合同解除后，发包人不应当自解除之日支付质量保证金 …… 296
三、发包人违约导致合同解除的，其应当支付可得利益损失 …… 301
四、合同解除，违约金高于可得利益损失的，发包人不应当支付可得利益损失 …… 307
五、因发包人违约而支付的进度款利息中高于市场报价利率部分的利息可以从可得利益损失中扣除 …… 312
六、合同解除后，承包人不能主张可得利益损失利息 …… 316

第十章 建设工程价款优先受偿权

一、实际施工人原则上不能主张优先受偿权 …… 320
二、工程款债权转让的，优先受偿权一并转让 …… 325
三、工程款债权履行期限届满后，发包人和承包人可以通过以房抵款的方式行使优先受偿权 …… 330
四、承包人主张以质量保证金返还日期作为全部工程价款优先受偿权的起算点，不予支持 …… 335

第十一章 税 收

一、给付（交付）发票属于建设工程施工合同规定的义务 …… 341
二、印花税损失不属于民事诉讼范围 …… 345

三、“每次付款前，乙方应当开具发票”，该约定不能得出如果承包人未开具发票，发包人有权拒绝付款的结论 …… 347
四、约定承包人未开具发票，发包人有权拒绝支付工程款，该约定有效 …… 351

第十二章　司法鉴定

一、建设工程施工合同约定工程价款以政府审计为依据的，原则上不可以申请司法鉴定 …… 357
二、虽有结算书，但发包人和承包人均同意司法鉴定的，仍然可以鉴定意见作为认定工程价款的依据 …… 365
三、发包人主张工程质量不符合约定，但其提交的证据不足以证明的，应当由其申请鉴定 …… 368
四、现有证据能够证明工程质量不符合约定，承包人主张并非施工原因导致但提交的证据不足以证明的，应由其申请鉴定 …… 375
五、工程造价咨询企业超越资质等级作出的鉴定意见并非当然无效 …… 381
六、鉴定机构对地下车库、人防工程面积进行现场勘验的，无须测绘资质 …… 386
七、取得工程造价评估资格的机构具备工程造价司法鉴定资质 …… 392
八、鉴定人中仅有一个注册造价工程师，该鉴定意见并非当然无效 …… 398
九、鉴定人同时在两个鉴定机构执业，鉴定意见并非当然无效 …… 402
十、对结算依据存在重大争议的，鉴定机构可以按照各方主张的结算依据分别作出鉴定意见 …… 407
十一、工程质量的修复加固费用按照市场价来认定 …… 412
十二、单方委托鉴定机构出具的意见并非当然无效 …… 418
十三、承包人未按照规费证核定费率缴纳规费的，不可以按照规费证主张规费 …… 422

后　记 …… 427

第一章 合同签订

一、非必须招标项目，发包人通过招标方式确定承包人的，应当受《招标投标法》约束

关 键 词： 民营投资商品住宅　非必须招标项目　招标投标法

问题提出： 非必须招标项目，发包人自愿选择通过招标方式确定承包人的，是否要受《招标投标法》约束呢？

案件名称： 福建省闽南建筑工程有限公司、叶某煌等建设工程施工合同纠纷案件[1]

裁判规则： 案涉项目为民营投资商品住宅项目，按照国家发展和改革委员会分别于2018年3月27日和2018年6月6日公布的《必须招标的工程项目规定》《必须招标的基础设施和公用事业项目范围规定》，案涉项目不再属于必须招标的范围；最高人民法院认为，既然发包人开源置业集团有限公司（以下简称开源公司）选择通过招标方式确定承包人，那么就应当平等适用规制招标行为的法律规定，即应受《招标投标法》约束。

案情简介

再审申请人（一审原告、反诉被告，二审上诉人）：福建省闽南建筑工程有限公司（以下简称闽南公司）

被申请人（一审被告、反诉原告，二审上诉人）：开源公司

开源公司开发建设位于长沙经济技术开发区××路××号××大楼（湘商·鑫贸大楼）。2013年8月20日，开源公司（甲方）与闽南公司（乙方）

---

〔1〕（2021）最高法民申5258号。

未经招投标即签订了《湘商·鑫贸大楼主体建安工程施工合同书》，约定由闽南公司承建湘商·鑫贸大楼主体建安工程，按建筑面积（按《湖南省建筑装饰装修工程消耗量标准》“建筑面积计算规范”规定计算）进行综合单价包干，即按910元/平方米进行综合单价包干。开工日期（暂定）为2013年9月10日，竣工日期为2015年9月10日，总日历天数720天。质量标准为：主体验收和竣工验收合格。

合同签订后，闽南公司向开源公司交纳了履约保证金500万元（200万元未退还）。同时，闽南公司于2013年9月5日向开源公司递交了投标文件，开源公司则于9月9日向闽南公司出具了中标通知书。2013年9月10日，开源公司与闽南公司又签订了一份《湖南省建设工程施工合同》，在长沙县建设工程造价管理站进行了备案。

判决结果

一审判决：《湖南省建设工程施工合同》是为了进行备案、规避法律规定而签订，以合法形式掩盖非法目的，无效。

二审判决：《湖南省建设工程施工合同》，系双方为规避法律规定而为的虚假意思表示，符合以合法形式掩盖非法目的的特征，一审认定为无效合同恰当，本院予以确认。

最高人民法院裁定：本案中，开源公司与闽南公司未经招投标即签订了《湘商·鑫贸大楼主体建安工程施工合同书》，在闽南公司中标后，双方又签订了一份用于备案的《湖南省建设工程施工合同》，故双方存在明显的串标行为，违反了《招标投标法》中有关禁止未招先定、串通招标的效力性强制性规定，故《湘商·鑫贸大楼主体建安工程施工合同书》和《湖南省建设工程施工合同》均无效。

各方观点

再审申请人观点：（1）本案应以2013年9月10日签订并备案的《湖南省建设工程施工合同》作为结算工程价款的依据。闽南公司与开源公司确实签订了《湘商·鑫贸大楼主体建安工程施工合同书》《湖南省建设工程施工合同》两份合同，但闽南公司在湖南省高级人民法院裁定发回重审后，变更了诉讼请求，主张以《湖南省建设工程施工合同》作为结算依据。根据《最高人民法院关于审理建设工程施工合同纠纷案件适用法律问题的解释》（已失效）第二十一条的规定，应当按照《湖南省建设工程施工合同》确定双方权利义务，二审判决认定《湖南省建设工程施工合同》无效有误。（2）二审法院依职权适用新的法律规定对已履行完毕且双方本无争议的《湘商·鑫贸大楼主体建安工程施工合同书》效力予以评判错误。本案中，案涉工程于2015年10月28日竣工验收合格且履行完毕，合同履行期限也未跨越2018年《必须招标的工程项目规定》《必须招标的基础设施和公用事业项目范围规定》施行、生效时间，故也不存在溯及既往、适用新规认定合同效力的情形。

被申请人观点：本案应以2013年8月20日签订的《湘商·鑫贸大楼主体建安工程施工合同书》作为结算工程价款的依据。

法院观点

一审法院观点：案涉项目属于必须进行招标的项目，《湘商·鑫贸大楼主体建安工程施工合同书》未经招投标签订，系无效合同。《湖南省建设工程施工合同》是为了进行备案、规避法律规定而签订，以合法形式掩盖非法目的，亦为无效。闽南公司已按《湘商·鑫贸大楼主体建安工程施工合同书》约定完成施工并竣工验收合格，闽南公司有权参照该实际履行的施工合同的约定请求支付工程价款。

二审法院观点：本案系建设工程施工合同纠纷，虽然各方对案涉合同效力并未提出上诉，但合同效力属人民法院应当依职权审查的范畴，故本案应当对案涉《湘商·鑫贸大楼主体建安工程施工合同书》《湖南省建设工程施工合同》的效力进行评判。《招标投标法》第三条规定："在中华人民共和国境内进行下列工程建设项目包括项目的勘察、设计、施工、监理以及与工程建设有关的重要设备、材料等的采购，必须进行招标：（一）大型基础设施、公用事业等关系社会公共利益、公众安全的项目……"《必须招标的工程项目规定》（国家发展和改革委员会令第16号）第四条规定，"不属于本规定第二条、第三条规定情形的大型基础设施、公用事业等关系社会公共利益、公众安全的项目，必须招标的具体范围由国务院发展改革部门会同国务院有关部门按照确有必要、严格限定的原则制订，报国务院批准”。2018 年 3 月 8 日，《国务院关于〈必须招标的工程项目规定〉的批复》指出，《必须招标的工程项目规定》施行之日，2000 年 4 月 4 日国务院批准、2000 年 5 月 1 日原国家发展计划委员会发布的《工程建设项目招标范围和规模标准规定》同时废止。2018 年 6 月 6 日，国家发展和改革委员会发布并实施《必须招标的基础设施和公用事业项目范围规定》第二条明确规定：“不属于《必须招标的工程项目规定》第二条、第三条规定情形的大型基础设施、公用事业等关系社会公共利益、公众安全的项目，必须招标的具体范围包括：（一）煤炭、石油、天然气、电力、新能源等能源基础设施项目；（二）铁路、公路、管道、水运，以及公共航空和 A1 级通用机场等交通运输基础设施项目；（三）电信枢纽、通信信息网络等通信基础设施项目；（四）防洪、灌溉、排涝引（供）水等水利基础设施项目；（五）城市轨道交通等城建项目。”上述规定已经将《工程建设项目招标范围和规模标准规定》中规定的 12 大类必须招标的基础设施和公用事业项目压缩到能源、交通、通信、水利、城建五大类，大幅放宽对市场主体特别是民营企业选择发包方式的限制，删除了民间资本投资较多的商品住宅项目等。《必须招标的工程项目规定》《必须招标的基础设施和公用事业项目范围规定》分别自 2018 年 6 月 1 日、2018 年 6 月 6 日起实施，故对于涉案工程是否属于必须招标的建设工程应当适用此规定。案涉工程项目不属于必须进行招投标的项目，一审法院对双方自愿签订并实际履行的《湘商·鑫贸大楼主体建安工程施工合同书》认定为无效合同没有法律依据，本院予以纠正，该份合同合法有效。至于《湖南省建设工程施工合同》，系双方为规避法律规定而为的虚假意思表示，符合以合法形式掩盖非法目的的特征，一审认定为无效合同恰当，本院予以确认。

最高人民法院观点：闽南公司主张招标前双方签订的《湘商·鑫贸大楼主体建安工程施工合同书》无效，本案应以中标备案的《湖南省建设工程施工合同》作为案涉工程款的结算依据。本院认为，《招标投标法》的规范对象为在我国境内进行的所有招标投标活动。虽然国家发展和改革委员会公布的《必须招标的工程项目规定》《必须招标的基础设施和公用事业项目范围规定》已不再将民营投资的商品住宅项目列入必须强制招标的范围，但双方当事人既然选择以招投标方式确定施工人，就应当平等适用规制招投标行为的法律规定，即应受《招标投标法》的约束。本案中，开源公司与闽南公司未经招投标即签订了《湘商·鑫贸大楼主体建安工程施工合同书》，在闽南公司中标后，双方又签订了一份用于备案的《湖南省建设工程施工合同》，故双方存在明显的串标行为，违反了《招标投标法》中有关禁止未招先定、串通招标的效力性强制性规定，故《湘商·鑫贸大楼主体建安工程施工合同书》和《湖南省建设工程施工合同》均无效。《湘商·鑫贸大楼主体建安工程施工合同书》系双方实际履行的合同，为当事人真实的意思表示，应当按照该合同确定双方的权利义务。一审、二审判决按照该合同确定案涉工程款的计算依据，并无不当。

关联案例1

案件名称：中国电建集团新能源电力有限公司（原贵州电力建设第二工程公司）、贵州赤天化桐梓化工有限公司建设工程施工合同纠纷案件〔1〕

法院观点：该案件中最高人民法院认为，《招标投标法》第四十六条第一款规定是贯彻合同法关于合同订立一般规定的特别规定，无论必须招标项目或非必须招标项目，均应一体适用，以维护招投标订约程序的严肃性、有效性及招投标市场的信用和秩序。

关联案例2

案件名称：王某东、马鞍山苏杭置地发展有限公司等建设工程施工合同纠纷案件〔2〕

法院观点：该案件中最高人民法院认为，《招标投标法》第二条规定："在中华人民共和国境内进行招标投标活动，适用本法。"案涉项目经招投标程序确定施工单位，应遵守《招标投标法》的规定；马鞍山苏杭置地发展有限公司与中仑建设公司在招投标前已经就案涉工程进行了磋商，并签订了《补充协议》，违背了招投标程序；案涉安置房项目是否属于强制招投标项目均不能否定该工程招投标程序违法的事实，对二审判决关于合同效力的认定等不产生影响。

〔1〕（2019）最高法民终1356号。
〔2〕（2021）最高法民申2103号。

关联案例3

案件名称：广西建工集团第一建筑工程有限责任公司、海南景华实业投资有限公司建设工程施工合同纠纷案件〔1〕

法院观点：在该案件中最高人民法院认为，《招标投标法》的规范对象为在我国境内进行的所有招标投标活动，即便案涉工程不属于依法必须进行招投标的项目，但双方当事人既然选择了以招投标方式确定施工人，就应当平等适用规制招标投标行为的法律规定，即应受《招标投标法》的约束。

关联案例4

案件名称：天津五建建筑工程有限公司、天津城投滨海房地产经营有限公司建设工程施工合同纠纷案件〔2〕

法院观点：在该案件中最高人民法院认为，对于并非必须进行招投标的项目，当事人自行选择采用招投标方式的，为了保护其他参与招投标活动的投标主体的利益，维护公平的市场竞争秩序，无论招投标是否系自行组织，招投标行为均应当受《招标投标法》的规范和约束。

关联案例5

案件名称：广西建工集团第一建筑工程有限责任公司、芜湖新翔科技孵化器建设项目开发有限公司建设工程施工合同纠纷案件〔3〕

法院观点：在该案件中最高人民法院认为，即便对于非必须招标的项目，如当事人自愿选择通过招投标程序订立合同，也应当受《招标投标法》的约束。

相反案例

案件名称：浙江国泰建设集团有限公司、泰州开泰汽车城发展有限公司建设工程施工合同纠纷案件〔4〕

---

〔1〕（2021）最高法民申1759号。
〔2〕（2021）最高法民申150号。
〔3〕（2019）最高法民终1925号。
〔4〕（2019）最高法民终314号。

法院观点：在该案件中最高人民法院认为，案涉工程并非必须进行招投标的项目，而《招标投标法》第五十五条关于因招标人和投标人就实质性内容进行谈判导致中标无效的规定是针对“依法必须进行招标的项目”。本案不属于因违反《最高人民法院关于审理建设工程施工合同纠纷案件适用法律问题的解释（一）》（以下简称《建工司法解释（一）》）第一条第三项规定而应认定无效的情形。

法律规定

《招标投标法》第二条规定，在中华人民共和国境内进行招标投标活动，适用本法。

《招标投标法》第四十三条规定，在确定中标人前，招标人不得与投标人就投标价格、投标方案等实质性内容进行谈判。

《招标投标法》第五十五条规定，依法必须进行招标的项目，招标人违反本法规定，与投标人就投标价格、投标方案等实质性内容进行谈判的，给予警告，对单位直接负责的主管人员和其他直接责任人员依法给予处分。

前款所列行为影响中标结果的，中标无效。

律师点评

非必须招标项目，发包人通过招标方式确定承包人的，是否应当受《招标投标法》约束，实务中主要有两种大相径庭的观点。

第一种观点认为，非必须招标项目，发包人通过招标方式确定承包人的，应当受《招标投标法》约束。比如典型案例中最高人民法院和《中华人民共和国民法典合同编理解与适用［三］》（以下简称《民法典合同编理解与适用［三］》）即持有该观点。《民法典合同编理解与适用［三］》第535页认为，招标投标是市场经济条件下的一种交易模式，市场主体将非必须招标工程项目通过招标投标程序订立合同并不为法律禁止，市场主体可以自愿选择是否通过招标的方式来进行交易。但是，一旦选择了招标投标方式，就必须遵守《招标投标法》及相关法规的要求，依法合规地开展各项活动。《全国法院民商事审判工作会议纪要》（以下简称《九民纪要》）第三十条规定，下列强制性规定，应当认定为“效力性强制性规定”：强制性规定涉及金融安全、市场秩序、国家宏观政策等公序良俗的；交易标的禁止买卖的，如禁止人体器官、毒品、枪支等买卖；违反特许经营规定的，如场外配资合同；交易方式严重违法的，如违反招投标等竞争性缔约方式订立的合同。故依据该纪要第三十条规定，非必须招标项目，发包人通过招标方式确定承包人的，应当受《招标投标法》约束。《四川省高级人民法院关于审理建设工程施工合同纠纷案件若干疑难问题的解答》（川高法民一〔2015〕3号）第八条第二款规定，法律、行政法规规定不是必须进行招投标的建设工程，但当事人自愿进行招投标的，应当受《招标投标法》约束。

第二种观点认为，非必须招标项目，发包人通过招标方式确定承包人的，不受《招标投标法》约束。比如相反案例浙江国泰建设集团有限公司、泰州开泰汽车城发展有限公司建设工程施工合同纠纷案件［（2019）最高法民终314号］中最高人民法院认为，案涉工程系非国有资金投资建设的住宅项目，不属于法律规定必须进行招投标的工程项目；《招标投标法》是规范建筑市场招投标活动的具有公法性质的一部法律，目的是通过规范建筑项目的招投标活动，保护国家利益和社会公共利益及公共安全；本案无证据证明双方当事人的招投标行为损害了国家利益、社会公共利益及公共安全；如上所述，案涉工程并非必须进行招投标的项目，而《招标投标法》第五十五条关于因招标人和投标人就实质性内容进行谈判导致中标无效的规定是针对“依法必须进行招标的项目”。

笔者赞同第一种观点，理由如下：首先，非必须招标项目，发包人通过招标方式确定承包人，该招标是在我国境内进行的，故依据《招标投标法》第二条的规定，应当受《招标投标法》约束。其次，非必须招标项目，发包人通过招标方式确定承包人的，发包人和承包人串通的行为会损害其他投标人的合法权益，故依据《招标投标法》第三十二条的规定，应当受《招标投标法》约束。再次，《招标投标法》规范的是招标投标这一竞争性缔约方式，《招标投标法》属于法律的效力性强制性规定，故依据《民法典》第一百五十三条的规定，非必须招标项目，发包人通过招标方式确定承包人，应当受《招标投标法》约束。又次，《民法典合同编理解与适用［三］》第235页认为，一旦选择了招标投标方式，就必须遵守《招标投标法》及相关法规的要求，依法合规地开展各项活动。最后，《九民纪要》第三十条规定，下列强制性规定，应当认定为“效力性强制性规定”：交易方式严重违法的，如违反招投标等竞争性缔约方式订立的合同。

操作提示

虽然对于这个问题存在不同的认识，但主流观点还是认为非必须招标项目，发包人通过招标方式确定承包人的，应当受《招标投标法》约束。故对于非必须招标项目，发包人通过招标方式确定承包人的，律师仍然建议发包人和承包人均按照《招标投标法》规定依法进行招标投标，否则双方签订的建设工程合同可能会被裁判者（法官或仲裁员）认定为无效，由此裁判者取得更大的自由裁量权，其裁判结果可能参照合同约定，也可能不参照合同约定，以致裁判结果可能对己方不利。

二、投标人少于三个的招标不属于中标无效的情形

关 键 词： 少于三个　中标无效　实质性影响

问题提出： 在招标投标过程中，如果投标人少于三个的招标，该情形是否属于中标无效情形呢？

案件名称： 中冶天工集团有限公司、石狮市环湾投资建设有限公司建设工程施工合同纠纷案件[1]

裁判规则： 最高人民法院认为，《招标投标法》规定的中标无效情形并不包括投标人少于三个的招标。故一审判决认定该程序性瑕疵不属于《招标投标法》规定的会导致合同无效的情形并无不当。

案情简介

上诉人（一审原告）：中冶天工集团有限公司（以下简称中冶公司）

被上诉人（一审被告）：石狮市环湾投资建设有限公司（以下简称环湾公司）

被上诉人（一审被告）：福建建科投资有限公司（以下简称建科公司）

---

[1]（2020）最高法民终165号。

2012年10月31日，环湾公司针对石狮市环湾大道、水头外线项目对外发布《招商公告》，第一项载明工程概况。（1）项目名称：石狮市环湾大道、水头外线项目。（2）投资规模：投资费用约5亿元。（3）项目地点：石狮市环湾大道。（4）招商内容及范围：市政道路、排水管道、雨水管道等，具体详见经审查合格的施工图纸和经审核发布的工程量清单为准。（5）质量标准：达到质量检验评定标准合格及以上等级。（6）投资期限：从具备施工条件并以招商人下达开工令日期起至2013年9月底完工（以竣工验收报告日期为准），竣工验收2年内回购完毕。2012年11月8日，环湾公司发布《石狮市环湾大道、水头外线项目招商文件的修改、补充通知》（以下简称《招商文件的修改、补充通知》），其中第4点载明：招商文件第23页第22.8条修改为"通过资格审查的投资人仅一家时，则该投资人直接指定为投资竞得人"。2012年11月8日，环湾公司发布《石狮市环湾大道、水头外线项目招商答疑》，其中第3点载明：招商文件中第10页第22.8条规定"通过资格审查的投资人不足两家时，本次招商失败，由招商人另行组织招标"。此条款的表述我公司认为是招标文件的规定，与招商文件规定要求不符。回复：按本招商文件要求。2012年11月26日，环湾公司通知中冶公司与建科公司组成的联合体中标。

2012年12月，环湾公司与中冶公司、建科公司签订《石狮市环湾大道、水头外线项目BT招商合同》（以下简称《BT合同》）。该合同第六条回购价款约定：回购价款=建安工程费+投资利息+投资回报，具体以招商文件（狮永信招字第12105号）中投资须知前附表为准；投资回报：以经招商人指定的财政评审、审计机构、中介单位审核的建安工程费用结算价款乘以（1-降幅系数6%）为基数，乘以投资回报率6%计算。

2012年12月26日，建科公司（甲方）与中冶公司（乙方）签订《施工承包合同》，约定：（1）工程工期290日历天。（2）工程造价：本合同暂定总价37,000万元。本工程采用综合单价的方式，按实际工程量结算，目前的合同总价为暂定价。具体以招商文件（狮永信招字第12105号）投标须知前附表为准。

判决结果

一审判决：尽管招商文件中关于招商人对招商文件进行澄清和修改的时

限以及《招商文件的修改、补充通知》中关于“通过资格审查的投资人仅一家时，则该投资人直接指定为投资竞得人”的内容与《招标投标法》的规定并不完全相符，但这些程序性的瑕疵并不属于《招标投标法》规定的会导致合同无效的情形，且没有证据证明这些瑕疵对中标结果造成实质性影响，损害了其他竞标人的合法权益，因此，中冶公司以此为由主张案涉石狮市环湾大道、水头外线项目的招投标程序违法，案涉《BT 合同》、《石狮市环湾大道、水头外线工程施工承包合同》（以下简称《施工承包合同》）、《施工承包合同补充协议》无效，不能成立。

二审判决：《招标投标法》规定的中标无效情形并不包括投标人少于三个的招标。故一审判决认定该程序性瑕疵不属于《招标投标法》规定的会导致合同无效的情形并无不当。

各方观点

中冶公司观点：《BT 合同》与《工程承包合同》均系无效合同。案涉项目属于基础设施工程，依法必须招标。从招标、投标、开评标、中标的各阶段来看，环湾公司实施的仅是招商活动并非招标。故依据《最高人民法院关于审理建设工程施工合同纠纷案件适用法律问题的解释》第一条的规定，《BT 合同》应属无效。即便环湾公司的招商活动等同于招标，该招标仅有一家单位即联合体投标并中标，也违反《招标投标法》第二十八条第一款“……投标人少于三个的，招标人应当依照本法重新招标”的规定。《招标投标法实施条例》第八十一条规定，“依法必须进行招标的项目的招标投标活动违反招标投标法和本条例的规定，对中标结果造成实质性影响，且不能采取补救措施予以纠正的，招标、投标、中标无效，应当依法重新招标或者评标”，故应认定《BT 合同》无效。

环湾公司观点：《BT 合同》《施工承包合同》并不存在违反《招标投标法》及《招标投标法实施条例》的效力性强制性规定，且没有证据证明中冶公司主张的程序瑕疵对中标结果造成实质性影响，损害其他竞标人利益，故该合同应属合法有效。中冶公司主张合同无效目的是独享回购价款，排除建科公司其他债权人的执行。

建科公司观点：未到庭参加诉讼。

法院观点

一审法院观点：案涉石狮市环湾大道、水头外线项目的施工内容包括市政道路、排水管道、雨水管道等，属于市政工程。根据《招标投标法》第三条的规定，属于必须进行招标的项目。从环湾公司提供的招商公告、招商文件、招标公告确认函、竞得结果公示、竞得通知书、招商情况报告等证据材料看，环湾公司作为整个项目的招商人已经依法履行了招投标的程序。尽管中冶公司对环湾公司提交的《招商文件的修改、补充通知》提出异议，认为其没有看到过该份文件，但根据福建招标与采购网的记载，《招商文件的修改、补充通知》已于2012年11月8日与《石狮市环湾大道、水头外线项目招商答疑》一并进行了公示，环湾公司对招商文件中有关内容的修改，并未超过《投资须知》中规定的对招商文件进行澄清和修改的时限。因此，《招商文件的修改、补充通知》是招商文件的组合部分，对各方均具有约束力。尽管招商文件中关于招商人对招商文件进行澄清和修改的时限以及《招商文件的修改、补充通知》中关于“通过资格审查的投资人仅一家时，则该投资人直接指定为投资竞得人”的内容与《招标投标法》的规定并不完全相符，但这些程序性的瑕疵并不属于《招标投标法》规定的会导致合同无效的情形，且没有证据证明这些瑕疵对中标结果造成实质性影响，损害了其他竞标人的合法权益，因此，中冶公司以此为由主张案涉石狮市环湾大道、水头外线项目的招投标程序违法，案涉《BT合同》《施工承包合同》《施工承包合同补充协议》无效，不能成立。对上述三份协议的效力予以确认。

二审法院观点：中冶公司认为案涉《BT合同》的签订未经过招标程序，且即使将招商行为视为招标行为，也因招标程序违反强制性规定，影响中标结果导致合同无效。

第一，《招标投标法》第十条第二款规定“公开招标，是指招标人以招标公告的方式邀请不特定的法人或者其他组织投标”。据此，公开招标本质特征是招标人对外发布公告邀请不特定的法人或其他组织投标。本案中，环湾公司虽然发布的是《招商公告》，但该公告发布对象是不特定社会公众，且公告列明的投资人可以是具备一定条件的不特定法人。因此，虽然《招商公告》载明的最低投标人数、投标期限等与《招标投标法》规定不一致，构成招标程序瑕疵，但《招商公告》仍然符合上述公开招标的本质特征，案涉《BT合同》仍属通过招标程序签订的合同。故中冶公司提出的案涉《BT 合同》因未履行招标程序而无效的上诉理由不能成立。

第二，《招标投标法》第二十八条第一款规定："投标人应当在招标文件要求提交投标文件的截止时间前，将投标文件送达投标地点。招标人收到投标文件后，应当签收保存，不得开启。投标人少于三个的，招标人应当依照本法重新招标。"《招商公告》载明的提交投标文件期间内，仅有中冶公司与建科公司组成的联合体投标。环湾公司通知联合体中标，并与其订立案涉《BT 合同》。中冶公司主张招投标活动违反《招标投标法》第二十八条规定，因而案涉《BT 合同》应属无效。《合同法》（已失效）第五十二条第五项规定，违反法律、行政法规的强制性规定的合同无效。《最高人民法院关于适用〈中华人民共和国合同法〉若干问题的解释（二）》（已失效）第十四条进一步规定，《合同法》（已失效）第五十二条第五项规定的"强制性规定"，是指效力性强制性规定。《招标投标法》规定的中标无效情形并不包括投标人少于三个的招标。故一审判决认定该程序性瑕疵不属于《招标投标法》规定的会导致合同无效的情形并无不当。《招标投标法实施条例》第八十一条规定，"依法必须进行招标的项目的招标投标活动违反招标投标法和本条例的规定，对中标结果造成实质性影响，且不能采取补救措施予以纠正的，招标、投标、中标无效，应当依法重新招标或者评标"。本案中，没有证据证明招投标各方采取了不当排除他人投标的情形，亦没有潜在的投标人对招投标活动提出异议，难以认定仅有中冶公司、建科公司组成的联合体投标即构成"对中标结果造成实质性影响"。故中冶公司依据《招标投标法》第二十八条规定主张《BT 合同》无效，缺乏事实依据。因此，中冶公司提出案涉《BT 合同》因违反法律强制性规定而无效的上诉理由不能成立。

法律规定

《招标投标法》第二十八条规定，投标人应当在招标文件要求提交投标文件的截止时间前，将投标文件送达投标地点。招标人收到投标文件后，应当签收保存，不得开启。投标人少于三个的，招标人应当依照本法重新招标。在招标文件要求提交投标文件的截止时间后送达的投标文件，招标人应当拒收。

《招标投标法》第五十条规定，招标代理机构违反本法规定，泄露应当保密的与招标投标活动有关的情况和资料的，或者与招标人、投标人串通损害国家利益、社会公共利益或者他人合法权益的，处五万元以上二十五万元以下的罚款；对单位直接负责的主管人员和其他直接责任人员处单位罚款数额百分之五以上百分之十以下的罚款；有违法所得的，并处没收违法所得；情节严重的，禁止其一年至二年内代理依法必须进行招标的项目并予以公告，直至由工商行政管理机关吊销营业执照；构成犯罪的，依法追究刑事责任。给他人造成损失的，依法承担赔偿责任。前款所列行为影响中标结果的，中标无效。

《招标投标法》第五十二条规定，依法必须进行招标的项目的招标人向他人透露已获取招标文件的潜在投标人的名称、数量或者可能影响公平竞争的有关招标投标的其他情况的，或者泄露标底的，给予警告，可以并处一万元以上十万元以下的罚款；对单位直接负责的主管人员和其他直接责任人员依法给予处分；构成犯罪的，依法追究刑事责任。前款所列行为影响中标结果的，中标无效。

《招标投标法》第五十三条规定，投标人相互串通投标或者与招标人串通投标的，投标人以向招标人或者评标委员会成员行贿的手段谋取中标的，中标无效，处中标项目金额千分之五以上千分之十以下的罚款，对单位直接负责的主管人员和其他直接责任人员处单位罚款数额百分之五以上百分之十以下的罚款；有违法所得的，并处没收违法所得；情节严重的，取消其一年至二年内参加依法必须进行招标的项目的投标资格并予以公告，直至由工商行政管理机关吊销营业执照；构成犯罪的，依法追究刑事责任。给他人造成损失的，依法承担赔偿责任。

《招标投标法》第五十四条规定，投标人以他人名义投标或者以其他方式弄虚作假，骗取中标的，中标无效，给招标人造成损失的，依法承担赔偿责任；构成犯罪的，依法追究刑事责任。依法必须进行招标的项目的投标人有前款所列行为尚未构成犯罪的，处中标项目金额千分之五以上千分之十以下的罚款，对单位直接负责的主管人员和其他直接责任人员处单位罚款数额百分之五以上百分之十以下的罚款；有违法所得的，并处没收违法所得；情节严重的，取消其一年至三年内参加依法必须进行招标的项目的投标资格并予以公告，直至由工商行政管理机关吊销营业执照。

《招标投标法》第五十五条规定，依法必须进行招标的项目，招标人违反本法规定，与投标人就投标价格、投标方案等实质性内容进行谈判的，给予警告，对单位直接负责的主管人员和其他直接责任人员依法给予处分。前款所列行为影响中标结果的，中标无效。

《招标投标法》第五十七条规定，招标人在评标委员会依法推荐的中标候选人以外确定中标人的，依法必须进行招标的项目在所有投标被评标委员会否决后自行确定中标人的，中标无效，责令改正，可以处中标项目金额千分之五以上千分之十以下的罚款；对单位直接负责的主管人员和其他直接责任人员依法给予处分。

律师点评

《招标投标法》第五十条、第五十二条、第五十三条、第五十四条、第五十五条、第五十七条对中标无效的情形进行了明确列举。虽然《招标投标法》第二十八条规定，投标人少于三个的，招标人应当依照本法重新招标，但是，投标人少于三个的招标显然不属于前述明确列举的中标无效情形。故典型案例中，最高人民法院认为，投标人少于三个的招标不属于中标无效的情形。

操作提示

投标人少于三个的招标不属于中标无效的情形。故律师建议，发承包双方不能仅以该理由主张中标无效，还应当从招标投标是否符合《招标投标法》第五十条、第五十二条、第五十三条、第五十四条、第五十五条、第五十七条明确列举的中标无效的情形方面搜集和留存相关证据主张中标无效。

三、违约条款不属于实质性条款

关 键 词： 实质性条款　违约条款　法律、行政法规的强制性规定

问题提出： 发承包双方按照法律规定进行招标投标并签订建设工程施工合同后，根据具体情况签订的违约条款是否属于实质性条款呢？

案件名称：中国建筑第二工程局有限公司建设工程施工合同纠纷案件[1]

裁判规则：最高人民法院认为，建设工程施工合同应以招标投标文件为依据，但合同当事人可以根据具体情况，通过平等协商的方式，在合同中对招标投标文件予以具体细化。中国建筑第二工程局有限公司（以下简称中建二局）通过施工合同约定放弃了因发包人原因造成工期顺延情况下承包人就相关费用及损失向发包人提出补偿或索赔的权利，同意增加因承包人违约解除合同的情形，属于其对自身民事权利的处分。上述违约条款不属于可能限制或排除其他竞标人参与竞争的实质性条款，是双方就招标文件中有关违约责任约定的细化与完善，不违反法律、行政法规的强制性规定，中建二局以此为由主张案涉施工合同无效，于法无据，不应支持。

案情简介

再审申请人（一审被告、反诉原告，二审上诉人）：中建二局

被申请人（一审原告、反诉被告，二审被上诉人）：上海天安金谷科技园企业发展有限公司（以下简称天安金谷公司）

天安金谷公司于2017年8月8日取得沪（2017）松字不动产权第030763号、第030766号两份《不动产权证书》，权利类型均为国有建设用地使用权，分别坐落于上海市松江区松江工业区101街坊19/3丘、松江区松江工业区101街坊17/2丘。

2017年10月20日，天安金谷公司取得“松江天安金谷新建项目”的建设工程规划许可证。同年12月21日，天安金谷公司（发包人）与中建二局（承包人）签订《建设工程总承包施工合同》（系争施工合同），约定工程地点：松江区松江工业园区西区V-48-2A/2B地块。北至文松路，东至长兴港（长兴港东侧为鼎源路），南至面丈港，西临华悦。一期工程位于地块南侧，北至园区道路。工程内容为松江天安金谷新建项目一期（C地块）工程由28栋5层框架结构研发办公楼及E1-E4设备用房组成，暂定竣工日期为2018年12月21日。合同价243,564,426元，为固定总价包干形式。施工合同专用合同条款第16.1.1条“发包人违约的其他情形”约定：因发包人原因导

[1] （2021）最高法民申5098号。

致工程中途停建、缓建而暂停施工的，工期相应顺延，承包人应采取措施减少损失。但承包人放弃就费用及损失提出任何补偿或索赔。招标文件中的专用合同条款第16.1.1条约定：“发包人违约的其他情形：工程中途停建、缓建或者由于发包人错误造成的返工，应采取措施弥补或减少损失。同时，赔偿承包人由此造成的停工、窝工、返工、倒运、人员和机械设备调遣，材料和构件积压等相关损失，工期顺延。因发包人原因导致工程工期顺延过程中遇到材料、人工价格上涨的，发包人应支付该差价等。”

2018年1月3日，天安金谷公司取得系争工程的建筑工程施工许可证，同日，天安金谷公司、中建二局共同出具开工报告，记载开工日期为2018年1月3日。

判决结果

一审判决：确认天安金谷公司与中建二局在2017年12月21日签订的《建设工程总承包施工合同》于2019年9月30日解除。

二审判决：驳回上诉，维持原判。

最高人民法院裁定：建设工程施工合同应以招标投标文件为依据，但合同当事人可以根据具体情况，通过平等协商的方式，在合同中对招标投标文件予以具体细化。中建二局通过施工合同约定放弃了因发包人原因造成工期顺延情况下承包人就相关费用及损失向发包人提出补偿或索赔的权利，同意增加因承包人违约解除合同的情形，属于其对自身民事权利的处分。上述违约条款不属于可能限制或排除其他竞标人参与竞争的实质性条款，是双方就招标文件中有关违约责任约定的细化与完善，不违反法律、行政法规的强制性规定，中建二局以此为由主张案涉施工合同无效，于法无据，不应支持。

各方观点

再审申请人（一审被告、反诉原告，二审上诉人）观点：（1）原审法院在没有查明案涉工程招标文件与中建二局、天安金谷公司签订的《建设工程总承包施工合同》存在众多实质性条款、违约条款等约定不一致的情况下作出的先行判决，案件基本事实不清。（2）案涉工程的合同依据应为招标文件，原审法院以施工合同作为认定依据错误，案涉施工合同应属无效。①天安金谷公司未按招标文件将全部施工内容交由中建二局负责，而将工程肢解成若干部分发包给分包人，该行为违反了法律法规的强制性规定。②案涉施工合同背离了招标文件的实质性内容，本案应以招标文件作为认定工程价款结算、违约责任等的依据。（3）案涉施工合同系因合同无法实际履行而解除，原审判决认定天安金谷公司有权单方解除合同错误，中建二局申请再审新提交的公证书、《桩基工程专业分包合同》、《关于天安金谷一期项目索赔费用的鉴定报告》、《关于天安金谷一期项目签证、变更费用的鉴定报告》等证据材料证明中建二局要求天安金谷公司支付相关费用理由正当。①工期延误损失系天安金谷公司指定的分包人导致，中建二局停工系正当行使先履行抗辩权，天安金谷公司对此情形下的停工不享有单方解除合同的权利，不适用施工合同专用合同条款第 16. 1. 1 条的约定。②案涉施工合同是天安金谷公司提供的格式合同，专用合同条款第 16. 1. 1 条、第 16. 2. 3 条等格式条款对招标文件作了显著改变，免除了天安金谷公司的违约责任，加重了中建二局的责任，排除了中建二局的主要权利，相应条款应属无效。

被申请人（一审原告、反诉被告，二审被上诉人）观点：案涉工程不存在所谓的“中标合同”，案涉双方仅签订了一份施工合同，该合同合法有效，与招投标文件中的实质内容相符，且已备案。本案施工合同中的违约条款在专用条款中，体现当事人真实意思，并非格式条款。

法院观点

一审法院观点：系争施工合同系双方真实意思表示，不违反法律的效力性禁止性规定，属合法有效，双方均应按约履行。

二审法院观点：本案争议焦点为系争工程自 2019 年 7 月 29 日至今无人施工是否系中建二局停工所致。中建二局主张 2019 年 7 月 29 日之后系各分包单位受天安金谷公司指示不进场施工，其从未阻碍分包单位施工，但未提供证据予以证明。且根据查明的事实，针对停工后天安金谷公司一再发函要求复工、开通水电的多份回函中，中建二局均未指出系分包单位自行不进场施工，而是强调增加费用的主张，并表示因成本压力导致现场施工无法正常进行，之后更是两次发函表示将拆除外架、物料升降机等后续施工所必需的现场设施设备。显然，中建二局的主张与其行为明显不符，无事实依据，本院不予采信。一审法院认定系争工程自2019年7月29日停工至今的原因在于中建二局，天安金谷公司在已尽到充分催告义务的前提下向中建二局发出的解约函能够产生解除系争施工合同的法律效果，合同解除日为2019年9月30日，均无不当，本院予以认同。

最高人民法院观点：关于案涉施工合同效力问题。案涉工程由中建二局总承包，根据双方对工程承包范围的约定，部分非主体工程由天安金谷公司指定分包，中建二局关于案涉施工合同因天安金谷公司肢解建设工程而无效的主张，缺乏事实和法律依据。中建二局主张案涉施工合同背离了招标文件的实质性内容，本案应以招标文件作为认定双方结算、违约责任等的依据。中建二局提交的招标文件在违约责任的约定上与案涉施工合同有所不同。招标文件中的专用合同条款第16.1.1条约定："发包人违约的其他情形：工程中途停建、缓建或者由于发包人错误造成的返工，应采取措施弥补或减少损失。同时，赔偿承包人由此造成的停工、窝工、返工、倒运、人员和机械设备调遣，材料和构件积压等相关损失，工期顺延。因发包人原因导致工程工期顺延过程中遇到材料、人工价格上涨的，发包人应支付该差价等。"施工合同专用合同条款第16.1.1条约定："发包人违约的其他情形：因发包人原因导致工程中途停建、缓建或者暂停施工的，工期相应顺延，承包人应采取措施减少损失。但承包人放弃就费用及损失提出任何补偿或索赔。"施工合同专用合同条款第16.2.3条则在招标文件专用合同条款第16.2.3条的基础上，增加了"承包人不得以任何理由停工、怠工、取闹，否则视为违约，并向发包人支付本合同总价的5%作为违约金。经发包方书面催告后，承包人仍未改正的，发包人有权解除合同……"及承包人不得将工程转包、违法分包或变相联名转包，若违反此约定视作根本性违约等约定。建设工程施工合同应以招标投标文件为依据，但合同当事人可以根据具体情况，通过平等协商的方式，在合同中对招标投标文件予以具体细化。中建二局通过施工合同约定放弃了因发包人原因造成工期顺延情况下承包人就相关费用及损失向发包人提出补偿或索赔的权利，同意增加因承包人违约解除合同的情形，属于其对自身民事权利的处分。上述违约条款不属于可能限制或排除其他竞标人参与竞争的实质性条款，是双方就招标文件中有关违约责任约定的细化与完善，不违反法律、行政法规的强制性规定，中建二局以此为由主张案涉施工合同无效，于法无据，不应支持。

法律规定

《民法典》第四百八十八条规定，承诺的内容应当与要约的内容一致。受要约人对要约的内容作出实质性变更的，为新要约。有关合同标的、数量、质量、价款或者报酬、履行期限、履行地点和方式、违约责任和解决争议方法等的变更，是对要约内容的实质性变更。

《招标投标法》第二十七条规定，投标人应当按照招标文件的要求编制投标文件。投标文件应当对招标文件提出的实质性要求和条件作出响应。招标项目属于建设施工的，投标文件的内容应当包括拟派出的项目负责人与主要技术人员的简历、业绩和拟用于完成招标项目的机械设备等。

《招标投标法》第四十六条规定，招标人和中标人应当自中标通知书发出之日起三十日内，按照招标文件和中标人的投标文件订立书面合同。招标人和中标人不得再行订立背离合同实质性内容的其他协议。招标文件要求中标人提交履约保证金的，中标人应当提交。

《建工司法解释（一）》第二条规定，招标人和中标人另行签订的建设工程施工合同约定的工程范围、建设工期、工程质量、工程价款等实质性内容，与中标合同不一致，一方当事人请求按照中标合同确定权利义务的，人民法院应予支持。招标人和中标人在中标合同之外就明显高于市场价格购买承建房产、无偿建设住房配套设施、让利、向建设单位捐赠财物等另行签订合同，变相降低工程价款，一方当事人以该合同背离中标合同实质性内容为由请求确认无效的，人民法院应予支持。

律师点评

《民法典》第四百八十八条规定，有关合同标的、数量、质量、价款或者报酬、履行期限、履行地点和方式、违约责任和解决争议方法等的变更，是对要约内容的实质性变更；依据前述法律规定，违约责任条款属于实质性变更；但是，在建设工程施工合同法律关系中，最高人民法院认为，对违约责任条款进行细化和完善不属于实质性变更；且《建工司法解释（一）》第二条并未明确规定违约条款属于实质性条款。另外，在《中华人民共和国民法典合同编理解与适用［一］》（以下简称《民法典合同编理解与适用［一］》）第224页举例买卖钼铁的案例中，虽然履行方式或履行地点发生变更，但作者仍然认为该变更不属于实质性变更。《民法典合同编理解与适用［一］》第224页认为，比如买方发出购买钼铁的要约，卖方同意买方的所有条件，只是要求将运货方式由陆运改为水运，或将交货地点由同一个城市A地变为B地。买方对此并未作出反对表示。这种承诺应当是有效的。因为它并未影响买方的利益，所以依通常情形或者交易习惯卖方可以认为合同已经订立并生效。

操作提示

违约条款不属于实质性条款。故律师建议，发承包双方主张建设工程施工合同无效的，不能仅以违约条款属于实质性条款为由主张合同无效，还应当关注合同是否存在其他法定无效情形，并搜集和留存合同存在其他法定无效情形的证据主张合同无效。需要说明的是，书面形式的证据不仅仅是合同书、信件、电报、电传、传真等传统书面形式，依据《民法典》第四百六十九条第三款规定，还包括电子数据交换（如微信聊天记录、QQ聊天记录、钉钉聊天记录、即时通信平台聊天记录、短信）、电子邮件等新的书面形式。前述新的书面形式都是《民事诉讼法》第六十六条规定的法定证据之电子数据。

第二章　合同效力

一、法院或者仲裁机构应当主动审查合同的效力

关键词：合同效力　请求范围　依职权

问题提出：发包人和承包人均未对建设工程施工合同的效力发生争议的，法院或者仲裁机构在案件审理过程中是否应当对建设工程施工合同的效力主动进行审查？

案件名称：广西建工集团第一建筑工程有限责任公司、海南景华实业投资有限公司建设工程施工合同纠纷案件[1]

裁判规则：最高人民法院认为，无论发包人和承包人是否对建设工程施工合同的效力发生争议，法院或者仲裁机构都应当对案涉建设工程施工合同的效力主动进行审查。

案情简介

再审申请人（一审原告、二审被上诉人）：广西建工集团第一建筑工程有限责任公司（以下简称广西建工公司）

被申请人（一审被告、二审上诉人）：海南景华实业投资有限公司（以下简称景华公司）

广西建工公司与景华公司签订了两份《建设工程施工合同》，一份是签订于2012年12月12日没有备案的实际履行合同，另一份是签订于2013年12月10日的备案合同。广西建工公司在签订了实际履行合同后，于2013年7月

---

〔1〕（2021）最高法民申1759号。

1 日进场施工，于 2013 年 12 月 10 日中标案涉工程。

判决结果

最高人民法院裁定：广西建工公司主张根据《九民纪要》第三十六条的规定，二审法院应向其释明合同效力问题。本院认为，二审法院依职权对案涉合同效力进行审查后，认为一审判决的认定有误并予以纠正，完全符合法律规定。《九民纪要》第三十六条是有关合同不成立、无效或者被撤销时人民法院如何行使释明权以便当事人一次性主张权利的规定，并不适用于本案的情形。

各方观点

再审申请人观点：（1）二审判决认定 2012 年 12 月 12 日签订的《建设工程施工合同》无效，适用法律错误。2000 年 5 月 1 日发布施行的《工程建设项目招标范围和规模标准规定》（已废止），2018 年 3 月 27 日公布的《必须招标的工程项目规定》和 2018 年 6 月 6 日公布的《必须招标的基础设施和公用事业项目范围规定》已不再将民营投资的商品住宅项目列入必须强制招标的范围。根据原《最高人民法院关于适用〈中华人民共和国合同法〉若干问题的解释（一）》第三条的规定，在合同效力的认定上是可以溯及既往的，大量的司法判决也适用 2018 年的规定确认合同有效。（2）二审判决认为 2013 年 12 月 10 日签订的《建设工程施工合同》存在违反《招标投标法》第四十三条和第五十五条的行为，缺乏证据证明。本案并没有证据证明双方当事人存在串标的客观事实，也不存在影响中标结果的行为。《招标投标法》第五十五条适用的是必须招标的项目，而目前案涉工程已不属于必须招标的项目，因此该条规定不能在本案中适用。（3）根据《九民纪要》第三十六条的规定，在一审判决已经确认案涉两份合同有效的情况下，二审法院未经释明直接判决两份合同均无效，违反法定程序。

法院观点

最高人民法院观点：《招标投标法》第四十三条规定："在确定中标人前，

招标人不得与投标人就投标价格、投标方案等实质性内容进行谈判。”第五十五条规定，依法必须进行招标的项目，招标人违反本法规定，与投标人就投标价格、投标方案等实质性内容进行谈判的，其行为影响中标结果的，中标无效。根据原审查明的事实，广西建工公司与景华公司签订了两份《建设工程施工合同》，一份是签订于2012年12月12日没有备案的实际履行合同，另一份是签订于2013年12月10日的备案合同。广西建工公司在签订了实际履行合同后，于2013年7月1日进场施工，于2013年12月10日中标案涉工程。可见，广西建工公司早在案涉工程招标之前，就与招标人景华公司签订了实际履行合同，并进场施工，存在明显的串标行为，违反了《招标投标法》中有关禁止未招先定、串通招标的效力性强制性规定，一审、二审判决认定案涉两份《建设工程施工合同》均无效，并无不当。

广西建工公司主张案涉工程已不属于必须招投标的工程，《招标投标法》第五十五条不能在本案中适用。本院认为，首先，2018年6月1日施行的《必须招标的工程项目规定》、同年6月6日公布施行的《必须招标的基础设施和公用事业项目范围规定》是否具有溯及既往的效力，尚无明确统一的规定。二审判决适用合同签订时的规定认定合同效力，不存在适用法律错误的情形。其次，《招标投标法》的规范对象为在我国境内进行的所有招标投标活动，即便案涉工程不属于依法必须进行招投标的项目，但双方当事人既然选择了以招投标方式确定施工人，就应当平等适用规制招标投标行为的法律规定，即应受《招标投标法》的约束。因此，广西建工公司的此项主张不能成立。

法律规定

《民法典》第一百四十三条规定，具备下列条件的民事法律行为有效：（一）行为人具有相应的民事行为能力；（二）意思表示真实；（三）不违反法律、行政法规的强制性规定，不违背公序良俗。

律师点评

《九民纪要》认为，人民法院在审理合同纠纷案件过程中，要依职权审查合同是否存在无效的情形，注意无效与可撤销、未生效、效力待定等合同效力形态之间的区别，准确认定合同效力，并根据效力的不同情形，结合当事人的诉讼请求，确定相应的民事责任。最高人民法院民法典贯彻实施工作领导小组主编的《民法典合同编理解与适用［一］》第231页认为，审理合同纠纷必须对合同的效力进行判断，即使当事人未就合同效力产生争议，人民法院亦应审理合同效力问题。最高人民法院民法典贯彻实施工作领导小组主编的《民法典合同编理解与适用［三］》第558页认为，建设工程施工合同效力是关系诉讼时效、工程价款结算原则、违约责任、质量保证等与承、发包双方当事人利益密切相关的重大问题，是法院在审理建设工程施工合同纠纷案件中必须审查的问题，无论当事人在诉讼中是否对建设工程施工合同的效力提出主张或抗辩，人民法院都应当主动审查其效力。《山东省高级人民法院关于审理建筑工程承包合同纠纷案件若干问题的意见》（1998年10月30日山东省高级人民法院审判委员会第52次会议讨论通过）第二十八条规定，在审理建筑工程承包合同纠纷案件中，如果双方当事人对合同效力不予主张，法院也应审查合同的效力，并在法律文书中予以确认和说明。《江苏省高级人民法院建设工程施工合同案件审理指南》（2010年）第二条第一项规定，建设工程施工合同效力的审查：无论当事人是否对建设工程施工合同的效力提出主张或抗辩，人民法院都应当主动审查建设工程施工合同的效力并在判决书中明确载明。建设工程施工合同的效力是审理建设工程施工合同纠纷案件首要审查的内容。即使当事人对建设工程施工合同的性质与效力未产生争议，人民法院也应当就合同的性质与效力进行强制审查，不受当事人请求的影响。由此，法院或仲裁机构应当主动审查建设工程施工合同是否有效。

操作提示

法院或者仲裁机构应当主动审查建设工程施工合同的效力。故律师建议，发承包双方在建设工程施工合同的订立过程中包括在招标投标中应当严格按照法律、行政法规的规定执行，避免出现导致建设工程施工合同无效的情形，否则，裁判者由此取得更大的自由裁量权，可能参照合同约定执行，也可能不参照合同约定执行，并可能导致裁判结果对己方不利；另外，建设工程施工合同无效，发承包人可能需要承担相应的行政法律责任，构成刑事犯罪的，有关机关还可能依法追究发承包双方相关人员的刑事责任。

二、合同无效，且土地使用权被政府收回的，承包人不可以主张工程款

关 键 词： 合同无效　土地使用权被政府收回　工程款

问题提出： 建设工程施工合同无效，承包人施工的案涉工程质量合格，案涉工程的土地使用权被政府收回后，承包人是否仍然可以参照约定要求发包人折价补偿，即承包人是否可以参照约定向发包人主张工程款？

案件名称： 新疆天筑建工集团有限公司、新疆五洲星国际商贸城有限公司建设工程施工合同纠纷案件[1]

裁判规则： 最高人民法院认为，建设工程施工合同无效，且土地使用权被政府收回的，承包人不能参照约定主张工程款，其施工投入按照损失处理。

案情简介

再审申请人（一审原告、二审被上诉人）：新疆天筑建工集团有限公司（以下简称天筑公司）

被申请人（一审被告、二审上诉人）：新疆五洲星国际商贸城有限公司（以下简称五洲星公司）

天筑公司在签订案涉施工合同后组织人员施工，开挖了1—9号楼的工程地基，工程尚未完工。案涉工程的土地使用权于2015年7月8日由石河子市人民政府收回，同时五洲星公司持有的原国有土地使用权证被注销。在一审法院审理过程中，经天筑公司申请，一审法院委托新疆诚成工程项目管理有限公司进行了鉴定。一审法院依据鉴定意见并结合双方当事人提交的证据，对天筑公司主张的工程款按余土外运1公里下浮3%后的价款2,091,238元予以认定，天筑公司、五洲星公司均无异议。

---

[1]（2021）最高法民申3511号。

判决结果

最高人民法院裁定：二审法院综合全案事实及五洲星公司的各项损失，判决五洲星公司给付天筑公司工程款损失1,463,866.60元、未予支持天筑公司主张的利息并无明显不当。

各方观点

再审申请人观点：（1）二审法院将工程款定性为损失错误。双方签订的《建筑（安装）施工执行协议书》被确认无效后，五洲星公司应当在不能返还原物的情况下支付折价补偿款，而工程款不属于损失范畴，二审法院按照双方过错对该笔款项进行分摊，判令天筑公司自担30%是错误的。五洲星公司向天筑公司支付的工程款总额应按照鉴定意见关于余土外运1公里下浮3%后的价款2,091,238元计算。（2）五洲星公司除参照合同返还不当得利工程款外，还应支付欠付工程款的利息。利息是欠付工程款所产生的法定孳息。依据《最高人民法院关于审理建设工程施工合同纠纷案件适用法律问题的解释》第十七条、第十八条的规定，欠付工程款利息应当从天筑公司起诉之日即2016年12月19日起算，应为298,001.42元。

法院观点

最高人民法院观点：案涉《建筑（安装）施工执行协议书》因五洲星公司未取得建设工程规划许可证等规划审批手续而无效，五洲星公司作为发包人具有过错，对天筑公司的损失依法应承担相应的责任。天筑公司作为建筑工程施工企业未尽认真审查之责，在五洲星公司未取得建设工程规划许可证等规划审批手续的情况下，盲目进行施工，亦具有过错，对自身损失应承担相应责任。二审法院综合全案事实及五洲星公司的各项损失，判决五洲星公司给付天筑公司工程款损失1,463,866.60元、未予支持天筑公司主张的利息并无明显不当。

法律规定

《民法典》第一百五十七条规定，民事法律行为无效、被撤销或者确定不发生效力后，行为人因该行为取得的财产，应当予以返还；不能返还或者没有必要返还的，应当折价补偿。有过错的一方应当赔偿对方由此所受到的损失；各方都有过错的，应当各自承担相应的责任。法律另有规定的，依照其规定。

《民法典》第七百九十三条规定，建设工程施工合同无效，但是建设工程经验收合格的，可以参照合同关于工程价款的约定折价补偿承包人。建设工程施工合同无效，且建设工程经验收不合格的，按照以下情形处理：（一）修复后的建设工程经验收合格的，发包人可以请求承包人承担修复费用；（二）修复后的建设工程经验收不合格的，承包人无权请求参照合同关于工程价款的约定折价补偿。发包人对因建设工程不合格造成的损失有过错的，应当承担相应的责任。

《建工司法解释（一）》第六条规定，建设工程施工合同无效，一方当事人请求对方赔偿损失的，应当就对方过错、损失大小、过错与损失之间的因果关系承担举证责任。损失大小无法确定，一方当事人请求参照合同约定的质量标准、建设工期、工程价款支付时间等内容确定损失大小的，人民法院可以结合双方过错程度、过错与损失之间的因果关系等因素作出裁判。

律师点评

建设工程施工合同无效，承包人可以依据《民法典》第一百五十七条规定要求发包人就案涉工程折价补偿，即可以依据该条法律规定要求发包人支付工程款；但是，如果案涉项目的土地使用权被政府收回的，案涉项目上的工程系违章建筑，发包人无法使用该违章建筑。故承包人不能再依据《民法典》第一百五十七条规定要求发包人支付工程款，承包人对该违章建筑的施工投入属于损失，依据《民法典》第一百五十七条和《建工司法解释（一）》第六条的规定由发包人和承包人按照过错比例承担该损失。

操作提示

合同无效，且土地使用权被政府收回的，承包人不能参照约定主张工程款，承包人的施工投入按照损失处理。故律师建议，承包人应当按照法律、行政法规的规定订立建设工程施工合同，避免出现导致建设工程施工合同无效的情形。如果出现案涉项目土地使用权被政府收回的，承包人不能参照约定向发包人主张工程款，其仅能就其施工投入要求发包人赔偿，但往往承包人也有过错，承包人的施工投入并不能从发包人处获得全部补偿。

三、合同无效，工程总价下浮的约定可以参照执行

关 键 词：合同无效　总价下浮　折价补偿

问题提出：建设工程施工合同无效后，承包人施工质量合格的，其可以参照约定要求发包人折价补偿，工程总价下浮的合同约定是否属于折价补偿的范围，即工程总价下浮的合同约定是否可以参照执行？

案件名称：河南省第一建筑工程集团有限责任公司、河南国岩建设工程有限公司建设工程施工合同纠纷案件[1]

裁判规则：建设工程施工合同无效，最高人民法院认为，工程总价下浮的合同约定属于折价补偿的范围，该约定原则上可以参照执行。

案情简介

再审申请人（一审原告、反诉被告，二审上诉人）：河南省第一建筑工程集团有限责任公司（以下简称省一建公司）

被申请人（一审被告、反诉原告，二审上诉人）：中牟县祥和房地产开发有限公司（以下简称祥合公司）

一审第三人：河南国岩建设工程有限公司

祥和公司分别于2012年1月8日和8月16日两次向省一建公司发出中标通知书，但在2012年1月10日双方即已签订《建设工程施工合同》。案涉施工合同的工程支付条款约定，双方结算时经决算下浮两个百分点，并余下5%作为保修金。

---

〔1〕（2020）最高法民申2940号。

判决结果

最高人民法院裁定：根据《招标投标法》《工程建设项目招标范围和规模标准规定》的规定，案涉工程属于必须进行招投标的工程。祥和公司分别于2012年1月8日和8月16日两次向省一建公司发出中标通知书，但在2012年1月10日双方即已签订《建设工程施工合同》，因此该合同属于标前合同，违反了《招标投标法》第五十五条的规定，依法应认定无效。案涉施工合同的工程支付条款约定，双方结算时经决算下浮两个百分点，并余下5%作为保修金。上述约定是双方真实意思表示。二审法院据此在鉴定总价的基础上下浮2%，并扣除5%的质保金并无不当。

各方观点

再审申请人观点：（1）二审法院不应认定祥和公司与省一建公司之间签订的施工合同无效。①二审认定省一建公司提供一份2012年8月签订的《建设工程施工合同》不符合事实，该份合同签订于2012年1月10日。②省一建公司不存在施工合同签订前进场施工的问题，开工日期是2012年6月20日。③2011年省一建公司交纳的是投标保证金，中标后转为履约保证金，二审根据保证金收据时间判断省一建公司投标前就对工程进行施工不当。④省一建公司不存在确定中标人前与招标人就投标价格、投标方案等实质性内容进行谈判的情况，且案涉项目并非必须进行招标的项目，不会因此导致合同无效。（2）祥和公司严重违约，二审法院不应认定案涉工程总价参照鉴定价格下浮2%并扣除5%保修金，即便扣除，也应在先减去祥和公司另行分包给案外人的项目价款后再予扣除。

被申请人观点：案涉建设工程施工合同及招标手续系河南国岩建设工程有限公司借用省一建公司资质完成，根据法律规定，应为无效合同。

法院观点

最高人民法院观点：关于案涉建设工程施工合同是否有效问题。根据《招标投标法》《工程建设项目招标范围和规模标准规定》的规定，案涉工程属于必须进行招投标的工程。祥和公司分别于2012年1月8日和8月16日两次向省一建公司发出中标通知书，但在2012年1月10日双方即已签订《建设工程施工合同》，因此该合同属于标前合同，违反了《招标投标法》第五十五条的规定，依法应认定无效。省一建公司关于案涉合同有效的再审主张不能成立。关于工程款是否应下浮2%及扣减5%质保金以及计算顺序问题。案涉施工合同的工程支付条款约定，双方结算时经决算下浮两个百分点，并余下5%作为保修金。上述约定是双方真实意思表示。二审法院据此在鉴定总价的基础上下浮2%，并扣除5%的质保金并无不当。

关联案例1

案件名称：万利建设有限公司、商丘华程房地产开发有限公司建设工程施工合同纠纷案件〔1〕

法院观点：该案件中最高人民法院认为，根据《最高人民法院关于审理建设工程施工合同纠纷案件适用法律问题的解释》第二条的规定，建设施工合同被认定无效，但工程经验收合格，适用折价补偿原则的具体做法是参照合同约定的结算条款支付工程价款。本案中，双方均认可实际履行的合同是2016年12月23日双方签订的《施工总承包框架协议》，该合同约定了"双方议定按（2008）《河南省建设工程工程量清单综合单价》计算的税前总造价下浮5%进行工程结算"，在无证据证明已完工程存在质量问题的情况下，对工程总造价下浮5%并不违反法律规定，且当事人不能因履行无效合同而获得比履行有效合同更多的利益。因此，万利建设有限公司上诉称协议已经认定无效但仍按照协议约定对税前总造价下浮5%，一审判决前后矛盾的上诉理由不能成立。

关联案例2

案件名称：青岛温泉建设集团有限公司、青岛昊通房地产开发有限公司建设工程施工合同纠纷案件〔2〕

法院观点：该案件中最高人民法院认为，涉案工程存在"先定后招"的情形，违反《招标投标法》的强制性规定，故青岛温泉建设集团有限公司与昊通公司签订的《建设工程施工合同》《青岛市建设工程施工合同》均无效。在此情况下，双方应当按照实际履行的2011年3月12日签订的《建设工程施工合同》结算工程价款。关于已完工程价值的确定，青岛温泉

〔1〕（2020）最高法民终774号。
〔2〕（2021）最高法民申1940号。

建设集团有限公司与昊通公司作为平等的商事主体，按照《建设工程施工合同》约定的方法进行计算，符合双方当事人订立合同时的真实意思表示，且双方在《建设工程施工合同》中约定的让利条款属于结算条款，鉴定机构按照《建设工程施工合同》约定的结算方式认定工程造价并无不当，故对该申请再审理由不予支持。

关联案例3

案件名称：赵某英、胥某建设工程施工合同纠纷案件〔1〕

法院观点：该案件中最高人民法院认为，原审判决按双方合同的约定，下浮7%计算工程款，符合《最高人民法院关于审理建设工程施工合同纠纷案件适用法律问题的解释》第二条关于“建设工程施工合同无效，但建设工程经竣工验收合格，承包人请求参照合同约定支付工程价款的，应予支持”之规定。

关联案例4

案件名称：张某成、泰州市众星房产开发有限公司建设工程施工合同纠纷案件〔2〕

法院观点：该案件中最高人民法院认为，针对案涉工程价款是否下浮的问题，二审判决遵循的基本逻辑是：案涉工程招投标程序之前，张某成等人借用北京二建、屹峰公司名义承接案涉工程，故所签会议纪要、施工合同及补充条款均因违法而无效；同时根据《最高人民法院关于审理建设工程施工合同纠纷案件适用法律问题的解释》第二条的规定，建设工程施工合同无效，但建设工程经竣工验收合格，可以参照合同约定结算工程款；一标段除最初签订的会议纪要外，后签订的施工合同、补充条款均未约定工程款下浮，而二标段签订在后的补充条款有明确的工程款下浮约定，故一标段工程款依约不应下浮，二标段工程款应予下浮。

关联案例5

案件名称：云南苏林建设工程有限公司、昆明世纪华丰发展有限公司等建设工程施工合同纠纷案件〔3〕

〔1〕（2019）最高法民申788号。
〔2〕（2019）最高法民申3053号。
〔3〕（2021）最高法民申2706号。

法院观点：该案件中最高人民法院认为，云南苏林建设工程有限公司（以下简称苏林公司）主张应按照亚太造价公司的《竣工结算审核报告》及《工程预（结）算审核定案表》有关绿化工程内容进行结算，《建设工程施工合同》应无效，《绿化工程施工承包合同》约定的工程造价下浮21%不应再使用，但该主张缺乏法律依据，也与合同约定不符。《绿化工程施工承包合同》第五条第一款约定："承包方式：包工包料施工图总价包干。合同总价为人民币9,658,801元。如华丰建设公司与业主滇池国家旅游度假区最终确定的结算价与苏林公司结算价差不到21%，则苏林公司同意按业主与华丰建设公司确定的工程造价下浮21%，按实际发生且经政府审计确认的工程量办理双方最终的工程结算。"第五条第七款约定："工程变更的综合单价按业主、监理及政府审计批复的综合单价再下浮21%后作为苏林公司新增综合单价。"因此，二审法院根据上述约定，确定案涉绿化工程的结算价下浮21%有合同依据。昆明世纪华丰发展有限公司为华丰建设公司的全资子公司，但并不影响两者之间签订的《建设工程施工合同》效力。苏林公司并未举证证明华丰建设公司将工程转包或肢解分包，且《绿化工程施工承包合同》即使存在效力问题，其关于工程结算价款下浮21%的约定也可参照适用，故二审认定案涉工程欠款为2,154,318.16元有合同依据。

法律规定

《民法典》第七百九十三条规定，建设工程施工合同无效，但是建设工程经验收合格的，可以参照合同关于工程价款的约定折价补偿承包人。建设工程施工合同无效，且建设工程经验收不合格的，按照以下情形处理：（一）修复后的建设工程经验收合格的，发包人可以请求承包人承担修复费用；（二）修复后的建设工程经验收不合格的，承包人无权请求参照合同关于工程价款的约定折价补偿。发包人对因建设工程不合格造成的损失有过错的，应当承担相应的责任。

律师点评

《民法典》第七百九十三条规定，建设工程施工合同无效，但是建设工程经验收合格的，可以参照合同关于工程价款的约定折价补偿承包人。工程总价下浮的约定是否属于工程价款的约定，实务中存在争议，主要存在两种观点。一种观点认为，工程总价下浮的约定不属于工程价款的约定，不能参照执行。另一种观点认为，工程总价下浮的约定属于工程价款的约定；比如典型案例中最高人民法院认为，该约定系发承包双方的真实意思表示，依据《民法典》第五百零九条的规定，该约定可以参照执行。笔者赞同第二种观点。另外，山东省高级人民法院和最高人民法院观点一致；《山东高院民一庭关于审理建设工程施工合同纠纷案件若干问题的解答》第一条规定，施工合同无效，建设工程经竣工验收合格的，可以将合同中关于工程价款、付款时间、工程款支付进度、下浮率、质保金等约定条款作为折价补偿的依据。

操作提示

合同无效，工程总价下浮的约定可以参照执行。故律师建议，发承包双方发生结算纠纷后，承包人在主张工程价款时应将工程总价下浮予以扣除，否则，承包人应承担由此产生的诉讼费等支出。

四、合同无效，工程款支付方式条款无效

关 键 词： 合同无效 工程款支付方式

问题提出： 建设工程施工合同无效后，案涉工程质量合格的，承包人可以参照合同约定要求发包人折价补偿，工程款支付方式条款是否属于折价补偿条款范围内，即该条款能否参照执行呢？

案件名称： 江苏南通六建建设集团有限公司、山西永达房地产开发有限公司（原山西江林房地产开发有限公司）建设工程施工合同纠纷案件〔1〕

裁判规则： 最高人民法院认为，建设工程施工合同无效后，案涉工程质量合格的，工程款支付方式条款原则上可以参照执行。

案情简介

再审申请人（一审原告、二审被上诉人）：江苏南通六建建设集团有限公司（以下简称南通六建公司）

被申请人（一审被告、二审上诉人）：山西永达房地产开发有限公司（原

〔1〕（2019）最高法民申5365号。

山西江林房地产开发有限公司，以下简称永达公司）

被申请人（一审被告、二审上诉人）：山西中蓝房地产开发有限公司

双方在案涉合同中已明确约定永达公司支付工程结算价款的90%—95%的前提是南通六建公司移交案涉工程资料，双方当事人均认可案涉工程资料并未移交。

判决结果

最高人民法院裁定：《最高人民法院关于审理建设工程施工合同纠纷案件适用法律问题的解释》第二条规定，建设工程施工合同无效，但建设工程经竣工验收合格，承包人请求参照合同约定支付工程价款的，应予支持。虽然案涉合同无效，但工程款支付方式仍可以参照执行。因双方在案涉合同中已明确约定永达公司支付工程结算价款的90%—95%的前提是南通六建公司移交案涉工程资料，双方当事人均认可案涉工程资料并未移交，故永达公司有权拒绝支付工程结算价款的90%—95%。

各方观点

六建公司观点：因本案涉及的5本建设工程施工合同及补充条款无效，合同中关于工程资料移交的约定亦应自始无效，且支付工程价款和建造房屋是对等的合同主要义务，南通六建公司建设的房屋已全部投入使用，永达公司不能以合同的附随义务抗辩合同的主要义务。开具工程款税票在案涉合同及补充协议中无约定，开具税票和移交资料同样属于合同的附随义务，且税务发票的开具属于行政法律关系，建设工程施工合同纠纷是民事法律关系，二审法院以没有开具足额的已付工程款税票为由判决驳回南通六建公司的诉讼请求，法律适用错误。

永达公司观点：一审、二审庭审中，双方均确认本案的工程资料未移交，一审把另一工程“惠明小区”的工程资料移交认定为本案的工程资料移交错误。

法院观点

最高人民法院观点：《最高人民法院关于审理建设工程施工合同纠纷案件

适用法律问题的解释》第二条规定，“建设工程施工合同无效，但建设工程经竣工验收合格，承包人请求参照合同约定支付工程价款的，应予支持”。《合同法》（已失效）第九十八条规定：“合同的权利义务终止，不影响合同中结算和清理条款的效力。”因双方在案涉合同中已明确约定永达公司支付工程结算价款的90%—95%的前提是南通六建公司移交案涉工程资料，双方当事人均认可案涉工程资料并未移交，故原审认定永达公司有权拒绝支付工程结算价款的90%—95%，不缺乏证据证明。

相反案例

案件名称：宁夏沈家河湿地公园扶贫旅游开发有限公司、宁夏广盛建筑机械工程有限公司建设工程施工合同纠纷案件[1]

法院观点：该案件中最高人民法院认为，原审判决认定宁夏沈家河湿地公园扶贫旅游开发有限公司（以下简称沈家河公司）与化工三建签订的《建设工程施工框架协议》《总承包合同》《分包合同》因违反法律法规的强制性规定，均为无效合同。沈家河公司申请再审认为化工三建与宁夏广盛建筑机械工程有限公司签订的分包合同应属无效，与原审判决认定一致。根据《合同法》（已失效）第五十八条的规定，合同无效或被撤销后，因该合同取得的财产，应当予以返还；不能返还或者没有必要返还的，应当折价补偿。有过错的一方应当赔偿对方因此所受到的损失，双方都有过错的，应当各自承担相应的责任。《分包合同》无效，合同中有关支付方式的条款亦为无效，沈家河公司认为应当按照合同约定支付30%工程款及应扣留5%质保金的申请再审理由不能成立。

法律规定

《民法典》第七百九十三条规定，建设工程施工合同无效，但是建设工程经验收合格的，可以参照合同关于工程价款的约定折价补偿承包人。建设工程施工合同无效，且建设工程经验收不合格的，按照以下情形处理：（一）修复后的建设工程经验收合格的，发包人可以请求承包人承担修复费用；（二）修复后的建设工程经验收不合格的，承包人无权请求参照合同关于工程价款的约定折价补偿。发包人对因建设工程不合格造成的损失有过错的，应

[1]（2019）最高法民申5458号。

当承担相应的责任。

《建工司法解释（一）》第六条规定，建设工程施工合同无效，一方当事人请求对方赔偿损失的，应当就对方过错、损失大小、过错与损失之间的因果关系承担举证责任。损失大小无法确定，一方当事人请求参照合同约定的质量标准、建设工期、工程价款支付时间等内容确定损失大小的，人民法院可以结合双方过错程度、过错与损失之间的因果关系等因素作出裁判。

律师点评

建设工程施工合同无效，工程款支付方式是否有效？实务中存在争议，主要有两种观点。第一种观点认为，工程款支付方式不可以参照执行，比如相反案例中最高人民法院认为，《分包合同》无效，合同中有关支付方式的条款亦为无效，沈家河公司认为应当按照合同约定支付30%工程款及应扣留5%质保金的申请再审理由不能成立。第二种观点认为，工程款支付方式可以参照执行，其理由是工程款支付方式条款属于工程价款的约定，虽然建设工程施工合同无效，但可以参照执行。笔者赞同第二种观点。另外，山东省高级人民法院赞同第二种观点；《山东高院民一庭关于审理建设工程施工合同纠纷案件若干问题的解答》（2020年8月15日）第一条规定，施工合同无效，建设工程经竣工验收合格的，可以将合同中关于工程价款、付款时间、工程款支付进度、下浮率、质保金等约定条款作为折价补偿的依据。

操作提示

合同无效，工程款支付方式条款可以参照执行。故发承包双方就工程价款结算发生纠纷后，律师建议，承包人参照约定的工程支付方式向发包人主张工程价款，否则，应承担由此产生的诉讼费等支出。

五、合同无效，承包人不可以主张可得利益损失

关 键 词： 合同无效　可得利益损失　未完工程

问题提出： 在建设工程施工合同有效的前提下，因发包人原因导致案涉工程未完

工，案涉施工合同已解除的，承包人可以向发包人主张可得利益损失；然而，当建设工程施工合同无效后，属于发包人原因导致案涉工程未完工的，承包人是否可以主张可得利益损失呢？

案件名称： 万利建设有限公司、商丘华程房地产开发有限公司建设工程施工合同纠纷案件〔1〕

裁判规则： 最高人民法院认为，建设工程施工合同无效后，属于发包人原因导致案涉工程未完工的，承包人向发包人主张可得利益损失没有法律依据，不应支持。

案情简介

上诉人（一审原告）：万利建设有限公司（以下简称万利公司）

上诉人（一审被告）：商丘华程房地产开发有限公司（以下简称华程公司）

2016年12月23日，华程公司（甲方）与万利公司（乙方）签订《施工总承包框架协议》，约定：经甲、乙双方协商，甲方将尚锦华城项目工程委托给乙方施工，结合该工程具体情况，订立本框架协议，以资共同遵守。双方约定在项目施工图纸设计完成并经审查合格后，根据本协议的既定原则，按河南省建设工程施工合同范本分期签订施工总承包合同。

2017年6月21日，华程公司取得尚锦华城一期工程项目建设工程规划许可证。由于涉案建设项目涉及商品住宅且包含拆迁安置房，合同标的金额较大，按照当时招投标规定必须进行招投标。2017年7月7日，万利公司向华程公司递交投标函及投标函附录，投标华程公司尚锦华城项目第一标段，投标报价68,036,800元；7月13日华程公司和招标代理机构华睿诚项目管理有限公司向万利公司发出中标通知书，确定万利公司中标商丘尚锦华城项目，工程规模56,155.67平方米，中标价68,036,800元。2017年7月15日，华程公司与万利公司签订《建设工程施工合同》。

诉讼中，双方一致认可实际履行的合同是2016年12月23日签订的《施工总承包框架协议》。

由于华程公司的尚锦华城二期工程施工需要招标，招标代理机构河南省

〔1〕（2020）最高法民终774号。

政通招标有限公司于2018年5月10日向万利公司发出投标邀请书，告知万利公司投标报名时间为2018年5月18日至24日，要求万利公司于2018年5月18日前确认是否参加投标。万利公司接到投标邀请书后，于2018年5月18日向华程公司提出招投标异议书，认为邀请书所列项目实为万利公司已承包范围内之项目，敦促华程公司尽快停止该项目的任何招投标活动，并继续履行《施工总承包框架协议》，停止就该项目与第三方的合作，将尚锦华城剩余工程项目交由万利公司施工。万利公司未报名投标尚锦华城二期工程。2018年5月28日，华程公司和招标代理机构河南省政通招标有限公司向郑州市第一建筑工程集团有限公司发出中标通知书，确认该公司为尚锦华城二期工程项目施工的中标人，中标金额为160,000,709.40元。

万利公司遂于2018年6月12日对一期工程全面停止施工。6月13日河南尊典律师事务所受华程公司委托向万利公司发出律师函，通知万利公司在收到函件5日内恢复对尚锦华城项目一期工程的施工建设，否则委托人将解除与万利公司的施工合同。万利公司于6月15日回函称，华程公司在未经万利公司同意的情况下，擅自将项目工程发包给他人，属单方毁约，损害了万利公司的权益；尚锦华城项目的延误在于华程公司不能诚信履约，请河南尊典律师事务所转告华程公司，望其诚信履约，与万利公司相向而行，迅速回到框架协议中来。6月22日，河南尊典律师事务所受华程公司委托再次向万利公司发出律师函，通知解除有关尚锦华城项目一期工程的全部施工合同及施工协议。万利公司回函称如华程公司单方解除合同，给万利公司造成的一切损失应由华程公司承担。

诉讼中万利公司申请对以下争议事项进行司法鉴定：（1）在建已完工程量造价；（2）华程公司原因延误工期造成的人工机械台班费等各项损失；（3）华程公司违约分包合同项下部分工程给万利公司造成的可得利益损失。

判决结果

一审判决：驳回万利公司可得利益损失的诉讼请求。

最高人民法院判决：（1）撤销河南省高级人民法院（2018）豫民初66号民事判决书；（2）驳回万利公司的可得利益损失的上诉请求。

各方观点

万利公司观点：(1) 一审判决错误认定《施工总承包框架协议》为无效协议。2016 年 12 月 23 日上诉人与被上诉人签订的《施工总承包框架协议》是双方当事人的真实意思表示，不违背法律的强制性规定，因此属于有效协议。涉案工程属于非国有资金投资项目，由上诉人包工包料进行施工，被上诉人对该项目直接发包给上诉人，符合《住房和城乡建设部关于推进建筑业发展和改革的若干意见》（建市〔2014〕92 号）和《河南省住房和城乡建设厅关于改革非国有资金投资工程建设项目发包方式的通知》（豫建〔2014〕102 号）的要求。该通知要求，改革非国有资金投资项目发包方式，非国有资金投资项目建设单位可以自主选择招标发包或直接包，自主选择工程交易活动场所（国家规定的关系社会公共利益、公众安全的基础设施项目和公用事业项目除外）。(2) 一审判决相互矛盾。既然认定《施工总承包框架协议》为无效协议，但依然按照该协议约定"工程造价已参照《施工总承包框架协议》约定对税前总造价下浮 5%"（见一审判决书第 17 页第 5—6 行）进行认定，前后矛盾。(3) 对可得利益损失认定错误。《施工总承包框架协议》是该项目总包合同，属有效协议，对双方均有约束力，双方亦按此履行。该协议约定"项目工程委托给乙方施工"，"总建筑面积 17.5 万平方米"，"一期工期暂定 360 天，具体以开工日期为准，二期高层工期及开工日期待定"，"第二期工程施工承包方垫资和工程款支付办法原则上参照第一期"。被上诉人亦认可双方按照该协议履行。因此，该协议属于该项目的总包协议，依照协议约定上诉人当然享有二期工程的施工权。双方此后签订的一期建设工程施工合同仅仅是为了办理施工许可证所用，并未履行正常的招投标程序，对于该事实，被上诉人出具的《声明》亦能证实。同样，二期所谓的招标与一期签订招标合同如出一辙，被上诉人既然依规可以直接发包，就没有必要走招投标程序，事实上被上诉人亦未进行正常的招投标程序，而是采取的直接发包方式由第三方施工，对该事实，被上诉人向上诉人邮寄招标通知前已经收到第三方的履约保证金即可证明，该招标邀请是上诉人为了逃避单方违约责任而故意玩弄的花招。但即使履行的是正常招投标程序，因为总包协议已经约定该项目工程全部委托上诉人施工，所以更直接证明被上诉人单方违约事实，因此，被上诉人应承担故意违约给上诉人造成的可得利益损失。

（4）一审判决无视《住房和城乡建设部关于推进建筑业发展和改革的若干意见》（建市〔2014〕92 号）和《河南省住房和城乡建设厅关于改革非国有资金投资工程建设项目发包方式的通知》（豫建〔2014〕102 号）的规定，错误适用《合同法》（已失效）和《招标投标法》以及相关司法解释认定《施工总承包框架协议》为无效协议。

华程公司观点：（1）一审判决认定《施工总承包框架协议》为无效协议完全正确。①涉案工程为必须招标的工程。万利公司认为本案工程不是必须招标的工程理由不能成立：其提交的《河南省住房和城乡建设厅关于改革非国有资金投资工程建设项目发包方式的通知》对本案并不适用，该通知括号中的内容已经明确，涉及社会公共利益、公众安全的基础设施项目和公用事业项目除外，而涉案工程为小区开发建设，并且内有部分政府安置户，为关系社会公共利益、公众安全的项目。该项目为必须招标工程，当地政府要求该项目建设必须招标，不招标无法办理施工许可证。该涉案工程系《招标投标法》第三条第一项中的项目，系必须招标的工程。②《施工总承包框架协议》《建设工程施工合同》均属于无效合同。因涉案工程为必须招标的工程，结合华程公司提交的证据可以看出，《施工总承包框架协议》签订日期为 2016 年 12 月 23 日，涉案一期工程中标时间为 2017 年 7 月 13 日，施工协议签订在前，而招标投标及中标在后，《施工总承包框架协议》存在串标，违反《招标投标法》的强制性规定，属于无效合同。但华程公司认可涉案一期工程双方是按照《施工总承包框架协议》执行的。（2）一审判决认定《施工总承包框架协议》为无效协议与工程造价参照《施工总承包框架协议》的约定对税前总造价下浮 5% 并不矛盾。按照《最高人民法院关于审理建设工程施工合同纠纷案件适用法律问题的解释》第二条的规定，建设工程施工合同无效，但建设工程经竣工验收合格，承包人请求参照合同约定支付工程价款的，应予支持。虽然《施工总承包框架协议》为无效协议，但双方均认可《施工总承包框架协议》为实际履行的协议，在万利公司请求支付工程款的情况下，参照该协议支付总造价下浮 5% 符合法律规定，一审认定完全正确。（3）万利公司诉请的可得利益损失 7700 万元没有事实依据。①因涉案工程为必须招标的工程，《施工总承包框架协议》签订在前，招标投标及中标在后，《施工总承包框架协议》存在串标，违反《招标投标法》的强制性规定，属于无效合同，万利公司无权要求对二期工程的期待利益。②虽然双方签订《施工总承包框架协议》包含二期工程的面积，但双方在协议中约定，二期工程的工期、开工日期、履约保证金返还节点、具体工程垫资及工程款的支付办法均需另行签订合同来约定。2018 年 5 月华程公司公开对二期工程进行招标，为了再给万利公司一个公平的机会，招标公司向万利公司发出了投标邀请书，但万利公司并没有参加投标，这也说明万利公司并没有对涉案二期工程进行施工的意愿，其无权要求对二期工程的可得利益损失。③因万利公司负债累累、经营举步维艰，早已丧失对华程公司二期施工的能力，从华程公司一审提交的第 7 组证据可以证实，至 2018 年 4 月 19 日万利公司被法院列入失信名单 57 次、被列入执行人 36 起、涉及法律诉讼 545 起、开庭公告 19 次、行政处罚 1 起、司法拍卖 1 起；至 2018 年 9 月 21 日公证处出具公证证明时，万利公司的全部银行账号已被法院查封，账户中没有任何钱款，充分说明其已经丧失了对华程公司二期工程的施工能力。

法院观点

一审法院观点：（1）关于双方签订的《施工总承包框架协议》是否有效，双方实际履行的是哪一份合同，若有效是否应予解除。由于涉案建设项目涉及商品住宅且包含拆迁安置房，合同标的金额较大，按照当时招投标规定必须进行招投标，但双方在履行招投标程序前进行实质性接触，签订《施工总承包框架协议》，万利公司对涉案工程开工建设，后双方补办招投标手续，签订《建设工程施工合同》，同时声明《建设工程施工合同》只限于办理建筑施工许可证，用于其他性质一概无效，违反了《招标投标法》第四十三条“在确定中标人前，招标人不得与投标人就投标价格、投标方案等实质性内容进行谈判”和第五十五条“依法必须进行招标的项目，招标人违反本法规定，与投标人就投标价格、投标方案等实质性内容进行谈判的，给予警告，对单位直接负责的主管人员和其他直接责任人员依法给予处分。前款所列行为影响中标结果的，中标无效”的规定。根据《合同法》（已失效）第五十二条第五项以及《最高人民法院关于审理建设工程施工合同纠纷案件适用法律问题的解释》第一条第三项的规定，双方签订的《施工总承包框架协议》《建设工程施工合同》均应认定无效。合同无效，不存在解除问题。诉讼中，双方均认可实际履行的是《施工总承包框架协议》，一审法院予以确认。

（2）关于万利公司诉请可得利益损失7700万元是否有依据。虽然双方签订的《施工总承包框架协议》包含尚锦华城二期工程的面积，但双方在协议中约定，二期工程的工期、开工日期、履约保证金返还节点、具体的工程垫资及工程款支付办法均需另行签订施工总承包合同来约定，且按照当时的规定，二期工程也必须进行招投标，二期工程招标时，招标代理机构向万利公司发出投标邀请书，万利公司未投标，双方未对二期工程发承包达成最终合意，且双方签订的《施工总承包框架协议》无效，万利公司请求无效合同的可得利益损失没有法律依据，本院不予支持。万利公司申请二期工程可得利益损失鉴定及申请调取华程公司银行账户交易明细对证明待证事实无意义，不予准许。

最高人民法院观点：

1. 关于案涉《施工总承包框架协议》的效力问题。

《招标投标法》第三条规定："在中华人民共和国境内进行下列工程建设项目包括项目的勘察、设计、施工、监理以及与工程建设有关的重要设备、材料等的采购，必须进行招标：（一）大型基础设施、公用事业等关系社会公共利益、公众安全的项目；（二）全部或者部分使用国有资金投资或者国家融资的项目；（三）使用国际组织或者外国政府贷款、援助资金的项目。前款所列项目的具体范围和规模标准，由国务院发展计划部门会同国务院有关部门制订，报国务院批准。法律或者国务院对必须进行招标的其他项目的范围有规定的，依照其规定。"2000年4月4日国务院批准，2000年5月1日原国家发展计划委员会发布的《工程建设项目招标范围和规模标准规定》第三条规定："关系社会公共利益、公众安全的公用事业项目的范围包括：……（五）商品住宅，包括经济适用住房；（六）其他公用事业项目。"《最高人民法院关于审理建设工程施工合同纠纷案件适用法律问题的解释》第一条规定："建设工程施工合同具有下列情形之一的，应当根据合同法第五十二条第（五）项的规定，认定无效……（三）建设工程必须进行招标而未招标或者中标无效的。"本案中，涉案尚锦华城项目系商业、住宅及配套建筑，依据《招标投标法》以及当时生效的《工程建设项目招标范围和规模标准规定》的规定，涉案项目属于必须进行招投标的项目。但是华程公司与万利公司未经招投标程序，2016年12月23日签订《施工总承包框架协议》，万利公司随后进场施工，双方又于2017年履行招投标手续并签订了《建设工程施工合同》，同时华程公司声明《建设工程施工合同》只限于办理建筑施工许可证，用于其他性质一概无效。本院认为，《施工总承包框架协议》违反了《招标投标法》的有关规定，根据《合同法》（已失效）和《最高人民法院关于审理建设工程施工合同纠纷案件适用法律问题的解释》第一条的规定，该合同应为无效。《住房和城乡建设部关于推进建筑业发展和改革的若干意见》（建市〔2014〕92 号）和《河南省住房和城乡建设厅关于改革非国有资金投资工程建设项目发包方式的通知》（豫建〔2014〕102 号）不能成为判定涉案《施工总承包框架协议》是否有效的法律依据。因此，万利公司以案涉工程不属于法律规定的必须招投标建设项目，《施工总承包框架协议》应为有效的上诉请求和理由缺乏法律依据，本院不予支持。

2. 关于万利公司主张可得利益损失有无事实和法律依据问题。

合同有效，当事人通过履行合同而获取的利益应当依法保护。而无效合同自始无效，当事人通过履行无效合同可能获得的利益，不受法律保护。本案中，《施工总承包框架协议》中约定二期工程的工期、开工日期、履约保证金返还节点、具体的工程垫资及工程款支付办法均需另行签订施工总承包合同来约定，且二期工程按照当时的规定亦属于必须招标的建设项目。在二期工程招标时，招标代理机构向万利公司发出投标邀请书，万利公司未投标，且《施工总承包框架协议》为无效协议，万利公司主张可得利益损失缺乏事实和法律依据，原审认定万利公司请求无效合同的可得利益损失没有法律依据，万利公司申请二期工程可得利益损失鉴定及申请调取华程公司银行账户交易明细对证明待证事实无意义，一审法院不予准许，并无不当。

关联案例

案件名称：潘某进、中铁十二局集团第二工程有限公司建设工程施工合同纠纷案件〔1〕

法院观点：该案件中最高人民法院认为，潘某进主张对中铁十二局集团第二工程有限公司应当向其赔偿的预期利润损失进行鉴定。《合同法》（已失效）第五十八条规定，“合同无效或者被撤销后，因该合同取得的财产，应当予以返还；不能返还或者没有必要返还的，应当折价补偿。有过错的一方应当赔偿对方因此所受到的损失，双方都有过错的，应当各自承担相应的责任”。第一百一十三条第一款规定，“当事人一方不履行合同义务或者履行合同义

〔1〕（2021）最高法民终 412 号。

务不符合约定，给对方造成损失的，损失赔偿额应当相当于因违约所造成的损失，包括合同履行后可以获得的利益，但不得超过违反合同一方订立合同时预见到或者应当预见到的因违反合同可能造成的损失”。根据上述规定，预期利润损失是在合同有效情形下可以获得的赔偿，在潘某进与中铁十二局集团第二工程有限公司形成的事实建设工程分包合同无效的情况下，对潘某进关于预期利润进行鉴定的申请不予准许。

法律规定

《民法典》第五百八十四条规定，当事人一方不履行合同义务或者履行合同义务不符合约定，造成对方损失的，损失赔偿额应当相当于因违约所造成的损失，包括合同履行后可以获得的利益；但是，不得超过违约一方订立合同时预见到或者应当预见到的因违约可能造成的损失。

律师点评

《民法典》第五百八十四条规定，当事人一方不履行合同义务或者履行合同义务不符合约定，造成对方损失的，损失赔偿额应当相当于因违约所造成的损失，包括合同履行后可以获得的利益；但是，不得超过违约一方订立合同时预见到或者应当预见到的因违约可能造成的损失。依据前述法律规定，可得利益系违约责任的一种承担方式；建设工程施工合同无效，违约责任条款也无效。《民法典合同编理解与适用［三］》第561页认为，合同无效后的赔偿责任属于缔约过失责任，而缔约过失行为所造成的损失一般都是信赖利益的损失，即当事人因信赖合同有效而遭受的实际损失，不包括可得利益损失。故典型案例中最高人民法院认为建设工程施工合同自始无效，承包人通过履行无效合同可能获得的利益，不受法律保护。

操作提示

合同无效，承包人不可以主张可得利益损失。故在发承包双方就建设工程施工合同履行发生纠纷后，如果建设工程施工合同存在法定无效情形的，律师建议，承包人不向发包人主张可得利益损失；否则，由此产生的诉讼费、鉴定费等支出均由承包人自行承担。另外，律师建议，发承包双方在建设工程施工合同签订过程中按照法律、行政法规规定严格执行，避免产生建设工程施工合同无效的现象，否则，案涉工程中途因发包人原因停工的，承包人无法向发包人主张可得利益。

第三章　工 程 质 量

一、合同无效，质保金扣留条款可以参照执行

关 键 词： 合同无效　质保金条款　折价补偿

问题提出： 建设工程施工合同有效的前提下，案涉工程质量合格，质保金约定扣留的，从其约定；当建设工程施工合同无效后，案涉工程施工质量合格，质保金扣留条款能否参照执行呢？

案件名称： 青海临峰房地产开发有限公司、浙江中业建设集团有限公司建设工程施工合同纠纷案件[1]

裁判规则： 最高人民法院认为，建设工程施工合同无效后，案涉工程施工质量合格，质保金扣留条款属于结算条款，属于折价补偿的范围，可以参照执行。

案情简介

再审申请人（一审原告、反诉被告，二审上诉人）：青海临峰房地产开发有限公司（以下简称临峰公司）

再审申请人（一审被告、反诉原告，二审上诉人）：浙江中业建设集团有限公司（以下简称中业公司）

一审第三人：金某东

2011年5月，临峰公司与中业公司签订的《湟源香江花园施工补充协议》（以下简称《补充协议》）约定：临峰公司同意将其开发的香江花园商住楼总承包给中业公司施工，施工范围为设计施工图纸范围内所有工程（包括

---

[1] （2019）最高法民再166号。

小区指管网的排水、排污、化粪池工程，电梯除外），本工程为6幢商住楼，约为9.1万平方米，具体以总体规划设计为准。工程款支付方式：按照工程进度单体主体封顶后临峰公司支付第一期已完工程量的80%的工程款，后续4#、5#、6#楼工程款按工程量计算在每个月内的25日按已完工程量的80%支付一次，工程全部完成具备竣工条件付到80%工程款，余下工程款扣除3%保修金外在工程竣工验收后一个月内支付完毕，3%保修金按照国家规定时间期满后7日内一次性付清。本补充协议与以后的施工合同具有同等法律效力，如与施工合同有抵触的，以本补充协议为依据。

2011年10月11日，青海省工程建设招标投标管理办公室发出《中标通知书》，确定中业公司为临峰公司开发的湟源县香江花园住宅小区1#、3#、5#楼工程的中标人，中标价48,365,586.85元，施工日期为458日历天，质量要求符合合格标准，项目经理：吕某通。

2011年10月12日，临峰公司与中业公司签订《施工合同》，约定临峰公司将其开发的湟源县香江花园住宅小区1#、3#、5#楼工程发包给中业公司建设，工程内容为施工图纸中包括的全部内容，承包范围为设计施工图纸范围内的所有工程（包括小区管网的排水、排污、化粪池工程，电梯除外），开工日期为2011年9月30日，竣工日期为2012年12月30日，合同工期为总日历天数458日，工程质量标准为合格，合同价款为48,365,586.85元。

案涉工程金某东挂靠在中业公司进行了施工，中业公司只是按工程款2%收取管理费，并未实际施工。

判决结果

一审判决：判决支持中业公司质保金的诉讼请求。

二审判决：判决支持临峰公司扣除质保金的上诉请求。

最高人民法院再审判决：判决认定中业公司主张不应当予以扣减质保金的再审理由不能成立。

各方观点

临峰公司观点：《补充协议》对于质保金的扣减有明确约定，二审法院对于质保金的认定并无不当，临峰公司先行使用案涉工程并非不支付质保金的抗辩理由。

中业公司观点：原判决认定欠付工程款中应予扣除质保金1,589,867.70元错误。原判决认定临峰公司未经竣工验收即擅自使用房屋，中业公司的质量瑕疵返工义务已消失，对于质量缺陷的修复责任应由临峰公司自行承担，质保金不应予以扣减。

法院观点

一审法院观点：《施工合同》及《补充协议》无效，质保金条款无效，故质保金不应扣留。

二审法院观点：关于案涉工程是否已过质保期，质保金应否扣除的问题。虽然《施工合同》及《补充协议》无效，但案涉工程款的结算及支付仍应参照上述合同的约定。《施工合同》约定“土建工程、质量、保修金在通过竣工验收两年后经甲乙双方及监理单位验收合格后15天内付清质量保修金，其他工程保修金，在其保修期满后15天内付清”。《补充协议》约定“3%保修金按照国家规定时间期满后七日内一次性付清”。本案中，虽然临峰公司与中业公司实际履行的合同为《补充协议》及《施工合同》，但根据双方在签订合同时的真实意思表示，《施工合同》与《补充协议》的约定抵触时，应以《补充协议》的约定为准。故案涉保修金的支付应参照《补充协议》的约定，即“3%保修金按照国家规定时间期满后七日内一次性付清”。质保金为案涉总工程款52,995,590.49元×3% =1,589,867.70元，该款项应在质保期满后支付，故应予扣除。临峰公司主张应付工程款中应扣除质保金的上诉理由成立，应予支持。一审判决此节认定有误，予以纠正。

最高人民法院再审观点：案涉《补充协议》约定“工程款支付方式……工程全部完成具备竣工条件付到80%工程款，余下工程款扣除3%保修金外在工程竣工验收后一个月内支付完毕，3%保修金按照国家规定时间期满后七日内一次性付清”。《建设工程质量管理条例》第三十二条规定，“施工单位对施工中出现质量问题的建设工程或者竣工验收不合格的建设工程，应当负责返修”。第四十条第三款规定，“建设工程的保修期，自竣工验收合格之日起计算”。第四十一条规定，“建设工程在保修范围和保修期限内发生质量问题的，施工单位应当履行保修义务，并对造成的损失承担赔偿责任”。施工方对建设工程应承担的质量责任，包括对工程施工中出现的质量问题及经验收不合格工程应承担的质量返修责任，以及对经验收合格的工程在使用过程中出现的质量问题应承担的保修责任。临峰公司未经竣工验收擅自使用，只是推定工程质量合格，并不能免除承包人对案涉工程质量保修义务。故原判决关于在欠付工程款中扣除保证金的认定正确，中业公司主张不应当予以扣减的再审理由不能成立。

相反案例

案件名称：山西陶然房地产开发有限公司、江苏天宇建设集团有限公司建设工程施工合同纠纷案件〔1〕

法院观点：该案件中最高人民法院认为，山西陶然房地产开发有限公司（以下简称山西陶然公司）原审中已明确表示对江苏天宇建设集团有限公司已完成的工程量没有异议，对依据《七一合同》计算的工程造价为188,232,094.49元也没有异议，但认为应当按照《备案合同》约定的计价方式认定工程总造价为134,826,291元。因已经查明双方履行的是《七一合同》，双方签订的《七一合同》与《备案合同》均无效，故合同中关于工程价款支付进度的约定以及质保金条款亦无效。依据《七一合同》计算已完成工程造价为188,232,094.49元，参照《七一合同》关于竣工结算时下浮1.3%作为工程结算价的约定以及核减已付款，原审确认山西陶然公司尚欠江苏天宇建设集团有限公司工程款71,293,147.26元（188,232,094.49元－188,232,094.49元×1.3%－114,491,930元）并无不当。山西陶然公司的该项申请再审事由不能成立。

法律规定

《民法典》第七百九十三条规定，建设工程施工合同无效，但是建设工程经验收合格的，可以参照合同关于工程价款的约定折价补偿承包人。建设工程施工合同无效，且建设工程经验收不合格的，按照以下情形处理：（一）修复后的建设工程经验收合格的，发包人可以请求承包人承担修复费用；（二）修复后的建设工程经验收不合格的，承包人无权请求参照合同关于工程

〔1〕（2019）最高法民申2121号。

价款的约定折价补偿。发包人对因建设工程不合格造成的损失有过错的，应当承担相应的责任。

律师点评

《民法典》第七百九十三条规定，建设工程施工合同无效，但是建设工程经验收合格的，可以参照合同关于工程价款的约定折价补偿承包人。建设工程施工合同无效时，质保金条款是否属于前述法律规定的工程价款的约定，实务中存在争议，主要有两种观点。第一种观点认为，质保金条款属于工程价款的约定，比如典型案例中最高人民法院认为建设工程施工合同无效，但质保金仍应参照合同约定支付。第二种观点认为，质保金条款不属于工程价款的约定，相反案例中最高人民法院认为，建设工程施工合同无效，质保金条款无效。笔者赞同第一种观点。安徽省高级人民法院、山东省高级人民法院和北京市高级人民法院赞同第一种观点。《安徽省高级人民法院关于审理建设工程施工合同纠纷案件适用法律问题的指导意见》（安徽省高级人民法院审判委员会2009年5月4日第16次会议通过）第十四条规定，建设工程施工合同无效，但工程经竣工验收合格并交付发包人使用的，承包人应承担相应的工程保修义务和责任，发包人可参照合同约定扣留一定比例的工程款作为工程质量保修金。《山东高院民一庭关于审理建设工程施工合同纠纷案件若干问题的解答》第一条规定，施工合同无效，建设工程经竣工验收合格的，可以将合同中关于工程价款、付款时间、工程款支付进度、下浮率、质保金等约定条款作为折价补偿的依据。《北京市高级人民法院关于审理建设工程施工合同纠纷案件若干疑难问题的解答》（2012年8月6日，京高法发〔2012〕245号）第三十一条第四款规定，建设工程施工合同无效，但工程经竣工验收合格并交付发包人使用的，承包人应依据法律、行政法规的规定承担质量保修责任。发包人要求参照合同约定扣留一定比例的工程款作为工程质量保修金的，应予支持。

操作提示

建设工程施工合同无效，质保金条款可以参照执行。故发承包双方对工程价款结算发生纠纷，律师建议，虽然建设工程施工合同无效，承包人仍应参照条款执行，否则，由此产生的诉讼费等支出由其自行承担。

二、未完工程，已完工程质量合格，合同终止的，发包人可以主张按照约定扣留质保金

关 键 词：未完工程　合同终止　质保金　结算和清理条款

问题提出：建设工程施工合同未履行完毕即终止，案涉工程未完工的，质保金扣留条款约定是否属于结算和清理条款呢，即该情形下，发包人主张按照约定扣留质保金的，是否支持？

案件名称：福建九鼎建设集团有限公司、云南佳鸿宇合实业有限公司建设工程施工合同纠纷案件[1]

裁判规则：最高人民法院认为，建设工程施工合同未履行完毕即终止，案涉工程未完工的，质保金扣留条款属于结算和清理条款，此情形下，发包人主张按照该约定扣留质保金的，予以支持。

案情简介

上诉人（一审原告、反诉被告）：福建九鼎建设集团有限公司（以下简称福建九鼎）

上诉人（一审被告、反诉原告）：云南佳鸿宇合实业有限公司（以下简称佳鸿宇合）

福建九鼎与佳鸿宇合签订《建设工程施工合同》，约定：福建九鼎自筹资金，承包佳鸿宇合位于昆明市晋宁县米钢结构厂房，具体栋号为3－1#—3－3#、3－31#—3－43#，工程为钢结构，地上三层，总面积为31,408平方米的工程施工，施工范围包括设计施工图纸（土建工程、钢结构、安装工程）。约定合同价与合同价格形式为：固定总价包干，单栋价格为5,965,955.43元，五标段共计16栋。

案涉项目经第三方云南和亚消防检测评价有限公司检测，确认存在明显

---

[1]（2020）最高法民终337号。

质量问题，注明："如上述问题未按要求整改清楚，将严重影响消防验收（防火涂料验收合格后，方可进行下一项施工工序）。"

2015年1月15日，福建九鼎与佳鸿宇合签订《建设工程施工合同》约定，付款方式：在标段全部栋号主体全部封顶后，发包人付给承包人合同总价款的30%即28,636,586.05元；在承包人所承包五标段所有施工范围工程全部完工且承包人已将发包人及监理提出的质量问题及缺陷全部整改完毕后，发包人再付给承包人合同总价款的40%即38,182,114.73元；承包人提供完整的验收资料（具体见附件）且竣工验收合格［经发包人组织由发包人、承包人、监理方、当地工业园区管委会及规划、住建（质检站）等相关部门共同验收合格之日］并完成最终结算后，双方对最终结算价款无异议的，发包人支付至工程结算价款的95%（含前述已经支付的价款），结算总价的5%作为工程质保金（按照《工程质量保修书》中相关专业相关规定扣除相应质保金），自竣工验收合格并交付使用之日起一年的缺陷责任期满，如未发生任何质量问题及维修责任的，发包方在一个月内全额无息付清质保金。

合同附件《工程质量保修书》约定，工程质量保修金按实际完成工程结算总价款5%计算扣留5年。

2016年1月7日，福建九鼎向佳鸿宇合请款的《工程进度款支付单》中载明其"于2014年10月8日至2016年1月7日期间已完成云南工业品产业基地标准化厂房五标段主体封顶工作"。监理在《工程进度款支付单》中签署审核意见确认福建九鼎已完成13栋主体封顶，并注明"防火涂料存在质量问题，需整改达到终验条件"。

判决结果

一审判决：（1）福建九鼎与佳鸿宇合2015年1月15日签订的《建设工程施工合同》予以解除；（2）驳回福建九鼎的要求支付质保金的诉讼请求。

最高人民法院二审判决：驳回福建九鼎支付质保金的上诉请求。

各方观点

福建九鼎观点：5%的质保金不应在工程款中扣除。案涉工程未完工，

《建设工程施工合同》因佳鸿宇合违约被解除后，对无法竣工验收的工程不存在质量保修期，质保金条款不再适用，故不应再按照合同约定在工程结算款中扣除5%的质保金。

佳鸿宇合观点：案涉工程至今没有完成竣工验收，也没有向佳鸿宇合交付，因此质保金的起算时间还未开始。而且质保金条款属于结算和清理条款，即使合同解除，也不影响质保金条款的效力。因此质保金应当扣除。案涉工程的质量问题至今还没有解决，就不应支付工程款，更不存在支付利息的问题。

法院观点

一审法院观点：福建九鼎与佳鸿宇合就案涉项目于2015年1月15日签订的《建设工程施工合同》系双方当事人的真实意思表示，该合同未违反法律、行政法规的强制性规定，合法有效，双方均应按照约定全面履行合同义务。

在施工方按约垫资完成项目建设，工程进度届至付款节点时，发包方如约支付对应工程款项，此系福建九鼎的合同目的，亦系佳鸿宇合根本性的合同义务。而佳鸿宇合迟延履行支付工程进度款致使福建九鼎不能实现合同目的，本案中，福建九鼎并未请求确认双方于2015年1月15日签订的《建设工程施工合同》已经解除，而系请求依法解除该合同，且有事实和法律依据，一审法院予以支持。

对于佳鸿宇合以福建九鼎施工完成的13栋建筑中防火涂料存在工程质量问题为由，主张工程款项的支付应以交付工程质量合格为前提，提出不应支付工程进度款的抗辩意见，一审法院认为，在双方签订的《建设工程施工合同》中，并未就工程封顶后进度款的支付设定前提条件，且工程尚未竣工验收前，质量问题可以通过返工、维修、重作等方式予以解决，并不影响进度款项的支付，故其抗辩意见没有事实和法律依据，不予支持。

如前所述，双方签订的《建设工程施工合同》应予解除。本案中，佳鸿宇合提出因福建九鼎施工工程虽有13栋形象进度达到主体封顶标准，但因其防火防腐涂料质量不合格，故工程款支付条件尚未成就，不应支付工程价款。一审法院认为，佳鸿宇合提出案涉项目为钢结构工程，防火防腐涂料施工质量不合格，即应确认为主体工程不合格的意见，经查阅《建筑钢结构防火技术规范》（GB 51249—2017）第9.8.4条，当钢结构防火保护分项工程施工质量不符合规定时，应按下列规定进行处理：（1）经返工重作的检验批，应重新进行验收；通过返修或重作仍不能满足结构防火要求的钢结构防火保护分项工程，严禁验收……由此可见，防火涂料施工质量不合格，可以通过返工重作的方式进行修复，故对于佳鸿宇合据此为由主张工程款支付条件不成就的意见，没有事实和法律依据，不予支持。

根据双方《建设工程施工合同》中《工程质量保修书》的约定，案涉项目的工程质量保修金按实际完成工程结算总价款5%计算扣留5年，福建九鼎自2016年1月8日完成主体封顶至今，质保期尚未届满，故应对该质保金金额从欠付工程款金额中进行扣减，待质量保修期届满后，再行依约返还。

最高人民法院观点：在建设工程施工合同关系中，发包方的主要义务系及时支付足额工程款或进度款，本案中佳鸿宇合作为发包方未按约支付工程进度款，且应支付数额与已付工程款数额相差较大，故根据《合同法》（已失效）第九十四条“有下列情形之一的，当事人可以解除合同……（二）在履行期限届满之前，当事人一方明确表示或者以自己的行为表明不履行主要债务……”以及《最高人民法院关于审理建设工程施工合同纠纷案件适用法律问题的解释》第九条“发包人具有下列情形之一，致使承包人无法施工，且在催告的合理期限内仍未履行相应义务，承包人请求解除建设工程施工合同的，应予支持：（一）未按约定支付工程价款的……”之规定，福建九鼎可以请求解除双方签订的《建设工程施工合同》，一审法院予以支持，并无不当。佳鸿宇合主张因案涉工程防火防腐涂料质量不合格，其拒付工程进度款系行使先履行抗辩权，不构成违约。本院认为，根据《建设工程施工合同》的约定，第一阶段进度款的支付并未设置除主体封顶外的其他前提条件。福建九鼎对于工程质量问题的整改义务是在佳鸿宇合支付第一阶段的工程进度款之后，不影响佳鸿宇合第一阶段进度款的支付，故佳鸿宇合的该项主张不能成立。

质保金条款属于结算条款，合同解除不影响质保金条款效力，因此在合同约定的条件满足时，工程质量保修金才应返还施工方。虽然案涉工程未完工，但福建九鼎的质量保修义务并不因此免除。根据《建设工程施工合同》中《工程质量保修书》之约定，工程质量保修金按实际完成工程结算总价款5%扣留5年，案涉工程于2016年1月8日完成主体封顶，至今工程未竣工验收，也未交付使用，质量保修期尚未届满，故福建九鼎主张质保金不应扣除的理由不能成立。

关联案例 1

案件名称：海天建设集团有限公司、西安华峰置业有限公司等建设工程施工合同纠纷案件〔1〕

法院观点：该案件中最高人民法院认为，质量保证金是发包人与承包人在建设工程承包合同中约定，从应付的工程款中预留，用以保证承包人在缺陷责任期内对建设工程出现的缺陷进行维修的资金。与承包人的法定质量保修义务不同，质量保证金条款依赖于双方当事人的约定。建设工程质量保证金对应的是"缺陷责任期"，而非保修期。

缺陷责任期是承包人按照合同约定承担缺陷修复义务，且发包人预留质量保证金（已缴纳履约保证金的除外）的期限，自工程实际竣工日期起计算。保修期是承包人按照合同约定对工程承担保修责任的期限，从工程竣工验收合格之日起计算。保修义务是承包人的法定义务。本案中，根据已查明事实，案涉工程系未完工工程。双方当事人现已解除合同，但已完工部分仍应按照《复工协议》约定的质保金条款，对于合同约定的缺陷责任期已经到期的部分，应返还质保金并承担法定保修义务；对于缺陷责任期未至届满的，应预留至期满再行返还。西安华峰置业有限公司返还工程质量保证金后，不影响海天建设集团有限公司依照合同约定或法律规定履行工程保修义务。故原审判决以案涉工程主体质量检测合格之日起算质保期并无不当，本院予以维持。

关联案例 2

案件名称：陕西西岳山庄有限公司与中建三局建发工程有限公司、中建三局第三建设工程有限责任公司建设工程施工合同纠纷案件〔2〕

法院观点：该案件中最高人民法院认为，合同解除后，未履行的部分不再履行。由于《施工合同》约定的质保期已过，质保金不再从工程款中扣除。

相反案例

案件名称：兰州新区嘉伯文化发展有限责任公司、中冶建工集团有限公司等建设工程施工合同纠纷案件〔3〕

〔1〕（2021）最高法民终340号。
〔2〕最高人民法院公报2007年第12期案例。
〔3〕（2021）最高法民申2944号。

法院观点：该案件中最高人民法院认为，施工合同专用条款第12.4.1条第一款第一项约定“单项工程交付使用后，15日内支付至实际已完成工程总造价90%，180日内支付至实际工程总造价的97%，余款3%作为工程质量保修金，按工程质量保修书的约定，到期后，90日内付清”，《工程质量保修书》第四条“质量保修金的支付”约定，“发包人在自项目正式验收合格后交付使用之日起二年内付清”。案涉工程施工合同已经解除，工程未完工，中冶建工集团有限公司原审中提交了工程分项验收记录，原判决未预留工程质量保修金，并无不当。兰州新区嘉伯文化发展有限责任公司如认为工程质量存在问题，可依据相关事实另行主张。

法律规定

《民法典》第五百六十六条规定，合同解除后，尚未履行的，终止履行；已经履行的，根据履行情况和合同性质，当事人可以请求恢复原状或者采取其他补救措施，并有权请求赔偿损失。合同因违约解除的，解除权人可以请求违约方承担违约责任，但是当事人另有约定的除外。主合同解除后，担保人对债务人应当承担的民事责任仍应当承担担保责任，但是担保合同另有约定的除外。

《民法典》第五百六十七条规定，合同的权利义务关系终止，不影响合同中结算和清理条款的效力。

律师点评

未完工程，已完工程质量合格，合同终止的，发包人能否按照约定扣留质保金，实务中有争议，主要有两种观点。第一种观点认为，发包人可以按照约定扣留质保金，其理由是质保金条款属于结算和清理条款，建设工程施工合同终止的，不影响合同中的结算和清理条款。典型案例中最高人民法院赞同此观点。第二种观点认为，发包人不可以按照约定扣留质保金，其理由是质保金条款并不属于结算和清理条款，故建设工程施工合同终止的，发包人应当返还质保金。比如相反案例中最高人民法院认为，案涉工程施工合同已经解除，工程未完工，中冶建工集团有限公司原审中提交了工程分项验收记录，原判决未预留工程质量保修金，并无不当。笔者赞同第一种观点。

操作提示

未完工程，已完工程质量合格，建设工程施工合同终止的，发包人可以主张按照约定扣留质保金；故在发承包双方就工程价款结算发生纠纷后，律师建议，承包人仍应按照质保金条款执行，否则，由此产生的诉讼费等支出由承包人自行承担。

三、因承包人导致工程质量不合格，发包人和承包人丧失信任的，发包人可以主张工程质量修复费用

关 键 词：工程质量不合格　丧失信任　维修　修复费用

问题提出：在建设工程施工合同履行过程中，因承包人导致工程质量不合格，承包人可以主张自行维修；但发包人和承包人丧失信任后，发包人是否可以直接主张工程质量修复费用，无须以承包人拒绝维修为前提?

案件名称：江西省山海建筑有限公司、江西紫城房地产开发有限公司建设工程施工合同纠纷案件〔1〕

裁判规则：最高人民法院认为，在建设工程施工合同履行过程中，因承包人导致工程质量不合格，发包人和承包人之间丧失信任的，发包人可以要求承包人承担修复费用，无须以承包人拒绝维修为前提。

案情简介

再审申请人（一审原告、反诉被告、二审上诉人）：江西省山海建筑有限公司（以下简称山海公司）

被申请人（一审被告、反诉原告、二审上诉人）：江西紫城房地产开发有限公司（以下简称紫城公司）

经双方当事人共同选取，并由一审法院委托江西博正司法鉴定中心就案涉工程质量进行鉴定；鉴定意见认定案涉工程存在质量瑕疵。由于江西博正司法鉴定中心没有出具修复设计方案的资质，故经一审法院委托由具备相关资质的中恒建

〔1〕（2020）最高法民申3158号。

设集团有限公司出具修复设计方案，并最终由江西博正司法鉴定中心根据修复方案计算出修复造价10,111,476.90元。双方当事人已经丧失信任、难以继续合作。

判决结果

最高人民法院裁定：在双方当事人已经丧失信任、难以继续合作的基础上，二审判决由紫城公司委托有资质的第三方对有缺陷的工程进行维修，山海公司承担修复费用有利于平衡双方的利益，并无不当。

各方观点

山海公司观点：二审判决认定山海公司应当支付工程修复费用10,111,476.90元缺乏事实和法律依据。（1）江西博正司法鉴定中心出具的鉴定意见书及中恒建设集团有限公司出具的修复设计方案与事实不符，程序违法，不能作为定案依据。（2）案涉工程地下室属合格工程，且紫城公司存在私自破坏原设计结构的行为。根据案涉施工协议及法律规定，山海公司应承担维修义务，二审直接判决承担维修费于法无据。（3）紫城公司诉请为“判令山海公司承担紫城中心花苑地下室工程存在质量问题的项目修复费用10,111,476.90元”，一审法院委托鉴定修复范围为地下室、裙房、C座酒店部分，该三部分修复费用为10,111,476.90元，属于超诉讼请求。

紫城公司观点：山海公司对案涉鉴定意见存异议，无事实及法律依据。江西博正司法鉴定中心和中恒建设集团有限公司系一审法院依法委托，由双方当事人抽选确定的，且鉴定报告均经过双方当事人质证。（1）山海公司在一审、二审审理阶段仅对江西博正司法鉴定中心的鉴定资质及该报告未依据《民用建筑可靠性鉴定标准》提出异议，应视为认可鉴定报告中的其他内容。（2）中恒建设集团有限公司系法院选定的有资质的设计单位，可以出具修复方案。（3）江西博正司法鉴定中心出具的修复造价鉴定意见书可以作为案涉工程质量修复费用的依据。（4）双方在已经失去继续合作的基础上，二审法院判决山海公司承担修复费用有利于减少矛盾，且修复费用未超出紫城公司诉请，紫城公司正是基于鉴定报告的数额将诉讼请求变更为现有修复费用数额。

法院观点

最高人民法院观点：（1）江西博正司法鉴定中心是经双方当事人共同选取，并由一审法院委托的司法鉴定机构，且其有建设工程质量鉴定资质，另质量鉴定意见经过双方当事人庭审质证，充分发表意见，一审审理过程中鉴定人员还出庭就相关疑问进行解答，在没有相反证据证明的情况下，山海公司提出江西博正司法鉴定中心鉴定程序违法的主张，无事实与法律依据，二审判决认定鉴定意见为确认质量瑕疵的定案依据，并无不当。由于江西博正司法鉴定中心没有出具修复设计方案的资质，故经一审法院委托由具备相关资质的中恒建设集团有限公司出具修复设计方案，并最终由江西博正司法鉴定中心根据修复方案计算出修复造价10,111,476.90元，符合法定程序，并无不当。（2）在双方当事人已经丧失信任、难以继续合作的基础上，二审判决由紫城公司委托有资质的第三方对有缺陷的工程进行维修，山海公司承担修复费用有利于平衡双方的利益，并无不当。至于山海公司认为一审、二审法院超诉请判决，程序严重违法的再审申请，经审查，紫城公司系依据上述鉴定将该部分诉请调整为10,111,476.90元，根据二审查明事实，10,111,476.90元包含地下室及裙房和C座酒店，故一审、二审法院未超诉请裁判，程序并无不当。

关联案例

案件名称：江苏南通二建集团有限公司与吴江恒森房地产开发有限公司建设工程施工合同纠纷案件〔1〕

法院观点：该案件中最高人民法院认为，鉴于吴江恒森房地产开发有限公司几经局部维修仍不能彻底解决屋面渗漏，双方当事人亦失去信任的合作基础，为彻底解决双方矛盾，原审法院按照司法鉴定意见认定按全面设计方案修复，并判决由吴江恒森房地产开发有限公司自行委托第三方参照全面设计方案对屋面渗漏进行整改，江苏南通二建集团有限公司承担与改建相应责任有事实和法律依据，亦属必要。

〔1〕 最高人民法院公报2014年第8期案例。

法律规定

《民法典》第八百零一条规定，因施工人的原因致使建设工程质量不符合约定的，发包人有权请求施工人在合理期限内无偿修理或者返工、改建。经过修理或者返工、改建后，造成逾期交付的，施工人应当承担违约责任。

《建筑法》第七十四条规定，建筑施工企业在施工中偷工减料的，使用不合格的建筑材料、建筑构配件和设备的，或者有其他不按照工程设计图纸或者施工技术标准施工的行为的，责令改正，处以罚款；情节严重的，责令停业整顿，降低资质等级或者吊销资质证书；造成建筑工程质量不符合规定的质量标准的，负责返工、修理，并赔偿因此造成的损失；构成犯罪的，依法追究刑事责任。

《建设工程施工合同（示范文本）》（GF—2017—0201）第15.4.2条规定，修复费用。保修期内，修复的费用按照以下约定处理：（1）保修期内，因承包人原因造成工程的缺陷、损坏，承包人应负责修复，并承担修复的费用以及因工程的缺陷、损坏造成的人身伤害和财产损失；（2）保修期内，因发包人使用不当造成工程的缺陷、损坏，可以委托承包人修复，但发包人应承担修复的费用，并支付承包人合理利润；（3）因其他原因造成工程的缺陷、损坏，可以委托承包人修复，发包人应承担修复的费用，并支付承包人合理的利润，因工程的缺陷、损坏造成的人身伤害和财产损失由责任方承担。

律师点评

按照《建设工程施工合同（示范文本）》第15.4.2条的规定，因承包人原因导致的质量问题，在保修期内，应当由承包人进行修复。《建设工程质量管理条例》第三十二条规定："施工单位对施工中出现质量问题的建设工程或者竣工验收不合格的建设工程，应当负责返修。"根据上述法律规定可以得出，建设工程经验收不合格的，承包人应当承担返修义务，返修费用由承包人自行承担。如果承包人拒绝承担返修义务或者基于双方丧失合作基础的情况，发包人和承包人均同意由第三人进行工程建设的修复工作时，发包人可以要求承包人承担修复费用，以此替代承包人承担修复义务。典型案例中最高人民法院即持有该观点。

操作提示

因承包人导致工程质量不合格，发包人和承包人丧失信任的，发包人可以主张工程质量修复费用。故发承包双方就案涉工程质量发生纠纷后，律师建议，承包人应当按照建设工程施工合同约定全面履行修复义务，否则，如果裁判者认定发承包双方丧失信任的，其可以按照本条裁判规则，要求承包人向发包人支付修复费用。

四、工程质量不合格，发包人不能同时主张工程质量违约金和质量修复费用

关 键 词：工程质量不合格　质量违约金　质量修复费用

问题提出：在建设工程施工合同履行过程中，因承包人导致工程质量不合格，发包人同时主张工程质量违约金和质量修复费用，是否支持？

案件名称：江苏苏南建设集团有限公司与安庆新城悦盛房地产发展有限公司建设工程施工合同纠纷案件〔1〕

裁判规则：最高人民法院认为，在建设工程施工合同履行过程中，因承包人导致工程质量不合格，发包人同时主张工程质量违约金和质量修复费用的，不予支持。

案情简介

上诉人（原审被告）：江苏苏南建设集团有限公司（以下简称苏南公司）

被上诉人（原审原告）：安庆新城悦盛房地产发展有限公司（以下简称新城公司）

原审第三人：朱某彪

2015年1月5日，苏南公司通过转账向新城公司支付案涉工程投标保证金10万元。2015年2月7日，苏南公司向新城公司递交商务标等投标资料，并同时向新城公司出具一份《授权委托书》，授权朱某彪为苏南公司的代理人

〔1〕（2019）最高法民终589号。

参与案涉工程项目的投标。2015 年 2 月 12 日经过评标，苏南公司中标，中标价为 31,317,519 元。

2015 年 3 月 3 日，新城公司（甲方）与苏南公司（乙方）就安庆吾悦广场项目—商业区桩基签订一份《桩基工程施工合同》，约定：工程名称为安庆吾悦广场项目—商业区桩基施工合同。第 9.2.3 条约定，乙方工程质量验收不合格的，应负责无偿修理或返工，直至工程质量合格，并向甲方支付合同总价款 10% 的违约金。合同甲方处加盖了新城公司印章并由授权代表签字，乙方处加盖了苏南公司印章和法定代表人花某华印签。同日，新城公司与安庆市建筑工程测试中心（以下简称安庆建筑测试中心）签订《桩基检测合同》，委托安庆建筑测试中心对案涉工程进行桩基检测。

当日，苏南公司亦与朱某彪签订一份《工程项目承包责任书》，将上述《桩基工程施工合同》项下的桩基工程承包给朱某彪施工，双方约定朱某彪采取“双包”的承包形式，上缴公司的管理费“按上海分公司标准收取”，付款方式为“甲方（苏南公司）在收到业主工程款后，扣除乙方（朱某彪）应缴纳给甲方的管理费和规费后，余款支付给乙方”。该承包责任书还就其他事项进行了约定。

案涉工程于 2015 年 2 月 27 日开始进场施工。

2015 年 8 月 15 日至 21 日，安庆建筑测试中心对案涉桩基工程进行单桩竖向抗压静载试验，出具两份《单桩竖向抗压静载试验报告》，编号为 2015ZJ079 报告载明，检测桩数 3 根，不合格率为 100%；编号为 2015ZJ143 报告载明，检测桩数 2 根，不合格率为 50%。2015 年 8 月 22 日至 26 日，安庆建筑测试中心对案涉桩基工程进行单桩竖向抗拔静载试验，并出具三份《单桩竖向抗拔静载试验报告》，编号为 2015ZJ080 报告载明，检测桩数 3 根，不合格率为 100%；编号为 2015ZJ144 报告载明，检测桩数 1 根，不合格率为 100%；编号为 2015ZJ145 报告载明，检测桩数 1 根，不合格率为 100%。2015 年 8 月 3 日至 10 月 1 日，安庆建筑测试中心对案涉桩基工程 12 桩进行桩身完整性检测，出具《钻芯法检测报告》（编号：2015ZX007），报告显示，检测的 12 根桩身未见完整桩身，桩身断碎率为 100%。2015 年 10 月 24 日至 2016 年 4 月 28 日，安庆建筑测试中心对案涉桩基工程进行基桩低应变动力检测，出具四份《桩基动测报告》，编号为 2015ZD117 报告显示，不合格率为 55.4%；编号为 2015ZD118 报告显示，不合格率为 90%；编号为 2015ZD119

报告显示，不合格率为 46%；编号为 2015ZD120 报告显示，不合格率为 26%。

由建设单位、设计单位、监理单位、施工单位、勘察单位五方向安庆市建委、安庆市建筑工程质量监督站提交《安庆新城吾悦广场桩基问题分析》（以下简称《桩基问题分析》），载明，根据测试结果分析为：由于施工单位未能认真查阅地质勘查报告……若采取钻孔灌注桩工艺且在施工过程中未采取相应的泥浆护壁工艺，上述土层极易产生塌孔、灌注水下混凝土离析等现象。苏南公司在施工过程中，未能正确意识到该土层的复杂性，未能及时、有效地采取相应措施，导致成桩后小应变测试显示桩身有缺陷的现象发生。

2016 年 1 月 26 日，安庆市住房和城乡建设委员会（以下简称安庆市住建委）对苏南公司作出《安庆市住房和城乡建设委员会行政处罚决定》（宜建罚决字［2016］第 2 号）。内容为："你单位在安庆吾悦广场项目商业区桩基工程的施工过程中，未按设计图纸及施工技术标准施工，导致该工程桩基存在严重质量问题。该行为违反了《建设工程质量管理条例》第二十八条（施工单位必须按照工程设计图纸和施工技术标准施工，不得擅自修改工程设计）的规定。根据《建设工程质量管理条例》第六十四条的规定，决定：你单位限期整改，并处以工程合同价款 3% 共计人民币 21.2875 万元的罚款。……"此后，苏南公司委托新城公司代为缴纳了罚款。

此后，新城公司分别与扬州市桩基有限公司（以下简称扬州桩基公司）、江苏地质基桩工程公司（以下简称江苏基桩公司）、江西省地基基础建筑工程有限公司（以下简称江西地基公司）签订《桩基补桩工程施工合同》，由该三公司对案涉工程的问题桩基进行补桩施工。扬州桩基公司于 2016 年 1 月 7 日补桩施工完成，江西地基公司于 2016 年 5 月 22 日补桩施工完成，江苏基桩公司于 2016 年 6 月 15 日补桩施工完成。

2018 年 9 月 18 日，安徽省建筑设计研究总院股份有限公司（以下简称安徽建筑设计院）向一审法院出具《关于安庆吾悦广场补桩方案的情况说明》："我院于 2015 年承接安庆新城吾悦广场项目施工图设计工作，该工程基础采用泥浆护壁钻孔灌注桩。桩基工程施工完成后，陆续出现质量问题，建设单位委托有资质的检测单位安庆市建筑工程检测中心，分别对桩基工程进行桩基低应变动力检测、单桩竖向抗压静载试验、单桩竖向抗拔静载试验以及对桩身完整性进行钻芯法检测，并出具正式检测报告。我院接受建设单位委托，在上述检测报告基础上，依据我国设计规范等要求，完成了补桩修复方案设计。……我院本着经济节约和减少各方经济损失的原则，并综合考虑尽可能减少补桩导致工期延误引起各方直接和间接经济损失，确保各方止损，依据现行设计规范等要求，进行补桩修复方案设计，补桩设计时依据桩基检测结果和现场实际情况考虑不合格桩的部分承载力，补桩总数为1233根，该桩基设计图纸已报审图通过。”

判决结果

一审判决：（1）苏南公司于判决生效之日起15日内支付新城公司补桩费用18,713,308.24元；（2）苏南公司于判决生效之日起15日内支付新城公司质量违约金3,131,751.90元。

最高人民法院二审判决：（1）苏南公司于判决生效之日起15日内支付新城公司补桩费用18,713,308.24元；（2）苏南公司无须支付新城公司质量违约金3,131,751.90元。

各方观点

苏南公司观点：（1）一审判决判令苏南公司承担补桩损失费18,713,308.24元，缺乏事实依据，案涉桩基工程不存在大面积质量问题。其一，安庆建筑测试中心所作出的两份《单桩竖向抗压静载试验报告》、三份《单桩竖向抗拔静载试验报告》、一份《钻芯法检测报告》、四份《基桩低应变动力检测报告》共计十份检测报告（以下简称十份检测报告），结果显示案涉桩基工程不合格。但经苏南公司提供的《关于安庆新城悦盛房地产发展有限公司诉江苏苏南建设集团有限公司建设工程施工合同纠纷一案桩基质量问题专家论证意见》（以下简称专家论证意见）论证，其中8份是无效的，两份准确率差。苏南公司申请具有专门知识的人王某论、唐某才出庭就一审中苏南公司提交的针对十份检测报告的专家论证意见发表意见。苏南公司要求对十份检测报告尤其是四份《基桩低应变动力检测报告》的真实性、正确性、规范性进行鉴定或论证。其二，一审判决未将十份检测报告作为新城公司的证据列出，也未将苏南公司提供的专家意见作为证据列出。而且一审庭审中提交的是A、B

塔楼低应变动力检测汇总表，不是正式的检测报告。其三，《桩基问题分析》是新城公司让相关单位及施工项目部共同伪造的。《桩基问题分析》上记载的产生质量问题的原因没有科学依据，没有证据证明其系施工方未认真查阅地质勘察报告造成，相关数据也是伪造的，50% 的桩身存在缺陷没有数据支持。安庆市住建委作出的宜建罚决字［2016］第 2 号行政处罚决定书缺乏事实依据，苏南公司对该处罚并不知情，直至一审中才知道该行政处罚，并对该处罚决定提起行政复议。其四，安徽建筑设计院所作的补桩设计是基于案涉十份检测报告作出，因检测报告错误，故补桩设计也是错误的，产生的补桩费亦缺乏事实依据。补桩设计图未经当庭质证，一审法院让苏南公司在庭审后 5 天内提供质证意见是走形式，侵犯苏南公司的权利。补桩设计图中存在因建筑结构设计变更而导致的补桩，而非桩基质量问题产生的补桩。有因柱网结构调整而补桩，一桩承台变为五桩承台的事实，存在底板标高调整等，这些原因补桩与桩基质量问题无关。其五，安徽天瑞工程咨询有限公司（以下简称天瑞公司）作出的皖天瑞鉴字［2018］第 006 号《安庆吾悦广场桩基工程建设工程施工合同纠纷工程造价鉴定意见书》（以下简称鉴定意见书）没有详细计算式，难以就其正确性进行质证，补桩费用应当只根据补桩图来计算，而非根据竣工图计算。苏南公司一审时要求鉴定机构将此情况增加的费用单独列出，法庭未允许。（2）一审判决判令苏南公司承担工期延误违约金和质量违约金无事实和法律依据。其一，案涉《桩基工程施工合同》应为无效。朱某彪一直挂靠不同施工单位，在新城公司及其关联公司控制的各单位进行基础工程施工，案涉工程是由新城公司自行挂靠苏南公司并指定朱某彪施工，新城公司对朱某彪挂靠苏南公司施工不但是明知的，而且是主动要求这样挂靠施工。案涉桩基工程属于一个单位工程中基坑分项工程中的子分项，新城公司违法肢解发包，违反了《建筑法》《建设工程质量管理条例》关于禁止将建筑工程肢解发包的规定。案涉工程属于公共建筑，关系到社会公共利益和安全，应当进行招标，但新城公司并未经合法招投标程序而是直接与苏南公司签订桩基合同，案涉《桩基工程施工合同》应为无效。其二，新城公司主张的 210 天工期延误时间不当，超出了原合同约定的工期时间，补桩时间比施工时间长，明显不当。（3）如果案涉工程存在问题，新城公司亦应当承担 50% 的责任。案涉工程施工时新城公司未取得施工许可证，没有提供施工图，对工程肢解发包，约定的工期短，新城公司的上述行为对工程质量产生不利影响。

新城公司观点：（1）关于合同效力。《桩基工程施工合同》主体合法、内容合法，是双方真实意思表示，该合同依法有效。即便苏南公司与朱某彪签订的《工程项目承包责任书》属实，且有证据证明朱某彪是实际施工人以及在法律性质上构成违法转包，也不影响《桩基工程施工合同》的法律效力。苏南公司主张《桩基工程施工合同》无效，缺乏事实和法律依据，依法不能成立。（2）关于《桩基工程施工合同》有效或无效的法律后果。如《桩基工程施工合同》有效，苏南公司依约承担工程质量责任和工期责任；若《桩基工程施工合同》无效，则苏南公司需要依据法律规定，承担工期延误损失赔偿责任和质量损失赔偿责任。（3）十份检测报告依法有效，应作为本案认定事实的依据，苏南公司否认十份检测报告的效力，缺乏事实和法律依据。苏南公司提供的专家论证意见不具备法律规定的证据形式要件，不具有法律证明力，三位签名专家无国家权威机构认证的专家证明，也未在国家专家库中予以公示，《安徽省建设工程基桩检测管理规定》第四条规定，任何单位与个人不得以任何形式的专家论证会取代桩基检测。苏南公司邀请王某论、唐某才作为专家证人出庭，其发言不具有客观性和法律证明力。桩基检测前新城公司通知了苏南公司以及朱某彪和其他现场代表，苏南公司主张检测前未被通知与事实不符。（4）补桩修复方案由安徽建筑设计院在十份检测报告的基础上出具，设计单位具有合法设计资质，出具的补桩方案依法有效。（5）天瑞公司的鉴定意见书由一审法院依法委托后出具，程序合法。鉴定单位具有鉴定资质，鉴定材料经法庭组织质证，鉴定意见书初稿征询了双方意见，鉴定意见书正式稿在庭审时接收质询，苏南公司未提供相关证据或依据予以辩驳，鉴定报告合法有效。（6）安庆市住建委出具的宜建罚决字［2016］第2号行政处罚决定书与《桩基问题分析》应作为认定桩基工程存在大面积质量问题的依据之一，苏南公司对此未提供相关证据或依据予以辩驳，苏南公司的意见不能成立。（7）对桩基质量问题的产生，新城公司不存在过错。

朱某彪观点：其与新城公司有多年合作关系，其借用苏南公司的资质承包案涉项目进行施工，并按照新城公司提供的地质报告进行规范施工，施工过程中遇到暴雨天气，但新城公司依旧要求赶工期施工。新城公司检测时桩头爆裂属于正常现象，施工质量合格。朱某彪与苏南公司系挂靠关系，苏南公司对案涉工程相关材料盖章属正常现象，安庆市住建委因桩基质量存在问题对苏南公司进行罚款，该罚款依据的《桩基问题分析》上面盖的苏南公司的章系虚假。

法院观点

一审法院观点：

1. 关于案涉桩基施工合同是否有效，施工主体如何确定。苏南公司认为案涉工程未经招投标程序、存在肢解分包情形，违反法律、行政法规禁止性规定而无效。经查，案涉工程由新城公司招标，苏南公司参与投标，并于2015年2月12日被确定为中标单位。2015年3月3日，双方根据中标结果签订案涉《桩基工程施工合同》，同时亦未见有其他违反法律和行政法规效力性强制性规范的情形，因此该合同合法有效。苏南公司还辩称双方签订上述合同是为了配合新城公司办理相关手续，双方没有实际履行，实际施工人为朱某彪。经审查，《桩基工程施工合同》甲方处加盖新城公司印章并由授权代表签字，乙方处加盖苏南公司印章和法定代表人花某华印签。苏南公司对该合同上的印章及印签的真实性不持异议，其该抗辩理由无充分证据支持，同时亦与其同朱某彪签订《工程项目承包责任书》等行为相悖，该院不予采信。

苏南公司承包工程后，又将工程以内部承包的形式交由朱某彪实际施工，并签订《工程项目承包责任书》。庭审中朱某彪和苏南公司均否认双方之间有劳动合同关系，双方亦认可案涉工程均由朱某彪一个人投资施工，苏南公司没有任何投入，故双方之间实为转包工程，《工程项目承包责任书》因违反法律禁止性规定而无效，朱某彪为本案实际施工人。

2. 关于案涉桩基工程是否存在质量问题。案涉《桩基工程施工合同》第4.1.2条约定，质量标准的评定以基坑开挖后按照要求做大小应变、静载测试和甲方组织竣工验收评定结果（优良）和国家或行业的质量检验评定结果（符合要求）为准。经查，安庆建筑测试中心依约对案涉桩基进行单桩竖向抗压静载试验、单桩竖向抗拔静载试验、桩身完整性检测以及低应变动力检测，判定案涉桩基存在大面积不合格。包括苏南公司在内的建设、设计、监理、施工、勘察单位五方向当地建委、质监站提交《桩基问题分析》明确，出现桩基质量问题，是“施工单位未能认真查阅地质勘查报告……未能正确意识到该土层的复杂性，未能及时、有效地采取相应措施，导致成桩后小应变测试显示桩身有缺陷的现象发生”。安庆市住建委亦作出《安庆市住房和城乡建设委员会行政处罚决定》，认定苏南公司在安庆吾悦广场项目商业区桩基工程的施工过程中，未按设计图纸及施工技术标准施工，导致该工程桩基存在严重质量问题；决定限期整改，并处以工程合同价款3%共计21.2875万元的罚款。此后，苏南公司委托新城公司代为缴纳了罚款。上述一系列证据足以证实案涉桩基工程存在质量问题。苏南公司和朱某彪抗辩桩基工程不存在质量问题。其提交的相关专家论证意见，属事后个人发表的观点，不足以推翻有资质检测单位根据当时现场试验实测数据做出的检测结论，亦与其签章认可《桩基问题分析》报告并接受行政处罚的行为相悖，故一审法院对其抗辩理由不予采信，对苏南公司再次提出的鉴定申请不予准许。

3. 关于新城公司主张的各项损失有无依据，损失由谁承担。(1) 补桩费用的认定。根据天瑞公司出具的鉴定意见书，按新城公司与苏南公司签订的《桩基工程施工合同》计算补桩费用为18,713,308.24元；按施工期间现行计价规范及施工期间《安庆市建设工程材料信息价》平均价计算补桩费用24,341,525.80元，桩间补桩所增加的人工、机械系数的工程造价4,086,109.43元，合计为28,427,635.23元。根据双方合同第4.2.2条约定，工程质量未达到约定标准的部分，甲方代表一经发现，应要求乙方返工，乙方应按甲方代表的要求返工，直到符合约定标准。因此，在桩基出现质量问题时首先应由施工人进行返工修复。鉴于新城公司并未要求苏南公司自行修复，而是径行确定补桩单位，因此，从公平角度出发，一审法院确定采用第一种鉴定意见，即按苏南公司与新城公司之间《桩基工程施工合同》约定的计价标准，确定案涉补桩费用为18,713,308.24元。(2) 其他费用的认定。除补桩费用以外，新城公司还提出苏南公司应赔偿其鉴定费、重新检测费、赶工费、设计变更费用、反签扣款、水电费、延期索赔等损失共计81,585,767.09元。经鉴定单位审核认为，该各项费用不具备鉴定条件，因此无法确定损失的具体数额及与案涉工程质量问题的因果关系，新城公司应承担举证不能的法律后果，故一审法院对新城公司主张的其他费用不予支持。另新城公司主张的担保费，因无合同及法律依据，一审法院亦不予支持。(3) 违约金的认定。根据苏南公司与新城公司《桩基工程施工合同》第9.2.2条的约定，苏南公司原因造成工期延误的，每逾期一日，苏南公司向新城公司偿付合同总价款0.5‰的违约金。经查，案涉合同约定竣工退场日期为

2015年5月30日。由于施工质量问题，案涉桩基工程至2016年6月15日才补桩完成，逾期380天，新城公司仅主张210天，该院予以确认，故该工期延误违约金为3,288,339.50元（31,317,519元×0.5‰/天×210天）。另根据该合同第9.2.3条的约定，苏南公司工程质量验收不合格的，应负责无偿修理或返工，直至工程质量合格，并向新城公司支付合同总价款10%的违约金。根据上述认定，朱某彪施工的案涉工程质量不合格，苏南公司应承担质量违约金3,131,751.90元（31,317,519元×10%）。

最高人民法院观点：

1. 案涉《桩基工程施工合同》的效力。案涉工程项目的建筑工程施工许可证载明施工单位为宜兴建工公司与中建一局第五公司，并未显示苏南公司是施工单位，上述施工单位分别与新城公司签订建设工程施工合同。新城公司亦认可案涉安庆新城吾悦广场项目的总承包人是上述施工单位，苏南公司所做的案涉桩基工程包含在上述施工单位的总承包范围内，桩基工程是新城公司的指定分包。而且，安庆市住建委作出建设罚字［2016］第004号行政处罚决定书，认定新城公司在与施工总承包单位签订总承包合同之外，将桩基部分分包给其他施工单位，并还与桩基部分的施工单位签订了分包合同，该行为违反了《建筑法》第二十四条第一款“提倡对建筑工程实行总承包，禁止将建筑工程肢解发包”，《建设工程质量管理条例》第七条第二款“建设单位不得将建设工程肢解发包”的规定，对新城公司肢解发包行为进行处罚。新城公司将案涉工程的桩基项目肢解发包，违反了法律和行政法规强制性规定，所以案涉《桩基工程施工合同》应为无效。一审判决认定《桩基工程施工合同》有效，应属不当，本院予以纠正。苏南公司虽主张朱某彪借用其公司资质并以苏南公司名义签订《桩基工程施工合同》，新城公司对案涉工程未依法招投标致使案涉《桩基工程施工合同》无效，但因本院已以新城公司违法肢解发包为由认定案涉《桩基工程施工合同》无效，故本院对苏南公司主张的上述事项不再审查。

2. 案涉桩基工程是否存在质量问题，补桩费用18,713,308.24元是否应当由苏南公司承担。朱某彪和苏南公司进行补桩，可以证明案涉桩基工程存在质量问题。一方面，朱某彪和苏南公司均认可朱某彪进行过补桩。另一方面，在苏南公司提交的第32次、第34次监理例会会议纪要中显示，2015年桩基工程施工中苏南公司与江西地基公司已经开始补桩，上述进行的补桩施工可以佐证桩基工程存在质量问题。

案涉十份检测报告也可以作为认定案涉桩基工程存在质量问题的依据。首先，该十份检测报告是由新城公司委托的具有资质的检测机构作出。而且，苏南公司提交的2015年8月27日的工程联系单、第32次监理例会会议纪要可以表明，苏南公司在2015年10月13日前已经知道桩基工程要进行低应变检测，检测机构由新城公司联系。苏南公司主张对检测并不知情，不能成立。苏南公司当时并未对检测机构提出意见，新城公司委托有资质的检测机构进行检测，并无不当。其次，苏南公司提交对十份检测报告论证的专家意见，但出具该意见的唐某高、刘某华、侯某宾均为个人，代表个人意见，在其未出庭的情况下，对其个人意见不宜采纳。虽然苏南公司在二审时申请王某论、唐某才出庭就十份检测报告的专家论证意见发表了意见，但二人并非出具十份检测报告专家论证意见的成员，且二人对十份检测报告发表的意见是通过对已有的检测结果图表进行查看、对比而产生的结论。上述意见均不能推翻有资质的检测机构出具的十份检测报告。最后，虽然一审判决证据列举部分未列明十份检测报告中的两份《单桩竖向抗压静载试验报告》、两份《单桩竖向抗拔静载试验报告》、四份《基桩低应变动力检测报告》，但苏南公司已于2018年10月19日收到案涉十份检测报告并委托专家对其进行论证。2018年12月17日庭审时新城公司也明确将十份检测报告作为证据提交，苏南公司当庭提交对十份检测报告的专家论证意见予以论证，并且一审判决审理查明部分对十份检测报告的内容予以查明。所以，即使一审判决在表述上未将上述检测报告作为证据列明，也并未影响苏南公司的权利。

安庆市住建委作出的宜建罚决字［2016］第2号行政处罚决定书也能证明案涉桩基工程存在质量问题。首先，安庆市住建委于2016年1月26日作出该行政处罚，认为苏南公司在案涉项目桩基工程施工过程中，未按设计图纸及施工技术标准施工，导致该工程桩基存在严重质量问题，该行为违反了《建设工程质量管理条例》第二十八条的规定，要求苏南公司限期整改，并处以罚款。虽然苏南公司对该行政处罚所依据的《桩基问题分析》提出异议，但苏南公司未提供相反证据予以推翻，且该桩基问题分析是由案涉项目的建设单位、设计单位、监理单位、施工单位以及勘察单位五家单位共同作出，应认为五家单位对该分析意见一致确认。苏南公司另称其对上述行政处罚提起行政复议，但截至二审询问时，相关行政部门并未撤销该行政处罚决定，该行政处罚决定书仍系生效的法律文书，对该行政处罚中已认定的事实应予采信。

苏南公司要求法院委托相关单位或专家对案涉十份检测报告尤其是四份低应变报告的真实性、正确性、规范性进行论证或鉴定。本院认为，安庆市住建委作出的宜建罚决字［2016］第2号行政处罚决定书，朱某彪和苏南公司实际进行补桩的行为亦可以说明案涉桩基工程存在质量问题。而且，苏南公司一审时已提出上述请求，一审法院委托安徽建筑第二检测站进行鉴定。该鉴定机构认为现场检测条件不存在，无法对案涉工程的低应变检测结论进行认证，更不能对质量问题的因果关系进行全面认定。在此情况下，苏南公司又要求对十份检测报告组织专家进行论证或鉴定，本院不予采纳。

安徽建筑设计院接受新城公司的委托，对案涉桩基工程进行了补桩设计，作出补桩设计图。苏南公司认为补桩设计图未经当庭质证，一审法院侵犯其诉讼权利，经查，苏南公司在2018年12月17日庭审中再次提出缺少补桩设计图，一审法院给予其5天时间进行查看、质证，后苏南公司于2018年12月18日向一审法院提交代理词并附《对补桩图的分析意见》一份，内容即为对补桩设计图的质证意见。故苏南公司主张补桩设计图未经质证，不能成立。安徽建筑设计院对其作出的补桩设计向一审法院提交了《关于安庆吾悦广场补桩方案的情况说明》，该说明送达给苏南公司后，苏南公司提出异议，认为补桩设计不仅有补桩，而且还有新增桩、加盖的承台，新增桩与案涉质量问题没有关联性。后来，安徽建筑设计院对此出具《关于补桩方案中“新增桩及因补桩造成承台相应调整”的设计说明》。该说明载明：新增桩属于补桩方案的组成部分，因补桩造成承台相应调整的设计是因原桩基施工质量不合格，不能满足承载力要求，所以进行承台的相应调整，补桩设计图纸及因补桩造成承台相应调整的设计图纸已报审图通过。本院二审中苏南公司再次对补桩设计图提出同样的异议，因安徽建筑设计院对苏南公司提出的异议已进行了说明，而苏南公司就此未提出有力证据予以推翻，故安徽建筑设计院作出的补桩设计图应予采信。

天瑞公司受一审法院委托对补桩的造价进行司法鉴定，在作出鉴定意见征求意见稿后送达案涉双方，案涉双方分别就鉴定意见的征求意见稿提出异议，后天瑞公司对苏南公司提出的工程量缺少补桩图及计算式，应按照补桩图计算，不应按竣工图计算，一桩一表不能作为鉴定依据等异议作出回复。在一审庭审中，天瑞公司的鉴定人员亦出庭接受法庭以及案涉双方的询问。

二审中苏南公司再次对鉴定意见提出上述异议，但其未说明仅按照补桩图进行计算的依据，对补桩图和竣工图的差异未举证证明，且也无证据证明进行补桩施工的扬州桩基公司、江苏基桩公司、江西地基公司擅自增加补桩数量。案涉桩基工程存在质量问题的情况下，苏南公司未能完成补桩工作，又对实际补桩情况提出异议，并不当然具有合理性。所以，天瑞公司作为有资质的造价鉴定机构出具的鉴定意见，应予以采纳。

苏南公司作为施工方，应对其施工质量不合格造成的损失承担赔偿责任。一审判决认定鉴定意见书中较低的18,713,308.24元作为应付的补桩费用，对苏南公司并无不利。一审判决判令苏南公司向新城公司支付补桩费用18,713,308.24元，应予维持。

3. 工期延误违约金与工程质量违约金是否应予支持。案涉《桩基工程施工合同》无效，合同中约定的工程质量违约金不能得到支持。而且，本院认定苏南公司因工程质量不合格应承担向新城公司支付补桩费用18,713,308.24元的责任，已是实际弥补新城公司的损失。工程质量违约金的约定作为损害赔偿的预定，在已经实际弥补损失的情况下，工程质量违约金也不应当再计算。

法律规定

《民法典》第五百八十五条规定，当事人可以约定一方违约时应当根据违约情况向对方支付一定数额的违约金，也可以约定因违约产生的损失赔偿额的计算方法。约定的违约金低于造成的损失的，人民法院或者仲裁机构可以根据当事人的请求予以增加；约定的违约金过分高于造成的损失的，人民法院或者仲裁机构可以根据当事人的请求予以适当减少。当事人就迟延履行约定违约金的，违约方支付违约金后，还应当履行债务。

《民法典》第八百零一条规定，因施工人的原因致使建设工程质量不符合约定的，发包人有权请求施工人在合理期限内无偿修理或者返工、改建。经过修理或者返工、改建后，造成逾期交付的，施工人应当承担违约责任。

律师点评

依据《民法典》第五百八十五条的规定，工程质量违约金系违约责任的一种形式；《民法典》第八百零一条规定的修理、返工、改建之修复义务亦为违约责任的一种形式；主流观点认为，我国违约责任采取填平原则，故在工程质量修复费用已经实际弥补发包人损失的情况下，发包人再主张工程质量违约金的，不予支持。

操作提示

工程质量不合格，发包人不能同时主张工程质量违约金和质量修复费用。故发承包双方就案涉工程质量问题发生纠纷后，发包人同时主张工程质量违约金和质量修复费用的，律师建议，承包人按照本条裁判规则进行有效抗辩；律师建议，发包人仅主张质量修复费用即可，不再主张工程质量违约金，否则，由此产生的诉讼费等支出均由发包人自行承担。

五、未约定以工程质量合格为前提支付进度款，工程质量不合格的，发包人应支付进度款

关 键 词： 工程质量合格　进度款　合同约定

问题提出： 发承包双方未在建设工程施工合同中约定支付进度款的前提为工程质量合格的，案涉工程质量不合格的，承包人按照约定要求发包人支付进度款的，是否支持？

案件名称： 福建九鼎建设集团有限公司、云南佳鸿宇合实业有限公司建设工程施工合同纠纷案件〔1〕

裁判规则： 最高人民法院认为，发承包双方未在建设工程施工合同中约定支付进度款的前提为工程质量合格的，案涉工程质量不合格的，发包人应按照约定向承包人支付进度款，无须以工程质量合格为前提。

案情简介

上诉人（一审原告、反诉被告）：福建九鼎建设集团有限公司（以下简称

〔1〕（2020）最高法民终337号。

福建九鼎）

上诉人（一审被告、反诉原告）：云南佳鸿宇合实业有限公司（以下简称佳鸿宇合）

2015年1月15日，福建九鼎与佳鸿宇合签订《建设工程施工合同》，约定：福建九鼎自筹资金，承包佳鸿宇合位于昆明市晋宁县米钢结构厂房，具体栋号为3－1#—3－3#、3－31#—3－43#，工程为钢结构，地上三层，总面积为31,408平方米的工程施工，施工范围包括设计施工图纸（土建工程、钢结构、安装工程）。约定合同价与合同价格形式为：固定总价包干，单栋价格为5,965,955.43元，五标段共计16栋，总价为95,455,286.88元。双方约定：在标段全部栋号主体全部封顶后，发包人（佳鸿宇合）付给施工方（福建九鼎）合同总价款的30%即28,636,586.05元。

2014年10月8日，福建九鼎垫资进场施工。

2015年8月3日，佳鸿宇合向福建九鼎发出工作联系函，提出因3#地块加筋挡土墙出现质量问题，要求对3－34#、3－35#、3－43#栋房屋暂停施工，后一直未通知对该三栋房屋再行恢复施工。

2016年1月7日，福建九鼎完成了除三栋停工栋号外的其他13栋房屋主体封顶工作，并经监理人验收确认。

案涉项目经第三方云南和亚消防检测评价有限公司检测，确认存在明显质量问题，注明："如上述问题未按要求整改清楚，将严重影响消防验收（防火涂料验收合格后，方可进行下一项施工工序）。"

经双方共同确认，佳鸿宇合向福建九鼎已付工程款330万元。

2016年1月7日，福建九鼎向佳鸿宇合请款的《工程进度款支付单》中载明其"于2014年10月8日至2016年1月7日期间已完成云南工业品产业基地标准化厂房五标段主体封顶工作"。监理在《工程进度款支付单》中签署审核意见确认福建九鼎已完成13栋主体封顶，并注明"防火涂料存在质量问题，需整改达到终验条件"。

判决结果

一审判决：（1）福建九鼎与佳鸿宇合2015年1月15日签订的《建设工程施工合同》予以解除；（2）由佳鸿宇合在本判决生效之日起10日内向福建

九鼎支付工程款35,169,716.94 元及利息（自 2016 年 1 月 9 日至 2018 年 10 月 8 日，以 15,369,308.82 元为基数，按照中国人民银行同期同类贷款利率计算的利息；自 2018 年 10 月 9 日至 2019 年 8 月 19 日，以 35,169,716.94 元为基数，按照中国人民银行同期同类贷款利率计算的利息；自 2019 年 8 月 20 日起至工程款付清之日止，以 35,169,716.94 元为基数，按照同期全国银行间同业拆借中心公布的贷款市场报价利率计算的利息；工程款数额包括进度款）。

最高人民法院二审判决：（1）福建九鼎与佳鸿宇合 2015 年 1 月 15 日签订的《建设工程施工合同》予以解除；（2）佳鸿宇合于本判决生效之日起 10 日内支付福建九鼎工程款 38,731,268.41 元及利息（自 2016 年 1 月 9 日至 2018 年 10 月 9 日，以 16,178,219.81 元为基数，按照中国人民银行同期同类贷款利率计算利息；自 2018 年 10 月 10 日至 2019 年 8 月 19 日，以 38,731,268.41 元为基数，按照中国人民银行同期同类贷款利率计算利息；自 2019 年 8 月 20 日至工程欠款付清之日止，以 38,731,268.41 元为基数，按照同期全国银行间同业拆借中心公布的贷款市场报价利率计算利息；工程款数额包括进度款）。

各方观点

福建九鼎观点：根据《建设工程施工合同》的约定，福建九鼎于 2016 年 1 月 8 日完成 13 栋建筑的主体封顶，按照约定的合同总价款 30% 计算，佳鸿宇合应支付的工程进度款为 23,267,226.18 元，故在 2016 年 1 月 9 日至 2018 年 10 月 8 日计息的基数应为 23,267,226.18 元，而不是 15,369,308.82 元。

佳鸿宇合观点：案涉工程的质量问题至今还没有解决，就不应支付工程款，更不存在支付利息的问题。《建设工程施工合同》不应当解除。无论是进度款还是结算款，支付工程款的前提都是工程合格。但案涉工程防火防腐涂料施工不合格，会影响工程主体结构安全，将导致案涉工程无法完成竣工验收，在此情况下，佳鸿宇合享有不支付工程款的抗辩权。

法院观点

一审法院观点：福建九鼎与佳鸿宇合就案涉项目于 2015 年 1 月 15 日签订

的《建设工程施工合同》系双方当事人的真实意思表示，该合同未违反法律、行政法规的强制性规定，合法有效，双方均应按照约定全面履行合同义务。

经审理查明，福建九鼎按照约定对案涉项目进行垫资施工，截至起诉之日，除3-34#、3-35#、3-43#栋建筑因佳鸿宇合要求暂停施工外，其余13栋建筑均于2016年1月8日完成主体封顶，对此双方均予确认。按照双方签订的《建设工程施工合同》第四条中关于付款方式的约定，“在标段全部栋号主体全部封顶后，发包人付给承包人合同总价款的30%即28,636,586.05元”。鉴于双方就案涉工程约定以单栋包干价格6,279,953.08元下浮5%为单栋金额，以已完工13栋建筑计算，佳鸿宇合应支付工程款金额为23,267,226.16元（13栋×6,279,953.08元×95%×30%）。但截至庭审，佳鸿宇合共向福建九鼎支付工程款330万元，支付金额仅占应付工程款金额的14.18%。因此，佳鸿宇合违反合同约定，未能按约支付工程进度款19,967,226.16元（23,267,226.16元-3,300,000元）。对于佳鸿宇合以福建九鼎施工完成的13栋建筑中防火涂料存在工程质量问题为由，主张工程款项的支付应以交付工程质量合格为前提，提出不应支付工程进度款的抗辩意见，一审法院认为，在双方签订的《建设工程施工合同》中，并未就工程封顶后进度款的支付设定前提条件，且工程尚未竣工验收前，质量问题可以通过返工、维修、重作等方式予以解决，并不影响进度款项的支付，故其抗辩意见没有事实和法律依据，不予支持。

最高人民法院观点：福建九鼎与佳鸿宇合于2015年1月15日签订《建设工程施工合同》，约定付款方式为：在标段全部栋号主体全部封顶后，发包人付给承包人合同总价款的30%；在承包人所承包五标段所有施工范围工程全部完工且承包人已将发包人及监理提出的质量问题及缺陷全部整改完毕后，发包人再付给承包人合同总价款的40%；承包人提供完整的验收资料且竣工验收合格并完成最终结算后，双方对最终结算价款无异议的，发包人支付至工程结算价款的95%（含前述已经支付的价款）。根据该约定，第一阶段30%进度款的支付条件是全部楼栋主体全部封顶。双方当事人对于除因佳鸿宇合要求暂停施工的3-34#、3-35#、3-43#栋房屋外，其余13栋房屋主体已于2016年1月8日完成主体封顶的事实不持异议，且监理在《工程进度款支付单》中确认了福建九鼎的施工进度，故佳鸿宇合应依约向福建九鼎支付13栋房屋的进度款，其至今未能支付该工程进度款。佳鸿宇合主张因案涉工程防火防腐涂料质量不合格，其拒付工程进度款系行使先履行抗辩权，不构成违约。本院认为，根据《建设工程施工合同》的约定，第一阶段进度款的支付并未设置除主体封顶外的其他前提条件。福建九鼎对于工程质量问题的整改义务是在佳鸿宇合支付第一阶段的工程进度款之后，不影响佳鸿宇合第一阶段进度款的支付，故佳鸿宇合的该项主张不能成立。

法律规定

《民法典》第五百零九条规定，当事人应当按照约定全面履行自己的义务。当事人应当遵循诚信原则，根据合同的性质、目的和交易习惯履行通知、协助、保密等义务。当事人在履行合同过程中，应当避免浪费资源、污染环境和破坏生态。

律师点评

法律、行政法规和司法解释对进度款支付并未明确规定以工程质量合格为前提条件。依据《民法典》第五百零九条第一款“当事人应当按照约定全面履行自己的义务”的规定，故典型案例中最高人民法院认为，第一阶段进度款的支付并未设置除主体封顶外的其他前提条件，承包人对于工程质量问题的整改义务是在发包人支付第一阶段的工程进度款之后，不影响发包人第一阶段进度款的支付。

操作提示

未约定以工程质量合格为前提支付进度款的，工程质量不合格的，发包人仍应支付进度款。故律师建议，发承包双方应在建设工程施工合同中明确约定支付进度款的条件是否包括工程质量合格；否则，即使工程质量不合格，承包人主张进度款的，也应予支持。

第四章　工 期 问 题

一、工期延误损失和工期延误违约金不能同时主张

关 键 词： 工期延误　工期延误损失　工期延误违约金

问题提出： 在建设工程施工合同履行中，因承包人导致案涉工程工期延误的，发包人向承包人同时主张工期延误损失和工期延误违约金的，是否支持？

案件名称： 河北时代豪庭房地产开发有限公司、杜班建设有限公司建设工程施工合同纠纷案件〔1〕

裁判规则： 最高人民法院认为，在建设工程施工合同履行中，因承包人导致案涉工程工期延误的，发包人向承包人同时主张工期延误损失和工期延误违约金的，不予支持。

案情简介

上诉人（原审被告、反诉原告）：河北时代豪庭房地产开发有限公司（以下简称时代豪庭公司）

被上诉人（原审原告、反诉被告）：杜班建设有限公司（以下简称杜班公司）

2013 年 7 月 21 日，杜班公司和时代豪庭公司签订《北方嘉园一期工程建设工程施工合同》，由杜班公司承建时代豪庭公司开发的北方嘉园一期项目，工程内容为北方嘉园 1#住宅楼至 6#住宅楼，双方约定了工程进度款的支付条件及金额等。该合同还约定：因承包人原因造成工期延误，逾期竣工违约金

〔1〕（2020）最高法民终 871 号。

的计算方法为按每日合同总价的3‰计算，违约金的上限不超过合同总价的5%。杜班公司和时代豪庭公司签订了北方嘉园一期车库《施工合同》，约定工程承包方式、合同总价款等；工期10个月，即自2014年1月1日开工至2014年10月30日竣工。2014年12月10日，杜班公司和时代豪庭公司签订北方嘉园二期项目《建设工程施工合同》，约定工程名称为武强县北方嘉园7—10#楼，计划开工日期2014年12月19日，计划竣工日期2016年7月30日，工期总日历天数590天。上述合同签订后，杜班公司进场施工。2015年2月1日，时代豪庭公司向杜班公司北方嘉园一期工程项目负责人发出《关于北方嘉园一期工程未能及时交房造成业主延误赔偿事项罚款通知》，载明交房时间从2014年11月30日至2015年4月30日共延期5个月，应向业主赔偿违约金3,039,000元，由杜班公司承担。希望杜班公司积极落实工程进度，若后续工程再拖延，由杜班公司向业主继续赔偿业主经济损失，此次业主赔偿违约金责任全部由杜班公司造成。工程延误原因如下：人员不足，管理混乱，安全文明施工不到位。甲方拨付工程款去向不明，导致材料人工费不及时支付。乙方工程质量不达标，经常返工，导致工期延误。乙方农民工经常捣乱，封门，关电导致工期延误……杜班公司北方嘉园一期工程项目负责人在该罚款通知上签字。时代豪庭公司主张其向业主支付的延期交房违约金共计4,110,962.55元。2015年3月12日，杜班公司和时代豪庭公司签订北方嘉园1—6#楼及地下车库《补充协议》，载明：由于杜班公司严重延误工期致使工程继续延误，经双方约定，以下工程项目不再执行原合同……2015年6月4日北方嘉园项目一期会议纪要载明：于2014年11月30日交房，严重延误交房至今；按合同应于2014年9月24日完工，工期延误，严重合同违约；于2015年2月至今，乙方杜班公司施工现场空无一人，无技术人员、管理人员、负责人、资料员、财务人员、造价员、安全管理员、材料管理员。该会议纪要上杜班公司河北分公司负责人、杜班公司北方嘉园一期项目负责人、时代豪庭公司负责人、河北环渤工程建设监理有限公司等人员签字。2015年3月15日，杜班公司和时代豪庭公司签订北方嘉园7—10号楼工程补充协议书。2015年10月5日，施工单位、建设单位和监理单位就截至2015年9月30日北方嘉园二期工程形象进度进行了确认。2015年11月6日时代豪庭公司等四公司联合向衡水市委递交《关于浙江杜班建设集团在衡工程全面停工的紧急报告》，称杜班公司在工程建设中不履行施工合同，严重违约。目前其在衡水市区内的四个建设工地全部停工；不仅造成工期无限期拖延、开发企业经济损失惨重，而且还严重影响一大批拆迁户不能按时入住，导致群体上访。杜班公司大量拖欠供货款和工人工资，造成了极坏的社会影响和不安定因素。

判决结果

一审判决：（1）杜班公司于本判决生效之日起10日内赔偿时代豪庭公司工期延误损失4,635,935.55元；（2）驳回时代豪庭公司要求支付工期延误违约金的诉讼请求。

最高人民法院二审判决：驳回上诉，维持原判。

各方观点

时代豪庭公司观点：（1）一审认定杜班公司在北方嘉园一期工程1—6号楼施工中违约赔偿4,110,962.55元错误。时代豪庭公司与杜班公司在《北方嘉园一期工程建设工程施工合同》中明确约定了工期延误的违约金计算方式，即按每日合同总价的3‰计算，违约金上限不超过合同总价的5%。杜班公司实际竣工日期为2015年6月16日，延误工期265天，构成违约，应按合同约定支付违约金5,200,000元。根据《合同法》第一百一十四条，杜班公司未主张违约金高于实际损失并请求法院予以减少，一审法院主动予以减少，不符合法律规定，应予改判。时代豪庭公司主张违约金5,200,000元，未超过杜班公司违约造成实际损失4,110,962.55元的30%。（2）杜班公司在北方嘉园一期地下车库的施工过程中存在工期延误，应支付违约金，一审法院未予支持错误。按照《施工合同》约定，工期每延误一日，杜班公司应按工程总价的每日3‰向时代豪庭公司支付违约金，杜班公司延误工期229天，违约金应为8,248,191.94元，时代豪庭公司仅主张4,000,000元。综上，杜班公司应向时代豪庭公司赔偿违约金9,724,973元。

杜班公司观点：杜班公司不应承担违约责任。北方嘉园项目都是甲供材料，应由时代豪庭公司提供，主材直接影响工程施工进度，桩基工程施工降水场地平整等都是时代豪庭公司发包给第三方施工，由多方配合。时代豪庭公司未提供证据证明一期、二期另行发包或自行提供甲供材料均是按照进度进行。没有证据证明工期延期是杜班公司施工造成。时代豪庭公司延期支付工程款，导致项目延期。一审法院推定杜班公司违约错误。

法院观点

一审法院观点：关于北方嘉园一期工程延期的责任及损失认定。根据一审法院确认的工程造价、已付款等情况，时代豪庭公司不存在拖欠工程款的情形，北方嘉园一期工程亦不存在大量涉及变更、图纸设计变化等导致工期延误的客观因素。杜班公司亦未提出工期合理顺延的其他理由，杜班公司应承担工期延误的责任。杜班公司一期工程的工期比合同约定工期延误近9个月。时代豪庭公司既按合同约定主张延误工期的违约金，又主张其向业主实际支付的延期交房的违约金损失，实际是对杜班公司工期延误的违约金和给其造成的实际损失同时主张权利，该主张无法律依据。时代豪庭公司主张其向购房业主通过减免费用的方式支付了4,110,962.55元的违约金，并提供了相应证据证实，一审法院予以支持。

关于北方嘉园二期工程延误工期的责任。杜班公司已完工程造价为37,315,582.68元，时代豪庭公司尚欠杜班公司工程款13,802,077.68元。二期工程尚未完工，杜班公司擅自撤场，应赔偿时代豪庭公司因此造成的损失。时代豪庭公司主张的损失中，停工期间的建设资金占用损失3,906,080元，不属于杜班公司停工的直接损失，不予支持。额外监理费78,333元、工作人员工资共计121,540元、额外产生的工程质量检测费325,100元，共计524,973元，属于因杜班公司停工造成的实际损失，一审法院予以支持。关于时代豪庭公司主张的北方嘉园二期工程延期交房的损失等，由于时代豪庭公司认可其尚未实际向业主支付延期交房的违约金，故该部分损失尚未实际发生，时代豪庭公司可待损失实际发生后另行主张权利。杜班公司向时代豪庭公司赔偿北方嘉园一期工程、二期工程工期延误损失共计4,635,935.55元(4,110,962.55元+524,973元)。

最高人民法院观点：结合案涉一期工程造价及已付工程款等情况，应当认为时代豪庭公司并未拖欠支付工程款，北方嘉园一期工程住宅楼及车库工期延误也并非工程图纸设计变更等客观因素所致。一审法院已经查明，一期工程施工比双方当事人签订的《北方嘉园一期工程建设工程施工合同》约定工期延误近9个月，且杜班公司提出上述工期延误的事由不能成立，其应当承担工期延误的赔偿责任。时代豪庭公司既按照合同约定主张工期延误违约金，又主张其延期交房产生的实际损失，缺乏法律依据。根据本案现有证据，针对北方嘉园一期住宅楼及车库工程，时代豪庭公司共向购房业主通过减免费用的方式支付了4,110,962.55元，本院对上述款项予以认可。一审法院对于时代豪庭公司有证据证明已实际发生的损失予以支持，并无不当。

法律规定

《民法典》第五百八十五条规定，当事人可以约定一方违约时应当根据违约情况向对方支付一定数额的违约金，也可以约定因违约产生的损失赔偿额的计算方法。约定的违约金低于造成的损失的，人民法院或者仲裁机构可以根据当事人的请求予以增加；约定的违约金过分高于造成的损失的，人民法院或者仲裁机构可以根据当事人的请求予以适当减少。当事人就迟延履行约定违约金的，违约方支付违约金后，还应当履行债务。

律师点评

承包人工期延误时，发包人能否同时主张工期延误违约金和工期延误损失呢？对此，法律、行政法规和司法解释没有明确的规定。按照典型案例［（2020）最高法民终871号］中最高人民法院的观点，发包人同时主张工期延误违约金和工期延误损失的，缺乏法律依据，不予支持。笔者赞同最高人民法院的该观点。另外，如果发承包双方在建设工程施工合同中约定，承包人延误工期的，承包人应向发包人支付工期延误违约金和工期延误损失的，从其约定；因为该约定并未违反法律、行政法规的效力性强制性规定，且未违反公序良俗，也不存在其他无效的法定情形，故该约定应该得到遵守。

操作提示

律师提示，如果发包人同时主张工期延误损失和工期延误违约金，承包人一定要提出发包人该主张无法律依据的抗辩，否则裁判者可能会支持发包人的主张；如果想同时主张工期延误损失和工期延误违约金，发包人一定要在建设工程施工合同中约定或者另行约定，承包人导致工期延误的，发包人有权向承包人主张工期延误违约金和工期延误损失。

二、发包人和承包人对工期延误均有过错，发包人要求承包人承担工期延误违约责任，承包人要求发包人承担停窝工损失，均不予支持

关 键 词： 工期延误　过错　工期延误违约责任　停窝工损失

问题提出： 在建设工程施工合同履行中，发包人和承包人对案涉工程工期延误均有过错的，发包人要求承包人承担工期延误违约责任，承包人要求发包人承担停窝工损失的，是否支持？

案件名称： 道真州绿房地产发展有限公司、广西矿建集团有限公司建设工程施工合同纠纷案件[1]

裁判规则： 最高人民法院认为，在建设工程施工合同履行中，发包人和承包人均对案涉工程工期延期有过错的，发包人要求承包人承担工期延误违约责任，承包人要求发包人承担停窝工损失的，均不予支持。

案情简介

上诉人（一审原告、反诉被告）：道真州绿房地产发展有限公司（以下简称道真州绿公司）

上诉人（一审被告、反诉原告）：广西矿建集团有限公司（以下简称广西矿建公司）

2015年7月26日，道真州绿公司为发包人，原广西矿建二十二分公司为承包人，双方签订《“道真·上海州绿国际商贸城”一期专业市场剩余工程施工承包合同》。关于合同工期的约定如下。(1) 合同工期：本合同第二条约定的第一部分、第二部分、第三部分全部施工内容工期自2015年8月10日至12月20日。(2) 工程竣工：总承包人影响发包人提交竣工报告，由发包人和监理单位组织预验收，预验收合格并报质监站综合验收后，取得工程综合验收合格证之日，为本工程的竣工日期。(3) 工期奖罚：承包人应全面确保

[1] (2020) 最高法民终746号。

在合同约定的时间内完成施工内容，如因承包人原因造成延误，由此造成的各种损失，由承包人全部承担，如因发包人原因造成的停工，工期相应顺延，连续停工10天以内的，发包人不承担任何费用，连续停工10天以上的，停工损失按实际损失双方协商解决。

2015年11月8日，道真州绿公司向原广西矿建二十二分公司发出《开工通知书》，载明原广西矿建二十二分公司应从2015年11月8日至16日开工，工期从2015年11月16日起计算。

2015年12月11日，原广西矿建二十二分公司向道真州绿公司发出工程复工报告，载明，具备复工条件：与建设单位资金及结算问题，从2015年5月至2015年12月12日未施工，现经建设单位与施工单位多次协商达成一致，我单位于2015年12月12日开始施工，完善所有后期内容量。监理单位与建设单位均签章。

2016年1月12日，原广西矿建二十二分公司向道真县政府重点项目办公室、道真县住建局、道真州绿公司出具《道真州绿商贸城后续工程计划进度表》，对各项分部工程完成时间表进行报送，最晚的分部完成时间为2016年4月5日。

2016年1月13日，道真州绿公司、原广西矿建二十二分公司双方达成《补充协议》，主要约定：经甲乙双方协商，道真州绿商贸城后继工程施工，于2016年5月30日前达成业主交房条件。

2016年1月22日，道真州绿公司、原广西矿建二十二分公司双方达成《执行和解协议书》，就执行贵州省高级人民法院（2015）黔高民初字第60号民事调解书达成约定，涉及本案的内容主要为……（3）如在本协议书签订后原告方（原广西矿建二十二分公司）未能组织有效施工，导致被告方在2016年6月30日不能按期交房所产生的逾期交房违约金和给被告方造成的损失由原告方（原广西矿建二十二分公司）承担（由于被告方原因造成的除外）……

施工开始后，原广西矿建二十二分公司分别于2016年1月10日，1月17日、1月20日、2月25日、3月30日、4月5日、4月17日、4月19日、5月10日、6月6日向道真州绿公司发出工作联系函，请求道真州绿公司对施工过程中前期施工队阻工、工程涉及的部分物业擅自营业影响施工、建设方外包项目未完成影响工程进度等内容请求解决，道真州绿公司在函件上予以签收。

2016年4月19日、6月25日、10月31日原广西矿建二十二分公司向道真州绿公司发出函件，称道真州绿公司没有按约支付工程款，要求其按约支付工程价款。道真州绿公司予以签收。

2016年7月14日，原广西矿建二十二分公司、道真州绿公司联合向占用案涉项目部分场地经营的汽修厂、汽车4S店、汽贸城等商家发出《封闭施工通知》，责令该部分商家暂停营业，以免影响施工。

2016年5月30日，道真州绿公司向原广西矿建二十二分公司发出《催告函》，称施工方已违反合同约定未能及时交付剩余工程，要求尽快完成综合验收备案并交付使用。原广西矿建二十二分公司签收后进行了回复，主要内容为工期延误并非原广西矿建二十二分公司原因，而是道真州绿公司未能履行保证施工环境义务、未能及时解决原有工程债务、未及时拨付合同所涉工程价款所致。

2016年9月3日，道真州绿公司向原广西矿建二十二分公司发出《催告函》，称施工方已违反合同约定未能及时交付剩余工程，要求尽快完成综合验收备案并交付使用。该函件以邮寄方式寄出。

2016年9月18日，道真州绿公司向原广西矿建二十二分公司发出《函告》，称原广西矿建二十二分公司尚有多项工程未能完成，要求尽早完工并要求承担违约责任。该函件以邮寄方式寄出。

2018年3月29日，双方对案涉工程11号楼主体分部、12号楼主体分部进行了验收，验收结论为合格。同日，在道真县住建局和监理方的主持下，勘察设计单位、道真州绿公司、原广西矿建二十二分公司参与，各方形成了《道真州绿商贸城城市综合体项目竣工预验收会议纪要》，主要内容为：道真州绿商贸城综合体项目各分部均已验收合格，现装饰装修已完工……该纪要还指出了需要完善的后续内容。

2018年12月7日，案涉项目完成整体竣工验收备案登记。

判决结果

一审判决：（1）驳回道真州绿公司要求支付工期延误违约责任的诉讼请求；（2）驳回广西矿建公司、原广西矿建二十二分公司要求支付停窝工损失的反诉请求。

最高人民法院二审判决：（1）撤销贵州省高级人民法院（2016）黔民初319号民事判决；（2）驳回道真州绿公司要求支付工期延误违约责任的诉讼请求；（3）驳回广西矿建公司要求支付停窝工损失的反诉请求。

各方观点

道真州绿公司观点：双方订立后续工程施工合同后，原广西矿建二十二分公司未能按约定时间组织有效施工，导致道真州绿公司在2015年12月20日不能按期交房，直至2018年12月7日才完成综合验收交付使用，整整违约3年之久。所产生的逾期交房违约金和给道真州绿公司造成的实际经济损失5,056,773.84元应由原广西矿建二十二分公司承担。

广西矿建公司观点：广西矿建公司竣工时间是2017年2月20日，道真州绿公司严重违约，应赔偿广西矿建公司停工损失。工期延误的原因在于道真州绿公司前期大量外债未付导致堵工、道真州绿公司未按约支付工程款、天气原因、道真州绿公司自身分包的工程未按时完成导致广西矿建公司无法进行下一步施工等，道真州绿公司将未竣工的商铺擅自出租给他人营业导致广西矿建公司无法正常施工。

法院观点

一审法院观点：从审理查明的事实分析可知，本案中，造成工期延期的主要原因有以下几种：（1）工程施工过程中需要的各种外部环境不利，如存在案外债权人阻工、部分商户营业影响施工进度。（2）业主方未按照合同约定支付工程进度款导致停工。从审理查明的事实来看，道真州绿公司支付的大多数工程款均为以房抵工程款，并无实质意义上的工程款支付行为。（3）道真州绿公司对外分包分项工程未完工造成不能进行下一步施工工作。（4）原广西矿建二十二分公司对工程进行了违法转包。（5）部分不可抗力和不能归责于双方的原因。因此，一审法院认为，对于工期延误的原因，系双方共同过错所致，不能归责于本案双方当事人。结合一审法院对一个争议焦点的论述，对于工期延误的问题，一审法院已认定为双方系共同过错，并结合审理查明的事实，各方亦未就实际发生了相关损失尽到充分的举证责任，依照《民事诉讼法》第六十四条第一款“当事人对自己提出的主张，有责任提供证据”之规定，对于道真州绿公司主张的各项损失和原广西矿建二十二分公司主张的各项停工损失，应当自行承担责任。

最高人民法院观点：双方于2015年7月26日签订的剩余工程施工合同约定工期自2015年8月10日至12月20日，双方在2016年1月22日签订的《执行和解协议书》最终约定交房时间为2016年6月30日，而案涉项目于2018年12月7日才完成整体竣工验收备案登记，故工期延期890天。

工程延期存在案外人阻工、部分商户营业影响施工等外部因素，业主方未按约支付工程款、道真州绿公司对外分包工程未及时完工、广西矿建公司违法转包、天气等不可抗力和不能归责于双方的原因。有工程联系单和封闭施工通知等相关往来函件、内部承包合同书、证人证言、现场照片等证据予以佐证。一审认定双方共同过错导致工期延误并无不当。

关于双方经济损失的认定及承担问题。

广西矿建公司主张其停工损失包括停工期间应付施工队管理人员工资、各班组工人工资补偿费、施工机具租赁损失费、施工材料停放损失费、施工用具租赁损失费，房屋租金等共计18,714,188.2元，并向一审法院提交停工损失赔偿费用统计表。道真州绿公司主张其经济损失包括逾期交房合同损失违约金、工期违约损失、工人工资、电费、设备租金等，截至2018年12月31日共计24,573,782元，向一审法院提交其与案外人的借款协议书、《商铺委托管理合同》、《商品房买卖合同》、电费收据、工期延误期间员工工资表等。首先，双方提交的证据均不足以证明实际产生的损失金额。其次，因双方共同过错导致工期延误。故一审认定双方自行承担责任并无不当。

关联案例

案件名称：陕西西岳山庄有限公司与中建三局建发工程有限公司、中建三局第三建设工程有限责任公司建设工程施工合同纠纷案件[1]

〔1〕 最高人民法院公报2007年第12期案例。

法院观点：该案件中最高人民法院认为，涉案工程迟延交付的原因，一是陕西西岳山庄有限公司（以下简称西岳山庄）办理工程报建手续迟延，取得建设工程规划许可证的日期晚于合同约定的开工日期4个多月，取得国有土地使用证的日期晚于合同约定的工程竣工日期。二是西岳山庄提供施工图纸迟延，并且未在开工前解决施工所需的供水、供电。按图施工是建设工程的客观要求，但时至2002年3月19日，西岳山庄尚未向三公司交付施工图纸，水、电供应不足，导致三公司不能正常施工。三是西岳山庄没有按进度付足工程款，严重影响施工。三公司也存在施工现场人员和设备不足，施工管理不严和返工等情况，影响了施工进度。鉴于此，一审认定西岳山庄与三公司共同造成工期延误并无不当。由于西岳山庄存在严重违约，对其关于三公司应当承担赔偿责任的主张，本院不予支持。

法律规定

《民法典》第五百九十二条规定，当事人都违反合同的，应当各自承担相应的责任。当事人一方违约造成对方损失，对方对损失的发生有过错的，可以减少相应的损失赔偿额。

律师点评

《民法典》第五百九十二条第二款规定，当事人一方违约造成对方损失，对方对损失的发生有过错的，可以减少相应的损失赔偿额。发包人和承包人对工期延误均有过错的，先按承包人的过错比例确定承包人应承担的工期延误损失，再按发包人的过错比例确定发包人应承担的停窝工损失，两者相减后发包人向承包人主张的工期延误损失为零，承包人向发包人主张的停窝工损失亦为零。故发包人和承包人对工期延误均有过错，发包人向承包人主张工期延误损失，承包人向发包人主张停窝工损失，均不予支持。

操作提示

发包人和承包人对工期延误均有过错，发包人向承包人主张工期延误损失，承包人向发包人主张停窝工损失，均不予支持。由此，律师提示，建议发包人和承包人在建设工程施工合同履行中按照法律规定和合同约定全面履行自己的义务，否则，如果任何一方对工期延误有过错，应当由其自行承担该过错导致的损失。

三、发包人可以要求挂靠人和被挂靠人承担工期延误损失的连带责任

关 键 词：挂靠人　被挂靠人　工期延误损失　连带责任

问题提出：在挂靠情形下，因挂靠人导致案涉工程工期延误，发包人是否可以要求挂靠人和被挂靠人就工期延误损失承担连带责任？

案件名称：甘肃第二建设集团有限责任公司、甘肃煜东房地产开发有限公司建设工程施工合同纠纷案件[1]

裁判规则：最高人民法院认为，因挂靠人导致案涉工程工期延误，发包人可以要求挂靠人和被挂靠人就工期延误损失承担连带责任。

案情简介

再审申请人（一审原告、反诉被告、二审上诉人）：甘肃第二建设集团有限责任公司（以下简称二建公司）

被申请人（一审被告、反诉原告、二审被上诉人）：甘肃煜东房地产开发有限公司（以下简称煜东公司）

一审第三人、反诉被告、二审上诉人：郭某顺

一审第三人、反诉被告、二审上诉人：王某科

2014 年 8 月 21 日，二建公司向煜东公司报送了投标文件，投标总报价为 3203.316044 万元，投标文件项目管理机构组成人员为项目经理、技术负责人、施工员、机械员、质检员、安全员、造价师。同月 25 日，煜东公司通知二建公司中标。同年 9 月 15 日，二建公司与煜东公司签订了合同编号为 FLSS－SG－001 的《建设工程施工合同》，约定由二建公司承建煜东公司开发的定西安定区富丽商厦工程，计划开工日期为 2014 年 10 月 1 日，计划竣工日期为 2015 年 9 月 30 日，工期总天数为 359 天，工程合同价为 3203.316 万元，合同价格形式为固定价合同，并且约定此价款包含税金，该项目的项目经理为张某东。

[1] （2020）最高法民申 2962 号。

2016年2月1日，煜东公司向二建公司发送《关于定西富丽商厦项目建设工程进度严重滞后告知函》一份，该函要求二建公司尽快施工，后续工程于2016年2月25日前全面复工，并于4月10日前完成合同范围内所有工程。

2016年4月27日，煜东公司与郭某顺、王某科签订了《定西富丽商厦工程项目补充协议》一份，该协议约定：因乙方承建甲方定西富丽商厦项目工程施工过程中未按施工进度组织施工，工程工期严重滞后，为推进工程施工进度，尽可能地降低双方经济损失，乙方同意将地下二层地坪、框架柱打磨清理补修等各项工程由甲方组织施工班组劳务人员进场施工，乙方全面负责施工现场安全、技术的管理和水电、机械的配合，并负责所有技术资料的编制报审。工程完工经建设、监理、施工方验收合格并确认工程量后，由甲方从乙方工程进度款中扣除并支付给分项承包班组，专款专用。郭某顺、王某科以乙方项目负责人身份签字确认。后煜东公司、王某科、郭某顺与他人分别签订上述工程分包协议，由他人对上述工程进行施工。

2016年4月30日，煜东公司与郭某顺、王某科形成《会议纪要》一份。该会议纪要约定，要求施工单位负责人郭某顺常住施工现场，进行监督、协调施工现场各项事宜，严抓工程进度，严把工程质量，严格项目部管理，并约定抢抓工期，富丽商厦工程必须于2016年5月底前按时完成竣工验收。同日，郭某顺、王某科向煜东公司出具《承诺书》一份，承诺“富丽商厦工程于5月25日前具备消防验收条件，5月25日前具备主体工程竣工验收条件，5月31日前竣工验收，如施工单位在5月31日前未能完成竣工验收，施工单位承担违约金200万元，并承担建设单位在招商过程中给第三方（百安公司）造成的全部损失。因建设单位设计变更或其他原因造成工程不能按期验收时，工期顺延，施工单位不承担经济责任”。

2016年6月6日，煜东公司向二建公司发送《关于定西富丽商厦工程项目施工进度严重滞后造成违约及二建项目部挪用工程进度款等问题整改通知》一份。该通知认为二建公司未按合同约定派驻管理人员及项目经理，导致二建项目部管理混乱，挪用项目资金，导致工期严重滞后，工程至今未能竣工；并认为该工程施工方承诺2016年5月31日前达到竣工验收条件，故发包方以5月31日为节点开展项目招商工作，按照招商计划和签约要求，发包方给签约商承诺在2016年5月31日前具备商家入驻开始二次装修条件，签约率已达85%。根据签约条款约定，如不能按期进驻，除免租期顺延外，发包方还应承担逾期进驻给商家造成的经济损失及赔偿责任，但至今该工程由于承包人出现违约导致不具备竣工验收条件，由此给发包人造成的经济损失和赔偿责任应由承包人承担。

2016 年 1 月 24 日，煜东公司法定代表人刘某丁（甲方）分别与林某孟、陈某体（乙方）签订《房屋租赁合同》两份，合同约定，由煜东公司向林某孟、陈某体出租位于定西市某某路房屋 10，458.03 平方米，租期 8 年，于同年 5 月 30 日前向林某孟、陈某体交付具备所建完整的房产。同年 6 月 1 日起至 9 月 30 日为林某孟、陈某体免租装修期，合同签订后 3 日内由林某孟、陈某体向煜东公司支付定金 200 万元，前三年每年租金 480 万元，并约定如因竣工验收原因造成不能按期交付，可延期一个月。合同第九条约定，甲方不能提供本合同约定的房屋而解除合同的，双倍返还定金。合同签订后，林某孟、陈某体按约定向煜东公司支付定金 200 万元。同年 8 月 26 日，林某孟、陈某体以煜东公司富丽商厦工程未竣工验收，不能交付使用为由，向法院提起诉讼，要求解除双方租赁合同，并要求双倍返还定金 400 万元，并赔偿其损失 122 万元。法院判决解除房屋租赁合同的同时由煜东公司双倍返还林某孟、陈某体定金 400 万元。

2018 年 9 月 18 日，煜东公司向一审法院提交申请，要求追加郭某顺、王某科为本案第三人参加诉讼，同日一审法院追加郭某顺、王某科为本案第三人参加诉讼，同时煜东公司提起反诉，要求二建公司、郭某顺、王某科连带给付因其延期竣工给煜东公司造成的租金及工程质量不合格造成的损失。

判决结果

一审判决：二建公司、郭某顺、王某科于本判决生效后 10 日内共同赔偿煜东公司经济损失 280 万元。

二审判决：维持一审判决结果。

最高人民法院裁定：据此，二审认定工期延误是因郭某顺、王某科施工原因所致，二建公司出借资质，对工期延误具有过错，应当对 280 万元的损失承担连带赔偿责任，该认定并无不当，本院予以维持。

各方观点

二建公司观点：二审法院对工程逾期的责任分担不明。煜东公司指导郭某顺、王某科挂靠二建公司签订《建设工程施工合同》的行为存在主观恶意。煜东公司多次进行工程设计变更，对于工期延误产生了实质影响。2016年4月27日起煜东公司将富丽商厦项目的地下二层地坪、内外墙涂料、室内外防水及保护层、外墙保温、楼梯间及公共区域地砖铺装、室外散水、三层斜屋面、消防、基层支护、空调安装等工程分包给二建公司之外的其他承包人，二建公司在此后无法实际控制工程进度，由于外包导致的工程延期不能要求二建公司承担违约责任。

煜东公司观点：根据《建设工程施工合同》约定，工程的竣工日期为2015年9月30日，工期总日历天数为359天。但实际工程于2017年1月13日才通过竣工验收，延误工期共计473天。造成工期延误的原因主要是，在施工合同履行过程中，因二建公司监管不到位，工程现场施工管理、财务管理缺失；实际施工人郭某顺、王某科长期拖欠材料款、农民工工资等原因，严重延误工期。二建公司提交的设计变更通知单、工程签证单、劳务分包合同等证据，不能证明工期应当顺延。且设计变更通知单、工程签证单等证据上二建公司的公章及技术人员的签字都是为了竣工验收、造价审核时补盖（签）的，也无顺延工期及顺延工期具体时间的约定。二建公司作为专业的施工单位，若因工程量变更确需顺延工期的，应当在施工过程中向建设单位或者监理单位提出工期顺延申请，并根据具体变更事项，确定每一项变更导致工期延长的事实和天数，并得到煜东公司和监理的确认。并不是每一项变更都会涉及工期的调整，有些变更反而会缩短工期。二建公司及工程的实际施工人郭某顺、王某科从未向煜东公司或者监理单位提出过任何延期申请，说明上述工程变更并不影响工期或者二建公司、郭某顺、王某科放弃了要求顺延工期的权利，上述工程的变更对工期是否应当顺延也没有必然的联系。在二建公司、郭某顺、王某科已经严重延误工期9个月及找不到劳务人员的情况下，为了加快施工进度、为施工单位解决人力问题而采取的合理措施，煜东公司帮助施工单位组织劳务人员。但其并未将工程直接专业分包，作为建设单位煜东公司也仅是负责协调劳务人员与施工单位的关系、负责监督劳务人员工资的发放等事宜。若煜东公司不帮助施工单位组织劳务人员，极有可能导致最终的涉案工程工期延误远远超过473天的结果。工期延误给煜东公司造成了实际损失，二建公司与实际施工人郭某顺、王某科承担连带赔偿责任。

法院观点

一审法院观点：工程未按照合同约定的竣工日期完工后，各方当事人对竣工验收时间最后协商确定工程应于2016年5月31日前完成，煜东公司按照2016年5月31日为节点，对部分招商工作和签约工作已发函向二建公司进行告知，并对该工程未按期竣工验收，可能造成煜东公司因商家逾期进驻造成的经济损失由二建公司承担连带赔偿责任也进行了告知。同时，郭某顺、王某科也向煜东公司出具承诺书，承诺在2016年5月31日前若未能完成竣工验收，施工单位除承担违约金外，还应对建设单位在招商过程中给第三方造成的全部损失承担赔偿责任。因该工程未按承诺时间完成验收，造成煜东公司与林某孟、陈某体签订的房屋租赁合同无法履行，林某孟、陈某体起诉后被法院判决解除双方上述租赁合同，由煜东公司双倍返还林某孟、陈某体定金400万元。由于煜东公司与×××房屋租赁合同约定的租赁期限从2016年10月1日起算，租金前三年每年480万元，故截至双方房屋租赁合同解除时间2016年12月8日，造成煜东公司直接房屋租金损失80万元，定金损失200万元，共计280万元。由于本案中二建公司违法将其资质借出，由实际施工人郭某顺、王某科实际施工，煜东公司与二建公司签订的建设工程施工合同无效。同时在合同履行过程中二建公司、郭某顺、王某科均未依诚实信用原则施工，工程延期后也未按照各方最后协商确定的竣工时间完工，工程未按期交付，导致发包方与第三人签订的房屋租赁合同因其逾期交付发生违约损失。并且二建公司、郭某顺、王某科在履行建设工程施工合同过程中应当知道该损失发生，因此该损失与二建公司、郭某顺、王某科的过错有因果关系。《合同法》第五十八条规定："合同无效或者被撤销后，因该合同取得的财产，应当予以返还；不能返还或者没有必要返还的，应当折价补偿，有过错的一方应当赔偿对方因此所受到的损失，双方都有过错的，应当各自承担相应的责任。"故煜东公司因此造成的损失280万元应由二建公司、郭某顺、王某科共同赔偿，煜东公司反诉要求赔偿其房屋租赁费及定金损失的部分反诉请求成立，予以支持。

二审法院观点：煜东公司与林某孟和陈某体签订租赁合同，后因迟延交工，经本院判决煜东公司给林某孟和陈某体违约赔偿280万元。该损失已客观发生。本案中，合同约定竣工日期为2015年9月30日，后郭某顺和王某科施工过程中承诺于2016年5月31日竣工，但至2017年8月29日仍未竣工验收，工期延误两年时间。施工过程中2015年共有13份变更签证，2016年4月19日一份变更签证单。二建公司和实际施工人郭某顺、王某科没有提出工期顺延，且承诺在2016年5月31日前完成竣工验收。这说明郭某顺和王某科对设计变更不需要顺延工期。而且在2016年4月27日煜东公司与郭某顺和王某科签订的《定西富丽商厦工程项目补充协议》明确载明："因乙方在承包甲方承建的定西富丽商厦项目工程施工过程中未按施工进度组织施工，工程工期严重滞后。"根据煜东公司与二建公司签订的《建设工程施工合同》约定，工程承包范围为："施工图以内土建、装饰、给排水、采暖、电气、消防设施通风空调设备，地暖地下人防工程……"而二建公司、王某科和郭某顺并无证据证明消防工程由煜东公司另行发包施工。上述事实说明工期延误是因郭某顺和王某科施工原因所致。故二建公司和郭某顺、王某科抗辩工期延误是由煜东公司设计变更和另行分包消防工程所致的理由缺乏事实依据，不能成立。郭某顺和王某科应当赔偿因工期延误给煜东公司造成的280万元损失。二建公司出借资质，对工期延误具有过错。根据《合同法》第五十八条规定，合同无效，有过错的一方应当赔偿对方因此所受到的损失。所以，二建公司应当对280万元的损失承担连带赔偿责任。

最高人民法院观点：煜东公司与林某孟和陈某体签订租赁合同，后因延迟交工，法院判决煜东公司给林某孟和陈某体违约赔偿280万元，该损失已经发生。案涉《建设工程施工合同》中约定竣工日期为2015年9月30日，后郭某顺和王某科施工过程中承诺2016年5月31日前竣工验收。施工过程中，虽有设计变更，但设计变更在前，郭某顺、王某科承诺2016年5月31日前竣工验收在后，表明郭某顺、王某科对设计变更不需要再次顺延工期。2016年4月27日签订的《定西富丽商厦工程项目补充协议》载明，因乙方在承包甲方承建的定西富丽商厦项目工程施工过程中未按施工进度组织施工，工程工期严重滞后，为推进工程施工进度，尽可能地降低双方经济损失，乙方同意将地下二层地坪、内外墙涂料、室内外放水及保护层、外墙保温等八项工程由甲方组织施工班组劳务人员进场施工。根据以上协议内容，即使存在外包工程，工程外包也与施工方未按施工进度组织施工，工程工期严重滞后存在因果关系，且二建公司未能举证证明外包工程外，其施工范围的其余工程按照2016年4月30日会议纪要和承诺书的承诺在2016年5月31日前已经达到能够完成竣工验收的程度。据此，二审认定工期延误是因郭某顺、王某科施工原因所致，二建公司出借资质，对工期延误具有过错，应当对280万元的损失承担连带赔偿责任。该认定并无不当，本院予以维持。

法律规定

《民法典》第一千一百六十八条规定，二人以上共同实施侵权行为，造成他人损害的，应当承担连带责任。

《建筑法》第六十六条规定，建筑施工企业转让、出借资质证书或者以其他方式允许他人以本企业的名义承揽工程的，责令改正，没收违法所得，并处罚款，可以责令停业整顿，降低资质等级；情节严重的，吊销资质证书。对因该项承揽工程不符合规定的质量标准造成的损失，建筑施工企业与使用本企业名义的单位或者个人承担连带赔偿责任。

《建工司法解释（一）》第七条规定，缺乏资质的单位或者个人借用有资质的建筑施工企业名义签订建设工程施工合同，发包人请求出借方与借用方对建设工程质量不合格等因出借资质造成的损失承担连带赔偿责任的，人民法院应予支持。

律师点评

《建筑法》第六十六条仅规定因出借资质造成的质量损失，挂靠人和被挂靠人承担连带责任，并未对因出借资质造成的工期延误损失是否由挂靠人和被挂靠人承担连带责任进行规定。《建工司法解释（一）》第七条规定，因出借资质造成的质量不合格等损失由挂靠人和被挂靠人承担连带责任，对于因出借资质造成的工期延误损失是否属于该条规定的范围并未明确。《民法典合同编理解与适用［三］》第565页认为，在借用资质合同无效的情形下，发包人主张质量以外因合同无效导致的损失，挂靠人和被挂靠人承担责任的性质仍然属于共同侵权责任，因为挂靠人借用资质导致施工合同无效给发包人造成损失，可以归属于被挂靠人与挂靠人共同对发包人实施侵权行为造成损害的情形。根据《民法典》第一千一百六十八条“二人以上共同实施侵权行为，造成他人损害的，应当承担连带责任”的规定，挂靠人和被挂靠人应当就其共同侵权行为对发包人承担连带赔偿责任。故在典型案例中，最高人民法院认为因出借资质造成的工期延误损失由挂靠人和被挂靠人承担连带责任。

操作提示

虽然法律、行政法规和司法解释对因出借资质造成的工期延误损失并未作出明确规定，但是在典型案例中最高人民法院认为，因出借资质造成的工期延误损失，挂靠人和被挂靠人应承担连带责任。有鉴于此，律师提示，承包人在经营管理中，应当严格按照法律规定和合同约定全面履行自己的义务，杜绝将企业资质出借给他人的现象，否则因出借资质造成的工期延误损失可能由其和挂靠人承担连带责任。

四、建设工程施工合同无效，工期约定可以参照执行

关 键 词： 合同无效　工期约定　参照执行

问题提出： 建设工程施工合同无效，案涉工程质量合格的，发包人或承包人均可要求参照合同约定折价补偿；但建设工程施工合同无效后，工期约定是否可以参照执行呢？

案件名称： 江苏苏南建设集团有限公司与安庆新城悦盛房地产发展有限公司建设工程施工合同纠纷案件[1]

裁判规则： 最高人民法院认为，建设工程施工合同无效后，工期约定系发承包双方的真实意思表示，该约定可以参照执行。

案情简介

上诉人（原审被告）：江苏苏南建设集团有限公司（以下简称苏南公司）

被上诉人（原审原告）：安庆新城悦盛房地产发展有限公司（以下简称新城公司）

原审第三人：朱某彪

---

[1] （2019）最高法民终589号。

2015年1月5日，苏南公司通过转账向新城公司支付案涉工程投标保证金10万元。2015年2月7日，苏南公司向新城公司递交商务标等投标资料，并同时向新城公司出具一份《授权委托书》，授权朱某彪为苏南公司的代理人参与案涉工程项目的投标。2015年2月12日经过评标，苏南公司中标，中标价为31,317,519元。

2015年3月3日，新城公司（甲方）与苏南公司（乙方）就安庆吾悦广场项目—商业区桩基签订一份《桩基工程施工合同》，约定如下。工程名称：安庆吾悦广场项目—商业区桩基施工合同。承包方式：综合单价包干。合同总价：暂定金额31,317,519元。总工期：90日历天（包含但不限于试桩、桩二次拨运、地下障碍清除桩测试、质监站验收通过的时间在内）。进场施工日期：2015年2月27日。竣工退场日期：2015年5月30日。该合同还对工期延误、工程质量及检查、违约责任等内容进行了明确约定。

当日，苏南公司亦与朱某彪签订一份《工程项目承包责任书》，将上述《桩基工程施工合同》项下的桩基工程承包给朱某彪施工，双方约定朱某彪采取“双包”的承包形式，上缴公司的管理费“按上海分公司标准收取”，付款方式为“甲方（苏南公司）在收到业主工程款后，扣除乙方（朱某彪）应缴纳给甲方的管理费和规费后，余款支付给乙方”。该承包责任书还就其他事项进行了约定。

案涉工程于2015年2月27日开始进场施工。此后，新城公司分别与扬州市桩基有限公司（以下简称扬州桩基公司）、江苏地质基桩工程公司（以下简称江苏基桩公司）、江西省地基基础建筑工程有限公司（以下简称江西地基公司）签订《桩基补桩工程施工合同》，由该三公司对案涉工程的问题桩基进行补桩施工。扬州桩基公司于2016年1月7日补桩施工完成，江西地基公司于2016年5月22日补桩施工完成，江苏基桩公司于2016年6月15日补桩施工完成。

判决结果

一审判决：苏南公司于判决生效之日起15日内支付新城公司工期延误违约金为3,288,339.5元。

最高人民法院二审判决：苏南公司于本判决生效之日起15日内支付新城

公司工期延误损失1,644,169.7 元。

各方观点

苏南公司观点：其一，案涉《桩基工程施工合同》应为无效。朱某彪一直挂靠不同施工单位，在新城公司及其关联公司控制的各单位进行基础工程施工，案涉工程是由新城公司自行挂靠苏南公司并指定朱某彪施工，新城公司对朱某彪挂靠苏南公司施工不但是明知的，而且是主动要求这样挂靠施工。案涉桩基工程属于一个单位工程中基坑分项工程中的子分项，新城公司违法肢解发包，违反了《建筑法》、国务院《建设工程质量管理条例》关于禁止将建筑工程肢解发包的规定。案涉工程属于公共建筑，关系到社会公共利益和安全，应当进行招标，但新城公司并未经合法招投标程序而是直接与苏南公司签订桩基合同，案涉《桩基工程施工合同》应为无效。其二，新城公司主张的210 天工期延误时间不当，超出了原合同约定的工期时间，补桩时间比施工时间长，明显不当。如果案涉工程存在问题，新城公司亦应当承担50%的责任。

新城公司观点：（1）关于合同效力。《桩基工程施工合同》主体合法、内容合法，是双方真实意思表示，该合同依法有效。即便苏南公司与朱某彪签订的《工程项目承包责任书》属实，且有证据证明朱某彪是实际施工人以及在法律性质上构成违法转包，也不影响《桩基工程施工合同》的法律效力。苏南公司主张《桩基工程施工合同》无效，缺乏事实和法律依据，依法不能成立。（2）关于《桩基工程施工合同》有效或无效的法律后果。如《桩基工程施工合同》有效，苏南公司依约承担工程质量责任和工期责任；若《桩基工程施工合同》无效，则苏南公司需要依据法律规定，承担工期延误损失赔偿责任和质量损失赔偿责任。

法院观点

一审法院观点：经查，案涉工程由新城公司招标，苏南公司参与投标，并于2015 年2 月12 日被确定为中标单位。2015 年3 月3 日，双方根据中标结果签订案涉《桩基工程施工合同》，同时亦未见有其他违反法律和行政法规效力性强制性规范的情形，因此该合同合法有效。苏南公司还辩称双方签订上述合同是为了配合新城公司办理相关手续，双方没有实际履行，实际施工人为朱某彪。经审查，《桩基工程施工合同》甲方处加盖新城公司印章并由授权代表签字，乙方处加盖苏南公司印章和法定代表人花某华印签。苏南公司对该合同上的印章及印签的真实性不持异议，其该抗辩理由无充分证据支持，同时亦与其同朱某彪签订《工程项目承包责任书》等行为相悖，该院不予采信。

苏南公司承包工程后，又将工程以内部承包的形式交由朱某彪实际施工，并签订《工程项目承包责任书》。庭审中朱某彪和苏南公司均否认双方之间有劳动合同关系，双方亦认可案涉工程均由朱某彪一个人投资施工，苏南公司没有任何投入，故双方之间实为转包工程，《工程项目承包责任书》因违反法律禁止性规定而无效，朱某彪为本案实际施工人。

根据苏南公司与新城公司《桩基工程施工合同》第 9.2.2 条约定，苏南公司原因造成工期延误的，每逾期一日，苏南公司向新城公司偿付合同总价款 0.5‰的违约金。经查，案涉合同约定竣工退场日期为 2015 年 5 月 30 日。由于施工质量问题，案涉桩基工程至 2016 年 6 月 15 日才补桩完成，逾期 380 天，新城公司仅主张 210 天，该院予以确认，故该工期延误违约金为 3,288,339.5元（31,317,519 元×0.5‰/天×210 天）。

最高人民法院观点：（1）案涉《桩基工程施工合同》的效力。案涉工程项目的建筑工程施工许可证载明施工单位为宜兴建工公司与中建一局第五公司，并未显示苏南公司是施工单位，上述施工单位分别与新城公司签订建设工程施工合同。新城公司亦认可案涉安庆新城吾悦广场项目的总承包人是上述施工单位，苏南公司所做的案涉桩基工程包含在上述施工单位的总承包范围内，桩基工程是新城公司的指定分包。而且，安庆市住建委作出建设罚字［2016］第 004 号行政处罚决定书，认定新城公司在与施工总承包单位签订总承包合同之外，将桩基部分分包给其他施工单位，并还与桩基部分的施工单位签订了分包合同，该行为违反《建筑法》第二十四条第一款“提倡对建筑工程实行总承包，禁止将建筑工程肢解发包”，国务院《建设工程质量管理条例》第七条第二款“建筑单位不得将建设工程肢解发包”的规定，对新城公司肢解发包行为进行处罚。新城公司将案涉工程的桩基项目肢解发包，违反了法律和行政法规强制性规定，所以案涉《桩基工程施工合同》应为无效。

一审判决认定《桩基工程施工合同》有效，应属不当，本院予以纠正。苏南公司虽主张朱某彪借用其公司资质并以苏南公司名义签订《桩基工程施工合同》，新城公司对案涉工程未依法招投标致使案涉《桩基工程施工合同》无效，但因本院已以新城公司违法肢解发包为由认定案涉《桩基工程施工合同》无效，故本院对苏南公司主张的上述事项不再审查。(2) 本案中，案涉《桩基工程施工合同》约定竣工退场日期为2015年5月30日，由于施工质量问题，案涉桩基工程至2016年6月15日才补桩完成，逾期380天。但新城公司主张工程逾期210天，本院予以确认。按照合同约定，工期延误违约金应计算为3,288,339.5元（31,317,519元×0.5‰/天×210天）。因《桩基工程施工合同》无效，该违约金不能当然被采纳。但因苏南公司施工质量存在问题，导致案涉工程工期延误并造成损失，苏南公司应向新城公司支付适当的工期延误损失。由于新城公司在苏南公司开始施工时未取得施工许可证，对案涉工程肢解发包，存在过错，本院参照工期延误违约金的数额，酌定苏南公司、新城公司各承担50%的工期延误损失责任，故苏南公司应向新城公司支付工期延误损失1,644,169.7元。

法律规定

《民法典》第七百九十三条规定，建设工程施工合同无效，但是建设工程经验收合格的，可以参照合同关于工程价款的约定折价补偿承包人。建设工程施工合同无效，且建设工程经验收不合格的，按照以下情形处理：（一）修复后的建设工程经验收合格的，发包人可以请求承包人承担修复费用；（二）修复后的建设工程经验收不合格的，承包人无权请求参照合同关于工程价款的约定折价补偿。发包人对因建设工程不合格造成的损失有过错的，应当承担相应的责任。

律师点评

虽然法律对建设工程施工合同无效时工期能否参照适用没有明确规定，但笔者认为，建设工程施工合同无效，工期约定可以参照执行。主要理由如下：第一，建设工程施工合同无效，但工期约定系发承包双方的真实意思表示，可以参照执行。第二，如果工期约定不能参照执行，参照定额确定工期，承包人可能没有延误工期；参照工期约定，承包人已延误工期；因此，可能导致承包人恶意主张建设工程施工合同无效，明显违反公平和诚信原则。第三，典型案例中最高人民法院认为建设工程施工合同无效，工期约定可以参照执行。

操作提示

参考最高人民法院典型案例裁判规则，鉴于工期约定系发承包双方的真实意思表示，虽然建设工程施工合同无效，承包人仍应参照约定执行。因此，律师建议，承包人仍应参照工期约定完成施工义务，否则因承包人原因导致工期延误损失的，仍由承包人自行承担。

五、承包人在取得施工许可证前进场施工，主管部门要求承包人停工的，实际进场时间不能认定为开工日期

关 键 词： 施工许可证　停工　实际进场时间　开工日期

问题提出： 案涉工程项目未取得施工许可证，承包人已实际进场开始施工，主管部门要求承包人停工，该实际进场时间是否能认定为开工日期?

案件名称： 浦城县万达置业有限公司建设工程施工合同纠纷案件[1]

裁判规则： 最高人民法院认为，案涉工程项目未取得施工许可证，承包人已实际进场开始施工，主管部门责令承包人停工，表明案涉工程项目不具备开工条件，故该实际进场时间不能认定为开工日期。

案情简介

再审申请人（一审被告、反诉原告，二审上诉人）：浦城县万达置业有限公司（以下简称浦城万达公司）

被申请人（一审原告、反诉被告，二审被上诉人）：上海世方建筑工程有限公司（以下简称上海世方公司）

---

〔1〕（2019）最高法民申6461号。

2013年12月5日，浦城县国土资源局向浦城万达公司颁发了浦城县［2013］浦土偿字第038号《建设用地批准书》，将坐落于浦城县梦笔大道与梦笔东路交叉口东南角的浦城县2010－04号地块的国有土地拍卖出让给浦城万达公司，土地用途为商服用地。

2014年4月11日，浦城万达公司与上海世方公司签订一份《补充合同》，约定：工程名称为华友·梦笔城市广场；总包单位为上海世方公司；工程地点为浦城县梦笔大道；建筑面积约45,000平方米；开工日期暂定为2014年5月1日，以上海世方公司申请开工并经浦城万达公司批复的日期为准，竣工日期暂定为2015年6月24日；合同工期420日历天，开工至主体结构封顶180日历天。

2014年8月23日，浙江恒超工程管理有限公司开具《工程开工令》，开工日期定为2014年8月23日，浦城万达公司的负责人李某金在《工程开工令》上签名，上海世方公司加盖公章。

2014年11月13日，浦城县住房保障和城乡规划建设局向浦城万达公司颁发地字第350722201400010号《建设用地规划许可证》及《附件》，规定：用地单位为浦城万达公司；用地项目名称为华友·梦笔城市广场；用地位置为浦城县梦笔大道与梦笔东路交叉口东南角的浦城县2010－04号地块；用地性质为商业用地；用地面积14,048平方米；建筑面积约33,715平方米；持本证到土地管理部门办理用地手续后，到我局办理建设工程规划许可证，未办理建设工程规划许可证不得动工。

2015年1月4日，浦城万达公司作为建设单位，上海世方公司作为施工单位，共同向浦城县住房保障和城乡规划建设局申报备案华友·梦笔城市广场项目施工合同。2015年3月17日，浦城县规划建设和旅游局作出浦建规〔2015〕04号《关于同意浦城县2010－04#地（华友—梦笔城市广场）建设的规划批复》，同意华友·梦笔城市广场项目的建设。2015年3月19日，浦城县规划建设和旅游局颁发编号为352124201503190101的《建筑工程施工许可证》，建设单位为浦城万达公司，工程名称为华友·梦笔城市广场，建设地址为梦笔大道南侧与梦笔大道东侧交汇处，合同价格为9069万元，施工单位是上海世方公司，监理单位是浙江恒超工程管理有限公司，合同开工日期为2015年3月20日，合同竣工日期为2016年5月20日。2015年3月20日，施工单位上海世方公司和监理单位浙江恒超工程管理有限公司盖章确认的

《开工报告》，确认华友·梦笔城市广场的开工日期为2015年3月20日。上海世方公司依约进场施工。

判决结果

一审判决：认定实际进场施工日期2014年8月23日不能作为案涉工程项目的开工日期。

二审判决：维持一审该认定。

最高人民法院裁定：监理单位2014年8月23日出具的《工程开工令》，明显不符合开工的基本条件，属于违法开工，二审法院不予采纳并无不当。

各方观点

浦城万达公司观点：一审认定开工日期为2015年3月20日，与客观事实严重不符。天泽司法鉴定所出具的《鉴定意见书》在分析说明“（一）延期开工产生的全部损失”中载明讼争工程的开工日期定为2014年8月23日；厦门鼎力公司出具的评估报告中已完成工程量的鉴定，80%以上已完工程量是在一审法院所认定的施工许可证上的开工日期2015年3月20日之前完成的。一审法院采纳了鉴定机构的鉴定意见，又否认鉴定机构认可的施工开工日，自相矛盾。2014年8月23日双方当事人在监理单位签发的《工程开工令》上盖章签字，根据上海世方公司自己提供的证据，上海世方公司已开始施工。2015年3月19日《建筑工程施工许可证》颁发后，与此相配套，次日即2015年3月20日《工程开工报审表》、2015年3月20日《开工报告》上，监理单位均签注：“准予开工。实际开工日期以甲乙双方‘补充协议’约定为准。”建设工程施工许可证是建设主管部门颁发给建设单位的一个准许其施工的凭证，只是表明建设工程符合开工条件，建设工程施工许可证本身并不是确定开工日期的凭证，是否取得施工许可证与是否实际开工之间并无直接联系。涉案工程的开工日为2014年8月23日。

上海世方公司观点：虽监理单位于2014年8月23日开具开工令，但因浦城万达公司尚未办理规划审批手续、没有完成施工图设计、没有办理质量安全监督手续、没有办理施工许可证等，涉案工程的开工前准备工作一直未完成（未尽发包人义务导致开工令出具后不具备开工条件），且被浦城县住房保障和城乡规划建设局、浦城县国土资源局责令停工，待取得施工许可证后方可开工建设。故开工时间应以《建筑工程施工许可证》上确定的开工日期2015年3月20日为准。

法院观点

一审法院观点：本案中，虽然监理单位浙江恒超工程管理有限公司于2014年8月23日开具《工程开工令》，但浦城万达公司尚未办理规划审批手续、没有完成施工图设计、没有办理质量安全监督手续、没有办理施工许可证等。浦城县住房保障和城乡规划建设局于2014年11月13日向浦城万达公司颁发涉案工程的《建设用地规划许可证》及《附件》，同时规定持本证到土地管理部门办理用地手续后，到该局办理建设工程规划许可证，未办理建设工程规划许可证不得动工。同时，浦城万达公司于2014年11月12日，将涉案工程委托福建闽才工程造价咨询有限公司进行招标，确认上海世方公司为中标人，涉案工程的工期为420日历天，浦城万达公司与上海世方公司于2014年11月20日签订《建设工程施工合同》，确定合同开工日期为2015年3月20日。施工单位上海世方公司和监理单位浙江恒超工程管理有限公司盖章确认的《开工报告》中注明的开工日期为2015年3月20日。

二审法院观点：浦城万达公司在2014年11月13日才取得《建设用地规划许可证》及《附件》，根据《建筑法》第七条与第八条的规定，在未取得用地批准和工程规划许可之前，无法取得工程施工许可，就不能开工。监理单位2014年8月23日出具的《工程开工令》明显不符合开工的基本条件，属于违法开工，本院不予采纳。一审法院按照《开工报告》中注明的开工日期确认涉案工程开工日期为2015年3月20日，并无不当。鉴定报告载明的开工日期2014年8月23日，是其作为鉴定机构计算停窝工损失的标准，并非对涉案工程开工日期的司法确认。且上海世方公司作为停窝工损失的主张一方，对此没有提出异议。

最高人民法院观点：蒲城万达公司认为根据《工程开工令》，本案工程开工时间实为2014年8月23日。事实上，浦城万达公司于2015年3月19日才取得案涉工程《建筑工程施工许可证》。监理单位2014年8月23日出具的《工程开工令》明显不符合开工的基本条件，属于违法开工，二审法院不予采纳并无不当。虽然本案有证据证明上海世方公司在施工许可证颁发之前即已进场施工，但相关主管部门均已发函要求案涉工程立即停工，即案涉项目在施工许可证颁发之前不是能够正常施工的状态。因此，二审法院依据《开工报告》确认案涉工程开工日期为2015年3月20日并无不当。

法律规定

《建工司法解释（一）》第八条规定，当事人对建设工程开工日期有争议的，人民法院应当分别按照以下情形予以认定：（一）开工日期为发包人或者监理人发出的开工通知载明的开工日期；开工通知发出后，尚不具备开工条件的，以开工条件具备的时间为开工日期；因承包人原因导致开工时间推迟的，以开工通知载明的时间为开工日期。（二）承包人经发包人同意已经实际进场施工的，以实际进场施工时间为开工日期。（三）发包人或者监理人未发出开工通知，亦无相关证据证明实际开工日期的，应当综合考虑开工报告、合同、施工许可证、竣工验收报告或者竣工验收备案表等载明的时间，并结合是否具备开工条件的事实，认定开工日期。

《建筑法》第六十四条规定，违反本法规定，未取得施工许可证或者开工报告未经批准擅自施工的，责令改正，对不符合开工条件的责令停止施工，可以处以罚款。

律师点评

《建工司法解释（一）》第八条第一项规定，开工通知发出后，尚不具备开工条件的，以开工条件具备的时间为开工日期；典型案例中《工程开工令》载明开工时间为2014年8月23日，但监理单位出具《工程开工令》时明显不具备开工条件，故不能依据《工程开工令》认定开工时间。《建工司法解释（一）》第八条第二项规定，承包人经发包人同意已经实际进场施工的，以实际进场施工时间为开工日期。这里的实际进场施工的情形应作限缩解释，即这里的实际进场施工情形应限于具备开工条件、未办理施工许可证但主管部门未要求承包人停工。典型案例中虽然承包人在施工许可证颁发之前已进场施工，但主管部门已要求承包人立即停工，故不能将实际进场施工时间认定为开工时间。

操作提示

依据《建筑法》第六十四条的规定，对于不符合开工条件的工程项目，主管部门可以责令停工，并处以罚款。故律师建议，对符合开工条件的工程项目，承包人应当按照法律规定和合同约定开工，对不符合开工条件的工程项目，承包人应当拒绝开工，否则主管部门可能会责令承包人停工，并处以罚款。

第五章　合同变更、签证

一、承包人自行增加的施工内容，监理单位和发包人明知未提出异议的，可以视为发包人、承包人就该施工内容达成了变更

关 键 词： 自行增加　未提出异议　变更

问题提出： 在建设工程施工合同履行中，承包人自行增加的施工内容，监理单位和发包人明知但未提出异议的，对于该施工内容是否属于合同变更？

案件名称： 浙江省三建建设集团有限公司、咸阳凯创置业有限责任公司建设工程施工合同纠纷案件[1]

裁判规则： 在建设工程施工合同履行中，承包人自行增加的施工内容，监理单位和发包人明知但未提出异议的，可以视为发包人和承包人就该施工内容达成了合同变更。

案情简介

上诉人（原审原告、反诉被告）：浙江省三建建设集团有限公司（以下简称三建公司）

上诉人（原审被告、反诉原告）：咸阳凯创置业有限责任公司（以下简称凯创公司）

原审被告：陕西林凯置业发展有限公司（以下简称林凯公司）

2011 年 5 月 3 日，余某德以工程项目经营管理目标责任人身份就案涉工程与浙江省长城建设集团股份有限公司陕西分公司签订《浙江长城建设集团

---

〔1〕（2020）最高法民终 483 号。

股份有限公司工程项目经营管理目标责任书》。2011 年 6 月 27 日，三建公司与余某德签订劳动合同，并从该月为余某德缴纳职工基本养老保险。

2011 年 5 月 23 日，林凯公司（甲方）作为陈杨新界项目发包人与三建公司（乙方）签订了合同一。合同附件一《房屋建筑工程质量保修书》约定，保修内容为承包人施工的全部工程内容（不含发包人直接分包的项目）。

案涉工程的桩基工程由林凯公司另行分包给中国有色金属工业西安岩土工程有限公司和陕西九华建筑有限责任公司施工。自 2011 年 10 月 28 日起，林凯公司、凯创公司将桩基施工现场分批移交给三建公司。

2012 年 3 月 16 日，凯创公司登记成立，住所地是咸阳市秦都区秦皇南路建行大厦，注册资本 10,000,000 元，公司为自然人独资，经营范围为房地产开发、销售。2012 年 10 月 16 日，林凯公司向三建公司发送《债权债务转让通知》。该通知载明："原由咸阳市城市投资控股集团有限公司全权委托我公司前期开发的陈杨寨改造工程项目，我公司与贵公司于 2011 年 5 月 23 日签订了《建筑工程施工合同》。现由于该项目的建设用地使用权已经由凯创公司合法取得，建设单位主体确定为凯创公司，我公司无法继续履行合同，现在需要终止履行合同。为了不影响后期施工的顺利进行，我公司作出如下决定：第一，将该合同所涉及属于我公司的所有债权债务转让给凯创公司；第二，该合同的债权债务转让自贵公司与凯创公司重新签订施工合同起生效。我公司的以上决定，给贵公司带来的诸多不便，请贵公司谅解。"同日，凯创公司向三建公司出具的《承诺书》载明："对于贵公司与林凯公司在 2011 年 5 月 23 日所签订的《建设工程施工合同》，由于我公司已经实际取得陈杨寨改造工程项目（现更名为陈杨新界项目）的建设用地使用权，经我公司与林凯公司商议，作出如下承诺：第一，我公司同意将贵公司与林凯公司所签订的《建设工程施工合同》中涉及林凯公司的所有债权债务转让给我公司。第二，截至贵公司与我公司签订新的施工合同前，对于贵公司已完的工程量，林凯公司应付贵公司的工程款，由我公司结算支付；经林凯公司所签的所有工程联系单，我公司全部认可接受。第三，该承诺书生效条件：1. 贵公司确认。2. 贵公司与我公司签订的新施工合同成立。"三建公司在《承诺书》上加盖公司印章予以确认。

2012 年 11 月 15 日，林凯公司与三建公司签订《合同解除协议书》。该协议书载明："双方原于 2011 年 5 月 23 日签订的《建筑工程施工合同》，现因林凯公司将该合同的债权债务概括转让给凯创公司，使三建公司无法继续履行合同，经双方协商同意，合同于三建公司与凯创公司重新签订的施工合同成立时解除。”2012年11月15日，凯创公司作为发包人就案涉工程与三建公司重新签订了合同二，内容与合同一一致。2013年1月23日，凯创公司取得案涉工程6—17#楼项目建字第610400201300007号《建设工程规划许可证》。2013年1月25日、1月31日、2月28日，凯创公司向建设主管部门就项目三标段、二标段、一标段补办了招投标手续，提交备案《建筑工程施工合同》（合同三）和中标文件。

2013年2月19日，三建公司向凯创公司发送《因延期付款造成的工期及费用索赔报告》。2013年3月12日，凯创公司向三建公司发送《关于总包方2013年2月19日提交的人工费调整、认质认价、工期索赔等函的回复意见》。

2013年8月26日，凯创公司取得案涉工程1—5#楼、地下车库项目、地下车库项目建字第610400201300067号《建设工程规划许可证》。2013年3月4日，凯创公司取得陈杨新界一标段6#、10#楼《建筑工程施工许可证》，二标段7#、11#、16#、17#楼《建筑工程施工许可证》，三标段8#、9#、12#、13#、14#、15#楼《建筑工程施工许可证》。2013年9月6日，凯创公司取得陈杨新界一标段1—4#楼、三标段5#楼、幼儿园、会所的《建筑工程施工许可证》。2013年7月30日，三建公司陈杨新界项目部出具《无拖欠工程款证明》，载明：“兹凯创公司的陈杨新界项目由我部承接施工，建设单位凯创公司已按合同约定，将工程款按进度支付到位，无拖欠。”该证明加盖有“浙江省长城建设集团股份有限公司陕西分公司陈杨新界项目部”印章。三建公司称，因凯创公司要贷款，所以要出具这个证明，但是该证明与事实不符。

2014年1月28日，凯创公司向三建公司发送《关于咸阳市“陈杨新界”项目2014年春节后全面恢复施工安排的工作函》。2015年4月6日，凯创公司向三建公司发送《关于解除陈杨新界项目〈建筑工程施工合同〉的函》。

2015年4月7日，凯创公司及监理单位林华公司向三建公司发出的XJ2015-4-7《工作联系单》载明：我公司对陈杨新界项目已全面复工，现要求贵公司2015年4月7日下午4时前将所占用的办公室搬离及将现场的门卫、保安全部撤离陈杨新界工地，不要影响我公司后续单位进场施工，若贵公司不撤出工地，我公司将采取强制手段，将贵公司办公桌椅及用品、人员清出工地，所造成的一切经济损失及生命财产安全，均由贵公司负责。2015年4月7日至9日，凯创公司组织人员拆除了临建活动板房，占有了施工场地。2015年4月14日，三建公司向凯创公司发送《关于解除施工合同的回复函》。截至2015年4月7日，三建公司离场，案涉工程共有9栋楼（3#、5#、6#、8#、9#、10#、13#、14#、15#）已经交付使用。

三建公司在承建案涉工程时系建筑工程施工总承包一级资质，2015年11月3日取得建筑工程施工总承包特级资质。林凯公司在发包案涉工程时系房地产开发二级资质，凯创公司与三建公司签订施工合同时系房地产开发暂定资质。“浙江省三建建设集团有限公司”的名称系于2016年3月1日由“浙江长城建设集团股份有限公司”变更而来。

判决结果

一审判决：对于承包人自行施工的内容认定为合同变更，判决发包人支付该施工内容对应的工程价款。

最高人民法院二审判决：维持原判。

各方观点

凯创公司观点：合同约定承包人不得对原工程设计进行变更，施工图纸未设计不同墙体交界处纤维网格布，三建公司自行增加的施工，不应由凯创公司承担费用。

法院观点

一审法院观点：验收规范对该施工项目无强制性要求，双方亦未提供与此施工项相关的隐蔽工程验收资料，但通过双方当事人及鉴定机构2019年8月12日对17#楼302室、2#楼2102室的现场勘验，发现有外露的纤维网格布。即便施工图纸未设计不同墙体交界处铺设纤维网格布，三建公司实际施工时，监理单位对该施工内容应系明知，监理单位和凯创公司未就此提出异议，应视为双方就施工方式变更达成合意。故该部分价值902，384.57元应计入工程造价。

最高人民法院观点：经查，纤维网格布客观存在，虽然验收规范对该施工项目无强制性要求，但是监理单位和凯创公司明知三建公司以此方式施工却未提出异议，一审法院认定双方就施工方式达成合意，处理无明显不当，本院予以维持。

关联案例1

案件名称：广元市川越建筑劳务有限公司、中国水利水电第八工程局有限公司建设工程施工合同纠纷案件〔1〕

法院观点：鉴定意见如下。（1）监理批准施工方式急流槽采用浆砌石砌筑计价，施工方自行采用C15混凝土施工，并未经得设计、监理、业主单位同意变更；（2）K6+630处的急流槽在原设计图中有，现场施工时位置应业主要求移动，因此不另计量计价；（3）广元市川越建筑劳务有限公司（以下简称川越公司）主张K4+810处原设计图中没有，属于新增，应按施工使用材料计量计价为143,632元（219.51m^3×654.33元/m^3）。因清单投标中没有C15急流槽价格，参照清单中宝红路急流槽砼C20单价（664.33元/m^3）减去混凝土（C20换C15）差价10元。如按浆砌石砌筑计价为47，081元（219.51m^3×214.48元/m^3）。如何计取由法院判定。一审认为，经审查2012年8月28日现场会勘纪要，K6+630处的急流槽改为斜交，出水口做明沟与急流槽处理；2013年4月22日川越公司上报急流槽材料为C20混凝土，监理签批为浆砌石砌筑；2014年8月28日川越公司上报的工程技术核定单，请求两处急流槽按照C15混凝土工程量核定255.16立方米，监理签批K6+630处的急流槽按工程量清单中综合单价执行，不另计量，K4+810段处急流槽工程量以实际发生的工程量为准。基于上述证据，因K6+630处急流槽不属于新增项目，不应另计量，K4+810处急流槽属于新增项目，监理对原告申报的工程量219.51m^3并未提出异议，故以该工程量计价，虽监理明确为浆砌石砌筑，但川越公司以C15混凝土施工，监理并未现场提出异议，且已为川越公司实际投入工程，故应以实际施工的C15混凝土计价，故应计取143,632元。该案件中最高人民法院认为，监理虽明确为浆砌石砌筑，但川越公司以C15混凝土施工时现场监理并未提出异议，且川越公司已实际投入工程，一审以实际施工的C15混凝土计价并无明显不当。

〔1〕（2020）最高法民终912号。

关联案例 2

案件名称：嵩明王家村骨科医院、代某建设工程施工合同纠纷案件[1]

法院观点：该案件中最高人民法院认为，对超出图纸范围的加层工程，嵩明王家村骨科医院主张部分由代某施工完成、部分并非由代某完成，而其一直未对加层工程的施工提出异议，且加层工程亦由嵩明王家村骨科医院投入使用，其现申请再审主张加层工程系由代某擅自施工没有任何证据证明，其认为加层工程不应计入工程价款的申请再审理由不能成立。

关联案例 3

案件名称：中国华西企业有限公司、赣州铭欣实业有限公司建设工程施工合同纠纷案件[2]

法院观点：该案件中最高人民法院认为，案涉工程外墙从涂料变更为面砖施工增加了工艺成本，常理而言中国华西企业有限公司欠缺主动变更外饰面墙体设计的驱动力，而外墙饰面的变更最终凝固在所交付的已竣工验收建筑工程中，作为案涉工程的发包人赣州铭欣实业有限公司（以下简称铭欣公司）可从中实际获益。铭欣公司并无证据证明其曾在施工过程中就此向中国华西企业有限公司提出异议，在庭审中铭欣公司亦认可施工过程中对此知情并默认，一审法院据此判令铭欣公司承担变更部分工程量所增加的成本并无不当。

法律规定

《民法典》第一百四十条规定，行为人可以明示或者默示作出意思表示。沉默只有在有法律规定、当事人约定或者符合当事人之间的交易习惯时，才可以视为意思表示。

《民法典》第五百四十三条规定，当事人协商一致，可以变更合同。

《民法典》第五百四十四条规定，当事人对合同变更的内容约定不明确的，推定为未变更。

《建筑法》第五十八条规定，建筑施工企业对工程的施工质量负责。建筑施工企业必须按照工程设计图纸和施工技术标准施工，不得偷工减料。工程设计的修改由原设计单位负责，建筑施工企业不得擅自修改工程设计。

---

[1]（2020）最高法民申 3254 号。

[2]（2020）最高法民终 8 号。

《建筑法》第七十四条规定，建筑施工企业在施工中偷工减料的，使用不合格的建筑材料、建筑构配件和设备的，或者有其他不按照工程设计图纸或者施工技术标准施工的行为的，责令改正，处以罚款；情节严重的，责令停业整顿，降低资质等级或者吊销资质证书；造成建筑工程质量不符合规定的质量标准的，负责返工、修理，并赔偿因此造成的损失；构成犯罪的，依法追究刑事责任。

律师点评

依据《民法典》第一百四十条第二款规定，只有在有法律规定、当事人约定或者符合当事人之间的交易习惯时，沉默才可以视为意思表示。典型案例中承包人变更了施工内容，但监理单位和发包人对此明知未提出异议即沉默，对此，最高人民法院认为发承包双方就该施工内容达成了合意。依据前述法律规定，典型案例中无证据证明发包人的沉默符合法律规定、合同约定或者交易习惯，故最高人民法院前述观点的法律依据不是按照《民法典》第一百四十条第二款。笔者认为，最高人民法院通过典型案例创设了一种新的规则，即承包人自行增加的施工内容时，监理单位和发包人明知但未提出异议的，应视为发承包双方就该施工内容达成了变更。另外，《江苏省高级人民法院关于审理建设工程施工合同纠纷案件若干问题的意见》（已失效）第十二条规定，建设工程价款进行鉴定的，承包人出具的工程签证单等工程施工资料有瑕疵，鉴定机构未予认定，承包人要求按照工程签证单等工程施工资料给付相应工程价款的，人民法院不予支持，但当事人有证据证明工程签证单等工程施工资料载明的工程内容确已完成的除外。

操作提示

最高人民法院通过典型案例创设了一种新的规则，即承包人自行增加的施工内容，监理单位和发包人明知但未提出异议的，应视为发承包双方就该施工内容达成了变更。在建设工程施工合同履行中，依据《建筑法》第五十八条第二款的规定，承包人应当按照工程设计图纸和施工技术标准施工，否则主管部门可以依据《建筑法》第七十四条规定责令承包人改正并处以罚款。故律师建议，在建设工程施工合同履行过程中，承包人仍然应当依照法律规定按照工程设计图纸和施工技术标准进行施工；在承包人自行增加施工内容时，监理单位和发包人应当及时提出异议，否则可能被认定为发承包双方对该施工内容达成了变更。

二、签证不符合双方约定，但承包人已实际施工的，承包人可以主张该部分工程款

关 键 词： 签证　不符合约定　实际施工　工程款

问题提出： 发承包双方在建设工程施工合同中明确约定了签证的具体要求，案涉工程签证不符合该约定，但承包人已实际施工的，承包人是否可以主张该签证涉及的工程款呢？

案件名称： 贵州省冶金建设公司、遵义佳信房地产开发有限公司建设工程施工合同纠纷案件[1]

裁判规则： 最高人民法院认为，签证不符合建设工程施工合同约定，但承包人确已实际施工的，承包人可以主张该签证对应的工程款。

案情简介

再审申请人（一审原告、反诉被告、二审上诉人）：贵州省冶金建设公司（以下简称冶金公司）

被申请人（一审被告、反诉原告、二审上诉人）：遵义佳信房地产开发有限公司（以下简称佳信公司）

2011 年 7 月 7 日，冶金公司与佳信公司签订《建设工程施工合同》，约定佳信公司将其开发的澳门路宏达花园项目发包给冶金公司，发包范围为土建、装饰、水电、消防安装工程以及设计图纸外的部分附属工程（不包括园艺、苗圃、景观、电梯设备采购及其安装等工程），约定的工程价款约为 1000 万元，合同工期为 11 个月（330 天）。合同约定为：发包方派驻现场的代表为金某，职权为对工程施工全过程行使管理、安全、质量、技术等手续，并负责协调施工方与设计、监理、分包单位的关系等。但在本合同施工过程中，

---

[1]（2020）最高法民再 336 号。

对于包括设计图纸变更、价款变更、工程量增减、工期等直接导致工程价款增加或减少、工期顺延或者提前的签证，除经发包方派驻的工程师签证外必须经发包人加盖印章，方发生效力。

合同签订之后，冶金公司于2012年1月17日进场施工，于2013年3月1日完成基础与主体分部施工，2014年1月，冶金公司因各种原因停止施工，在水电安装和消防工程尚未完工情况下，冶金公司于2014年4月撤离施工现场。2015年2月4日，冶金公司向佳信公司报送了工程结算书，佳信公司工作人员金某对该结算书予以签收。现涉案房屋已由佳信公司交付还房户和出售，绝大部分房屋已经实际入住。冶金公司自认除佳信公司擅自分包给案外人的工程外，水电安装和消防工程未实际完工；佳信公司主张因冶金公司未按合同约定施工，其向案外人另行发包了部分工程（如塑钢门窗的安装、二次装饰和绿化工程等）。

诉讼过程中，佳信公司向一审法院提出申请，要求对冶金公司完成的工程量进行造价鉴定。经一审法院委托后，贵州黔元会计师事务所有限公司作出“贵州黔元鉴字［2019］第2号遵义市澳门路宏达花园工程造价鉴定意见书”，鉴定结果为：（1）双方确定的部分造价为19,433,095.69元（包括土建、营业房、签证、观光电梯、新增天桥和楼梯、消防水池、化粪池、给排水工程、电气安装工程、塔吊基础）。（2）不确定部分：1,146,064.03元（竣工图反映有该部分内容，但建设单位认为施工单位未做）、1,383,694.68元（施工单位未按照合同要求履行签证手续）、1,089,170.5元（施工单位针对确定部分的材料差价未按照合同要求履行签证手续）、125,624.72元（施工单位针对不确定部分的材料差价未按照合同要求履行签证手续）、264,907元（施工单位的返工费用）。（3）根据资料未计算的部分：①38号未盖章签证因建设单位签署意见为“请联系公司领导解决”，但未见后续相关资料，本次鉴定未计该项费用；②营业用房部分，原告方要求按39号未盖章签证调整人工费，但因39号签证内容未提及营业用房，本次鉴定未计该项费用（19,656.16元）；③46号未盖章签证是关于门窗工程分包配合费的计取，签证配合费的计取方式是按门窗工程造价的3%计取，但门窗公司不在我单位鉴定范围，其数额未知，本次鉴定未计该项费用。（4）其他内容：①施工单位提出外墙满挂钢丝网，在征求意见稿中未计入，建设单位提出外墙未满挂钢丝网，故将外墙满挂钢丝网费用单列计入“不确定部分”；②负三、负一层渣石回填，建设单位提出为建筑垃圾回填，本次鉴定将该部分回填差价单列至“不确定部分”。

对于已付工程款，庭审过程中双方均认可佳信公司已经向冶金公司支付17,330,000元。

判决结果

一审判决：签证不符合约定部分的造价1,383,694.68元不予支持。

二审判决：维持一审法院该项判决。

最高人民法院再审判决：签证不符合约定部分的造价1,383,694.68元予以支持。

各方观点

冶金公司观点：（1）有其项目经理关于停工原因和佳信公司未盖章的情况说明、案涉项目签证未盖章而导致造价未计算的费用统计表、现场照片等新的证据，能够证明签证单未盖章是因为佳信公司的原因以及冶金公司对签证单上增加的工程实际进行了施工，上述证据足以推翻原审判决。（2）鉴定意见“不确定部分”中未盖章签证单所涉的三项费用（未盖章签证工程款1,383,694.68元、确定部分材料差价1,089,170.50元、不确定部分材料差价125,624.72元）应计入工程款，主要理由为：一是通过鉴定意见书对上述三项费用中的备注、佳信公司派驻现场的代表金某签字的《工程结算书目录》等文件，能够证明佳信公司签收了该部分的签证单，原审法院认为冶金公司无证据证明将该部分签证单送达给佳信公司及认定该部分签证单无佳信公司的签字属认定事实错误，且无证据证明有第三方对该部分进行了施工；二是根据双方在《建设工程施工合同》中的约定，承包人向发包人送达的文件、工程联系单、签证单、工程结算等所有工程资料，发包人派驻现场的代表在7日内应给予审批回复，如不回复，则视为认可承包人报送的资料，发包人在收到完整结算资料60个工作日办理完工程结算。因佳信公司在收到冶金公司的结算材料后，未在约定的期限内回复或完成结算审核，故冶金公司依据《最高人民法院关于审理建设工程施工合同纠纷案件适用法律问题的解释》第二十条的规定，请求按照竣工结算文件结算工程价款，具有事实及法律依据。

佳信公司观点：签证不符合约定，故该部分的造价 1,383,694.68 元不应计入工程款。

法院观点

一审法院观点：签证上无佳信公司盖章的部分（造价 1,383,694.68 元）、材料差价（1,214,795.22 元），根据《建设工程施工合同》约定，对承包人送达的签证单，发包人应在 7 日内给予审批回复，如不回复，则视为认可承包人报送的资料。因该部分工程量的签证单上无佳信公司的签字或盖章，冶金公司也无证据证明该部分签证单已送达给佳信公司，故该部分造价不应计入冶金公司的工程款内。

二审法院观点：对于未按合同约定履行盖章手续的三个不确定部分，金额分别为 1,383,694.68 元、1,089,170.5 元、125,624.72 元，因不符合双方的合同约定，不应当计入冶金公司工程款。

最高人民法院观点：关于鉴定意见书中未履行盖章程序的签证单所涉的三项费用是否应计入工程款的问题，双方在《建设工程施工合同》中约定，对于包括设计图纸变更、价款变更、工程量增减、工期等直接导致工程价款增加或减少、工期顺延或者提前的签证，除经发包方派驻的工程师签证外必须经发包人加盖印章，方发生效力。对于鉴定意见“不确定部分”中承建单位未按合同要求盖章的签证单，经过佳信公司派驻的工程师金某的签字确认，在佳信公司未提交充分证据证明该部分工程系由其他施工人施工或上述签证系虚假签证的情况下，虽然佳信公司未加盖印章，但无法否定该部分建设工程系由冶金公司施工完成的事实，故从公平角度考虑，应对该部分工程及相应 1,383,694.68 元工程价款予以认定。

法律规定

《民法典》第六条规定，民事主体从事民事活动，应当遵循公平原则，合理确定各方的权利和义务。

《民法典》第一百四十条规定，行为人可以明示或者默示作出意思表示。

沉默只有在有法律规定、当事人约定或者符合当事人之间的交易习惯时，才可以视为意思表示。

《民法典》第五百四十三条规定，当事人协商一致，可以变更合同。

《民法典》第五百四十四条规定，当事人对合同变更的内容约定不明确的，推定为未变更。

《建工司法解释（一）》第二十条规定，当事人对工程量有争议的，按照施工过程中形成的签证等书面文件确认。承包人能够证明发包人同意其施工，但未能提供签证文件证明工程量发生的，可以按照当事人提供的其他证据确认实际发生的工程量。

律师点评

典型案例中发包人并未同意承包人就签证单对应的增加的施工内容进行施工，故不能适用《建工司法解释（一）》第二十条认定签证单涉及的费用由发包人承担。发承包双方未约定沉默可以作为意思表示，双方之间未形成沉默可以作为意思表示的习惯，法律也并未规定典型案例中沉默可以作为意思表示，对签证单对应的增加的施工内容，发包人保持沉默，不能认定发承包双方就前述增加的施工内容达成了变更。但鉴于承包人确实完成了前述增加的施工内容，最高人民法院根据公平原则判决该施工内容的工程价款由发包人承担。

操作提示

最高人民法院通过典型案例，依据公平原则认定签证不符合双方约定，但承包人已实际施工的，承包人可以主张该部分工程款。律师提示，既然合同约定签证应当履行特定的程序，且该约定未违反法律、行政法规的效力性强制性规定，未违反公序良俗，也不存在其他无效的法定情形，故建议承包人签证时仍然按照合同约定执行，否则裁判者也可能不参照前述裁判规则进行处理，届时承包人将面临非常被动的局面。

三、监理签证确认人工误工补偿、机械闲置补偿、管理费补偿等工期延误损失的，该签证有效

关 键 词： 签证　工期延误损失　监理

问题提出： 建设工程施工合同约定签证应递交给监理确认，监理签证确认人工误工补偿、机械闲置补偿、管理费补偿等工期延误损失的，该签证是否有效？

案件名称： 江西太平洋宇洪建设有限公司、理县文泰水电开发有限责任公司建设工程施工合同纠纷案件[1]

裁判规则： 最高人民法院认为，建设工程施工合同约定签证应递交给监理确认，监理签证确认人工误工补偿、机械闲置补偿、管理费补偿等工期延误损失的，该签证对发包人有效。

案情简介

上诉人（原审原告、反诉被告）：江西太平洋宇洪建设有限公司（原江西省宇洪建筑安装工程有限公司，2014 年 2 月 27 日变更为现名，以下简称宇洪公司）

上诉人（原审被告、反诉原告）：理县文泰水电开发有限责任公司（以下简称文泰公司）

2010 年 3 月 28 日，文泰公司（甲方）与宇洪公司（乙方）签订《工程承包合同》。《工程承包合同》第五条结算工程进度款约定：（1）承包人的人员设备到位并收到履约保证金后 20 天内，工程展开施工时，发包人预付给承包人 50 万元工程预付款。（2）工程进度按月进行结算，每月结算统计报表（每月 25 日报发包人）审核之后至下月 5 日前支付给承包人，或按形象进度付款；工程项目及工程量的签证或形象进度签证，承包人递交给监理工程师或发包人 10 天内应给予明确答复（结算款应在 28 天内给予明确答复），否则逾期视为发包人认可了承包人的工程项目及工程量或形象进度。每次结算先扣回结算金额的 10% 作为承包人向发包人偿还的工程预付款，到预付款扣完为止。（3）为保证工程质量，每月结算工程进度款时，扣留总金额 4% 的工程款作为工程质保金，其余款项支付给承包人。质保金在启动验收之日起 12

---

[1]（2020）最高法民终 455 号。

个月后的下一个月内支付全部工程质保金。(4) 在工程施工过程中，如发包人资金不能按时到位，承包人自筹资金继续施工，不得以此为由停工或减慢施工进度(但发包人资金实际不到位时间最长不得超过一个月)。(5) 由于发包人资金不到位超过一个月引起的停工及延误工期所引起的损失由发包人承担，同时工期顺延。(6) 本工程税收由承包方承担，企业税收由承包方自行缴纳。

判决结果

一审判决：对宇洪公司请求文泰公司支付工期延误而增加的人工误工补偿、机械闲置补偿、管理费补偿共计9,485,055.40元，一审法院予以认定。

最高人民法院二审判决：一审法院根据鉴定意见确认宇洪公司因工期延误产生的人工误工、机械闲置、管理费等损失共计9,485,055.40元，并无不当。

各方观点

宇洪公司观点：文泰公司应支付拖欠宇洪公司工程款44,853,369元(包含9,485,055.40元)。

文泰公司观点：宇洪公司明显违反双方合同约定，逾期报送设计图纸并逾期施工建设，应当按照合同约定和法律规定向文泰公司支付工期延误违约金。首先，案涉工程自2010年12月1日正式开工，合同约定有效工期20个月，按此计算，宇洪公司应当于2012年7月31日完成案涉工程的建设，但该公司至今未完成该工程的建设，且未举示证据证明工期已由发包人或监理人以签证等方式确认顺延，宇洪公司明显构成工期延误。其次，文泰公司没有同意宇洪公司延迟工期。宇洪公司所提供的承包2012报告012号称该公司在2012年10月申请工期延误18个月，而案涉工程自2010年12月1日开工，至2012年10月仅22个月，不可能延误工期18个月，而文泰公司已于2013年6月发函解除《工程承包合同》，2013年7月宇洪公司撤场，工期不可能延误至2013年7月之后。而且文泰公司在2013年6月16日的回函中，已明确表示宇洪公司和监理所报送的延误工期不符合客观实际，不予调整。最后，宇洪公司除承包工程施工外还承包了工程施工设计，宇洪公司未按时提交设计图纸供文泰公司审查就自行施工，又不及时报送真实的工程量签单，单方涨价未被接受后擅自停工，在此情形下，文泰公司有权行使不安抗辩权，虽然未按时拨付工程进度款，但并不因此承担违约赔偿责任。一审法院判决文泰公司承担9,485,055.40元赔偿责任错误。

法院观点

一审法院观点：宇洪公司申请工期每延误一个月增加管理费20万元，因监理签字同意补偿，业主代表签字内容为情况属实，应视为双方对工期延误增加管理费达成了一致，故对于工期延误增加的管理费，一审法院予以认定。宇洪公司申请延长工期18个月，并申请补偿18个月人工误工补偿、机械闲置补偿、管理费补偿，监理张某中在该两份报告单上签字“同意以上给承包人的补偿”，虽然没有业主代表签字，但因监理系文泰公司聘请，监理作出的认可应视为业主的意思表示，故对宇洪公司请求文泰公司支付工期延误而增加的人工误工补偿、机械闲置补偿、管理费补偿共计9,485,055.40元，一审法院予以认定。

最高人民法院观点：鉴定意见（4）涉及的检材1、16、18，系工期延误造成宇洪公司人工误工费、机械闲置费和管理费等损失补偿。宇洪公司申请延长工期18个月及人工误工费、机械闲置费、管理费等损失补偿，并提交了相应报告单，监理在该报告单上进行了签证确认。根据《工程承包合同》中“工程项目及工程量的签证或形象进度签证，承包人递交给监理工程师或发包人10天内应给予明确答复……”的约定，该报告单已经监理进行签证，可以作为计算工期延误损失的依据，一审法院根据鉴定意见确认宇洪公司因工期延误产生的人工误工费、机械闲置费、管理费等损失共计9,485,055.40元，并无不当。

关联案例1

案件名称：四川省第一建筑工程有限公司、昭通市泰斗房地产开发经营有限公司建设工程施工合同纠纷案件〔1〕

---

〔1〕（2019）最高法民终384号。

法院观点：该案件中最高人民法院认为，经本院核查，索赔费用签证大多为停工、窝工产生的人员工资、机械材料租赁费用等，并非涉及工程量或工程造价的实体签证，因此不应视为工程款。但上述索赔费用签证均有工程监理单位盖章，形成时间基本在《7月29日补充协议》签订之前，根据查明的事实，在《7月29日补充协议》签订之前确实存在昭通市泰斗房地产开发经营有限公司原因停工、窝工的事实，一审法院据此认定上述签证的真实性并结合《7月29日补充协议》已对四川省第一建筑工程有限公司的停工损失进行了一定程度的弥补，四川省第一建筑工程有限公司在施工中也存在例如施工人员配备不到位等具体情况，从利益平衡角度酌情支持索赔费用12,272,868元并无明显不当，本院予以确认。

关联案例2

案件名称：山东兴润建设有限公司淄博分公司、日照市住房和城乡建设局房屋租赁合同纠纷案件〔1〕

法院观点：该案件中最高人民法院认为，关于监理加盖印章并签字，建设单位未予确认的工程签证能否采信问题。《BT协议》当事人未约定工程签证必须加盖建设单位印章才能作为计算工程量的依据。监理单位具有确认工程中发生的停窝工损失、增加的施工项目等职能，其在山东兴润建设有限公司淄博分公司提交的工程签证上加盖印章并签字，即认可工程签证记载事项。《最高人民法院关于适用〈中华人民共和国民事诉讼法〉的解释》第一百零九条规定，当事人对欺诈、胁迫、恶意串通事实的证明，以及对口头遗嘱或者赠与事实的证明，人民法院确信该待证事实存在的可能性能够排除合理怀疑的，应当认定该事实存在。日照市住房和城乡建设局并未提交充分证据证明山东兴润建设有限公司淄博分公司与监理单位存在恶意串通行为，其主张监理确认的签证不应采信，依据不足。

根据查明事实，2011年3月，建设单位确认过部分工程签证，且施工单位编制过部分工程签证，建设单位及监理单位予以确认。上述事实说明至2011年3月，监理仍在履行职责，签证确认工作仍在进行。日照市住房和城乡建设局主张案涉签证系在2010年12月20日之后形成，其与监理单位的合同已经终止，监理无权再确认签证，与各方实际履行行为不符，本院不予采纳。原判决将争议签证造价计入工程总造价，并无不当。

法律规定

《民法典》第五百零九条规定，当事人应当按照约定全面履行自己的义

〔1〕（2017）最高法民终475号。

务。当事人应当遵循诚信原则，根据合同的性质、目的和交易习惯履行通知、协助、保密等义务。当事人在履行合同过程中，应当避免浪费资源、污染环境和破坏生态。

律师点评

典型案例中《工程承包合同》约定“工程项目及工程量的签证或形象进度签证，承包人递交给监理工程师或发包人10天内应给予明确答复……”承包人按照合同约定向监理递交了签证，监理亦按照合同约定对签证进行了确认，故依据《民法典》第五百零九条第一款规定，发包人应当支付签证确认的人工误工补偿、机械闲置补偿、管理费补偿等工期延误损失。

操作提示

如果发承包双方在建设工程施工合同中明确约定了签证的程序和要求，依据《民法典》第五百零九条第一款的规定，承包人不按照约定进行签证的，承包人主张签证费用的，裁判者可能以不符合约定为由不予支持；发包人按照约定进行签证后，应当支付签证费用。故律师提示，发承包双方均应按照约定的签证程序和要求执行。

四、材料差价签证不符合约定的，材料差价不能计入工程价款

关 键 词： 材料差价　签证　工程价款

问题提出： 发承包双方在建设工程施工合同中约定材料差价签证应当执行特别要求，案涉工程签证不符合该约定的，承包人主张材料差价计入工程价款的，是否支持？

案件名称： 贵州省冶金建设公司、遵义佳信房地产开发有限公司建设工程施工合同纠纷案件〔1〕

裁判规则： 最高人民法院认为，发承包双方在建设工程施工合同中约定材料差价签

---

〔1〕（2020）最高法民再336号。

证应执行特别要求的，从其约定；案涉工程签证不符合该约定的，承包人主张材料差价，不予支持。

案情简介

再审申请人（一审原告、反诉被告、二审上诉人）：贵州省冶金建设公司（以下简称冶金公司）

被申请人（一审被告、反诉原告、二审上诉人）：遵义佳信房地产开发有限公司（以下简称佳信公司）

2011年7月7日，冶金公司与佳信公司签订《建设工程施工合同》，约定佳信公司将其开发的澳门路宏达花园项目发包给冶金公司，发包范围为土建、装饰、水电、消防安装工程以及设计图纸外的部分附属工程（不包括园艺、苗圃、景观、电梯设备采购及其安装等工程），约定的工程价款约为1000万元，合同工期为11个月（330天）。合同约定为：发包方派驻现场的代表为金某，职权为对工程施工全过程行使管理、安全、质量、技术等手续，并负责协调施工方与设计、监理、分包单位的关系等。但在本合同施工过程中，对于包括设计图纸变更、价款变更、工程量增减、工期等直接导致工程价款增加或减少、工期顺延或者提前的签证，除经发包方派驻的工程师签证外必须经发包人加盖印章，方发生效力。冶金公司与佳信公司签订的《建设工程施工合同》第12.1条规定："材料价：本工程材料原则上由承包人采购，对于大宗材料承包方必须在材料采购前的七个工作日呈报《材料报价清单》，清单必须注明生产厂家、品牌、规格、型号、技术参数、数量、单价等，由发包方认可后组织承包方、监理单位进行市场调查后七个工作日内确定。其他未确定的零星材料按《贵州省造价信息（遵义地区）材料价格》单价或双方协商单价结算。"第18.2条规定："发包人提出设计变更，承包人需接受并组织施工，执行定额及取费均执行本合同规定，工期相应顺延。"

合同签订之后，冶金公司于2012年1月17日进场施工，于2013年3月1日完成基础与主体分部施工。2014年1月，冶金公司因各种原因停止施工。在水电安装和消防工程尚未完工情况下，冶金公司于2014年4月撤离施工现场。2015年2月4日，冶金公司向佳信公司报送了工程结算书，佳信公司工作人员金某对该结算书予以签收。现涉案房屋已由佳信公司交付还房户和出售，绝大部分房屋已经实际入住。冶金公司自认除佳信公司擅自分包给案外人的工程外，水电安装和消防工程未实际完工；佳信公司主张因冶金公司未按合同约定施工，其向案外人另行发包了部分工程（如塑钢门窗的安装、二次装饰和绿化工程等）。

诉讼过程中，佳信公司向一审法院提出申请，要求对冶金公司完成的工程量进行造价鉴定。经一审法院委托后，贵州黔元会计师事务所有限公司作出“贵州黔元鉴字［2019］第2号遵义市澳门路宏达花园工程造价鉴定意见书”，鉴定结果为：（1）双方确定的部分造价为19,433,095.69元（包括土建、营业房、签证、观光电梯、新增天桥和楼梯、消防水池、化粪池、给排水工程、电气安装工程、塔吊基础）。（2）不确定部分：1,146,064.03元（竣工图反映有该部分内容，但建设单位认为施工单位未做）、1,383,694.68元（施工单位未按照合同要求履行签证手续）、1,089,170.5元（施工单位针对确定部分的材料差价未按照合同要求履行签证手续）、125,624.72元（施工单位针对不确定部分的材料差价未按照合同要求履行签证手续）、264,907元（施工单位的返工费用）。

判决结果

一审判决：材料差价签证不符合约定，故该材料差价（1,214,795.22元）不计入工程款。

二审判决：维持一审该项判决。

最高人民法院再审判决：维持一审该项判决。

各方观点

冶金公司观点：鉴定意见“不确定部分”中未盖章签证单所涉的三项费用（未盖章签证工程款1,383,694.68元、确定部分材料差价1,089,170.50元、不确定部分材料差价125,624.72元）应计入工程款，主要理由为：一是通过鉴定意见书对上述三项费用中的备注、佳信公司派驻现场的代表金某签字的《工程结算书目录》等文件，能够证明佳信公司签收了该部分的签证单，原审法院认为冶金公司无证据证明将该部分签证单送达给佳信公司及认定该部分签证单无佳信公司的签字属认定事实错误，且无证据证明有第三方对该部分进行了施工；二是根据双方在《建设工程施工合同》中的约定，承包人向发包人送达的文件、工程联系单、签证单、工程结算等所有工程资料，发包人派驻现场的代表在7日内应给予审批回复，如不回复，则视为认可承包人报送的资料，发包人在收到完整结算资料60个工作日办理完工程结算。因佳信公司在收到冶金公司的结算材料后，未在约定的期限内回复或完成结算审核，故冶金公司依据《最高人民法院关于审理建设工程施工合同纠纷案件适用法律问题的解释》第二十条的规定，请求按照竣工结算文件结算工程价款，具有事实及法律依据。

佳信公司观点：材料差价签证不符合约定，不应计入工程款。

法院观点

一审法院观点：签证上无佳信公司盖章的部分（造价1,383,694.68元）、材料差价（1,214,795.22元），根据《建设工程施工合同》约定，对承包人送达的签证单，发包人应在7日内给予审批回复，如不回复，则视为认可承包人报送的资料。因该部分工程量的签证单上无佳信公司的签字或盖章，冶金公司也无证据证明该部分签证单已送达给佳信公司，故该部分造价不应计入冶金公司的工程款内。

二审法院观点：对于未按合同约定履行盖章手续的三个不确定部分，金额分别为1,383,694.68元、1,089,170.5元、125,624.72元，因不符合双方的合同约定，不应当计入冶金公司工程款。

最高人民法院观点：对于鉴定意见“不确定部分”中未经佳信公司盖章的材料价差部分，根据合同的约定，对大宗材料，承包方必须在材料采购前的7个工作日呈报《材料报价清单》，由发包方认可后组织承包方、监理单位进行市场调查后7个工作日内确定。其他未确定的零星材料按《贵州省造价信息（遵义地区）材料价格》单价或双方协商单价结算，因材料的市场价格随行情不断变化，故对该部分价差的认定应按照双方合同约定从严把握，因该部分签证未经发包方佳信公司的盖章确认，故本院对于鉴定意见“不确定部分”关于材料价差的两项费用1,089,170.5元、125,624.72元不予支持。

法律规定

《民法典》第五百零九条规定，当事人应当按照约定全面履行自己的义务。当事人应当遵循诚信原则，根据合同的性质、目的和交易习惯履行通知、协助、保密等义务。当事人在履行合同过程中，应当避免浪费资源、污染环境和破坏生态。

律师点评

合同约定，对大宗材料，承包方必须在材料采购前的7个工作日呈报《材料报价清单》，由发包方认可后组织承包方、监理单位进行市场调查后7个工作日内确定，而承包人报送的材料差价签证不符合合同约定。故最高人民法院依据《民法典》第五百零九条第一款规定，认定该材料差价签证不应计入工程价款。

操作提示

如果发承包双方在建设工程施工合同中明确约定了材料差价签证的程序和要求，依据《民法典》第五百零九条第一款规定，承包人不按照约定进行签证，仍然主张材料差价签证的，裁判者可以不符合约定为由不予支持。故律师提示，发承包双方均应按照约定材料差价的签证程序和要求执行。

第六章　索　　赔

一、逾期索赔失去索赔的权利

关 键 词： 索赔　逾期索赔　失权

问题提出： 发承包双方在建设工程施工合同中约定逾期索赔失去索赔权利，发包人或承包人逾期索赔的，是否失去索赔的权利？

案件名称： 中铁十九局集团有限公司、哈密市和翔工贸有限责任公司建设工程施工合同纠纷案件[1]

裁判规则： 最高人民法院认为，发承包双方在建设工程施工合同中约定逾期索赔失去索赔权利，原则上该约定有效，即发包人或承包人逾期索赔的，其失去索赔的权利。

案情简介

上诉人（一审原告、反诉被告）：中铁十九局集团有限公司（以下简称中铁十九局）

上诉人（一审被告、反诉原告）：哈密市和翔工贸有限责任公司（以下简称哈密和翔公司）

2011 年 9 月，哈密和翔公司就案涉工程发出《吉朗德露天煤矿剥离及采煤工程施工邀请招标合同条件》《招标书》《投标文件》。2011 年 10 月 16 日，哈密和翔公司向中铁十九局发出中标通知书。2011 年 9 月，哈密和翔公司（发包人）与中铁十九局（承包人）签订《吉朗德露天煤矿剥离及采煤工程

〔1〕（2020）最高法民终 348 号。

施工承包合同》(以下简称《施工承包合同》)。该合同约定:“33. 工程设计变更:33.1 哈密和翔公司有权指示中铁十九局对工程或任何单位工程的形式、质量或数量作出变更:(1) 增加或减少合同工程量清单中包括的任一工程量;(2) 取消任何单位工程;(3) 改变任何一个单位工程的特点、质量或类型;(4) 改变工程任一部分的标高、位置和尺寸。但哈密和翔公司应与中铁十九局协商解决相应的工期问题,且上述变更不能以任何形式有损于工程,或使本合同失效……34. 确定变更价款:34.1 如果中铁十九局认为工程变更(包括设计变更和需另行计价的隐蔽工程)超出了中铁十九局的包干范围,应在工程变更确定后 14 天内,提出变更工程价款的报告,经哈密和翔公司同意并确认后调整合同价款。变更合同价款按下列方法进行:(1) 如合同中已有适用于工程变更的价格,按合同已有的价格变更合同价款;(2) 合同中只有类似于工程变更的价格,可以参照类似价格变更合同价款;(3) 合同中没有适用或类似于工程变更的价格,由中铁十九局根据设计变更通知单和现场工程签证、采用现行的煤炭行业定额和基价、三方确认的工资单价和各项费率进行结算计价,并根据三方现场签证的材料价格调差,经哈密和翔公司和监理审定后执行。34.2 中铁十九局在双方确定变更的发生后 14 天内不向哈密和翔公司和监理提出变更工程价款的报告时,视为该项变更不涉及合同价款的变更。39.1 当一方向另一方提出索赔时,要有正当索赔理由,且有索赔事件发生时的有效证据。39.2 甲方未能按合同约定履行自己的各项义务或发生错误以及应由甲方承担责任的其他情况,造成工期延误和(或)乙方不能及时得到合同价款及乙方的其他经济损失,乙方可按下列程序以书面形式向甲方索赔:(1) 索赔事件发生后 28 天内,向甲方发出索赔意向通知;(2) 发出索赔意向通知后 28 天内,向甲方提出延长工期和(或)补偿经济损失的索赔报告及有关资料;(3) 甲方在收到乙方送交的索赔报告和有关资料后,应及时给予答复,或要求乙方进一步补充索赔理由和证据。39.3 乙方未能按合同约定履行自己的各项义务或发生错误,给甲方造成损失,甲方可按第 39.2 款确定的时限和程序向乙方提出索赔。”

《施工承包合同》附件一《吉朗德露天煤矿剥离及采煤工程合同价格清单》中载明:穿爆 5732 万立方米,综合单价 1.97 元/立方米,报价合计 11,410.24万元。剥离(含采煤)8656 万立方米,综合单价 5.11 元/立方米,报价合计 44,232.16 万元。生活临建工程费报价合计 238 万元。合同总价

55,880.4元。备注：（1）甲供火工品供应标准为3元/立方米；（2）甲供柴油供应标准为0.5千克/立方米，以0号柴油为基准，柴油价格按照现执行标准8380元/吨计，该标准折合为4.19元/立方米（0.5×8.38）；（3）甲供轮胎供应标准为0.8元/立方米。

2012年12月12日，哈密和翔公司向中铁十九局下达《吉朗德煤矿2013年度生产接续计划》，2013年生产计划采煤260万吨，剥离2300万立方米，其中土方680万立方米，岩石方1620万立方米。

2013年8月3日，哈密和翔公司与中铁十九局就确定工程结算方式召开会议，《会议纪要》载明：（1）鉴于哈密和翔公司目前的经济状态和下一步8月至12月采剥计划调整是势在必行……（2）做好下一步工作计划调整，确保企业运营工作良性运转。哈密和翔公司两矿8月至12月采剥工程计划要科学合理地做好调整，加大销售力度，确保现金流正常运转和生产作业的正常进行。首先要确保油款火工品费用和人员工资等正常运行。（3）哈密和翔公司对中铁十九局项目部工程量结算方面，从今年下半年，每月按实际完成工程量的90%结算费用，余下10%工程量由双方确认以书面的形式签订暂付款项约定书，其约定必由双方法人（或主要负责人）签字生效，一式两份，其结算扣除的10%部分暂缴支付工程款，双方对暂缓的10%工程量只做工程量认定，暂不进入财务账，待煤炭形势好转，煤炭销售价格回升时再补算，具体内容在双方补充协议时商定。煤价每提高10%补欠5%。2013年11月29日，哈密和翔公司向中铁十九局下达《关于吉朗德煤矿全年任务调整的通知》：根据能源公司8月3日在哈密和翔公司现场办公会议精神及会议纪要内容，由于受煤炭市场下滑及我公司煤炭销售下降的影响，对吉朗德煤矿全年任务进行如下调整：原计划采煤260万吨，剥离2300万立方米（其中土方680万立方米，岩石方1620万立方米）。现调整为采煤230万吨（备注：由于市场的不确定性，采煤以公司下达的月计划为准）；剥离2165.3万立方米（其中土方605万立方米，岩石方1560万立方米）。

2016年1月17日，中铁十九局向哈密和翔公司发出《关于申请补偿调减年度生产计划造成损失的报告》，申请哈密和翔公司补偿因调减2015年度计划给中铁十九局造成的损失7,879,951元。

2016年3月5日，中铁十九局向哈密和翔公司移交吉朗德煤矿生活临建建筑工程。

2016年8月12日，中铁十九局向哈密和翔公司发出催款函，要求哈密和翔公司10日内付清欠付款项。哈密和翔公司于2016年8月26日回函称……由于中铁十九局项目部在竣工结算报告中提出的火工品调差、减产损失补偿费用、停工损失补偿费用三项费用依据不足，哈密和翔公司认为不符合合同约定，不予认可，故双方对竣工结算报告意见未能达成一致。且中铁十九局项目部在2016年8月25日才将前期所欠余款发票27,767,933元送达到哈密和翔公司……现哈密和翔公司正在委托第三方进行结算前的工程审计，为保持双方建立的深厚友谊和信任，本着友好协商的原则，希望中铁十九局项目部给予理解，配合哈密和翔公司及审计单位，尽快完成工程竣工结算工作。

中铁十九局庭审中申请对其主张的哈密和翔公司中断甲供柴油、未按时供应火工品、调减年度计划给中铁十九局造成的损失予以评估。

2014年7月1日，中铁十九局向哈密和翔公司发出《关于吉朗德煤矿停工的函》称：自2014年6月26日起，因贵公司未能及时供应火工品，造成施工现场机械设备和人员陆续停工，于2014年7月1日施工现场已停止全部施工。目前现场共有各种设备累计186台，有人员542人，为避免双方造成更大的经济损失，请贵公司及时解决火工品供应事宜，以尽早恢复正常施工生产。哈密和翔公司于2014年7月7日回函称：贵公司《关于吉朗德煤矿停工的函》已收悉，关于文中所述因我单位未能及时供应火工品，造成贵单位施工现场机械设备和人员陆续停工的问题，我公司认为，造成贵公司停工并非我公司原因，主要是因为贵公司没有与保利民爆公司签订火工品供应协议，导致保利民爆公司停供吉朗德煤矿爆破火工品，矿场无爆破量至贵公司部分停产，且已严重影响我公司正常生产，因此我公司要求贵公司尽快与保利民爆公司协商，签订火工品供应协议，保证吉朗德煤矿正常生产。

中铁十九局于2014年11月25日向哈密和翔公司发出《关于申请补偿因未及时供应火工品和调减年度生产计划造成损失的报告》称……因未及时供应火工品造成停工，损失设备折旧费3,808,644元，人员窝工费2,860,644元，补偿退场费34,500元，支付退场人员路费86,961元，小计6,790,749元。因调减年度生产计划造成设备闲置损失折旧费计5,683,707元，损失管理费951,413元，小计6,635,120元。哈密和翔公司于2014年12月26日复函称，贵公司《关于申请补偿因未及时供应火工品和调减年度生产计划造成损失的报告》及《关于申请补偿火工品费用的报告》已收悉，经我公司调查复核，特就贵公司所反映问题作以回复。（1）关于因未及时供应火工品造成停工损失的问题。我公司 2014 年 6 月 26 日至 8 月 1 日已与保利民爆公司协商一致，对方同意按计划供应火工品，但贵公司以火工品价格调差争议未解决的理由而拒绝接收火工品，致使火工品无法及时到位影响爆破作业，因此造成的停工损失应由贵公司承担。（2）关于因调减年度生产计划，减少工程量的问题。根据《施工承包合同》第 33 条约定，哈密和翔公司有权指示中铁十九局对工程或任何单位工程的形式、质量或数量作出变更，包括增加或减少合同工程量清单中包括的任一工程量。因煤炭经济形势恶化，我公司及时调整生产剥离计划并通知贵公司符合合同约定，不存在违反合同，赔偿损失的问题。（3）关于补偿火工品费用的问题。根据《施工承包合同》招标文件中 2011 年 9 月 23 日吉朗德露天煤矿招标办向贵公司和其他投标单位发送的统一答疑函问题 12：哈密和翔公司供应火工品的价格为 3 元/立方米"……火工品指标以现场（指别斯库都克露天煤矿）目前的火工品的价格为基准，投标人应在考察现场自行收集……"在该时间节点，现场的火工品价格为现场混装多孔粒状铵油炸药价格 6400 元/吨，现场混装乳化炸药价格 6800 元/吨。贵公司当时正在别斯库都克煤矿现场施工，对此知悉，也响应招标条件参加投标并中标。此为双方达成一致并签署合同的基础之一。另外，国家发改委自《关于调整民用爆破器材出厂价格的通知》（发改价格 2008〔2079〕号）之后至今也一直未再出文调整民用爆破器材出厂价格。因此不存在炸药单价调整的问题。

判决结果

一审判决：中铁十九局主张哈密和翔公司赔偿其因停工造成的损失与双方合同约定不符，不予支持。中铁十九局主张哈密和翔公司因调减任务给其造成损失并要求其赔偿的请求因与双方当事人上述合同约定不符，不予支持。

最高人民法院二审判决：驳回上诉，维持原判。

各方观点

中铁十九局观点：一审法院在因哈密和翔公司中断甲供柴油给中铁十九

局造成损失的问题上认定事实不清，适用合同条款错误。中铁十九局提出的是因哈密和翔公司因中断材料供应造成停工的损失赔偿，是合同的索赔，属于哈密和翔公司违约而非中铁十九局削减计划的情形，故中铁十九局的诉讼请求不应以《施工承包合同》第 13 条计划延误的条款为判决依据，应适用《施工承包合同》第 39 条索赔条款。因此，中铁十九局依据合同约定要求赔偿损失的请求法院应予支持。

因哈密和翔公司调减生产计划给中铁十九局造成的损失，一审法院对中铁十九局损失的请求应予以支持。中铁十九局依据招标要求配备了招标书中要求配备的机械设备和人员，按照招标文件的要求制作了每年剥离、开采数量的施工组织设计。虽然《施工承包合同》第 33 条约定可以变更剥离和开采的数量，也规定了变更合同价款提出的时间，但是哈密和翔公司的临时计划调整，造成中铁十九局按招标书中准备的人员和机械闲置产生严重损失。中铁十九局提出的主张是机械和人员闲置的违约损失索赔，应适用该承包合同第 39 条索赔条款，而第 39 条约定索赔的期限是发生索赔事件后 28 天提出索赔请求，但未规定失权的期限，适用诉讼时效，中铁十九局在诉讼时效期内提出索赔请求并未因超过诉讼时效而丧失胜诉权。

一审法院认定哈密和翔公司存在未按时供应火工品导致中铁十九局停工的事实，又引用《施工承包合同》第 13 条约定判决中铁十九局失权错误。2014 年 4 月 12 日双方因火工品调差发生纠纷，中铁十九局要求哈密和翔公司履行合同中约定的义务，不再代替其购买火工品，并于 2014 年 7 月 1 日给哈密和翔公司发函，足以证明当时是因为火工品没有供应造成停工的事实。此外，2014 年 9 月根据月结算单可知，哈密和翔公司已按《施工承包合同》的条款继续履行火工品供应的义务。所以，因火工品未及时供应造成中铁十九局停工的事实是存在的，中铁十九局在索赔事项发生后于 2014 年 11 月 25 日提出索赔报告，哈密和翔公司应承担相应的停工损失。

哈密和翔公司观点：哈密和翔公司有权调整生产计划，中铁十九局未能合理安排生产，即使发生费用损失也应由中铁十九局承担。

法院观点

一审法院观点：关于哈密和翔公司是否存在因中断甲供柴油给中铁十九

局造成损失的问题。哈密和翔公司虽对中铁十九局主张的其中断供应柴油造成停工的事实不予认可，但中铁十九局提交了《吉朗德煤矿机械设备误工统计表》12 份，以证实因缺油造成其 2013 年 6 月 17 日至 28 日停工。中铁十九局提交的《吉朗德煤矿机械设备误工统计表》中有哈密和翔公司工作人员的签字，哈密和翔公司对该证据的真实性、合法性认可，其虽对关联性不认可，但并未提交证据予以反驳，故该院对中铁十九局主张的该事实予以确认。但双方当事人在《施工承包合同》第 13 条中约定，因哈密和翔公司原因使甲供材料出现短缺，致使施工不能正常进行，经哈密和翔公司和监理确认，计划可适当削减，中铁十九局应在上述情况发生后 14 天内，就延误的计划以书面形式提出报告，经哈密和翔公司和监理确认后方可削减计划。而中铁十九局提交了落款日期为 2013 年 7 月 5 日的《关于申请补偿因柴油中断造成停工损失的报告》，拟证实其在 2013 年 7 月 5 日，即停工发生后的 14 日内向哈密和翔公司提出索赔。因哈密和翔公司对该报告的真实性不认可，中铁十九局亦未提交证据证明其将该报告向哈密和翔公司送达，故中铁十九局主张其于停工发生后的 14 日内向哈密和翔公司提出索赔的事实该院不予确认，其现主张哈密和翔公司赔偿其因停工造成的损失亦与双方合同约定不符，该院不予支持。

关于哈密和翔公司是否存在因年度调减计划给中铁十九局造成损失的问题。依据《施工承包合同》中第 33 条“工程设计变更”及第 34 条“确定变更价款”部分的约定，哈密和翔公司有权指示中铁十九局对工程或任何单位工程的形式、质量或数量作出变更，如果中铁十九局认为工程变更（包括设计变更和需另行计价的隐蔽工程）超出了其包干范围，应在工程变更确定后 14 天内提出变更工程价款的报告，如中铁十九局在双方确定变更的发生后 14 天内不向哈密和翔公司和监理提出变更工程价款的报告，视为该项变更不涉及合同价款的变更。2013 年 8 月 3 日，哈密和翔公司与中铁十九局在就确定工程结算方式召开的会议中确认采剥计划调整势在必行。2013 年 11 月 29 日，哈密和翔公司向中铁十九局下达《关于吉朗德煤矿全年任务调整的通知》，对吉朗德煤矿全年任务进行调整。中铁十九局并未举证其在任务调整确定后的 14 日内提出变更工程价款的报告，故应视为该项变更不涉及合同价款的变更，故中铁十九局现主张哈密和翔公司因调减任务给其造成损失并要求其赔偿的请求因与双方当事人上述合同约定不符，该院不予支持。

最高人民法院观点：关于哈密和翔公司是否因中断甲供柴油给中铁十九

局造成人员工资、租赁费用损失2,268,320.22元的问题。虽然一审法院认定哈密和翔公司中断供应柴油给中铁十九局造成损失，但对于中铁十九局提交的其给哈密和翔公司送达的落款日期为2013年7月5日的《关于申请补偿因柴油中断造成停工损失的报告》，哈密和翔公司对该报告的真实性不认可且中铁十九局亦未提交证据证明其将该报告向哈密和翔公司送达。依据《施工承包合同》第13.1条中关于“因以下造成计划延误、且无法通过调整消除对年度工程进度计划的影响时，经甲方和监理确认，计划可适当削减……（3）因甲方原因使甲供材料出现短缺，致使施工不能正常进行……”的约定，以及第13.2条关于“乙方（中铁十九局）应在第13.1条情况发生后14天内，就延误计划以书面形式提出报告，经甲方和监理确认，计划可适当削减”的约定，一审判决以中铁十九局未提交证据证明其在合同约定期限向哈密和翔公司和监理提出异议，而认定中铁十九局关于哈密和翔公司赔偿其因停工造成损失的主张与双方合同约定不符而未支持中铁十九局的该项请求并无不当。中铁十九局亦未能举证证明其按照《施工承包合同》第39条约定进行索赔，故中铁十九局上诉主张该项损失应适用《施工承包合同》第39条的主张，本院不予采信。

哈密和翔公司是否存在调减生产计划给中铁十九局造成损失23,746,235.32元的问题。本案中，哈密和翔公司于2013年8月3日与中铁十九局在会议中已经确认采剥计划进行调整。哈密和翔公司又于2013年11月29日向中铁十九局下达《关于吉朗德煤矿全年任务调整的通知》，明确对吉朗德煤矿全年任务进行调整。根据案涉《施工承包合同》第33.1条关于“哈密和翔公司有权指示中铁十九局对工程或任何单位工程的形式、质量或数量作出变更”的约定以及第34条关于“如果中铁十九局认为工程变更（包括设计变更和需另行计价的隐蔽工程）超出了包干范围，应在工程变更确定后14天内，提出变更工程价款的报告，如中铁十九局在双方确定变更的发生后14天内不向哈密和翔公司和监理提出变更工程价款的报告，视为该项变更不涉及合同价款的变更”的约定，中铁十九局未能举证其在任务调整确定后的14日内，依据上述约定提出异议，中铁十九局关于“哈密和翔公司在2011年9月招标文件中写明案涉工程施工五年，中铁十九局按照穿爆工程量、剥离工程量的约定准备机械设备和人员，但从2013年11月25日开始，哈密和翔公司开始下发调减年度生产计划文件，至2016年中铁十九局共损失23,746,235.32元”的主张，本院不予采信。故一审判决哈密和翔公司不承担上述因调减生产计划给中铁十九局造成的损失并无不当。

关联案例1

案件名称：中铁十六局集团有限公司、北海市美凯龙置业有限公司建设工程施工合同纠纷案件〔1〕

法院观点：该案件中最高人民法院认为，关于索赔事项问题，《施工补充协议》约定："解释顺序为：1.《施工补充协议》；2.《施工协议》；3.《施工补充合同》；4.《施工合同》"，"本补充协议约定内容与原协议不相符的，以本补充协议条款为准，本补充协议未作特别约定的内容，按照原协议的相关约定执行……" 因案涉合同均为有效合同，《施工补充协议》《施工协议》均未就索赔事项作出约定，而《施工合同》第二部分通用合同条款第19.1条对索赔期限和索赔程序作出了明确约定，应当按照《施工合同》关于索赔事项的约定履行。一审法院认定，中铁十六局有限公司（以下简称中铁十六局）无证据证明其已按照《施工合同》的约定向北海市美凯龙置业有限公司提出过索赔主张，中铁十六局应当承担《施工合同》约定的"丧失要求追加付款……"的法律后果，并无不当。鉴定机构在不确定各索赔事项是否成立的情况下，作出北海市美凯龙置业有限公司赔偿金额暂定为11,354,364.48元的鉴定意见，应不予采信。中铁十六局还主张即使不支持其索赔请求，对其中预留钢筋部分费用552,939.65元，因已实际发生，也应得到赔偿。经查，中铁十六局对鉴定意见的异议仅针对带E钢筋部分，而预留钢筋部分费用是在索赔请求中进行主张，因中铁十六局未按合同约定进行索赔，且鉴定意见显示"停工后现场防护人工费用及预留钢筋增加费用的索赔金额暂定为0元"，中铁十六局该项上诉主张，不能成立。

关联案例2

案件名称：修水县水库资产管理有限公司、中国电建集团西北勘测设计研究院有限公司建设工程施工合同纠纷案件〔2〕

法院观点：该案件中最高人民法院认为，在投标文件"表1.1－1项目部主要人员配置明细表"中明确了主要管理人员等人数，但并未规定必须都要驻场及其驻场天数，而中国电建集团西北勘测设计研究院有限公司、降龙公司一审提供的监理意见和相关会议纪要能证明在施工期间承包人确有管理人员驻在工程现场，而且根据索赔条款，修水县水库资产管理有限公司也丧失了索赔权利。

---

〔1〕（2020）最高法民终1156号。

〔2〕（2020）最高法民终891号。

关联案例 3

案件名称：中铁二十二局集团有限公司、宁夏宝塔能源化工有限公司建设工程施工合同纠纷案件〔1〕

法院观点：二审中，土石方、桥涵施工停、窝工损失部分。中铁二十二局集团有限公司（以下简称中铁二十二局）主张该部分损失共计3,831,319.69元。经查，中铁二十二局所提供的证据均为其单方制作，并无监理单位或宝塔能源公司的确认，且中铁二十二局并未依约向宁夏宝塔能源化工有限公司及时主张上述损失。《施工合同》“通用条款”第三十六条规定，一方向另一方索赔，要有正当的索赔理由，且需提供索赔发生的有效证据；因工期延误等情形造成经济损失时，需在索赔事件发生后28天内向工程师发出索赔意向通知；发出索赔意向通知28天内，向工程师提出延长工期或补偿经济损失的索赔报告及有关资料；在索赔事件持续进行时，承包人应当阶段性向工程师发出索赔意向，并于索赔事件终了后28天内，向工程师送交索赔的有关资料和最终索赔报告。最高人民法院认为，窝工索赔的时间限制和相关要求是窝工索赔事实能够被准确确认的前提，也是判断合同当事人处理实际施工问题真实意思表示的依据，对控制施工成本和进行施工管理均具有重要意义，具有一定的时效性和程序性限制。中铁二十二局未及时主张土石方及桥涵工程施工期间的停、窝工损失，应承担相应的不利后果。据此，最高人民法院对中铁二十二局有关土石方、桥涵停、窝工损失及相应的管理费损失的上诉请求，不予支持。

关联案例 4

案件名称：中铁二十二局集团第四工程有限公司与安徽瑞讯交通开发有限公司、安徽省高速公路控股集团有限公司建设工程施工合同纠纷案件〔2〕

法院观点：该案件中最高人民法院认为，关于2006年11月至2009年4月的停窝工损失问题。经查，对此部分损失，中铁二十二局集团第四工程有限公司（以下简称中铁公司）自认，其并未依据合同约定提出过索赔，因此，在中铁公司未依据合同通用条款第五十三条约定履行索赔程序的情况下，根据该条的进一步约定，中铁公司无权获得该部分诉请款项的赔偿，而其在本案中主张由法院酌定安徽瑞讯交通开发有限公司赔偿该停窝工损失400万元，无事实及法律依据，应予驳回。

---

〔1〕（2018）最高法民终827号。

〔2〕最高人民法院公报2016年第4期案例。

相反案例 1

案件名称： 贵州庆业实业有限公司建设工程施工合同纠纷案件[1]

法院观点： 该案件中最高人民法院认为，承包人是否提出书面延期报告不能成为工期逾期责任认定的充分依据，还应结合工程联系单等反映工程施工情况的证据材料综合认定。原审已查明，案涉工程发生了工期顺延，如部分空调、消防、弱电及土建的施工未完工、停电、缺部分施工图，且部分设计不符要求需更改设计方案等，案涉工程工期顺延具有合理理由。

相反案例 2

案件名称： 四川雅眉乐高速公路有限责任公司、攀枝花公路建设有限公司建设工程施工合同纠纷案件[2]

法院观点： 该案件中最高人民法院认为，虽然双方当事人在合同中约定"关于索赔：根据合同约定，承包人认为有权得到追加付款和（或）延长工期的，应按以下程序向发包人提出：①承包人应在知道或应当知道索赔事件发生后28天内，向监理递交索赔意向通知书，并说明发生索赔事件的事由。承包人未在前述28天内发出索赔意向通知书，丧失要求追加付款和（或）延长工期的权利；②承包人应在索赔意向通知书递交后28天内，向监理人正式提交索赔通知书"，但上述约定系当事人对于解决纠纷的程序性约定，并非权利的存续期间，四川雅眉乐高速公路有限责任公司关于攀枝花公路建设有限公司未按合同约定在28天内主张即丧失索赔权的观点不能成立，原判决适用法律并无错误。

法律规定

《建工司法解释（一）》第十条规定，当事人约定顺延工期应当经发包人或者监理人签证等方式确认，承包人虽未取得工期顺延的确认，但能够证明在合同约定的期限内向发包人或者监理人申请过工期顺延且顺延事由符合合同约定，承包人以此为由主张工期顺延的，人民法院应予支持。当事人约定承包人未在约定期限内提出工期顺延申请视为工期不顺延的，按照约定处理，但发包人在约定期限后同意工期顺延或者承包人提出合理抗辩的除外。

《民法典》第五百零九条规定，当事人应当按照约定全面履行自己的义

---

[1] （2020）最高法民申4769号。
[2] （2017）最高法民申1182号。

务。当事人应当遵循诚信原则，根据合同的性质、目的和交易习惯履行通知、协助、保密等义务。当事人在履行合同过程中，应当避免浪费资源、污染环境和破坏生态。

律师点评

逾期索赔是否失去索赔的权利？实务中，主要有两种不同的观点。

第一种观点认为，逾期索赔原则上失去索赔的权利，但承包人提出合理抗辩的除外。比如典型案例中发包人依据《施工承包合同》约定对案涉工程进行了变更，承包人未按照《施工承包合同》约定在双方确定变更后14日内向发包人提出变更工程价款的报告，按照约定应视为该项变更不涉及工程价款的变更；依据《民法典》第五百零九条第一款规定，最高人民法院认为承包人逾期索赔即失去索赔的权利。另外，在中国建筑股份有限公司、昆山市超华投资发展有限公司建设工程施工合同纠纷案件［（2014）民一终字第310号］中最高人民法院认为，双方虽对工期顺延及索赔程序进行了约定，但并未明确承包人未提出工期顺延或未按约定程序索赔或不及时索赔的法律后果。据此，昆山市超华投资发展有限公司认为中国建筑股份有限公司在工程交工后予以索赔不应支持的合同根据不足，本院不予采信。浙江省高级人民法院支持该观点。《浙江省高级人民法院民事审判第一庭关于审理建设工程施工合同纠纷案件若干疑难问题的解答》第六条规定，发包人仅以承包人未在规定时间内提出工期顺延申请而主张工期不能顺延的，该主张不能成立。但合同明确约定不在规定时间内提出工期顺延申请视为工期不顺延的，应遵从合同的约定。

第二种观点认为，逾期索赔不失去索赔的权利。比如四川雅眉乐高速公路有限责任公司、攀枝花公路建设有限公司建设工程施工合同纠纷案件［（2017）最高法民申1182号］中最高人民法院认为，虽然双方当事人在合同中约定“关于索赔：根据合同约定，承包人认为有权得到追加付款和（或）延长工期的，应按以下程序向发包人提出：①承包人应在知道或应当知道索赔事件发生后28天内，向监理递交索赔意向通知书，并说明发生索赔事件的事由。承包人未在前述28天内发出索赔意向通知书，丧失要求追加付款和（或）延长工期的权利；②承包人应在索赔意向通知书递交后28天内，向监理人正式提交索赔通知书”，但上述约定系当事人对于解决纠纷的程序性约定，并非权利的存续期间，四川雅眉乐高速公路有限责任公司关于攀枝花公路建设有限公司未按合同约定在28天内主张即丧失索赔权的观点不能成立，原判决适用法律并无错误。

需要特别指出的是，部分地方司法性文件规定，逾期索赔不失去索赔的权利。比如《河北省高级人民法院关于印发〈建设工程施工合同案件审理指南〉的通知》（冀高法〔2018〕44号）第四十七条规定，工期延误的责任应该由造成工期延误的过错一方承担，发包人仅以承包人未在合同约定的期限内提出工期顺延申请而主张工期不能顺延的，人民法院不予支持。《安徽省高级人民法院关于审理建设工程施工合同纠纷案件适用法律问题的指导意见（二）》（2013年12月23日安徽省高级人民法院审判委员会民事执行专业委员会第32次会议讨论通过）第四条规定，承包人未能提供顺延工期的签证等书面文件，但能够证明工程存在延期开工、不具备施工条件、设计变更、工程量增加、发包人指定的分包工程迟延完工、不可抗力等不可归责于承包人的原因，影响施工进度的，可以允许承包人相应顺延工期。《北京市高级人民法院关于审理建设工程施工合同纠纷案件若干疑难问题的解答》（2012年8月6日，京高法发〔2012〕245号）第二十六条规定，工期顺延如何认定？因发包人拖欠工程预付款、进度款，迟延提供施工图纸、场地及原材料，变更设计等行为导致工程延误，合同明确约定顺延工期应当经发包人签证确认，经审查承包人虽未取得工期顺延的签证确认，但其举证证明在合同约定的办理期限内向发包人主张过工期顺延，或者发包人的上述行为确实严重影响施工进度的，对承包人顺延相应工期的主张，可予支持。

笔者赞同第一种观点。理由如下：第一，发承包双方约定逾期索赔失去索赔权利的，该约定系双方当事人真实意思表示，不违反法律、行政法规的效力性强制性规定，不违反公序良俗，也不存在其他法定的无效情形，故该约定对发承包双方均具有约束力。第二，既然该约定合法有效，依据《民法典》第五百零九条第一款规定，发承包双方均应按照该约定履行。第三，《建工司法解释（一）》第十条第二款规定，承包人未在约定期限内提出工期顺延申请视为工期不顺延的，按照约定处理。此规定即认为逾期索赔的失去索赔的权利。前述司法解释规定两种例外情形，第一种例外情形是发包人在约定期限内同意工期顺延，第二种例外情形是承包人提出合理抗辩。对于第一种情形应理解为双方对工期顺延达成了合意，当然就不存在逾期索赔失去索赔权利的适用空间；第二种情形是指合理抗辩，合理抗辩的具体情形包括哪些，司法解释并没有明确规定，由裁判者在个案中根据案件实际情况自由裁量。

操作提示

逾期索赔的是否失去索赔的权利？最高人民法院认为，逾期索赔的原则上失去索赔的权利。故律师建议，如果发承包双方在建设工程施工合同中明确约定逾期索赔即失去索赔权利的，在建设工程施工合同履行过程中，在发生索赔事件后，发承包双方均应在约定期限内向对方索赔，否则可能面临失去索赔权利的不利局面。

二、可以主张索赔利息

关 键 词： 索赔　利息　起算日

问题提出： 发包人或承包人按照建设工程施工合同约定或者法律规定向对方索赔损失并主张索赔利息，索赔利息的主张能否支持？

案件名称： 广元市川越建筑劳务有限公司、中国水利水电第八工程局有限公司建设工程施工合同纠纷案件[1]

裁判规则： 发包人或承包人按照建设工程施工合同约定或者法律规定向对方索赔损失并主张索赔利息的，可以按照市场报价利率从起诉之日起主张索赔利息。

案情简介

上诉人（原审原告）：广元市川越建筑劳务有限公司（以下简称川越公司）

上诉人（原审被告）：中国水利水电第八工程局有限公司（以下简称水利水电八局）

上诉人（原审被告）：长江勘测规划设计研究有限责任公司（以下简称长

〔1〕（2020）最高法民终912号。

江设计公司）

原审被告：广元市扶贫和移民工作局（现广元市扶贫开发局）

原审被告：广元市昭化区人民政府（以下简称昭化区政府）

2010年9月2日，广元市人民政府移民办公室（现扶贫移民局）、广元市元坝区人民政府（现昭化区政府）（甲方）与长江设计公司（乙方）签订了合同编号为TZKYM2010－002的《四川省嘉陵江亭子口水利枢纽库区元坝区部分交通复建工程委托建设合同》（以下简称《复建工程委托建设合同》），约定将包括案涉工程项目的嘉陵江亭子口水利枢纽库区广元市元坝区等级以上公路和桥梁，库周交通大、中型桥梁的复建工程委托长江设计公司代建，委托代建费用暂定为人民币252,850,361元。

长江设计公司经组织招标，水利水电八局中标，长江设计公司于2011年3月22日向水利水电八局发出《中标通知书》。2011年3月21日长江设计公司与水利水电八局就施工合同进行谈判并形成纪要。

2011年4月，长江设计公司与水利水电八局签订（编号：TZKKQ－SG－10）《嘉陵江亭子口水利枢纽库区广元市元坝区宝红路、虎七路1段、虎陈路、昭化镇天雄村路公路复建工程施工合同文件》（以下简称《复建工程施工合同文件》），将嘉陵江亭子口水利枢纽库区广元市元坝区宝红路、虎七路1段、虎陈路、昭化镇天雄村路公路复建工程发包给水利水电八局承建。

2012年5月12日，水利水电八局五分局嘉陵江亭子口水利枢纽库区公路复建工程项目部（甲方）作为发包人与川越公司（乙方）作为承包人签订了《复建工程施工分包合同》一份，主要约定：由川越公司承包嘉陵江亭子口水利枢纽库区广元市元坝区宝红路、虎七路1段、虎陈路、昭化镇天雄村路公路路基、路面及附属设施的实施、完成及缺陷修复的所有项目（业主及甲方指定的分包除外），具体以施工图（含业主同意变更的部分）为准。

2012年5月18日水利水电八局五分局嘉陵江亭子口水利枢纽库区公路复建工程项目部（甲方）与川越公司（乙方）签订《分包合同补充协议》，约定：本工程所需主材由甲方指定生产厂家（水泥、钢筋、钢绞线），乙方采购，并满足业主主合同质量要求。

2013年1月19日，水利水电八局五分局嘉陵江亭子口水利枢纽库区公路复建工程项目部（甲方）作为发包人与川越公司（乙方）作为分包人针对工程实际施工过程中新增项目的工程量计价签订了《嘉陵江亭子口水利枢纽库区广元市元坝区宝红路、虎七路1段、虎陈路、昭化镇天雄村路公路复建工程施工分包合同补充协议》（以下简称《补充协议》）一份。

川越公司承包工程后，监理机构于2011年10月7日签发合同项目开工令，并确定实际开工日期为2011年9月12日。川越公司实际于2011年9月12日组织人员、机械进场施工，陆续完成道路、桥梁施工作业。为保畅通，案涉路段边建边通车，在工程验收完工移交前，已经实际投入使用。2015年1月9日，涉案工程经检测达到完工移交条件后，长江设计公司及昭化区政府职能部门接收工程，完成公路桥梁移交手续。

工程完工后，扶贫移民局就涉案工程向长江设计公司陆续拨付工程款116,235,700元，截至2015年1月14日，长江设计公司合计支付水利水电八局98,093,378元，水利水电八局支付川越公司93,985,764.57元。扶贫移民局与长江设计公司、长江设计公司与水利水电八局均未办理工程结算。

2015年5月6日，川越公司向水利水电八局提交了《工程决算书》，载明川越公司完成工程的总造价为242,387,507元，已结算工程量金额94,794,182元，剩余工程量金额138,732,651元，水利水电八局在该决算书上签章。但水利水电八局不认可该金额。

2015年5月20日水利水电八局与川越公司签订《对账备忘录》，双方确认：业主结算工程款为107,289,769元，业主实际支付预付款30万元，业主结算合计107,589,769元，应对川越公司结算107,589,769元。扣减质保金9,181,354元、民工工资保证金515,037元、履约保证金100万元、管理费3,089,900.13元、管理人员工资2,640,000元、实际缴纳税款3,181,129.36元、保险款251,291.25元、罚款26,550元、工程借款1,800,000元、保函费及借款利息252,918.96元、返还川越公司代缴税金-270,214.99元、利息与手续费相抵差额1618.99元，合计扣款21,669，584.70元，实际已经支付工程款93,985,764.57元。

另查明：川越公司成立于2011年3月17日，注册资本100万元，经营范围：铁路、道路、隧道和桥梁工程建筑劳务分包。

判决结果

一审判决：对于损失赔偿款8,378,056.46元从最终鉴定意见作出之日

(2018 年 12 月 13 日）起计算利息。

最高人民法院二审判决：对川越公司主张的索赔款项的利息，应当从川越公司 2015 年 6 月 16 日提起诉讼之日起算。

各方观点

川越公司观点：因工期延误非承包人原因造成和工程造价因一审法院严重超审理时限，实体工程价款和索赔款利息应从投入使用之日计算，因本案引起的其他诉讼的利息全部按月息 2% 计算，一审法院的判决金额远远不能支付上诉人 6 年借（欠）款利息。

长江设计公司观点：一审判决要求水利水电八局按照中国人民银行发布的同期同类贷款基准利率计取、支付相关款项利息，但《九民纪要》（法〔2019〕254 号）已经将 2019 年 8 月 20 日之后人民法院裁判贷款利息的基本标准改为全国银行间同业拆借中心公布的贷款市场报价利率（LPR），一审判决未区分时间段，统一按中国人民银行发布的同期同类贷款基准利率计息属适用法律错误。根据《九民纪要》的规定，2019 年 8 月 20 日以后贷款利息应按贷款市场报价利率（LPR）计算。

水利水电八局观点：（1）利息标准选择错误。依据《九民纪要》的规定，中国人民银行贷款基准利率标准已经取消，2019 年 8 月 20 日以后的贷款利息应按贷款市场报价利率（LPR）计算。（2）赔偿损失的利息从鉴定意见作出之日（2018 年 12 月 13 日）起计算是错误的。一审法院判决书中认为“赔偿损失金额没有最终确定前不符合利息计算前提条件”，而鉴定意见并未对当事人的责任进行划分和认定，更谈不上确定损失金额，因此，将损失利息起算日认定为鉴定意见作出之日是明显错误的，既与事实不符，也与一审法院自身的说理逻辑自相矛盾。

法院观点

一审法院观点：川越公司主张索赔，在损失金额确定之前不符合计算利息的前提条件，故对于损失赔偿款 8,378,056.46 元从最终鉴定意见作出之日（2018 年 12 月 13 日）起计算利息。

最高人民法院观点：川越公司一审提起诉讼时提出了索赔主张，对川越公司主张的索赔款项的利息，应当从川越公司2015年6月16日提起诉讼之日起算。2019年8月20日之后，中国人民银行贷款基准利率标准已经取消，以后的利息应按贷款市场报价利率（LPR）计算。

法律规定

《建工司法解释（一）》第二十六条规定，当事人对欠付工程价款利息计付标准有约定的，按照约定处理。没有约定的，按照同期同类贷款利率或者同期贷款市场报价利率计息。

律师点评

能否主张索赔款利息，法律、行政法规和司法解释对此没有明确规定；索赔款不是工程价款，故不能参照《建工司法解释（一）》第二十六条规定确定是否应当支付索赔款利息。上海佳程企业发展有限公司、上海建工四建集团有限公司等建设工程施工合同纠纷案件［（2021）最高法民终717号］中最高人民法院认为，金钱之债支付利息符合交易习惯，上海建工四建集团有限公司在诉请赔偿停窝工损失的同时，诉请按法定利率支付利息至实际付清之日，并不违反法律规定。承包人主张的停窝工损失系索赔款，参照前述案件中最高人民法院观点，可以按照同期同类贷款利率或者市场报价利率自起诉之日起主张索赔款利息。

操作提示

虽然索赔款不是工程价款，不能参照《建工司法解释（一）》第二十六条规定确定是否应当支付索赔款利息，但是最高人民法院通过典型案例确立了索赔款应当支付利息的裁判规则。故律师建议，发承包双方任何一方主张索赔款时，可以自起诉之日按照同期同类贷款利率或者市场报价利率一并主张索赔款利息；如果发承包双方任何一方不主张索赔款利息的，根据不告不理的原则，裁判者不能支持索赔款利息。

三、合同无效，约定发包人导致停窝工的，发包人不承担停窝工损失，该约定可以参照执行

关 键 词： 合同无效 停窝工 停窝工损失

案件名称： 四川省第四建筑有限公司（原四川省第四建筑工程公司）、汇丰祥商业控股有限公司建设工程施工合同纠纷案件[1]

问题提出： 建设工程施工合同无效，但约定发包人导致停窝工，发包人不承担停窝工损失，该约定是否可以参照执行？

法院观点： 最高人民法院认为，建设工程施工合同无效，但约定发包人导致停窝工，发包人不承担停窝工损失，该约定可以参照执行。

案情简介

再审申请人（一审原告、二审上诉人）：四川省第四建筑有限公司（原四川省第四建筑工程公司，以下简称四建公司）

被申请人（一审被告、二审上诉人）：汇丰祥商业控股有限公司（以下简称汇丰祥公司）

被申请人（一审被告、二审被上诉人）：宁夏宝丰集团有限公司

被申请人（一审被告、二审被上诉人）：宁夏宝丰地产开发有限公司

案涉两份建设工程施工合同以及《备忘录》因违反《招标投标法》等法律的强制性规定而无效。

停、窝工损失问题。案涉建设工程施工合同第 5.6.1 条约定："因以下原因在施工关键线路（按乙方提交，并经甲方、监理确认的施工网络图中关键线路）造成工期延误，经甲方确认，工期相应顺延；但甲方不再承担包括乙方窝工停工费等在内的任何费用（已经由乙方在增加的措施费中包干考虑）：……（b）甲方引起的工程延期开工、停建、缓建、暂停施工。"四建公司于 2014 年 4 月 8 日及 2014 年 5 月 6 日向汇丰祥公司发出 2 份《工作联系单》，载明案涉工程因汇丰祥公司原因造成停、窝工，汇丰祥公司以及监理工程师在《工作联系单》以及所附《进场人员窝工费用、机械周转料具租赁费用清单》上签字或盖章，后汇丰祥公司对四建公司报送的《工程延期报审表》经过审核，同意延长工期 77 天，双方未对停、窝工损失问题达成新的处理意见。

---

[1] （2021）最高法民申 5379 号。

判决结果

一审判决：对四建公司的停、窝工损失不予支持。

最高人民法院二审判决：维持该项判决。

最高人民法院再审裁定：裁定驳回再审申请。

各方观点

四建公司观点：原审判决未支持其停、窝工损失的观点错误，因汇丰祥公司原因造成申请人的停、窝工损失应当予以赔偿。

法院观点

一审法院观点：关于停、窝工损失以及由此产生的贷款利息、同期银行透支利息等损失。案涉建设工程施工合同虽属无效，但合同中关于工期约定的内容是与计算工程价款数额有关的内容，且是双方当事人签订合同时的真实意思表示，应当予以参照适用。案涉建设工程施工合同第 5. 6. 1 条约定："因以下原因在施工关键线路（按乙方提交，并经甲方、监理确认的施工网络图中关键线路）造成工期延误，经甲方确认，工期相应顺延；但甲方不再承担包括乙方窝工停工费等在内的任何费用（已经由乙方在增加的措施费中包干考虑）：……（b）甲方引起的工程延期开工、停建、缓建、暂停施工。"参照上述约定内容，因汇丰祥公司原因造成的工期延误，汇丰祥公司给予顺延工期，但不承担四建公司的停、窝工损失。

最高人民法院观点：案涉建设工程施工合同第 5. 6. 1 条约定，"因以下原因在施工关键线路（按乙方提交，并经甲方、监理确认的施工网络图中关键线路）造成工期延误，经甲方确认，工期相应顺延；但甲方不再承担包括乙方窝工停工费等在内的任何费用（已经由乙方在增加的措施费中包干考虑）：……（b）甲方引起的工程延期开工、停建、缓建、暂停施工"。本案中，四建公司于 2014 年 4 月 8 日及 2014 年 5 月 6 日向汇丰祥公司发出 2 份《工作联系单》，载明案涉工程因汇丰祥公司原因造成停、窝工，汇丰祥公司以及监理工程师在《工作联系单》以及所附《进场人员窝工费用、机械周转料具租赁费用清单》上签字或盖章，后汇丰祥公司对四建公司报送的《工程延期报审表》经过审核，同意延长工期77天，双方未对停、窝工损失问题达成新的处理意见。依照前述约定，因汇丰祥公司原因造成的工期延误，汇丰祥公司给予顺延工期，但不再承担四建公司的停、窝工损失，故四建公司主张汇丰祥公司承担停、窝工损失以及由此产生的贷款利息、同期银行透支利息的申请理由不能成立。

法律规定

《民法典》第一百五十七条规定，民事法律行为无效、被撤销或者确定不发生效力后，行为人因该行为取得的财产，应当予以返还；不能返还或者没有必要返还的，应当折价补偿。有过错的一方应当赔偿对方由此所受到的损失；各方都有过错的，应当各自承担相应的责任。法律另有规定的，依照其规定。

《民法典》第七百九十三条规定，建设工程施工合同无效，但是建设工程经验收合格的，可以参照合同关于工程价款的约定折价补偿承包人。建设工程施工合同无效，且建设工程经验收不合格的，按照以下情形处理：（一）修复后的建设工程经验收合格的，发包人可以请求承包人承担修复费用；（二）修复后的建设工程经验收不合格的，承包人无权请求参照合同关于工程价款的约定折价补偿。发包人对因建设工程不合格造成的损失有过错的，应当承担相应的责任。

《建工司法解释（一）》第六条规定，建设工程施工合同无效，一方当事人请求对方赔偿损失的，应当就对方过错、损失大小、过错与损失之间的因果关系承担举证责任。损失大小无法确定，一方当事人请求参照合同约定的质量标准、建设工期、工程价款支付时间等内容确定损失大小的，人民法院可以结合双方过错程度、过错与损失之间的因果关系等因素作出裁判。

律师点评

建设工程施工合同无效时，约定发包人导致停窝工的，发包人不承担停窝工损失，该约定能否参照执行？发包人导致的停窝工损失不属于工程价款，故不能依据《民法典》第七百九十三条规定认定前述约定可以参照执行。建设工程施工合同有效时，约定发包人导致停窝工的，发包人不承担停窝工损失，发包人导致停窝工的，依据《民法典》第五百零九条第一款规定，应当认定该约定有效即发包人不承担停窝工损失。建设工程施工合同无效时，如果认定该约定不能参照适用，即发包人应承担由发包人原因导致的停窝工损失，显然在合同无效时承包人获得的利益明显高于合同有效，有悖于公平原则。所以，案例中最高人民法院认为，建设工程施工合同无效时，约定发包人导致停窝工，发包人不承担停窝工损失的，该约定可以参照执行。

操作提示

无论建设工程施工合同有效还是无效，约定发包人导致停窝工，发包人不承担停窝工损失的，承包人均不能向发包人主张停窝工损失。故律师建议，承包人在建设工程施工合同或者投标文件中明确拒绝该约定，一旦发承包双方就该约定达成合意，鉴于该约定系发承包双方的真实意思表示，承包人以发包人导致停窝工为由向发包人主张停窝工损失的，裁判者可能参照本条裁判规则不予支持承包人的主张。

四、合同无效，约定不可抗力导致的停窝工损失由承包人承担的，该约定可以参照执行

关 键 词： 合同无效　不可抗力　停窝工损失

问题提出： 建设工程施工合同无效，但约定不可抗力导致的停窝工损失由承包人承担的，该约定是否可以参照执行？

案件名称： 四川省第一建筑工程有限公司、云南万都房地产开发有限公司建设工程施工合同纠纷案件[1]

裁判规则： 最高人民法院认为，建设工程施工合同无效，但约定不可抗力导致的停窝工损失由承包人承担的，该约定可以参照执行。

---

[1] （2019）最高法民终1134号。

案情简介

上诉人（原审原告、反诉被告）：四川省第一建筑工程有限公司（以下简称四川一建）

上诉人（原审被告、反诉原告）：云南万都房地产开发有限公司（以下简称万都公司）

被上诉人（原审被告）：云南建投第二水利水电建设有限公司（以下简称建投二电公司）

2013 年 11 月 5 日，四川一建与万都公司通过招投标程序签订《建设工程施工合同》，约定：由四川一建承建万都公司开发的万都国际广场项目，合同暂定金额为 1.5 亿元，合同价款采用固定综合单价，合同工期总日历天数 480 天。

2013 年 11 月 5 日，四川一建与万都公司签订《建设工程施工补充协议》（以下简称《补充协议》），约定：承包人配合发包人办理施工许可证以及与施工有关的一切证件和手续，费用由承包人根据政策规定承担。

2013 年 10 月 4 日，四川一建向万都公司支付履约保证金 100 万元。2014 年 12 月 23 日，应四川一建申请，兴业银行股份有限公司成都分行向万都公司出具 300 万元《人民币履约保函》一份，有效期至 2015 年 6 月 30 日。2014 年 1 月 20 日，四川一建向昭通市昭阳区环境卫生监督管理所缴纳城市生活垃圾代运处置费 232,170 元。

2014 年 8 月 3 日，因云南省昭通市鲁甸县发生 6.5 级地震，昭通市昭阳区建设工程安全生产监督站发出《关于全区建筑施工现场立即停止施工的紧急通知》。2014 年 8 月 22 日，在昭通市昭阳区建设工程安全生产监督站主持下，召开双方当事人等参加的“关于 8·03 地震后复工事宜会议”。会议确认：2014 年 8 月 8 日，昭通市昭阳区建设工程安全生产监督站口头通知四川一建尽快进行施工现场各方面检查，若无大问题，可以恢复施工；2014 年 8 月 15 日，昭通市昭阳区建设工程安全生产监督站电话通知四川一建可以恢复施工。会议要求各单位做好各方面检查，及时协商解决各方面问题，尽快恢复施工。

2014 年 2 月，十四冶建设集团云南水利水电工程有限公司（甲方）与昭通和信建筑安装工程有限公司（乙方）签订《合作框架协议书》。2015 年 6

月8日，万都公司与十四冶建设集团云南水利水电工程有限公司签订建设工程施工合同。2016年6月29日，十四冶建设集团云南水利水电工程有限公司向工商行政管理部门申请公司名称变更为建投二电公司。

审理中，四川一建向一审法院提出鉴定申请，请求鉴定事项为：（1）四川一建承建万都国际广场项目已完工程的总造价；（2）万都公司拖欠工程款给四川一建造成的窝工、停工损失；（3）因万都公司和建投二电公司强行进场施工，非法占用四川一建建筑材料、物资及施工现场临时设施、建筑机械设备材料等给四川一建造成的财产损失。一审法院对四川一建的鉴定申请第1项予以准许，委托鉴定机构昆明官审工程造价咨询事务所有限公司进行司法鉴定。

判决结果

一审判决：认定案涉建设工程施工合同有效，约定不可抗力导致的停工损失由承包人承担，从其约定。

最高人民法院二审判决：认定案涉建设工程施工合同无效，约定不可抗力导致的停工损失由承包人承担，该约定可以参照执行。

各方观点

四川一建观点：（1）一审判决认定双方所签补充协议为有效合同，是典型的认定事实不清、认定事实错误。第一，《补充协议》是一份附生效条件的协议，第十七条第二款明确约定“本补充合同经双方法定代表人或委托代理人签字并加盖公章后，并经乙方在5个工作日内向甲方交纳履约保证金后生效”，而四川一建未在补充协议签订后的5个工作日内向万都公司交纳履约保证金，根据双方约定直至2013年12月5日才予以交纳，因此补充协议并未实际生效。第二，即使认定该补充协议已生效，根据《最高人民法院关于审理建设工程施工合同纠纷案件适用法律问题的解释（二）》第一条之规定，该补充协议约定的工程范围、工程价款等实质性内容与中标的《建设工程施工合同》不一致，该补充协议应为无效协议，应按照《建设工程施工合同》确定双方的权利义务。（2）一审判决驳回四川一建有关停窝工损失的请求，无法律和事实根据。四川一建提交的大量证据均证明了四川一建向一审法院提交的《工程工期说明》的客观性、关联性和合法性，也充分证明了万都公司不仅拒不接收四川一建按合同约定计价方式报送的《完成量报表》，而且也不在约定时间内审核报送的工程量，更不按约定时间支付工程进度款的行为严重违反双方合同的约定，致使四川一建因无法收到应收工程进度款导致无法购买施工建筑材料，造成案涉工程严重窝工、被迫多次停工，给四川一建造成大量的停工、窝工损失。为此，万都公司理应赔偿因此给四川一建造成的停工、窝工损失，此外还应承担逾期支付工程进度款给四川一建造成的利息损失。

万都公司观点：（1）《补充协议》依法有效。首先，合同无效与未生效是两个不同概念。《补充协议》系附生效条件的合同，已然生效。四川一建已经于2013年12月5日向万都公司交纳履约保证金100万元，且万都公司对四川一建逾期交纳履约保证金的行为予以接受，双方实际履行了该补充协议。因此，四川一建以没有交纳履约保证金为由主张该补充协议未生效，没有事实依据。其次，根据《合同法》第四十五条的规定，应当视为协议已经生效。最后，补充协议实质性条款并未违反中标合同约定，四川一建主张补充协议无效的目的完全是为其违约行为寻找借口。（2）一审判决驳回四川一建的窝工损失和停工损失，是正确的。首先，四川一建没有任何有效证据证明其损失。其次，四川一建主张2014年8月3日鲁甸地震的停工、窝工损失没有事实和法律依据，不能成立。最后，四川一建主张的其他停工损失，因停工行为违反了《建设工程施工合同》专用条款第35.1条、《补充协议》第八条的约定，不能成立。

法院观点

一审法院观点：关于四川一建主张2014年8月4日至9月2日的停工损失。一审法院认为，2014年8月3日，云南省昭通市鲁甸县发生6.5级地震，行政主管部门发出停工通知。2014年8月8日，行政主管部门口头通知四川一建可以恢复施工；2014年8月15日，行政主管部门电话通知四川一建可以恢复施工；2014年8月22日，行政主管部门召开会议要求四川一建尽快恢复施工。之后，四川一建于2014年9月2日恢复施工。根据双方合同通用条款

第三十九条和专用条款第三十九条的约定，因地震等不可抗力事件导致承包人机械设备损坏及停工损失的，由承包人承担，故四川一建主张2014年8月3日地震及因城市管理需要造成的停工损失227.80万元，于双方约定相悖，于本案事实不符，一审法院不予支持。

最高人民法院观点：关于第1笔2014年8月4日至9月2日的停工损失227.80万元。本院认为，案涉合同通用条款第三十九条和专用条款第三十九条约定，因地震等不可抗力事件导致承包人机械设备损坏及停工损失的，由承包人承担。就本案而言，2014年8月3日，云南省昭通市鲁甸县发生6.5级地震，行政主管部门发出停工通知。2014年8月8日，行政主管部门口头通知四川一建可以恢复施工；2014年8月15日，行政主管部门电话通知四川一建可以恢复施工；2014年8月22日，行政主管部门召开会议要求四川一建尽快恢复施工。之后，四川一建于2014年9月2日恢复施工。前述事实表明第一次停工原因系不可抗力，依照前述约定承包人机械设备损坏及停工损失由承包人承担。虽然案涉合同无效，但毕竟为当事人所实际履行，在处理纠纷时应予充分考量，故四川一建主张2014年8月3日地震及因城市管理需要造成的停工损失227.80万元，与双方约定相悖，故一审以此为依据进行认定，符合当事人的真实意思，并无不当。

法律规定

《民法典》第一百五十七条规定，民事法律行为无效、被撤销或者确定不发生效力后，行为人因该行为取得的财产，应当予以返还；不能返还或者没有必要返还的，应当折价补偿。有过错的一方应当赔偿对方由此所受到的损失；各方都有过错的，应当各自承担相应的责任。法律另有规定的，依照其规定。

《民法典》第七百九十三条规定，建设工程施工合同无效，但是建设工程经验收合格的，可以参照合同关于工程价款的约定折价补偿承包人。建设工程施工合同无效，且建设工程经验收不合格的，按照以下情形处理：（一）修复后的建设工程经验收合格的，发包人可以请求承包人承担修复费用；（二）修复后的建设工程经验收不合格的，承包人无权请求参照合同关于工程价款的约定折价补偿。发包人对因建设工程不合格造成的损失有过错的，应当承担相应的责任。

《建工司法解释（一）》第六条规定，建设工程施工合同无效，一方当事人请求对方赔偿损失的，应当就对方过错、损失大小、过错与损失之间的因果关系承担举证责任。损失大小无法确定，一方当事人请求参照合同约定的质量标准、建设工期、工程价款支付时间等内容确定损失大小的，人民法院可以结合双方过错程度、过错与损失之间的因果关系等因素作出裁判。

律师点评

建设工程施工合同无效时，约定不可抗力导致的停窝工损失由承包人承担的，该约定是否可以参照执行？不可抗力导致的停窝工损失不属于工程价款，故不能依据《民法典》第七百九十三条规定认定前述约定可以参照执行。建设工程施工合同有效时，约定不可抗力导致的停窝工损失由承包人承担，不可抗力导致停窝工的，依据《民法典》第五百零九条第一款规定，应当认定该约定有效即承包人承担停窝工损失；建设工程施工合同无效时，如果认定该约定不能参照适用，即发包人应承担由不可抗力导致的停窝工损失，显然在合同无效时承包人获得的利益明显高于合同有效，有悖于公平原则。所以，案例中最高人民法院认为，建设工程施工合同无效时，约定不可抗力导致的停窝工损失由承包人承担的，该约定可以参照执行。

操作提示

无论建设工程施工合同有效还是无效，约定不可抗力导致的停窝工损失由承包人承担的，承包人均不能向发包人主张停窝工损失。故律师建议，承包人在建设工程施工合同或者投标文件中明确拒绝该约定，一旦发承包双方就该约定达成合意，鉴于该约定系发承包双方的真实意思表示，承包人以不可抗力导致停窝工为由向发包人主张停窝工损失的，裁判者可能参照本条裁判规则不予支持承包人的主张。

第七章　工程价款及支付方式

一、自然人作为实际施工人不能取得规费

关 键 词：自然人　实际施工人　规费

问题提出：在挂靠、转包或违法分包情形下，建设工程施工合同无效，该情形的自然人作为实际施工人，其主张规费的，是否支持呢？

案件名称：马某英、甘肃省建设投资（控股）集团总公司建设工程施工合同纠纷案件〔1〕

裁判规则：最高人民法院认为，存在挂靠、转包或违法分包情形导致建设工程施工合同无效，自然人作为实际施工人主张规费的，不予支持。

案情简介

再审申请人（一审原告、二审被上诉人）：马某英

被申请人（一审被告、二审上诉人）：甘肃省建设投资（控股）集团总公司（以下简称甘肃建投公司）

被申请人（一审被告、二审上诉人）：宁夏华尊立达房地产开发集团有限公司（以下简称华尊立达公司）

被申请人（一审被告、二审上诉人）：宁夏润森工程机械租赁有限公司（以下简称润森公司）

2013 年 7 月，甘肃建投公司通过招投标方式中标承建华尊立达公司开发的立达国际建材、五金、家居博览城 -66#地块 -1#工程。后甘肃建投公司与

〔1〕（2019）最高法民申 5453 号。

华尊立达公司签订《建设工程施工合同》。

2013 年 7 月 25 日，甘肃建投公司作为甲方、润森公司作为乙方签订《建设工程项目承包施工协议书》（合同封面为联营协议）约定，依据甘肃建投公司与华尊立达公司签订的立达国际建材、五金、家居博览城 –66#地块五标段建设工程《建设工程施工合同》，双方就该建设工程施工项目承包事项协商一致订立本协议。

上述合同签订后马某英作为实际施工人对立达国际建材、五金、家居博览城 –66#地块 1 号楼展厅工程进行了施工。马某英主张涉案工程于 2015 年 6 月竣工，2015 年 11 月正式开业。华尊立达公司认可涉案工程于 2016 年 4 月 8 日投入使用。2018 年 3 月 28 日银川市住房和城乡建设局同意涉案工程竣工备案。华尊立达公司提交的工程竣工验收备案表载明，涉案工程的勘察单位、设计单位、施工单位、监理单位、建设单位在 2016 年 4 月 8 日批注合格同意竣工验收。

2014 年 11 月 26 日，甘肃建投公司出具结算授权委托书，委托王某森为结算负责人，张某为 1#展厅结算预算员，王某为 11—18#商铺结算预算员，结算负责人以甘肃建投公司的名义办理立达国际建材、五金、家居博览城 –66#地块 –1#楼、11—18#楼工程的结算工作。2015 年 7 月 31 日，张某、姜某在华尊立达公司制作的 1#工程量汇总表中签字，并标注“有部分后补签证，暂未计入，其他工程量属实”，华尊立达公司的员工赵某芳亦在该表中签字。2016 年 5 月 9 日，华尊立达公司的员工赵某芳在该表中标注“2016 年 5 月以上所有问题均已核对完成，赵某芳 2016. 5. 9”。庭审中华尊立达公司提交工程预算书一份，用以证实甘肃建投公司与华尊立达公司已对该工程进行结算，在本案审理中甘肃建投公司明确表示对该结算中的工程量及结算价均有异议。马某英对华尊立达公司提交的预算书中的工程量、结算价有异议。

因双方当事人对工程量及工程造价不能达成一致意见，一审法院依据马某英的申请按照鉴定程序委托宁夏营建工程造价咨询有限公司对立达国际建材、五金、家居博览城 –66#地块 –1#楼（展厅）工程造价进行审核鉴定。由于双方当事人对计价方式不能达成一致意见，故鉴定机构按照两种方式分别结算工程造价。

1. 按甘肃建投公司与华尊立达公司签订的《建设工程施工合同》及《建设工程施工合同》补充条款计算：双方无争议工程造价为 45,765,379.36 元

（其中措施费1,581,521.13元、规费1,416,478.07元、企业管理费2,098,090.26元、施工利润1,137,929.3元、税金1,505,758.82元）。有争议部分工程造价为597,520.13元，其中二层、三层14、15轴墙体工程造价73,779.43元（措施费3678.73元、规费3196.91元，企业管理费4827.14元、施工利润2571.71元、税金2434.71元），楼梯间及屋顶房间乳胶漆206,368.17元（措施费15,485.07元，规费13,456.89元、企业管理费20,319.1元、施工利润10,825.24元、税金6810.12元），HRB400规格8、10带E与普通钢筋价格差79，792.75元（税金2633.15元），HRB400其他规格8、10带E与普通钢筋价格差240，754.58元（税金7944.86元），回填土方装运140,837.83元（措施费1324.31元、规费1150.85元、企业管理费1737.72元、施工利润925.79元、税金4647.63元），普通商品混凝土与细石混凝土价差134,586.87元（措施费9077.38元、规费7888.46元、企业管理费11,911.1元、施工利润6345.78元、税金4441.35元），地下室垂直运输12－16子目的20%工程造价50,436.5元，筏板钢筋接头气压焊与套筒连接差价66,310.23元，西面汽车坡道钢筋2014年2期与2013年4期价差10,797.16元，电气应急照明灯工程造价35,274.47元（措施费511.38元、规费730.14元、企业管理费826.17元、施工利润576.9元、税金1164.05元），给水管道消毒冲洗工程造价600.25元（措施费27.02元、规费38.58元、企业管理费43.66元、施工利润30.48元、税金19.81元），电气火灾报警KBG管与钢管差价18,629.59元（措施费1174.54元、规费1677元、企业管理费1897.58元、施工利润1325.04元、税金614.77元）。

2. 按照2008年计价定额计算双方无争议工程造价为50,296,902.36元。有争议部分工程造价为417,362.47元，其中二层、三层14、15轴墙体工程造价80,643.65元，楼梯间及屋顶房间乳胶漆211,643.8元，HRB400规格8、10带E与普通钢筋价格差79,792.75元，HRB400其他规格8、10带E与普通钢筋价格差240,754.88元，回填土方装运141,289.01元，普通商品混凝土与细石混凝土价差137,679.46元，筏板钢筋接头气压焊与套筒连接差价202,652.43元，西面汽车坡道钢筋2014年2期与2013年4期价差10,797.16元，电气应急照明灯工程造价61,547.35元，给水管道消毒冲洗工程造价646.91元，电气火灾报警KBG管与钢管差价47,826.53元。

判决结果

一审判决：对工程造价中规费1,421,594.55元予以支持。

二审判决：对工程造价中规费1,421,594.55元不予支持。

最高人民法院裁定：维持二审判决。

各方观点

甘肃建投公司观点：原审判决向没有施工资质的马某英支付措施费、规费、企业管理费、施工利润等违反相关规范，也不符合最高人民法院与宁夏回族自治区高级人民法院的判例。根据《宁夏建设工程类别确认管理办法》第九条、《宁夏回族自治区建设工程造价管理条例》第十四条的规定，结算时取费，必须由施工企业申请办理《施工企业取费类别资质证书》，否则不应当计取间接费。马某英作为没有施工资质的个人，未办理《施工企业取费类别资质证书》，不应当计取间接费。鉴定人员在一审庭审中也明确说明造价鉴定应当遵守上述规定。故原审法院给马某英计取间接费违反上述规定。向马某英支付的工程款总额中应扣除措施费1,587,062.7元、规费1,421,594.55元、企业管理费2,105,524.95元、施工利润1,142,034.18元。

马某英观点：关于措施费、规费、企业管理费、施工利润的认定正确。甘肃建投公司、润森公司将涉案工程转包给不具备建设工程施工资质的马某英，违反了法律、行政法规的强制性规定，应当认定无效。本案经造价鉴定，双方对企业管理费、措施费、规费、施工利润属于工程款的一部分并无异议，且本案工程也已交付给业主使用，原审判决将以上费用支付给马某英并无不当。涉案工程由马某英自筹资金，自行组织施工和管理，上述费用已被物化到建设工程之中，同时，也无证据显示甘肃建投公司、润森公司参与实际施工和管理，若再将措施费、规费、企业管理费、施工利润扣除，将直接导致马某英利益严重受损，双方利益失衡，故一审将上述费用计入工程款合法合理，并无不当。

润森公司观点：原审判决适用法律错误。马某英作为没有施工资质的个人，未办理《施工企业取费类别资质证书》，不应当计取间接费。原审法院应将措施费1,587,062.7元、规费1,421,594.55元、企业管理费2,105,524.95

元、施工利润 1,142,034.18 元从马某英工程款总额中扣除。

法院观点

一审法院观点：关于企业管理费、规费、施工利润、税金、总包服务费、质保金是否应当计入应付马某英工程款的问题。各一审被告均主张马某英没有施工资质，亦没有办理《施工企业取费类别资质证书》，不应当计取施工利润、间接费及总包服务费，但马某英与润森公司并未签订合同对上述内容进行约定，且润森公司在将涉案工程承包给马某英时对马某英是否有施工资质是明知的，故对各一审被告的上述主张，一审法院不予采纳。

二审法院观点：关于措施费、规费、企业管理费、施工利润是否应支付马某英的问题。马某英与润森公司并未签订书面合同约定工程价款支付范围，按照《住房和城乡建设部、财政部关于印发〈建筑安装工程费用项目组成〉的通知》（以下简称建标〔2013〕44 号文）附件的规定，措施费是指为完成建设工程施工，发生于该工程施工前和施工过程中的技术、生活、安全、环境保护等方面的费用，包括安全文明施工费（环境保护费、文明施工费、安全施工费、临时设施费）、夜间施工增加费、二次搬运费、冬雨季施工增加费、已完工程及设备保护费、工程定位复测费、特殊地区施工增加费、大型机械设备进出场及安拆费、脚手架工程费等。利润是指施工企业完成所承包工程获得的盈利。马某英虽为无施工资质的个人，但其在实际施工中也存在投入施工生产的成本开支，若不计取措施费和施工利润，会造成实际施工人马某英权利义务不对等，故依据公平原则，应将措施费、施工利润给予马某英，润森公司、甘肃建投公司关于不应支付马某英措施费、施工利润的上诉理由不能成立。规费是指按国家法律、法规规定，由省级政府和省级有关权力部门规定必须缴纳或计取的费用，包括社会保险费（养老、失业、医疗、生育、工伤保险）、住房公积金、工程排污费等。企业管理费是指建筑安装企业组织施工生产和经营管理所需要的费用，包括管理人员工资、办公费、差旅交通费、固定资产使用费、工具用具使用费、劳动保险和职工福利费、劳动保护费、检验试验费、工会经费、职业教育经费、财产保险费、财务费、税金和其他费用。宁夏营建工程造价咨询有限公司按照《建设工程施工合同》、补充条款所作鉴定意见书对该两部分费用在每项施工内容造价中均予以单列，并注明是否计取由法院裁决，马某英完成工程中规费共计1,421,594.55元、企业管理费共计2,105,524.95元。本院认为，从规费与企业管理费的构成来看，缴纳义务人是企业，而不是自然人，马某英系无施工资质和取费资格的个人，也未提交证据证明其实际产生了规费与企业管理费，故规费与企业管理费不应支付给马某英，润森公司及甘肃建投公司该上诉理由成立。

最高人民法院观点：马某英与润森公司并未签订书面合同约定工程价款的支付范围，亦未提交证据证明规费、企业管理费实际产生。原审判决根据建标〔2013〕44号文的规定，认定规费、企业管理费的缴纳义务人是企业而非自然人，马某英没有施工资质和取费资格，不应支付规费与企业管理费给马某英并无不当。

相反案例

案件名称：潘某进、中铁十二局集团第二工程有限公司建设工程施工合同纠纷案件〔1〕

法院观点：该案件中最高人民法院认为，华昆咨询价鉴（2019）2号鉴定意见书载明，间接费868，820元包括了企业管理费、规费和利润。因企业管理费与实际施工人的资质无关，且潘某进在建设施工过程中进行了具体的工程管理，故管理费不应从潘某进应得工程价款中扣除。规费是政府和有关权力部门规定必须缴纳的费用，包括为职工缴纳的五险一金以及按规定缴纳的施工现场工程排污费等费用。因案涉工程由潘某进组织的工人施工，所涉及的五险一金等应由潘某进承担，故规费不应从潘某进应得工程价款中扣除。

法律规定

建标〔2013〕44号文附件1第六条规定，规费：是指按国家法律、法规规定，由省级政府和省级有关权力部门规定必须缴纳或计取的费用。包括：1. 社会保险费，即养老保险费、失业保险费、医疗保险费、生育保险费、工伤保险费；2. 住房公积金；3. 工程排污费：是指按规定缴纳的施工现场工程排污费。其他应列而未列入的规费，按实际发生计取。

〔1〕（2021）最高法民终412号。

律师点评

依据建标〔2013〕44号文规定，规费包括社会保险费、住房公积金和工程排污费。建标〔2013〕44号文规定社会保险费的缴纳主体是企业，这里的“企业”应理解为《社会保险法》第十条第一款、第二十三条第一款、第三十三条、第四十四条、第五十三条规定的“用人单位”。《劳动合同法》第二条规定，中华人民共和国境内的企业、个体经济组织、民办非企业单位等组织与劳动者建立劳动关系，订立、履行、变更、解除或者终止劳动合同，适用本法。因此，社会保险费的缴纳主体包括各类企业、个体经济组织等组织。故自然人实际施工人不能缴纳社会保险费。

建标〔2013〕44号文规定住房公积金的缴纳主体是企业，这里的“企业”应理解为《住房公积金管理条例》第二条第二款规定的“单位”。《住房公积金管理条例》第二条第二款规定，本条例所称住房公积金，是指国家机关、国有企业、城镇集体企业、外商投资企业、城镇私营企业及其他城镇企业、事业单位、民办非企业单位、社会团体及其在职职工缴存的长期住房储金。因此，住房公积金的缴纳主体包括各类企业等组织。故自然人实际施工人不能缴纳住房公积金。

建标〔2013〕44号文规定的工程排污费的法律依据《排污费征收使用管理条例》被《环境保护税法实施条例》废止。依据《环境保护税法》第二十七条规定，自2018年1月1日起，依照本法规定征收环境保护税，不再征收排污费。故自2018年1月1日起，工程排污费变更为环境保护税了。《环境保护税法》第二条规定，在中华人民共和国领域和中华人民共和国管辖的其他海域，直接向环境排放应税污染物的企业事业单位和其他生产经营者为环境保护税的纳税人，应当依照本法规定缴纳环境保护税。企业事业单位和其他生产经营者的范围涵盖了自然人实际施工人，故自然人实际施工人可以按照相应法律法规缴纳工程排污费，如果其未缴纳，应当由其按照相应法律法规规定承担相应的法律责任；但其应当能够取得案涉工程的工程排污费。毕竟，自然人实际施工人取得案涉工程的工程排污费与其是否应承担相应的法律责任属于两个不同层面的法律问题。

根据上述分析，自然人实际施工人不能缴纳社会保险及住房公积金，但可以依法缴纳工程排污费，故其应当取得案涉工程的工程排污费，但不能取得案涉工程的社会保险费及住房公积金。（2019）最高法民申5453号和（2021）最高法民终412号两个案件中，法院并未按照法律规定分析论证自然人实际施工人能否缴纳社会保险、住房公积金和工程排污费从而认定自然人实际施工人能否取得案涉工程的相应规费，而是笼统认定自然人实际施工人能否取得规费，笔者认为前述两个案件中法院的观点均不符合现行有效的法律法规规定，应该给予纠正。

操作提示

自然人实际施工人不能取得案涉工程的社会保险费和住房公积金，但能取得案涉工程的工程排污费。故律师建议，不要以自然人作为实际施工人。以自然人作为实际施工人，裁判者可能参照本条裁判规则认定自然人实际施工人不能取得规费。

二、自然人作为实际施工人可以取得企业管理费

关 键 词： 自然人　实际施工人　企业管理费

案件名称： 盛某君与湖南日兴房地产开发有限公司、长沙黎托建筑工程有限公司建设工程施工合同纠纷案件[1]

问题提出： 因转包、违法分包或者挂靠导致案涉建设工程施工合同无效，自然人作为实际施工人主张企业管理费，对于该主张，是否支持？

裁判规则： 最高人民法院认为，因转包、违法分包或者挂靠导致案涉建设工程施工合同无效，自然人作为实际施工人主张企业管理费的，予以支持。

案情简介

再审申请人（一审原告、二审上诉人）：盛某君

被申请人（一审被告、二审被上诉人）：长沙黎托建筑工程有限公司

盛某君作为实际施工人无建筑施工资质，二审判决将企业管理费计入盛

[1] （2016）最高法民申1755号。

某君的工程价款。

判决结果

二审判决：将企业管理费计入盛某君的工程价款。

最高人民法院裁定：驳回再审申请，维持二审判决。

各方观点

湖南日兴房地产开发有限公司观点：盛某君作为实际施工人并无建筑施工资质，其应得的工程款中不应包括企业管理费、利润、工程安全防护及文明措施费、规费、工伤保险、税金等费用，原审法院仅依据宏源中柱公司的鉴定意见就认定涉案工程款是错误的。企业管理费、规费、工伤保险的缴纳或收取主体必须是企事业单位，实际施工人盛某君无权缴纳或收取。应将前述款项从鉴定意见中予以扣除。

法院观点

最高人民法院观点：《最高人民法院关于审理建设工程施工合同纠纷案件适用法律问题的解释》第二条规定，建设工程施工合同无效，但建设工程经竣工验收合格，承包人请求参照合同约定支付工程价款的，应予支持。盛某君作为实际施工人，在工程验收合格的情况下，可以取得其应得的工程款。本案工程款的确定是依据当事人申请，经人民法院委托，各方当事人质证后得出的结论，程序合法，内容合理。湖南日兴房地产开发有限公司称本案存在应当收缴的非法所得，没有事实依据。其称利润应在工程款中予以扣除，以及称工程款中不包括企业管理费、利润、工程安全防护及文明措施费、规费、工伤保险、税金等费用的主张，均无法律依据。本院不予支持。

相反案例

案件名称： 马某英、甘肃省建设投资（控股）集团总公司建设工程施工合同纠纷案件[1]

---

〔1〕（2019）最高法民申5453号。

法院观点：该案件中最高人民法院认为，马某英与润森公司并未签订书面合同约定工程价款的支付范围，亦未提交证据证明规费、企业管理费实际产生。原审判决根据建标〔2013〕44 号文的规定，认定规费、企业管理费的缴纳义务人是企业而非自然人，马某英没有施工资质和取费资格，不应支付规费与企业管理费给马某英并无不当。

法律规定

建标〔2013〕44 号文第一条第一项规定，建筑安装工程费用项目按费用构成要素组成划分为人工费、材料费、施工机具使用费、企业管理费、利润、规费和税金。

建标〔2013〕44 号文附件 1 第四条规定，企业管理费：是指建筑安装企业组织施工生产和经营管理所需的费用。内容包括：

1. 管理人员工资：是指按规定支付给管理人员的计时工资、奖金、津贴补贴、加班加点工资及特殊情况下支付的工资等。

2. 办公费：是指企业管理办公用的文具、纸张、账表、印刷、邮电、书报、办公软件、现场监控、会议、水电、烧水和集体取暖降温（包括现场临时宿舍取暖降温）等费用。

3. 差旅交通费：是指职工因公出差、调动工作的差旅费、住勤补助费，市内交通费和误餐补助费，职工探亲路费，劳动力招募费，职工退休、退职一次性路费，工伤人员就医路费，工地转移费以及管理部门使用的交通工具的油料、燃料等费用。

4. 固定资产使用费：是指管理和试验部门及附属生产单位使用的属于固定资产的房屋、设备、仪器等的折旧、大修、维修或租赁费。

5. 工具用具使用费：是指企业施工生产和管理使用的不属于固定资产的工具、器具、家具、交通工具和检验、试验、测绘、消防用具等的购置、维修和摊销费。

6. 劳动保险和职工福利费：是指由企业支付的职工退职金、按规定支付给离休干部的经费，集体福利费、夏季防暑降温、冬季取暖补贴、上下班交通补贴等。

7. 劳动保护费：是企业按规定发放的劳动保护用品的支出。如工作服、手套、防暑降温饮料以及在有碍身体健康的环境中施工的保健费用等。

8. 检验试验费：是指施工企业按照有关标准规定，对建筑以及材料、构件和建筑安装物进行一般鉴定、检查所发生的费用，包括自设试验室进行试验所耗用的材料等费用。不包括新结构、新材料的试验费，对构件做破坏性试验及其他特殊要求检验试验的费用和建设单位委托检测机构进行检测的费用，对此类检测发生的费用，由建设单位在工程建设其他费用中列支。但对施工企业提供的具有合格证明的材料进行检测不合格的，该检测费用由施工企业支付。

9. 工会经费：是指企业按《工会法》规定的全部职工工资总额比例计提的工会经费。

10. 职工教育经费：是指按职工工资总额的规定比例计提，企业为职工进行专业技术和职业技能培训，专业技术人员继续教育、职工职业技能鉴定、职业资格认定以及根据需要对职工进行各类文化教育所发生的费用。

11. 财产保险费：是指施工管理用财产、车辆等的保险费用。

12. 财务费：是指企业为施工生产筹集资金或提供预付款担保、履约担保、职工工资支付担保等所发生的各种费用。

13. 税金：是指企业按规定缴纳的房产税、车船使用税、土地使用税、印花税等。

14. 其他：包括技术转让费、技术开发费、投标费、业务招待费、绿化费、广告费、公证费、法律顾问费、审计费、咨询费、保险费等。

律师点评

自然人实际施工人在施工过程中必然发生管理人员工资、办公费、差旅交通费、固定资产使用费、工具用具使用费、劳动保护费、检验试验费、财务费、税金等支出；自然人实际施工人投入的企业管理费用已经物化为建设工程，该部分投入不能返还给自然人实际施工人，故依据《民法典》第一百五十七条规定，发包人应当对自然人实际施工人的该部分投入进行折价补偿。如何进行折价补偿呢？自然人实际施工人签订的建设工程施工合同对企业管理费有约定的，依据《民法典》第七百九十三条第一款规定，参照该约定进行折价补偿；如果没有企业管理费约定或约定不明的，参考（2017）最高法民再247号案件中最高人民法院观点，按照定额确定企业管理费予以酌减进行折价补偿。

操作提示

自然人实际施工人可以取得企业管理费，如果自然人实际施工人在建设工程施工合同中未约定企业管理费计取标准或者约定不明的，按照定额确定企业管理费予以酌减进行折价补偿。故律师建议，自然人实际施工人应当在建设工程施工合同中明确约定企业管理费的计取标准。

三、实际施工人主张发包人在欠付工程价款及利息范围内承担责任的，予以支持

关 键 词： 实际施工人　欠付工程价款　利息

问题提出： 实际施工人可以依据《建工司法解释（一）》第四十三条规定要求发包人在欠付工程价款内承担责任，如果其要求发包人在欠付工程价款利息范围内一并承担责任的，是否支持？

案件名称： 株洲银泰房地产开发有限公司、金某祥建设工程施工合同纠纷案件[1]

裁判规则： 实际施工人依据《建工司法解释（一）》第四十三条规定要求发包人在欠付工程价款内承担责任，并要求发包人在欠付工程价款利息范围内一并承担责任的，予以支持。

案情简介

再审申请人（一审被告、二审上诉人）：株洲银泰房地产开发有限公司（以下简称银泰公司）

被申请人（一审原告、二审上诉人）：金某祥

被申请人（一审被告、二审被上诉人）：浙江东欣建设集团有限公司（以下简称东欣公司）

2010年3月6日，东欣公司金某华与金某祥签订《内部协议书》，约定金

〔1〕（2020）最高法民申3929号。

某华联系承接的株洲银泰财富广场的土建项目工程，由公司出面承包给金某祥，金某祥向金某华支付业务费580万元。东欣公司作为担保方在该协议上签章。2010年3月15日，银泰公司向东欣公司马某某发放了施工图纸两套，包括水施、电施、1号结施和建施、3号结施和建施、裙房及地下室结施和建施等图纸。2010年3月24日，株洲市求实项目管理有限公司根据银泰公司的委托发放招标文件，对案涉项目进行了招标。同年3月27日，东欣公司发出投标函，载明：经勘察项目现场和研究上述招标文件的投标须知、合同条款、技术规范及标准、图纸及其他有关文件后，愿以156,245,967.55元的最终投标报价，并按上述合同条款、技术规范标准、图纸等要求承包上述工程。

2010年4月7日，银泰公司与东欣公司签订《建设工程施工合同》，约定由东欣公司承包株洲银泰财富广场工程，该合同由协议书、通用条款、专用条款三部分组成。同日，银泰公司与东欣公司签订《补充协议》。

2010年4月16日，东欣公司与金某祥签订《经济责任承包合同》，约定由金某祥对株洲银泰财富广场工程实行整体经济责任承包（包括施工合同中的有关内容），承包暂定价1.4亿元，最后以实际结算为准；由承包人单独核算，盈亏自负；据审计部门审定后的结算造价金某祥上交东欣公司管理费0.5%；工程资金专款专用，工程付款与工程建设进度及建设单位支付金额同步，建设单位付款后，经甲方派驻现场人员签字后，甲方根据乙方上报当月实际完成的工程量进行核实后，经审批按建设单位支付比例，分期分次按购买合同和发票对口预付给有关单位和个人，但总额不得超过建设单位付款；甲方管理费在工程决算完成后，并在建设单位结算款付清到位（不含5%的工程保修金）后进行结算。诉讼中，东欣公司认可东欣公司和金某祥的结算与东欣公司和银泰公司的结算是一致的，同意将银泰公司应付给东欣公司的工程款支付给金某祥。

判决结果

一审判决：判决银泰公司向实际施工人支付欠付工程价款及利息。

二审判决：维持一审该项判决。

最高人民法院裁定：维持二审判决，驳回再审申请。

各方观点

银泰公司观点：发包人只在欠付工程款范围内对实际施工人承担责任，而原判决将银泰公司对金某祥连带责任的范围扩大至“利息”属适用法律不当。

金某祥观点：金某祥和东欣公司对其为实际施工人身份均无异议，原审进行了四次开庭，审判程序合法，充分保障了当事人的辩论权。银泰公司的再审申请理由不能成立，应当依法予以驳回。

东欣公司观点：原判决认定事实充分、适用法律正确，银泰公司的再审申请理由均不能成立。银泰公司对所涉工程纠纷恶意重复诉讼和无理缠诉，耗费了国家司法资源，请求依法驳回银泰公司的再审申请。

法院观点

一审法院观点：金某祥与东欣公司之间为转包关系，金某祥为案涉工程的实际施工人。东欣公司承接工程前，就与金某祥达成了工程转包的合意。东欣公司承接工程后，又与金某祥签订《经济责任承包合同》，约定由金某祥对工程实行整体经济责任承包，在东欣公司与银泰公司签订的《建设工程施工合同》中，也载明金某祥系案涉工程项目的负责人。东欣公司认可其将工程全部转包给金某祥，案涉工程由金某祥实际完成。金某祥还提供了其实际参与施工，与他人签订材料采购合同，并支付材料款和人工工资的证据，可以证实其实际组织了施工。故金某祥有权依照《最高人民法院关于审理建设工程施工合同纠纷案件适用法律问题的解释》第二十六条第二款的规定，以发包人银泰公司为被告提起诉讼，并要求银泰公司在欠付东欣公司工程款的范围内对其承担责任。银行贷款利率属法定孳息，且《最高人民法院关于审理建设工程施工合同纠纷案件适用法律问题的解释》第二十六条第二款规定的工程款应当包括欠付工程款的合理利息，因此银泰公司应对欠付工程款及利息承担连带责任。

最高人民法院二审观点：因工程款利息系法定孳息，一审法院关于银泰公司应支付欠付工程款利息的处理意见，并无不当，应予支持。

最高人民法院再审审查观点：工程款利息系法定孳息，原判决依据《最高人民法院关于审理建设工程施工合同纠纷案件适用法律问题的解释》第二十六条规定认定银泰公司应支付案涉欠付工程款利息，并不缺乏法律依据。

关联案例

案件名称：河南汇龙环保科技有限公司、大唐陕西发电有限公司西安热电厂建设工程施工合同纠纷案件〔1〕

法院观点：该案件中最高人民法院认为，依据《最高人民法院关于审理建设工程施工合同纠纷案件适用法律问题的解释（二）》第二十四条规定，原审判决大唐陕西发电有限公司西安热电厂在欠付工程款范围内对河南汇龙环保科技有限公司（以下简称汇龙公司）欠付山西亚能公司的工程款承担连带清偿责任，事实及法律依据充分，并无不妥。汇龙公司申请再审认为原判决未确认大唐陕西发电有限公司西安热电厂在欠付工程款范围内对汇龙公司拖欠山西亚能公司的工程款利息承担清偿责任错误。因利息系法定孳息，实际施工人根据《最高人民法院关于审理建设工程施工合同纠纷案件适用法律问题的解释》第二十六条之规定请求发包人在欠付工程款范围内承担责任的，该责任既包括转包人、违法分包人欠付的工程款本金，也包括相应利息。

相反案例

案件名称：赵某巡、陕西天惠建设工程有限公司建设工程施工合同纠纷案件〔2〕

法院观点：该案件中最高人民法院认为，《最高人民法院关于审理建设工程施工合同纠纷案件适用法律问题的解释》第二十六条第二款规定，"实际施工人以发包人为被告主张权利的，人民法院可以追加转包人或者违法分包人为本案当事人。发包人只在欠付工程价款范围内对实际施工人承担责任"，该条规定赋予了实际施工人在没有合同约定的情况下，可以要求发包人在欠付工程款范围内对实际施工人承担责任。原审判决裕丰源公司应在欠付陕西天惠建设工程有限公司工程款范围内对赵某巡承担连带清偿责任，并无不当。

法律规定

《建工司法解释（一）》第四十三条规定，实际施工人以转包人、违法分包人为被告起诉的，人民法院应当依法受理。实际施工人以发包人为被告主

〔1〕（2021）最高法民申1400号。
〔2〕（2021）最高法民申4170号。

张权利的，人民法院应当追加转包人或者违法分包人为本案第三人，在查明发包人欠付转包人或者违法分包人建设工程价款的数额后，判决发包人在欠付建设工程价款范围内对实际施工人承担责任。

律师点评

典型案例中的《最高人民法院关于审理建设工程施工合同纠纷案件适用法律问题的解释》第二十六条规定的内容是，实际施工人以转包人、违法分包人为被告起诉的，人民法院应当依法受理。实际施工人以发包人为被告主张权利的，人民法院可以追加转包人或者违法分包人为本案当事人。发包人只在欠付工程价款范围内对实际施工人承担责任。关于欠付工程价款范围内是否包括利息，前述司法解释和《建工司法解释（一）》第四十三条规定一致，两者均未明确规定欠付工程价款范围内是否包括工程款利息。典型案例中最高人民法院认为，工程款利息作为法定孳息，实际施工人可以主张发包人在欠付工程价款及利息范围内承担责任。

操作提示

实际施工人主张发包人在欠付工程价款及利息范围内承担的，予以支持。因此，律师建议，在实际施工人依据《建工司法解释（一）》第四十三条向发包人主张权利时，一并将工程款利息向发包人主张，否则，根据不告不理的原则，裁判者不会支持工程款利息。

四、层层转包、违法分包中，实际施工人可以要求所有转包人、违法分包人支付工程价款

关 键 词： 层层转包　违法分包　实际施工人

问题提出： 层层转包、违法分包中，实际施工人要求所有转包人、违法分包人在欠付工程价款范围内承担支付责任的，是否支持？

案件名称：发达控股集团有限公司、吴某进建设工程施工合同纠纷案件[1]

裁判规则：最高人民法院认为，层层转包、违法分包中，实际施工人要求转包人、违法分包人对工程欠款承担连带责任的，应予支持。前手转包人、违法分包人举证证明其已付清工程款的，可以相应免除其给付义务。

案情简介

再审申请人（一审被告、二审上诉人）：发达控股集团有限公司（以下简称发达公司）

被申请人（一审原告、二审上诉人）：吴某进

被申请人（一审原告、二审上诉人）：樊某群

被申请人（一审原告、二审上诉人）：周某宝

被申请人（一审原告、二审上诉人）：晏某生

被申请人（一审原告、二审上诉人）：周某祥

被申请人（一审被告、二审上诉人）：张某

被申请人（一审被告、二审上诉人）：张某峰

一审被告（二审被上诉人）：九江富和建设投资集团有限公司

发达公司单方制作的付款明细表注明转给张某的是工程款，2012 年 11 月 29 日及 2013 年 1 月 7 日银行转账回单分别转账给张某的 100 万元、282 万元备注的交易用途为借款。同时，转账用途还备注为劳务费、材料款、报销、代张某还款及利息等，如向胡某娟支付的 2,085,000 元，以及向南昌经济技术开发区云程小额贷款股份有限公司分三次支付的 2,624,000 元，用途为代张某还款。

判决结果

二审判决：判决发达公司对张某、张某峰的债务承担连带责任。

最高人民法院裁定：维持二审判决，驳回再审申请。

[1] （2021）最高法民申 3670 号。

各方观点

发达公司观点：（1）原审判决发达公司对张某、张某峰的债务承担连带责任，缺乏事实与法律依据。发达公司与吴某进等五人不存在合同关系，本案不属于突破合同相对性原则的法定情形，原审判决总承包人发达公司承担连带责任于法无据。且发达公司已向张某支付全部工程款，本案不存在拖欠农民工工资及涉民工利益情况。（2）原审认定基本事实缺乏足够充分的证据证明，认定事实错误。原审仅依据《建设工程合作协议》即认定案涉工程由吴某进等五人承建，应享有全部工程款，系事实认定错误。原审认定各方当事人均对已支付工程款数额予以认可，与事实不符，发达公司从未认可。二审法院对发达公司已向张某支付全部工程款且已结算的事实不予认可，系事实认定错误。发达公司向张某转账的共计 382 万元借款系张某申请用于案涉工程初期施工使用，依法属于可以抵销的债务。吴某进等五人与张某峰存在较多项目合作，经济往来错综复杂，原审法院对资金往来账目未经审计直接判决，有失公正。

吴某进等五人观点：（1）张某、张某峰系借用发达公司的资质承建工程，独立核算，自负盈亏，发达公司仅负责收取高额管理费，故应对张某、张某峰的债务承担连带责任。（2）发达公司未向张某支付全部工程款，存在过错，导致吴某进等五人工程款及农民工劳务工资未能得到支付，应对张某、张某峰的债务承担连带责任。

法院观点

最高人民法院观点：《最高人民法院关于审理建设工程施工合同纠纷案件适用法律问题的解释（二）》第二十四条规定："实际施工人以发包人为被告主张权利的，人民法院应当追加转包人或者违法分包人为本案第三人，在查明发包人欠付转包人或者违法分包人建设工程价款的数额后，判决发包人在欠付建设工程价款范围内对实际施工人承担责任。"本案中，发达公司虽非案涉工程的发包人，但其作为转包人，对张某尚未支付完毕的工程款，原审判令其对张某欠付实际施工人的工程款承担连带责任，并未实际损害其利益。至于其与张某之间工程款支付及相关债务关系，如其能补充提供证据，亦可通过另诉解决。

法律规定

《建工司法解释（一）》第四十三条规定，实际施工人以转包人、违法分包人为被告起诉的，人民法院应当依法受理。实际施工人以发包人为被告主张权利的，人民法院应当追加转包人或者违法分包人为本案第三人，在查明发包人欠付转包人或者违法分包人建设工程价款的数额后，判决发包人在欠付建设工程价款范围内对实际施工人承担责任。

律师点评

在层层转包、违法分包的情形下，实际施工人能否以其直接前手之外的其他转包人、违法分包人欠付工程款为由向前述转包人、违法分包人主张工程价款呢？这个问题存在争议。一种观点认为，依据合同相对性，没有法律的明确规定，不能随意突破合同的相对性，故实际施工人不能向其直接前手之外的其他转包人、违法分包人主张工程价款。山东省高级人民法院、重庆市高级人民法院、四川省高级人民法院和陕西省高级人民法院赞同此观点。《山东高院民一庭关于审理建设工程施工合同纠纷案件若干问题的解答》（2020年8月15日）第八条规定，在多层转包或者违法分包情况下，实际施工人主张各转包人或者违法分包人均承担付款责任，如何处理？在多层转包或者违法分包情况下，实际施工人原则上仅可以要求与其有直接合同关系的转包人或者违法分包人对工程欠款承担付款责任。实际施工人向发包人主张权利的，为查明发包人欠付转包人或者违法分包人工程款的数额，人民法院可以追加与其无合同关系的转包人或者违法分包人为第三人。《重庆市高级人民法院民一庭关于当前民事审判疑难问题的解答》（2014）第十条规定，实际施工人向与其没有合同关系的发包人、承包人、转包人、分包人主张欠付工程价款的，如何处理？答：根据《最高人民法院关于审理建设工程施工合同纠纷案件适用法律问题的解释》（法释〔2004〕14号）第二十六条以及2011年《全国民事审判工作会议纪要》精神，在审理建设工程施工合同纠纷案件时，对于实际施工人向与其没有合同关系的发包人、承包人、转包人、分包人提起的诉讼，应当从严审查。实际施工人可以请求发包人在欠付工程价款范围内承担责任。除此之外，实际施工人向与其不具有合同关系的承包人、转包人、分包人主张欠付工程价款的，不予支持。《四川省高级人民法院关于审理建设工程施工合同纠纷案件若干疑难问题的解答》（川高法民一〔2015〕3号）第十三条第六款规定，建设工程施工合同无效，实际施工人要求未与其建立合同关系的转包人、违法分包人对工程欠款承担支付责任的，不予支持。《陕西省高级人民法院关于审理建设工程施工合同纠纷案件若干问题的解答》第十四条规定，在多层转包或者违法分包情况下，实际施工人主张各转包人或者违法分包人均承担付款责任，如何处理。在多层转包或者违法分包情况下，实际施工人原则上仅可以要求与其有直接合同关系的转包人或者违法分包人对工程欠款承担付款责任。实际施工人向发包人主张权利的，为查明发包人欠付工程款的数额，应追加总承包人作为第三人。其余违法分包人、转包人如未参与实际施工，不影响案件事实查明的，可以不追加为案件诉讼主体。

另一种观点认为，实际施工人直接前手之外的其他转包人、违法分包人欠付工程款的，实际施工人可以向其他转包人、违法分包人主张工程价款。典型案例中最高人民法院和河北省高级人民法院赞同此观点。《河北省高级人民法院关于印发〈建设工程施工合同案件审理指南〉的通知》（冀高法〔2018〕44号）第三十一条规定，实际施工人向与其没有合同关系的转包人、分包人、总承包人、发包人提起的诉讼，发包人与承包人就工程款问题尚未结算的，原则上仍应坚持合同相对性，由与实际施工人有合同关系的前手承包人给付工程款。如果发包人与承包人已就工程款进行结算或虽尚未结算，但欠款范围明确，可以确定发包人欠付承包人的工程款数额大于承包人欠付实际施工人的工程款数额，可以直接判决发包人对实际施工人在承包人欠付实际施工人的工程款数额范围内承担连带给付责任。欠付工程款范围明确是指判决中必须明确发包人承担连带责任的范围和数额，不能简单表述为发包人在欠付工程款范围内承担连带责任。笔者赞同第二种观点。

操作提示

层层转包、违法分包中，实际施工人可以向与其存在合同关系之外的其他前手转包人、违法分包人主张工程价款，此为实际施工人主张工程价款的一种路径。故律师建议，实际施工人在主张工程价款时，可依据《建工司法解释（一）》第四十三条等司法解释规定的路径，并考虑该种主张工程价款的路径，综合考虑后，结合案情，选择最有利的主张工程价款的路径。

五、约定社会保险费不予计取的，该约定有效

关 键 词： 社会保险费　工程价款　不予计取

问题提出： 发承包双方在建设工程施工合同中约定社会保险费不予计取，承包人向发包人主张社会保险费的，该主张是否支持呢？

案件名称： 海天建设集团有限公司建设工程施工合同纠纷案件[1]

裁判规则： 最高人民法院认为，发承包双方在建设工程施工合同中约定社会保险费不予计取，承包人向发包人主张社会保险费的，不予支持。

案情简介

再审申请人（一审原告、反诉被告，二审上诉人）：海天建设集团有限公司（以下简称海天建设集团公司）

被申请人（一审被告、反诉原告，二审上诉人）：甘肃金鸿盛房地产开发有限公司（以下简称金鸿盛房地产公司）

自2012年起，金鸿盛房地产公司与海天建设集团公司就拟建的成州商贸大厦相关施工问题进行协商，并达成初步意向。2012年12月20日，海天建设集团公司向金鸿盛房地产公司缴纳了成州商贸大厦工程质量保证金3,000,000元。

2013年年初，金鸿盛房地产公司取得成州商贸大厦的相关建设手续，双方于2013年6月30日签订了《成州商贸大厦施工承包协议》（以下简称《承包协议》）。

2014年5月25日，金鸿盛房地产公司与海天建设集团公司签订《成州商贸大厦项目工程桩工程施工协议书》（以下简称《施工协议书》）。

2014年4月14日，海天建设集团公司中标案涉工程。2014年5月10日，金

---

[1] （2021）最高法民申203号。

鸿盛房地产公司与海天建设集团公司签订《建设工程施工合同》（以下简称《施工合同》）。该合同约定，该部分第六条合同价款与支付第13.1款合同价款及调整约定：本合同价款采用固定价格合同方式确定，以中维造价公司预算为依据。

案涉工程2015年5月21日施工至正负零，2015年6月19日完成地上2层，2015年8月4日完成地上6层，2015年9月25日完成主体15层，2015年12月2日主体完工。2016年5月起，海天建设集团公司再无施工行为。2016年10月以后，案涉工程由金鸿盛房地产公司实际占有。2017年1月，海天建设集团公司向金鸿盛房地产公司报送自行编制的《建筑安装工程结算书》。金鸿盛房地产公司在海天建设集团公司发文登记簿注明“收到一本结算书，没有竣工图及验收单，不能为结算依据”。2017年8月6日，施工单位、建设单位、监理单位三方共同签署了《建设工程施工质量竣工验收报告》，载明“无质量问题”“单位工程质量验收结论为合格，同意竣工验收”。2019年4月9日，案涉工程进行了工程竣工验收。

另查明，2014年4月14日，中维造价公司编制了《成州商贸大厦工程预算书》，预算工程造价为113,635,086.83元。“编制说明”中将防火门、防火卷帘、铝合金窗户、止水螺栓、电力变压器、柴油发电机组、高压配电柜、低压配电柜、控制柜等列为暂定价格。对于“规费”仅计入工程排污费、危险作业意外伤害保险、企业可持续发展基金，“编制说明”明确表述“社会保障费及住房公积金不计入本次预算”。

海天建设集团公司原企业名称为浙江海天建设集团有限公司。2015年3月11日，经相关部门核准变更为海天建设集团公司。

判决结果

一审判决：对海天建设集团公司主张的规费不予支持。

最高人民法院二审判决：驳回上诉，维持原判。

最高人民法院再审裁定：维持二审判决，驳回再审申请。

各方观点

海天建设集团公司观点：海天建设集团公司与金鸿盛房地产公司约定的

工程造价计取方式为“本合同价款以中维造价公司预算为依据”。因金鸿盛房地产公司在招投标开工及施工中施工手续不全，导致海天建设集团公司无法办理规费取费证书，故中维造价公司出具的预算书中特别注明项目规费未计入本预算内。按甘肃省住房和城乡建设厅〔2018〕575号文件规定，未结算工程项目社会保险费按18%计取；住房公积金按7%计取。为此，工程造价鉴定应按此规定执行。一审、二审法院未计入该部分费用，适用法律错误。

金鸿盛房地产公司观点：双方约定社会保障费和住房公积金不计入预算，海天建设集团公司关于规费的主张没有依据。海天建设集团公司的再审申请缺乏事实与法律依据，请求予以驳回。

法院观点

一审法院观点：住房公积金及社会保障费。上述费用属于不可竞争费用，该部分费用作为人工费的重要组成部分，在工程造价中列入规费计取，属于工程造价的一部分。而工程造价如何计取取决于当事人的意思自治，在双方有明确约定且该约定不违反法律法规的效力性禁止性规定的情况下，应以约定为准。具体到本案中，双方合同约定的工程造价计取方式为“本合同价款采用固定价格合同方式确定，以中维造价公司预算为依据”。中维造价公司编制的《成州商贸大厦工程预算书》“编制说明”明确表述“社会保障费及住房公积金不计入本次预算”，且中维造价公司预算编制价为113,635,086.83元，与双方合同约定价113,019,948元基本相当。综合以上内容，可以认定双方对“规费”中未计入住房公积金及社会保障费是明知和认可的，故对海天建设集团公司主张的规费不应予以支持。

最高人民法院二审观点：2014年5月10日，双方当事人签订的《建设工程施工合同》中第三部分专用条款第六条第13.1款约定：“本合同价款采用固定价格合同方式确定，以中维造价公司预算为依据”。中维造价公司编制的《成州商贸大厦工程预算书》中明确记载“社会保障费及住房公积金不计入本次预算”。据此，一审判决认为海天建设集团公司主张社会保障费、住房公积金应当计入工程款没有合同依据并无不当。

最高人民法院再审审查观点：双方当事人于2014年5月10日签订的《建设工程施工合同》中第三部分专用条款第六条第13.1款约定：“本合同价

款采用固定价格合同方式确定，以中维造价公司预算为依据”。中维造价公司编制的《成州商贸大厦工程预算书》中明确记载“社会保障费及住房公积金不计入本次预算”。据此，原判决认为海天建设集团公司主张社会保障费、住房公积金应当计入工程款没有合同依据并无不当。

关联案例

案件名称：陕西中晖建设工程有限公司、神木市房地产管理领导小组办公室等建设工程施工合同纠纷案件〔1〕

法院观点：该案件中最高人民法院认为，劳保统筹费系建筑行业劳动保险费，应由施工单位向社会保障机构缴纳。根据原判决查明的事实，案涉招标文件及补充条款中明确载明劳保统筹费不计取，双方当事人已明确约定劳保统筹费不计入工程造价，该约定不违反法律、行政法规的强制性规定。陕西中晖建设工程有限公司主张神木市房地产管理领导小组办公室向其支付劳保统筹费没有事实与法律的依据，原判决未支持陕西中晖建设工程有限公司该项主张，并无不当。

相反案件

案件名称：陕西宝陵建设（集团）有限责任公司、陕西聚泉节能建筑开发有限公司建设工程施工合同纠纷案件〔2〕

法院观点：该案件中最高人民法院认为，本案中虽然双方当事人在预算几点说明中约定养老统筹、四项保险费、安全文明施工费不予计取，但二审法院综合考虑养老保险统筹费、四项保险费、安全文明施工费系不可竞争费用，且案涉工程质量合格，双方当事人约定工程造价既不计取人工费调差、贷款利息、四项保险、安全文明施工费、养老保险统筹费，还要在总造价基础上下浮8%作为最终结算价等多种因素，在工程造价中计入养老保险统筹费、四项保险费、安全文明施工费，并无不当。

法律规定

建标〔2013〕44号文第一条第一项规定，建筑安装工程费用项目按费用

---

〔1〕（2021）最高法民申2480号。
〔2〕（2020）最高法民申2649号。

构成要素组成划分为人工费、材料费、施工机具使用费、企业管理费、利润、规费和税金。

建标〔2013〕44号文附件1第六条规定，规费：是指按国家法律、法规规定，由省级政府和省级有关权力部门规定必须缴纳或计取的费用。包括：1. 社会保险费，即养老保险费、失业保险费、医疗保险费、生育保险费、工伤保险费；2. 住房公积金；3. 工程排污费：是指按规定缴纳的施工现场工程排污费。其他应列而未列入的规费，按实际发生计取。

律师点评

社会保险费系规费的组成部分，规费系工程造价的组成部分，故社会保险费系工程造价的组成部分；社会保险费不予计取的约定是发承包双方的真实意思表示，未违反法律、行政法规的效力性强制性规定，未违反公序良俗，也不存在其他法定无效的情形，故该约定真实合法有效。依据《民法典》第五百零九条第一款规定，约定社会保险费不予计取的，从其约定。典型案例中最高人民法院认为约定社会保险费用不予计取的约定有效，故未支持承包人要求支付社会保险费的主张。

操作提示

发承包双方在建设工程施工合同中约定社会保险费不予计取的，从其约定。故律师建议，承包人在建设工程施工合同或者投标文件中明确拒绝该约定，否则，裁判者可能参照本条裁判规则认定社会保险费不予计取。

六、约定安全文明施工费不予计取，该费用仍可计入工程款

关 键 词：安全文明施工费　工程款　不可竞争费用

问题提出：发承包双方在建设工程施工合同中约定安全文明施工费不予计取，工程价款结算时，承包人向发包人主张安全文明施工费的，是否支持?

案件名称：陕西宝陵建设（集团）有限责任公司、陕西聚泉节能建筑开发有限公司

建设工程施工合同纠纷案件[1]

裁判规则： 最高人民法院认为，发承包人双方在建设工程施工合同中约定安全文明施工费不予计取的，安全文明施工费系不可竞争费用，虽然约定不予计取，综合考虑仍可计入工程价款。

案情简介

再审申请人（一审原告、反诉被告，二审上诉人）：陕西宝陵建设（集团）有限责任公司（以下简称宝陵公司）

再审申请人（一审被告、反诉原告，二审上诉人）：陕西聚泉节能建筑开发有限公司（以下简称聚泉公司）

二审被上诉人（一审被告）：王某民

2007年8月6日，聚泉公司作为发包人（甲方）与承包人宝陵公司（乙方）签订编号为（2007）第06号的《建设工程施工合同》（以下简称6号合同），约定：甲方将聚泉小区1#、2#、5#楼建设工程发包给乙方施工；在间接费取费中关于贷款利息、养老统筹、四项保险费、安全文明施工费不予计取。同日，双方还签订有《建设工程施工协议》（6号协议），该协议的内容除了约定总造价下浮8%以外，其余与6号合同相同。2007年9月8日，宝陵公司向聚泉公司出具《承诺书》称，如果其在本次工程量清单招标中中标，其自愿以1999年《陕西省建筑工程综合预算定额》、2001年《全国统一安装定额陕西省价目表》和《预算几点说明》为依据，以施工图和签证为基础进行结算，并在此总造价基础上下浮8%作为最终结算价（下浮含土建甲供材，不含只计取配合费的项目和材料差价、设备安装中的主材）。

2007年9月20日，聚泉公司与宝陵公司就陕西聚泉科技示范小区二期工程签订《陕西省建设工程施工合同》，即备案合同。

2007年10月9日，聚泉公司与宝陵公司就聚泉小区1#楼签订编号为（2007）第08号的《建设工程施工合同》（以下简称8号合同），工程内容包括：1#楼、36,422.28m^2、框剪结构、24层。承包总价暂定4370万元（最终以决算为准）。合同其余条款除下浮比例为8%外，与6号合同相同。同日，

---

[1] （2020）最高法民申2649号。

双方还就聚泉小区5#楼工程签订编号为（2007）第10号的《建设工程施工合同》(10号合同)，工程内容包括：5#楼、25,029.33m^2、框剪结构、18层，承包总价暂定2878万元（最终以决算为准），其余同8号合同。

2009年11月27日，涉案工程竣工验收。2010年4月11日，聚泉公司法定代表人王某民作为担保人签署《担保承诺书》，承诺宝陵公司承建聚泉公司聚泉科技示范小区1#楼、2#楼及5#楼应由聚泉公司承担的工程款和相关义务，其自愿承担连带清偿责任。

因宝陵公司、聚泉公司未能就工程价款达成一致，双方均向法院申请就涉案工程造价进行鉴定。

法院委托陕西亿诚造价咨询有限公司进行造价鉴定。2012年10月15日，陕西亿诚造价咨询有限公司做出鉴定报告。宝陵公司以该鉴定单位违反法定程序为由申请重新鉴定，经法院查证该鉴定单位存在鉴定人员未亲自勘验现场的问题，同时该鉴定单位表示双方缺乏最基本信任，请法院对该案另行安排，法院遂将本案于2014年9月28日另行委托陕西万隆金剑工程管理咨询有限公司（以下简称万隆公司）进行鉴定。万隆公司于2015年8月31日按照备案合同和非备案合同出具了两份鉴定意见书。双方均提出异议，该公司多次进行异议回复。2018年9月2日万隆公司出具一份异议回复，就非备案合同万隆公司制作了一份1#楼、5#楼造价汇总表（2018年8月31日），该表列明含税工程造价（不含劳保、安全文明施工费、四项保险费）：人工土方工程造价609,003.16元、机械土方工程造价56,267.54元、土建工程造价45,112,321.91元、安装工程造价4,944,731.27元。钢材单列造价887,264.23元、模板差异造价1,843,099.56元、天棚抹灰造价552,441.35元。配合费为292,713.43元。对养老统筹费、安全文明施工费、四项保险费、人工调差、结算商砼价格、结算钢筋价格、6%优惠额、8%优惠额予以单列。2018年9月11日，万隆公司根据双方庭审所提异议及补充提交的证据，出具回复一份，内容包含：根据2008年11月6日的工作联系单，对外墙外保温依据认价材料单重新组价，外墙外保温含税价格87.34元/平方米；对于人工费调差、税金、1#楼部分材料费予以调整；对于1#楼、5#楼直径大于16mm的钢筋接头，如果采用机械连接，需要办理签证和认价，市场接头费用0.7元/mm，接头费用按市场价（含税）单列，分别为55,232元、13,919元；配电所造价汇总表（2018年9月11日）显示，含税（不含劳保、安全文明施工、四项保险）工程造价为335,654.18元，对于配电所养老统筹费、安全文明施工费、四项保险费、人工调差、结算商砼价格、结算钢筋价格、6%优惠额、8%优惠额予以单列。

判决结果

一审判决：安全文明施工费不计入工程总造价。

二审判决：安全文明施工费应计入工程总造价。

最高人民法院裁定：维持二审判决，驳回再审申请。

各方观点

宝陵公司观点：（1）聚泉公司称其已经按照规定向劳保统筹管理部门足额缴纳全部统筹费用，但其提供的缴费凭证并未明确体现出该部分费用是就案涉工程缴纳的。养老统筹费用属于1999年《陕西省建筑工程综合预算定额》中明确规定的应付款项。（2）二审判决认定案涉工程造价按3.55%计取养老统筹1,283,924.29元，按0.8%计取四项保险289,335.05元，有法律依据。（3）二审判决按2.6%计取安全文明施工费有法律依据。根据陕西省建设厅颁布的《关于调整房屋建筑和市政基础设施工程工程量清单计价安全文明施工措施费及综合人工单价的通知》（以下简称陕建发〔2007〕232号文）与《关于贯彻〈陕西省建设厅关于调整房屋建筑和市政基础设施工程工程量清单计价安全文明施工措施费及综合人工单价的通知〉有关规定的通知》的规定，应对房屋建筑工程的安全文明施工措施费及人工费进行调整，上述文件明确规定房屋建筑工程的安全文明措施费由原分部分项工程费的1.4%调整为分部分项工程费、措施项目费、其他项目费之和的2.6%。定额适用说明第五项第二条规定工程结算时按具体情况和政策进行结算，以上计算方法也适用于养老保险统筹、四项保险费的计算。

聚泉公司观点：（1）聚泉公司二审庭审后补缴养老统筹费缴费凭证以及之前就案涉工程缴纳的养老统筹费缴费凭证，构成新的证据，足以推翻原审判决。聚泉公司已于2005年7月14日、2007年10月17日就陕西聚泉小区工程缴纳养老统筹费5,559,326元，本案二审庭审后，聚泉公司又于2020年

3 月 26 日就案涉聚泉小区二期工程补缴了养老统筹费 472,830 元。聚泉公司已经按照规定向劳保统筹管理部门足额缴纳了案涉工程的全部养老统筹费用，该部分费用依法应当由宝陵公司自行向劳保统筹管理部门依法申领。原审判决在未查明聚泉公司是否缴纳养老统筹费及缴纳金额的情况下，将聚泉公司已缴过的养老统筹费又计入工程造价，重复计算，认定事实、适用法律错误。（2）原审判决认定案涉工程造价应当按 3.55% 计取养老统筹费1,283,924.29 元、按 0.8% 计取四项保险费 289,335.05 元、按 2.6% 计取安全文明施工费 940,338.92 元没有证据证明，与事实相悖，适用法律错误。双方当事人签订的数份施工合同及实际履行的《补充协议》均附《预算几点说明》，该说明第五条明确约定："在间接费取费中关于贷款利息、养老统筹、四项保险、安全文明施工费不予计取。"原审判决适用公平原则突破合同约定，将养老统筹费、四项保险费、安全文明施工费计入工程造价，与查明事实相悖，适用法律错误。（3）原审判决按照 2.6% 将安全文明施工费计入工程造价没有事实依据。按照 1999 年《陕西省建筑工程综合预算定额》规定，计取安全文明施工费前提是经省、市级建设主管部门评定，取得安全文明工地证件后方可计取。案涉工程并未进行评定并取得该证件，不能计取安全文明施工费。1999 年《陕西省建筑工程综合预算定额》规定安全文明施工费的计费费率是，项目获得省级安全文明工地的按照 1.6% 计取，获得市级安全文明工地的按照 0.6% 计取。本案鉴定机构在《造价汇总表》中，将安全文明施工费单列，其费率标准也是 1.6%。原审判决将安全文明施工费从鉴定机构列明的 1.6% 的费率调整到 2009 年《陕西省建设工程工程量清单计价费率》中的 2.6%，没有事实和法律依据。

法院观点

一审法院观点：根据《补充协议》所附的《预算几点说明》中的规定，关于贷款利息、养老统筹、四项保险费、安全文明施工费，不予计取，《补充协议》还取消了人工费调差，并约定在总造价的基础上下浮 8% 作为最终结算价，因此万隆公司出具的 1#楼、5#楼造价汇总表（2018 年 8 月 31 日）及配电所造价汇总表（2018 年 9 月 11 日）中所列的人工费调差、养老统筹费、安全文明施工费、四项保险费不计入工程总造价。

二审法院观点：上述《预算几点说明》还约定养老保险统筹、四项保险费、安全文明施工费，不予计取，但是，由于《预算几点说明》无效，而养老保险统筹、四项保险、安全文明施工费根据相关规定为不可竞争费用，且案涉工程质量合格，加之，双方约定工程造价既不计取人工费调差、贷款利息、四项保险、安全文明施工费、养老保险统筹费，还要在总造价基础上下浮8%作为最终结算价，这对于双方之间利益关系而言，明显失衡。故对于该三项费用则不宜参照《预算几点说明》的相关约定，而应予计取。

最高人民法院观点：聚泉公司提交的2020年3月19日缴款通知、2020年3月26日收款票据，系用以证明在二审判决作出后聚泉公司就科技示范小区工程缴纳的包括养老保险统筹费在内的部分城建费用的事实。该事实发生在二审判决作出之后，聚泉公司依据二审判决作出后发生的事实主张原审判决错误的理由不能成立，上述证据不属于足以推翻原审判决的新证据。聚泉公司提交的其他证据，从其载明的内容看，可以证明聚泉公司2005年和2007年分两次曾就科技示范小区工程缴纳了部分养老保险统筹费，但科技示范小区工程包括两期工程，案涉工程是科技示范小区二期工程中的1号楼和5号楼，聚泉公司提供的证据不能充分证明其缴纳的养老保险统筹费为1号楼、5号楼的全部费用，亦不能充分证明聚泉公司已就科技示范小区一期、二期全部工程足额缴纳了养老保险统筹费，并能够从中区分出1号楼和5号楼的具体数额。结合聚泉公司在二审判决作出后仍补缴科技示范小区二期工程的养老保险统筹费的行为，亦可以间接证明在二审判决作出前，聚泉公司并未足额缴纳案涉工程的养老保险统筹费。因此，聚泉公司提交的所谓新证据不能充分证明其在二审判决作出前已经足额缴纳本案所涉工程的养老保险统筹费。聚泉公司关于其有新证据足以推翻二审判决的申请再审理由，不能成立。本案中虽然双方当事人在《预算几点说明》中约定养老统筹、四项保险费、安全文明施工费不予计取，但二审法院综合考虑养老保险统筹费、四项保险费、安全文明施工费系不可竞争费用，且案涉工程质量合格，双方当事人约定工程造价既不计取人工费调差、贷款利息、四项保险、安全文明施工费、养老保险统筹费，还要在总造价基础上下浮8%作为最终结算价等多种因素，在工程造价中计入养老保险统筹费、四项保险费、安全文明施工费，并无不当。1999年《陕西省建筑工程综合预算定额》规定省级安全文明施工费费率为1.6%，但陕建发〔2007〕232号文已明确将房屋建筑工程的安全文明施工费费率调整至2.6%，该通知自2008年1月1日起执行，此时案涉工程仍在施工过程中，原审判决根据调整后标准2.6%计算安全文明施工费，依据充分。虽然案涉工程并未进行安全文明施工情况考评，但案涉工程已竣工验收并投入使用，聚泉公司亦并未提供证据证明案涉工程施工过程中发生过安全事故或者不文明的施工行为，原审判决将属于不可竞争费用的安全文明施工费计入工程造价，并无不当。

法律规定

《建设工程工程量清单计价规范》（GB 50500—2013，以下简称《工程量清单计价规范》）第3.1.6条规定，规费和税金必须按国家或省级、行业建设主管部门的规定计算，不得作为竞争性费用。

建标〔2013〕44号文附件2第二条第一款第一项规定，安全文明施工费包括：①环境保护费：是指施工现场为达到环保部门要求所需要的各项费用。②文明施工费：是指施工现场文明施工所需要的各项费用。③安全施工费：是指施工现场安全施工所需要的各项费用。④临时设施费：是指施工企业为进行建设工程施工所必须搭设的生活和生产用的临时建筑物、构筑物和其他临时设施费用。包括临时设施的搭设、维修、拆除、清理费或摊销费等。

律师点评

《工程量清单计价规范》第3.1.6条规定，规费和税金必须按国家或省级、行业建设主管部门的规定计算，不得作为竞争性费用。该规定系住房和城乡建设部公告规定的强制性条文，必须执行；但该规定不属于法律、行政法规的效力性强制性规定，故不能依据该规定认定安全文明施工费不予计取的约定无效。典型案例中最高人民法院综合考虑后，应当理解为依据《民法典》第六条规定的公平原则确定安全文明施工费不予计取的约定无效，发包人应当支付安全文明施工费。

操作提示

约定安全文明施工费不予计取的，综合考虑后，仍可将安全文明施工费计入工程价款；故在约定安全文明施工费不予计取的情况下，也有可能综合考虑后，不将安全文明施工费计入工程价款。因此，律师建议，承包人在建设工程施工合同或者投标文件中明确拒绝该约定，否则，承包人在与发包人结算时可能面临非常被动的局面。

七、约定人工费不调差的，该约定有效

关 键 词： 人工费　调差　工程款

问题提出： 发承包双方在建设工程施工合同中约定人工费不予调差，工程价款结算时，承包人向发包人主张人工费调差的，是否支持？

案件名称： 陕西宝陵建设（集团）有限责任公司、陕西聚泉节能建筑开发有限公司建设工程施工合同纠纷案件[1]

裁判规则： 最高人民法院认为，发承包双方在建设工程施工合同中约定人工费不予调差，工程价款结算时，承包人向发包人主张人工费调差的，按照或者参照该约定执行。

案情简介

再审申请人（一审原告、反诉被告，二审上诉人）：陕西宝陵建设（集团）有限责任公司（以下简称宝陵公司）

再审申请人（一审被告、反诉原告，二审上诉人）：陕西聚泉节能建筑开发有限公司（以下简称聚泉公司）

二审被上诉人（一审被告）：王某民

2007年8月6日，聚泉公司作为发包人（甲方）与承包人宝陵公司（乙方）签订编号为（2007）第06号的《建设工程施工合同》（以下简称6号合同），约定甲方将聚泉小区1#、2#、5#楼建设工程发包给乙方施工。同日，双方还签订有《建设工程施工协议》（6号协议），该协议的内容除了约定总造价下浮8%以外，其余与6号合同相同。2007年9月8日，宝陵公

---

[1]（2020）最高法民申2649号。

司向聚泉公司出具《承诺书》称，如果其在本次工程量清单招标中中标，其自愿以1999年《陕西省建筑工程综合预算定额》、2001年《全国统一安装定额陕西省价目表》和《预算几点说明》为依据，以施工图和签证为基础进行结算，并在此总造价基础上下浮8%作为最终结算价（下浮含土建甲供材，不含只计取配合费的项目和材料差价、设备安装中的主材）。

2007年9月20日，聚泉公司与宝陵公司就陕西聚泉科技示范小区二期工程签订《陕西省建设工程施工合同》，即备案合同。2007年10月9日，聚泉公司与宝陵公司就聚泉小区1#楼签订编号为（2007）第08号的《建设工程施工合同》（以下简称8号合同），工程内容包括：1#楼、36,422.28m^2、框剪结构、24层。承包总价暂定4370万元（最终以决算为准）。合同其余条款除下浮比例为8%外，与6号合同相同。同日，双方还就聚泉小区5#楼工程签订编号为（2007）第10号的《建设工程施工合同》（以下简称10号合同），工程内容包括：5#楼、25,029.33m^2、框剪结构、18层，承包总价暂定2878万元（最终以决算为准），其余同8号合同。宝陵公司项目负责人连某辉还于该日向聚泉公司出具《承诺书》，载明：宝陵公司已中标聚泉小区1#、2#、5#楼，其作为1#楼项目承包人，现郑重向聚泉公司承诺，1#楼项目在工程竣工结算时，其自愿以1999年《陕西省建筑工程综合预算定额》、2001年《全国统一安装定额陕西省价目表》和《预算几点说明》为依据，以施工图和签证为基础进行结算，并在此总造价基础上下浮8%作为最终结算价（下浮含土建甲供材，不含只计取配合费的项目和材料差价、设备安装中的主材）。具体结算细则见8号合同。其还特别承诺1#楼在工程竣工结算时，主体二层以下停工等各种原因造成的所有损失与聚泉公司无关（不含变更部分）。

2007年10月21日，聚泉公司与宝陵公司签订《补充协议》，就双方签订的备案合同中的有关条款作如下修改和补充。（1）双方协商同意工程结算时，乙方给予优惠，乙方自愿以下述方式进行工程结算：以1999年《陕西省建筑工程综合预算定额》、2001年《全国统一安装定额陕西省价目表》和《预算几点说明》为依据，以施工图和变更、签证为基础进行结算，并在此总造价基础上下浮8%作为最终结算价（下浮含土建甲供材，不含只计取配合费的项目和材料差价、设备安装中的主材）。（2）工程承包范围：除土方开挖，桩基工程（包括破桩头和清运桩间土），电梯、消防工程、楼宇入口门、室内木门、外墙涂料以外，其余设计图纸之内全部内容，包括土建、采暖、给排水、通风、电照、火警、电视、电话、宽带、门禁安装工程。(3)工程进度款约定工程竣工决算后，在三个月内，扣除5%的保修金，余款全部付清。(4)对备案合同有关条款的修改：①将合同第一部分协议书中的“二、工程承包范围”和“五、合同价款”修改为本协议中“二”和“一”条款。②将合同第二部分通用条款中的“六、合同价款”第25、26、27、28、29、30条予以取消，具体执行本协议中有关条款。③将通用条款中的“八、工程变更”第35条予以取消，具体执行本协议中有关条款。④将通用条款中的“九、竣工验收与结算”第36、37条予以修改。(5)其他增订条款：本协议双方应遵循《预算几点说明》中的条文。本补充协议作为双方竣工决算的唯一依据。施工中的用电，乙方在甲方的配电房内接表，按表的读数及定额电价进行结算；施工中的用水按照定额规定，在工程决算时扣除。甲方供应钢材和商砼，供应数量以图纸、规范、施工组织设计以及监理签订的所有资料为准。除钢材和商混以外的其他土建差价材料、设备安装中的主材，甲方认质认价、指定材料的厂家、品牌、型号、规格，如乙方不同意，由甲方代乙方采购。土建中的地方材料，由乙方施工时报甲方认证价格，决算时予以计取差价。若5#楼因超建引起停工，20天以内，所有经济损失由乙方承担。主体工程砼墙体施工中，无论乙方采取何种模板，乙方决算中均可按设计图要求套用1999年《陕西省建筑工程综合预算定额》第十章有关子目。本补充协议作为双方对2007年9月20日签订的备案合同修改和补充，与备案合同具有同等的法律效力。附件包含《预算几点说明》。

2009年11月27日，涉案工程竣工验收。2010年4月11日，聚泉公司法定代表人王某民作为担保人签署《担保承诺书》，承诺宝陵公司承建聚泉公司聚泉科技示范小区1#楼、2#楼及5#楼应由聚泉公司承担的工程款和相关义务，其自愿承担连带清偿责任。

因宝陵公司、聚泉公司未能就工程价款达成一致，双方均向法院申请就涉案工程造价进行鉴定。

法院委托陕西亿诚造价咨询有限公司进行造价鉴定。2012年10月15日，陕西亿诚造价咨询有限公司做出鉴定报告。宝陵公司以该鉴定单位违反法定程序为由申请重新鉴定，经法院查证该鉴定单位存在鉴定人员未亲自勘验现场的问题，同时该鉴定单位表示双方缺乏最基本信任，请法院对该案另行安排，法院遂将本案于2014年9月28日另行委托陕西万隆金剑工程管理咨询有限公司（以下简称万隆公司）进行鉴定。万隆公司于2015年8月31日按照备案合同和非备案合同出具了两份鉴定意见书。双方均提出异议，该公司多次进行异议回复。2018年9月2日万隆公司出具一份异议回复，就非备案合同万隆公司制作了一份1#楼、5#楼造价汇总表（2018年8月31日），该表列明含税工程造价（不含劳保、安全文明施工费、四项保险费）：人工土方工程造价609,003.16元、机械土方工程造价56,267.54元、土建工程造价45,112,321.91元、安装工程造价4,944,731.27元。钢材单列造价887,264.23元、模板差异造价1,843,099.56元、天棚抹灰造价552,441.35元。配合费为292,713.43元。对于养老统筹费、安全文明施工费、四项保险费、人工调差、结算商砼价格、结算钢筋价格、6%优惠额、8%优惠额予以单列。2018年9月11日，万隆公司根据双方庭审所提异议及补充提交的证据，出具回复一份，内容包含：根据2008年11月6日的工作联系单，对外墙外保温依据认价材料单重新组价，外墙外保温含税价格87.34元/平方米；对于人工费调差、税金、1#楼部分材料费予以调整；对于1#楼、5#楼直径大于16mm的钢筋接头，如果采用机械连接，需要办理签证和认价，市场接头费用0.7元/mm，接头费用按市场价（含税）单列，分别为55,232元、13,919元；配电所造价汇总表（2018年9月31日）显示，含税（不含劳保、安全文明施工、四项保险）工程造价为335,654.18元，对于配电所养老统筹费、安全文明施工费、四项保险费、人工调差、结算商砼价格、结算钢筋价格、6%优惠额、8%优惠额予以单列。

判决结果

一审判决：人工费调差不计入工程总造价。

二审判决：维持该项判决。

最高人民法院裁定：维持二审判决，驳回再审申请。

各方观点

宝陵公司观点：原审判决参照《补充协议》及《预算几点说明》的约定不予计取人工费调差是错误的，人工费调差应当计取。《补充协议》第四条第二项取消的是备案合同所约定的条款而不是非备案合同的条款，应根据 6 号合同第 11－2 条的约定（8 号合同、10 号合同本条款约定同上）及相关规定计算人工费调差费用 5,917,783.24 元。聚泉公司 2018 年 9 月 12 日向一审法院提交的关于聚泉小区 1#、5#楼工程人工费差价调整的专项质证意见反映了聚泉公司认可人工费应予调整。宝陵公司于 2010 年 8 月 2 日向聚泉公司报送的决算中，由聚泉公司的预算人员李某刚核对后开具收条并由王某民签字认可的 1#楼、5#楼土建、安装决算书人工费均按陕建发〔2007〕232 号文调整后计入差价中，聚泉公司并无异议。

聚泉公司观点：不予计取人工费调差、贷款利息系双方的约定，且实际履行，二审判决认定事实和适用法律正确，宝陵公司主张应计取相关费用无事实依据。

法院观点

一审法院观点：根据《补充协议》所附的《预算几点说明》中的规定，关于贷款利息、养老统筹、四项保险费、安全文明施工费，不予计取，《补充协议》还取消了人工费调差，并约定在总造价的基础上下浮 8% 作为最终结算价，因此万隆公司出具的 1#楼、5#楼造价汇总表（2018 年 8 月 31 日）及配电所造价汇总表（2018 年 9 月 11 日）中所列的人工费调差、养老统筹费、安全文明施工费、四项保险费不计入工程总造价。

二审法院观点：根据《补充协议》所附的《预算几点说明》中的约定，关于贷款利息、养老统筹、四项保险费、安全文明施工费，不予计取，《补充协议》还取消了人工费调差。虽然当事人双方的《补充协议》约定取消的是备案合同第二十七条关于合同价款调整（包括人工费调差）的内容，但这意味着双方对案涉工程人工费不予调整已达成合意，属于当事人对其民事权利的处分。即使包括《补充协议》《预算几点说明》在内的案涉合同、协议均无效，原审法院基于当事人对其民事权利处分的真实意思表示而参照该约定不予计取人工费调差，与法不悖，并无不当。据此，宝陵公司关于脚手架及超高费的人工费调整的主张，本院亦不予支持。

最高人民法院观点：宝陵公司与聚泉公司在《补充协议》中取消了备案合同第二十七条关于合同价款调整（包括人工费调差）的内容，原审判决参照该协议的约定认定双方当事人对人工费不予调整已达成合意，不予计取人工费调差，并无不当。

法律规定

建标〔2013〕44号文第一条第一项规定，建筑安装工程费用项目按费用构成要素组成划分为人工费、材料费、施工机具使用费、企业管理费、利润、规费和税金。

《民法典》第五百零九条规定，当事人应当按照约定全面履行自己的义务。当事人应当遵循诚信原则，根据合同的性质、目的和交易习惯履行通知、协助、保密等义务。当事人在履行合同过程中，应当避免浪费资源、污染环境和破坏生态。

《民法典》第七百九十三条规定，建设工程施工合同无效，但是建设工程经验收合格的，可以参照合同关于工程价款的约定折价补偿承包人。建设工程施工合同无效，且建设工程经验收不合格的，按照以下情形处理：（一）修复后的建设工程经验收合格的，发包人可以请求承包人承担修复费用；（二）修复后的建设工程经验收不合格的，承包人无权请求参照合同关于工程价款的约定折价补偿。发包人对因建设工程不合格造成的损失有过错的，应当承担相应的责任。

律师点评

建设工程施工合同有效，约定人工费不予调差的，在建设行政主管部门发布人工费调整文件后，依据《民法典》第五百零九条第一款规定，按照约定不予调差。建设工程施工合同无效，约定人工费不予调差的，能否参照约定不予调差呢？《民法典》第七百九十三条第一款规定，建设工程施工合同无效，但是建设工程经验收合格的，可以参照合同关于工程价款的约定折价补偿；依据建标〔2013〕44号文第一条第一项规定，工程价款包括人工费。故虽然建设工程施工合同无效，但建设工程经验收合格的，可以参照约定不予执行人工费调差。

操作提示

无论建设工程施工合同有效或者无效，约定人工费不予调差的，该约定应当执行或者可以参照执行。故律师建议，承包人在建设工程施工合同或者投标文件中明确拒绝该约定，否则，在承包人和发包人进行结算时，承包人可能面临非常被动的局面。

八、约定材料费不调差的，该约定有效

关 键 词： 材料费 材料费调差 工程款

问题提出： 发承包双方在建设工程施工合同中约定材料费不予调差，在工程价款结算时，承包人向发包人主张材料费调差，是否支持？

案件名称： 中国华冶科工集团有限公司建设工程施工合同纠纷案件[1]

裁判规则： 最高人民法院认为，约定材料费不调差的，原则上按照该约定执行或者参照该约定执行；如果材料价格大幅上涨的，综合考量后可依据公平原则和诚信原则酌情支持材料差价。

案情简介

再审申请人（一审原告、反诉被告，二审被上诉人）：中国华冶科工集团有限公司（以下简称华冶公司）

被申请人（一审被告、反诉原告，二审上诉人）：中核沽源铀业有限责任公司（以下简称沽源公司）

2008年3月20日，发包人（沽源公司）与承包人（中冶集团华冶资源开发有限责任公司）签订工程名称为“中核沽源铀业有限责任公司460矿床铀钼综合回收矿冶项目露天采场工程”的《建设工程施工合同》，载明，工程地点：河北省沽源县西辛营乡张麻井村。工程承包范围包括：一般岩石剥离、开段沟岩石剥离、副产矿石剥离等采剥工程和临时道路及排水沟等建筑工程。

同日，双方签订《矿山剥离（建筑）工程质量保修书》载明：质量保修

---

[1] （2020）最高法民申482号。

期。双方根据《建设工程质量管理条例》及有关规定，约定本工程的质量保修期如下：①坡面角工程为设计文件规定的该工程合同使用年限；②公路工程为2年；③排水沟工程为2年，其他项目保修期限（无）。

另查明，2008年6月7日，沽源公司收到华冶公司77万元的履约保证金。案外人李某海参与了合同内工程的施工。

2008年12月15日，华冶公司出具《工程竣工报告》载明，主要实物工程量完成：①副产矿、岩石剥离工程量为768,394立方米。②开段沟开挖量为32,929立方米。③采场临时简易路为795米/1681立方米。报告下方有建设单位、监理单位的“同意验收”及盖章。

合同内工程完工之后，华冶公司又继续施工了部分合同外工程。

原审中，双方均认可合同内未施工部分价款为1,248,370元，2008年沽源公司支付工程款14,931,575.04元；合同外施工部分，2009年沽源公司支付工程款1,494,681.96元，华冶公司对沽源公司扣除撞电线杆罚款5000元，补交电费895.73元，矿石损失罚款12,946元无异议。

2016年5月，依沽源公司申请，一审法院委托张家口佳兴建筑造价咨询事务所有限责任公司（以下简称佳兴公司）对涉案工程的“签证造价、停工损失、超运距造价”进行鉴定，依华冶公司申请，一审法院亦委托上述公司对“材料调价、人工费调整、除2008年3月20日签订的《建设工程施工合同》外的应沽源公司要求所施工的露天采场工程的工程造价”进行鉴定。2018年3月29日，佳兴公司作出张佳兴鉴字2018第003号《工程造价鉴定意见书》，载明：①460矿铀钼综合回收矿冶项目露天采场工程中签订停工损失、超运距工程造价为4,917,410元，其中工程签证48,308元，停工损失3,756,436元（合同工期内2,414,192元，合同工期外1,342,244元），超运距1,112,666元。②460矿铀钼综合回收矿冶项目露天采场工程中材料调价、人工费调价以及合同外工程造价为20，245，150元。其中材料调价13,617,871元，人工费调价1,125,305元，合同外工程造价5,501,974元。鉴定报告落款处载有“孔某振、闫某”签名。因各方均对该鉴定报告不服，鉴定人员孔某振于2018年6月1日接受了各方质询，闫某于2018年10月30日接受了各方质询。沽源公司参加完第一次质询后，认为：①刘某泉以鉴定单位联络人身份，实际完成了鉴定工作，孔某振明显没有参与鉴定活动。②刘某泉既非鉴定单位的专业技术人员，也不具备司法鉴定资格。③沽源公司与刘某泉之间存在明显利益冲突。④鉴定程序严重违法。⑤鉴定意见明显错误，其依据同样错误，而非不足。鉴定报告不能作为定案的依据。关于2009年度工程部分，双方并未签署结算文件，但是，因佳兴公司的鉴定意见明显违反法定程序、依据明显错误或不足，不能作为证据使用，故此，如双方不能对该部分工程价款协商一致，请求法院另行委托鉴定重新鉴定。2018年5月18日，鉴定单位出具的《关于中核沽源铀业有限责任公司回避申请的回复函》载明：刘某泉系该公司工作联系人，负责收集整理本案相关资料工作，并非鉴定人，鉴定人由专业注册造价师负责。

再查明，中冶集团华冶资源开发有限责任公司现变更名称为华冶公司。

判决结果

一审判决：对材料调价13,617,871元予以支持。

二审判决：对材料调价13,617,871元不予支持。

最高人民法院裁定：维持二审判决，驳回再审申请。

各方观点

华冶公司观点：二审未支持华冶公司关于材料、人工调价的主张错误。华冶公司提交的《工程预（结）算书》，沽源公司未在合同约定的期限内提出异议，视为沽源公司对包括材料、人工调价在内的全部结算价格予以认可。《建设工程工程量清单编制与计价规程》［DB13（J66－2007）］亦属于案涉《建设工程施工合同》适用的规范。根据该规程规定，材料、人工单价应进行调整。华冶公司已向监理单位提出了材料调价申请，监理单位也对此进行了确认。二审将停工损失、超运距、材料调价和人工调价从沽源公司应付华冶公司工程款中扣除后，认定沽源公司已付华冶公司工程款数额超出应付工程款数额，属于认定事实错误。

沽源公司观点：二审就合同内项目工程价款的认定，证据充分且适用法律并无不当。人工、材料调价不属于合同约定的可调范围，双方未签署相关文件。

法院观点

一审法院观点：合同内欠付工程款数额为，15,584,600（合同工程价款）-1,248,370（未施工部分）+48,308元（工程签证）+3,756,436元（停工损失）+1,112,666（超运距）+13,617,871（材料调价）+1,125,305（人工调价）-14,931,575.04（已支付的工程款）=19,065,240.96元。

二审法院观点：《建设工程施工合同》专用条款“六、合同价款与支付”约定：“本合同价款采用固定单价合同方式确定。固定单价（综合单价）包含的风险范围：工程的不可预见性及市场因素（投标人已经按招标文件要求，在投标报价中考虑了相应的风险费用）。风险费用的计算方法：投标人投标报价中的单价为固定单价，结算时在合同约定范围内不再调整。风险范围以外的综合单价调整方法：本工程的洽商变更及经发包人提出并确认的设计变更，作相应增减账调整。”《建设工程施工合同》招标文件“投标价格”中亦明确载明：“本工程的投标报价采用本投标须知前附表第4项所规定的投标价格、综合单价的方式（投标人的报价应包含招标内容的所有工作量）。投标价为投标人在投标提出的各项支付金额的总和。投标人所填写的单价在合同实施期间不因市场和政策变化因素而变动，投标人在计算报价时可考虑一定的风险系数。”本案中，华冶公司并无证据证明超运距、材料调价、人工调价为双方同意的固定单价风险范围外的洽商变更或设计变更，原判决对华冶公司超运距、材料调价、人工调价主张予以支持缺乏合同依据，本院予以纠正。

最高人民法院观点：涉案《建设工程施工合同》专用条款“六、合同价款与支付”约定：“本合同价款采用固定单价合同方式确定。固定单价（综合单价）包含的风险范围：工程的不可预见性及市场因素（投标人已经按招标文件要求，在投标报价中考虑了相应的风险费用）。风险费用的计算方法：投标人投标报价中的单价为固定单价，结算时在合同约定范围内不再调整。风险范围以外的综合单价调整方法：本工程的洽商变更及经发包人提出并确认的设计变更，作相应增减账调整。”超运距、材料调价、人工调价的产生均系工程的不可预见性及市场因素导致，华冶公司亦未举证证明超运距、材料调价、人工调价经过洽商变更或设计变更，依据《建设工程施工合同》约定，该部分不属于增减账调整的范围。二审判决对华冶公司的该部分请求未予支持，并无不当。

关联案例

案件名称： 重庆建工集团股份有限公司、重庆市荣昌区荣新环保产业发展有限公司建设工程施工合同纠纷案件[1]

法院观点： 案涉《建设工程施工合同》专用条款第11.1条约定，市场价格波动不调整合同价格，即市场价格上涨的风险由重庆建工集团股份有限公司（以下简称重庆建工集团）承担。合同签订后，市场价格确实因政策或市场环境的变化存在上涨的情况，但重庆建工集团作为专业、理性的建筑工程施工企业是在仔细研究了招标文件的全部内容并综合考虑相应的商业风险和成本变动后才向重庆市荣昌区荣新环保产业发展有限公司投标，其在明知案涉工程限定造价1.5亿元的前提下理应将建筑材料的市场环境以及价格变化纳为其是否投标以及如何投标应考虑的商业风险因素中。《最高人民法院关于适用〈中华人民共和国合同法〉若干问题的解释（二）》第二十六条系对合同法上情势变更原则所作的规定，该条强调的客观情况是当事人在订立合同时无法预见的、非不可抗力造成的非商业风险，继续履行将会对一方明显不公平或不能实现合同目的。本案中建筑材料价格上涨应属于重庆建工集团在投标和签订合同时应合理预见的商业风险，且上涨幅度并未超过市场价峰值，因此不应适用《最高人民法院关于适用〈中华人民共和国合同法〉若干问题的解释（二）》第二十六条的规定，原审法院适用法律并无不当，重庆建工集团的该项申请再审理由不能成立。

法律规定

建标〔2013〕44号文第一条第一项规定，建筑安装工程费用项目按费用构成要素组成划分为人工费、材料费、施工机具使用费、企业管理费、利润、规费和税金。

《民法典》第六条规定，民事主体从事民事活动，应当遵循公平原则，合理确定各方的权利和义务。

《民法典》第七条规定，民事主体从事民事活动，应当遵循诚信原则，秉持诚实，恪守承诺。

律师点评

建设工程施工合同有效，约定材料费不予调差的，在建设行政主管部门

---

[1]（2019）最高法民申5829号。

发布材料费调整文件后，依据《民法典》第五百零九条第一款规定，按照约定不予调差。建设工程施工合同无效，约定材料费不予调差的，能否参照约定不予调差呢?《民法典》第七百九十三条第一款规定，建设工程施工合同无效，但是建设工程经验收合格的，可以参照合同关于工程价款的约定折价补偿；依据建标〔2013〕44 号文第一条第一项规定，工程价款包括材料费。故虽然建设工程施工合同无效，但建设工程经验收合格的，可以参照约定不予执行材料费调差。

约定材料费不调差，材料价格大幅上涨，承包人能否以公平和诚实信用原则主张材料调差呢?《民法典》第六条规定，民事主体从事民事活动，应当遵循公平原则，合理确定各方的权利义务；《民法典》第七条规定，民事主体从事民事活动，应当遵循诚信原则，秉承诚实，恪守承诺。由此，承包人可以依据公平和诚信原则主张材料调差。在实务中，承包人以公平和诚信原则主张材料调差的，法院或仲裁机构综合考量后可能会支持，如（2013）豫法民二终字第 73 号案件、(2020）苏民再 8 号案件。

操作提示

约定材料费不予调差的，原则上应当按照该约定执行或者参照该约定执行。故律师建议，承包人在建设工程施工合同或者投标文件中明确拒绝该约定。另外，如果发承包双方已约定材料费不予调差的，材料价格大幅上涨的，承包人可以公平原则和诚信原则为由主张材料调差，裁判者经过综合考量后可能会酌情支持材料差价。

九、违法分包的，分包人可以参照约定主张管理费

关 键 词：违法分包　分包人　管理费

问题提出：违法分包情形下，分包合同无效；分包合同约定分承包人应向分包人支付管理费；分包人参照该约定向分承包人主张管理费，是否支持?

案件名称：重庆市基础工程有限公司、新疆生产建设兵团建设工程（集团）有限责

任公司建设工程施工合同纠纷案件[1]

裁判规则： 最高人民法院认为，违法分包情形下，分包合同无效；分包人参照约定向分承包人主张管理费，分包人提供管理的可以参照约定主张管理费，也可以酌情调整管理费数额。

案情简介

上诉人（原审原告、反诉被告）：重庆市基础工程有限公司（以下简称基础公司）

上诉人（原审被告、反诉原告）：新疆生产建设兵团建设工程（集团）有限责任公司（以下简称兵建公司）

被上诉人（原审被告）：乌苏市卓越房地产开发有限公司（以下简称卓越公司）

被上诉人（原审被告）：乌苏市园区投资建设有限责任公司（以下简称园区公司）

2010 年 11 月 2 日乌苏市人民政府下发乌政函〔2010〕226 号《关于同意在石化工业园区生活服务区建设职工集资房的批复》，同意园区公司在乌苏市石化工业园区生活服务区建设 4029 套职工集资房。

2011 年 5 月 4 日，园区公司与卓越公司签订《委托代建集资房合同书》，约定园区公司受政府委托，决定采取集资建房的办法集中统一建设干部职工住宅，卓越公司同意接受政府《新区集资建房项目的实施意见》，参加集资建房建设，工程名称为四季花城住宅小区，小区内建设职工集资房 17 栋共 850 套。

2011 年 5 月 20 日，卓越公司与兵建公司签订《建筑（安装）施工执行协议书》。

2011 年 5 月 20 日，基础公司出具授权委托书，委托汪某诚全权办理其与兵建公司就乌苏市四季花城项目工程的所有财务事宜，包括但不限于拨付工程款的办理、双方对账单的签字、提供成本发票资料的签字等所有财务事宜。

2011 年 6 月 14 日，兵建公司与基础公司签订《乌苏市四季花城建设项目

---

[1] （2020）最高法民终 860 号。

分包合同》（以下简称《分包合同》），约定兵建公司经过竞争性投标得到了卓越公司开发的乌苏市四季花城项目工程，兵建公司将该工程按全部合同责任转移的方式将实施主合同即兵建公司与卓越公司签订的合同的责任充分地完全地转移给基础公司，基础公司应以兵建公司名义履行主合同并执行主合同中规定的兵建公司全部责任和义务；按独立经营、自筹资金、自负盈亏、自担风险、自负所有税收的原则完成主合同所列出的应由总承包人提供的所有服务内容以及提供上述工程服务内容必须完成的所有工作；主合同所列出的总承包人应承担的全部义务和责任均应看作对基础公司的要求并由基础公司全部承担；基础公司向兵建公司缴纳管理费，小高层按工程结算价的2%缴纳，多层按工程结算价的3%缴纳（逐月按完成产值按比例缴纳）；在此前提下，基础公司享有工程实施经营的全部利润，如出现亏损基础公司亦承担起全部亏损；工程结算执行兵建公司与卓越公司签订的主合同（补充协议书、承诺书、招标文件等所有相关合同及文件）相关约定；上述费用不含税金和各项基金及其他各项费用，税金按国家及地方相关规定执行，由基础公司自行承担；基础公司劳务分包应在兵建公司所属劳务站的管理下实施劳务分包，并与劳务站签订劳务合作协议（劳务站按该项目人工费总额的1%收取管理费）；兵建公司为工程派出人员5名，兵建公司派驻现场的5人薪酬由基础公司承担；基础公司负责以兵建公司名义与业主卓越公司进行结算工作，按工程进度逐月及时提出工程结算单，经兵建公司审核、加盖印章后提交卓越公司审核批准，同时应报兵建公司备案。

2011年8月18日，乌苏市发展和改革委员会下发乌发改投资立〔2011〕32号《建设项目立项通知书》，同意卓越公司在乌苏市石化工业园生活服务区进行卓越四季花城小区一期玫瑰苑商品房工程建设。

2011年9月18日，兵建公司中标园区公司乌苏市卓越四季花城一期玫瑰苑职工集资住宅楼工程［一标段（M1、M4、M5、M8、M11、M12、M15、M16、M19、M20）及二标段（M23、M24、M27、M30、M34、M35、M36、M33）］项目施工。同日，兵建公司与园区公司就上述两项工程分别签订两份建设工程施工合同，并于2011年11月1日在乌苏市工程造价管理站进行备案。

2011年10月12日，经卓越公司两次发出招标公告，投标人仍不足三个，根据《工程建设项目施工招标投标办法》规定，卓越公司决定将乌苏市卓越四季花城一期玫瑰苑住宅楼（M2、M3、M6、M7、M9、M10、M13、M14、M17、M18、M21、M22、M25、M26、M28、M29、M31、M32）工程发包给兵建公司。同日，卓越公司与兵建公司对上述工程范围签订了建设工程施工合同，该份合同于2012年6月15日在乌苏市工程造价管理站进行备案。

基础公司与新疆永盛劳务有限责任公司（以下简称永盛劳务公司）签订了《劳务合作协议》，约定永盛劳务公司将乌苏市卓越四季花城一期、二期工程按全部合同责任转移的方式将实施劳务承包合同的责任充分地完全地转移给基础公司，基础公司应以永盛劳务公司名义履行劳务承包合同并执行劳务承包合同中规定的永盛劳务公司的全部责任和义务；除应向永盛劳务公司缴纳的管理费及劳务税金外，一切正常利润归基础公司所有。

2011年6月，基础公司进场开始案涉工程卓越四季花城小区M1、M2、M3、M4、M5、M6、M7、M8、M9、M11、M12、M13、M15、M16、M17、M19、M20、M23、M24、M26、M27、M29、M32、M33、M35、M36号楼的施工。2013年12月24日基础公司将已完案涉工程交付卓越公司。

2016年4月8日，基础公司向卓越公司、兵建公司移交了案涉工程的施工技术材料。

卓越公司单方委托第三方对基础公司已完工程作出《建设工程造价咨询审核定案书》，审定造价值为126,618,821.09元。基础公司在上述结算造价基础上，提出应增加部分费用。

判决结果

一审判决：对基础公司返还管理费2,313,249.38元的主张不予支持。

最高人民法院二审判决：维持该项判决。

各方观点

基础公司观点：兵建公司对工程项目并未实施管理，也未参与结算和工程量申报工作，无权收取管理费。

兵建公司观点：截至2012年12月的工程款对账单，基础公司确认的管理费为2,615,982.98元，一审认定2,313,249.38元，少认定302,733.6元。

法院观点

一审法院观点：基础公司不认可上述付款的理由是兵建公司对工程项目并未实施管理，也未参与结算和工程量申报工作，无权收取管理费。但基础公司在本案中主张兵建公司退还其管理费2,313,249.38元，表明其认可兵建公司扣留了该部分工程款作为管理费，故一审法院对此部分管理费予以确认，该款项应从兵建公司应付工程款中予以扣除。虽然案涉《分包合同》无效，但对于基础公司已完成的案涉工程造价的确定，应当依据《分包合同》中结算条款。《分包合同》中对于管理费的约定属于结算条款内容，且合同中约定了兵建公司向基础公司案涉工程派出工作人员实施监督和管理。从实际履行看，根据双方举证情况，兵建公司实际派出工作人员对案涉工程施工进行了管理，且在双方对账过程中，基础公司对兵建公司扣缴的管理费亦无异议。因此，基础公司主张兵建公司返还已扣收管理费缺乏依据。

最高人民法院二审观点：根据兵建公司与基础公司签订的《分包合同》的约定，基础公司需按照工程价款的一定比例向兵建公司支付管理费，其中小高层比例为2%，多层为3%。虽然《分包合同》无效，但兵建公司在基础公司施工过程中配合其与发包方、材料供应商、劳务单位等各方进行资金、施工资料的调配和结算，并安排工作人员参与案涉工程现场管理，其要求基础公司参照原约定支付管理费，一审判决予以支持，并无不当。另外，基础公司上诉请求兵建公司返还已付管理费2,313,249.38元，但从现有证据来看，该部分款项基础公司并未实际支付，而是双方通过对账将管理费作为兵建公司已付款进行确认。一审判决将该部分管理费另行计算，未计入兵建公司已付款。故基础公司与兵建公司争议的问题是管理费应否计取，而非返还问题。

关于兵建公司主张的管理费数额问题。兵建公司主张，兵建公司与基础公司在对账单中确认的截至2012年12月的管理费为2,615,982.98元。经核对双方形成的全部《工程款对账单》及《工程资金对账单》，兵建公司与基础公司就2011年、2012年基础公司应付的管理费汇总对账并记载于《工程款对账单》(2012年11月30日)中，总额为2,313,249.38元。一审判决以此作为认定管理费的依据并无不当，兵建公司主张管理费为2,615,982.98元，无事实依据，不予支持。

相反案例

案件名称：中铁隧道集团二处有限公司、上海瑞翊建设管理有限公司建设工程施工合同纠纷案件[1]

法院观点：该案件中最高人民法院认为，案涉《工程施工承包合同》无效，原审判决未支持项目管理费、安全奖罚，并无不当（该案件中中铁隧道集团二处有限公司将案涉工程违法分包给上海瑞翊建设管理有限公司）。

法律规定

《民法典》第一百五十七条规定，民事法律行为无效、被撤销或者确定不发生效力后，行为人因该行为取得的财产，应当予以返还；不能返还或者没有必要返还的，应当折价补偿。有过错的一方应当赔偿对方由此所受到的损失；各方都有过错的，应当各自承担相应的责任。法律另有规定的，依照其规定。

《建工司法解释（一）》第六条规定，建设工程施工合同无效，一方当事人请求对方赔偿损失的，应当就对方过错、损失大小、过错与损失之间的因果关系承担举证责任。损失大小无法确定，一方当事人请求参照合同约定的质量标准、建设工期、工程价款支付时间等内容确定损失大小的，人民法院可以结合双方过错程度、过错与损失之间的因果关系等因素作出裁判。

律师点评

违法分包的，分包人能否参照约定主张管理费？实务中，主要有两种观点。第一种观点认为，不能主张。《民法典》第一百五十五条规定，无效的或者被撤销的民事法律行为自始没有法律约束力。依据前述法律规定，该观点认为不能取得管理费的理由是建设工程施工合同无效，管理费的约定无效。第二种观点认为，可以主张。《民法典》第一百五十七条规定，民事法律行为无效、被撤销或确定不发生效力后，行为人因该行为取得的财产，应当予以返还；不能返还或者没有必要返还的，应当折价补偿。依据前述法律规定，

---

〔1〕（2020）最高法民申6096号。

该观点认为可以取得管理费的理由是建设工程施工合同无效，但分包人已进行管理的，该管理费已物化在建设工程中无法返还，故应对分包人的管理费进行折价补偿。笔者赞同第二种观点，江苏省高级人民法院亦赞成第二种观点。《江苏省高级人民法院全省民事审判工作座谈会纪要（2009 年征求意见稿）》第四部分建设工程施工合同纠纷案件中的若干问题之第六条规定，因转包、违法分包建设工程或者基于挂靠关系形成的合同约定了管理费，如果按照约定收取管理费的当事人在合同履行过程中实施了管理行为并在招投标过程中缴纳了相关费用，且建设工程经竣工验收合格的，可以参照合同约定收取管理费。另外，需要特别说明的是，分包人提供管理的，裁判者可以酌定管理费，（2020）最高法民终 1165 号中最高人民法院即持有该观点。

操作提示

违法分包，分包人提供管理的，可以参照约定主张管理费。另外，分包人提供管理的，裁判者可以酌定管理费。故律师建议，分包人应当按照法律规定进行合法分包，否则主管部门可能依据《建筑法》第六十七条规定责令分包人改正，没收违法所得，并处罚款，可以责令停业整顿，降低资质等级，情节严重的，吊销资质证书。

十、未约定总包配合费包含税金的，可以计取税金

关 键 词： 总包配合费　税金　工程款

问题提出： 发承包双方在建设工程施工合同中未约定总包配合费包含税金，工程价款结算时，承包人向发包人主张总包配合费应计取税金，是否支持？

案件名称： 浙江国泰建设集团有限公司、泰州开泰汽车城发展有限公司建设工程施工合同纠纷案件[1]

裁判规则： 最高人民法院认为，发承包双方在建设工程施工合同中未约定总包配合费包含税金，承包人向发包人主张总包配合费应计取税金的，予以支持。

---

〔1〕（2019）最高法民终 314 号。

案情简介

上诉人（一审原告）：浙江国泰建设集团有限公司（以下简称国泰公司）

上诉人（一审被告）：泰州开泰汽车城发展有限公司（以下简称开泰公司）

上诉人（一审被告）：上海欣成投资（集团）有限公司（以下简称欣成公司）

2012年5月9日，开泰公司、国泰公司、欣成公司三方签订《泰州“皇家花园”工程承发包框架协议》，主要内容为：开泰公司将其开发建设的江苏省泰州市“皇家花园”项目交国泰公司总承包。该协议还约定，欣成公司为开泰公司在本协议及以后签订的施工合同项下的义务和责任提供不可撤销的连带保证责任，担保期限至工程结算并支付完毕止。该框架协议还对工程招标、违约责任、争议解决等事项进行了约定。

2012年7月5日，开泰公司通知国泰公司进行泰州皇家花园一期工程的现场交接。

2012年8月1日，开泰公司与江苏建业恒安工程项目管理有限公司（以下简称建业恒安公司）签订招标代理委托书，约定由建业恒安公司为开泰公司开发的案涉项目进行招标代理服务。

2012年9月7日，建业恒安公司出具案涉项目招标文件，载明合同估算价3.14亿元。2012年9月27日，开泰公司向国泰公司发出中标通知书，中标价格31,368.093929万元。同日，国泰公司、开泰公司签订《建设工程施工合同》（927合同），主要内容为，工程名称：皇家花园（一期）。

2012年9月28日，国泰公司、开泰公司另签订一份《建设工程施工合同》（928合同）并进行了备案，该合同与927合同相比主要差别为：未约定国泰公司垫资施工8000万元相关内容，合同价格调整方法及竣工结算相关内容表述为按招标文件执行，未约定承包人工作等。

2013年3月5日、2013年10月24日，建业恒安泰州分公司分别对国泰公司编制的皇家花园一期1—3#楼及人防地下室工程预算、皇家花园一期4—6#楼工程预算进行了审核，审核总预算为385,156,029.43元。

案涉工程施工过程中，开泰公司周某圣、李某才代表开泰公司与国泰公司签订了多份进度款审核确认单并加盖项目部印章，进度款审核确认单对预算造价、已核准的进度预算造价、剩余造价、完成率等按照每幢楼的情况进行了统计和汇总，其中项目总预算一栏载明数额为397,005,019.69元，截至2014年8月的进度款审核确认单载明，累计完成工程量244,630,611.32元。

2014年11月7日，开泰公司（甲方）、国泰公司（乙方）、欣成公司（丙方）三方签订《施工补充协议》。2015年9月30日，开泰公司（甲方）、国泰公司（乙方）、欣成公司（丙方）三方签订《施工补充协议（二）》。2015年12月18日皇家花园项目一期工程竣工验收合格。截至国泰公司提起本案诉讼时，开泰公司已出售部分房屋。

判决结果

一审判决：总包配合费税金86,414.14元应计入工程造价。

最高人民法院二审判决：维持该项判决。

各方观点

国泰公司观点：配合费作为工程款的组成部分应当计取税金。

开泰公司观点：认为双方约定的5%配合费是含税价，不需要另外计取税金。

法院观点

一审法院观点：根据建设工程造价结算一般规则，税金一般是以工程直接费、间接费等为基数按照税率计算，总包配合管理费作为间接费的一部分，在双方没有特别约定为含税价的情况下应当计取税金，该部分［1,895,503.55 +433,291.8（外墙保温配合费调差）+80,000（电梯配合费）+（75,000-14,488）（1—3#楼大厅及架空层装饰配合费差额）+16,000（2#楼亮化配合费）］×3.477%=86,414.14元应计入工程造价。

最高人民法院二审观点：关于开泰公司、欣成公司提出异议的一审判决第21项绿化和景观工程，第2项1#楼和3#楼架空层装饰配合费、2#楼亮化配合费，第5项配合费税金，第16项防霉涂料，第28项井点降水费等问题，鉴定机构在书面答复意见以及听证程序中，已经作出充分解释，一审判决据此所作出的相应认定，并无不当。开泰公司、欣成公司没有提交足以推翻一审认定的证据，对其所提出的异议，本院不予支持。

法律规定

《民法典》第十条规定，处理民事纠纷，应当依照法律；法律没有规定的，可以适用习惯，但是不得违背公序良俗。

律师点评

建设工程造价结算一般规则即交易习惯，税金一般是以工程直接费、间接费等为基数按照税率计算，总包配合管理费作为间接费的一部分，在双方没有特别约定为含税价的情况下，依据《民法典》第十条规定，应当计取税金。

操作提示

发承包双方未明确约定总包配合费为含税价的，根据交易习惯，应当计取税金。故律师建议，发承包双方在建设工程施工合同中明确约定总包配合费包括税金，否则，应当另行计取总包配合费的税金。

十一、承包人中途退场的，安全文明施工费可以按照已完工程计取

关 键 词： 中途退场　安全文明施工费　工程款

问题提出： 在建设工程施工合同履行中，案涉工程未完工，承包人中途退场后，安全文明施工费如何计取？

案件名称： 上海星宇建设集团有限公司建设工程施工合同纠纷案件[1]

裁判规则： 最高人民法院认为，在建设工程施工合同履行中，案涉工程未完工，承包人中途退场后，安全文明施工费可以按照已完工程计取。

---

〔1〕（2020）最高法民申3463号。

案情简介

再审申请人（一审被告、并案原告，二审上诉人）：上海星宇建设集团有限公司（以下简称星宇公司）

被申请人（一审原告、并案被告，二审上诉人）：焦作亿祥房地产开发有限公司（以下简称亿祥公司）

2014 年 8 月 19 日，亿祥公司作为甲方与乙方星宇公司签订《亿祥美郡施工总承包合同》。本案工程上述合同签订前星宇公司 2014 年 6 月 27 日开始施工，由于上述施工合同未经招投标，为完善该工程的建设手续，双方于 2014 年 9 月补办了该工程的招投标手续。涉案工程除 3#楼为多层外，其余均为高层。

2016 年 1 月 17 日星宇公司撤离全部施工人员、设备。2016 年 2 月 26 日，亿祥公司对星宇公司施工的工程现状进行了公证。2016 年 4 月 18 日，星宇公司出具书面函件并邮送亿祥公司，要求工程结算、支付工程款及赔偿经济损失。2016 年 4 月 25 日亿祥公司向星宇公司回复了《联系函》，以书面函件方式告知星宇公司解除合同，并建议星宇公司派员来现场核对工程结算、移交资料等。

一审审理过程中，依星宇公司申请，焦作市中级人民法院委托中审（河南）工程造价咨询事务所有限公司对案涉工程造价进行鉴定。鉴定机构作出（2017）中审鉴价字第 09 号《“亿祥美郡”商住小区 3#11#13#15#16#17#号楼（星宇）工程造价的鉴定意见书》。鉴定意见载明：①安全文明基本费是按工程预算中的人工费为基础计算的，本案鉴定只计算了已完工程造价（包含已完工程造价中的人工费），并以此人工费为基础，计取已完工程安全文明基本费。②安全文明考评费和奖励费因没有考评系数和奖励证书，依据《合同法》第十二条的约定，无法鉴定计算。

判决结果

一审判决：安全文明施工费、临时设施费按照已完工程计取。

二审判决：维持一审该项判决。

最高人民法院裁定：维持二审判决，驳回再审申请。

各方观点

星宇公司观点：一审法院对中审（河南）工程造价咨询事务所有限公司鉴定意见书错算、少计、漏计等问题，在星宇公司明确提出应补充鉴定的情况下，未要求鉴定机构出具补充鉴定意见，导致相关事实认定不清，星宇公司造价金额合计约280万元的工程项目，未能计入工程总价款，其中包含甲分包配合费及管理费，鉴定意见第000089页工程预算表执行定额子目不同的造价差额，混凝土阳台梁板执行定额子目不同的造价差额，钢筋工程量费用，鉴定意见中安全文明施工费、考评费、奖励费、增加主体结构内阳台面积造价及增加保温面积造价。

鉴定意见中安全文明施工费按已完工程计取费用错误，临时设施费应当全额计取，不能按照已完工程造价计入，考评费、奖励费应当计入。安全文明费属于不可竞争费用，星宇公司已经按整个项目投入安全文明施工费中的基本费用，故基本费用应全额计取。

亿祥公司观点：星宇公司已经施工部分鉴定机构已经按照其已完成工程量计取了安全文明施工费，临时设施费是安全文明设施费中的一项费用，故临时设施费已经全额计入，考评费、奖励费按照规定需要当地建设行政主管部门进行考评并出具考评等级后才能计取，本案工程没有进行考评，故不存在有考评费、奖励费等问题。

法院观点

一审法院观点：星宇公司已施工工程已经按照合格工程计取了包含安全文明施工措施费的全部工程价款。

二审法院观点：关于星宇公司对鉴定意见中提出错算、少计、漏计项目问题。星宇公司在一审庭审期间已针对鉴定意见向一审法院提出异议，鉴定机构针对星宇公司异议已逐一作出书面答复，星宇公司异议均不能成立。

最高人民法院观点：鉴定机构已在《听证会对上海星宇建设集团有限公司异议的回复》第三项中就星宇公司该项异议作了答复，因星宇公司中途退场，鉴定机构按星宇公司已完工程计取安全文明施工费、临时措施费并无不当。在星宇公司未提交考评系数和奖励证书的情况下，鉴定机构无法计算安全文明考评费和奖励费，星宇公司应承担相应的不利后果，星宇公司关于应当计取考评费和奖励费的申请理由不能成立。

法律规定

建标〔2013〕44 号文第一条第二项规定，为指导工程造价专业人员计算建筑安装工程造价，将建筑安装工程费用按工程造价形成顺序划分为分部分项工程费、措施项目费、其他项目费、规费和税金。

建标〔2013〕44 号文附见 2 第二条规定，措施项目费：是指为完成建设工程施工，发生于该工程施工前和施工过程中的技术、生活、安全、环境保护等方面的费用。内容包括：1. 安全文明施工费①环境保护费：是指施工现场为达到环保部门要求所需要的各项费用。②文明施工费：是指施工现场文明施工所需要的各项费用。③安全施工费：是指施工现场安全施工所需要的各项费用。④临时设施费：是指施工企业为进行建设工程施工所必须搭设的生活和生产用的临时建筑物、构筑物和其他临时设施费用。包括临时设施的搭设、维修、拆除、清理费或摊销费等。2. 夜间施工增加费：是指因夜间施工所发生的夜班补助费、夜间施工降效、夜间施工照明设备摊销及照明用电等费用。3. 二次搬运费：是指因施工场地条件限制而发生的材料、构配件、半成品等一次运输不能到达堆放地点，必须进行二次或多次搬运所发生的费用。4. 冬雨季施工增加费：是指在冬季或雨季施工需增加的临时设施、防滑、排除雨雪，人工及施工机械效率降低等费用。5. 已完工程及设备保护费：是指竣工验收前，对已完工程及设备采取的必要保护措施所发生的费用。6. 工程定位复测费：是指工程施工过程中进行全部施工测量放线和复测工作的费用。7. 特殊地区施工增加费：是指工程在沙漠或其边缘地区、高海拔、高寒、原始森林等特殊地区施工增加的费用。8. 大型机械设备进出场及安拆费：是指机械整体或分体自停放场地运至施工现场或由一个施工地点运至另一个施工地点，所发生的机械进出场运输及转移费用及机械在施工现场进行安装、拆卸所需的人工费、材料费、机械费、试运转费和安装所需的辅助设施的费用。9. 脚手架工程费：是指施工需要的各种脚手架搭、拆、运输费用以及脚手架购置费的摊销（或租赁）费用。措施项目及其包含的内容详见各类专业工程的现行国家或行业计量规范。

律师点评

安全文明施工费系措施项目费的组成部分。在建设工程施工合同履行中，案涉工程未完工，承包人中途退场，承包人主张安全文明施工费按照全部工程已投入，应按全部工程计取安全文明施工费的，不予支持；最高人民法院认为，对于承包人中途退场的项目，安全文明施工费应按照已完工程计取。

操作提示

对于承包人中途退场的项目，安全文明施工费按照已完工程计取；故律师建议，发承包双方在建设工程施工合同中约定中途退场时安全文明施工费的计取办法，否则，参照本条裁判规则按照已完工程计取安全文明施工费，可能对承包人不利。

十二、固定总价合同未完工的，已完工程价款综合考量后予以认定

关 键 词： 固定总价合同　未完工程　工程价款

问题提出： 发承包双方在建设工程施工合同中约定价格形式为固定总价合同，案涉工程未完工，已完工程质量合格的，已完工程价款如何认定呢？

案件名称： 青海方升建筑安装工程有限责任公司与青海隆豪置业有限公司建设工程施工合同纠纷案件〔1〕

裁判规则： 最高人民法院认为，发承包双方在建设工程施工合同中约定价格形式为固定总价合同，案涉工程未完工，已完工程质量合格的，应当综合考虑建设工程施工合同实际履行情况，并应当注重发承包双方的过错和司法价值的取向等因素，合理确定已完工程价款。

案情简介

上诉人（一审原告、反诉被告）：青海方升建筑安装工程有限责任公司

〔1〕（2014）民一终字第69号。

(以下简称方升公司)

上诉人(一审被告、反诉原告):青海隆豪置业有限公司(以下简称隆豪公司)

2011年9月1日,隆豪公司与方升公司签订《建设工程施工合同》,该合同约定:由方升公司为隆豪公司的建设工程施工。工程单价为1860元/m^2,单价一次性包死,合同总价款为68,345,700元。

2011年5月15日,方升公司开始施工;2012年6月13日,方升公司、隆豪公司与相关单位组织主体验收。2011年6月,北京龙安华诚建筑设计有限公司(以下简称龙安华诚公司)完成设计图纸,同月27日双方当事人及有关单位进行图纸会审;2011年11月23日,方升公司、隆豪公司、监理单位、设计单位、勘察单位、质检单位在海南州共和县隆豪公司售房部形成《基础验收会议纪要》,工程基础验收合格。

2012年1月9日,龙安华诚公司向隆豪公司作出《设计变更通知单》,通知单内容为:对广场地砖、涂料、找平、找坡、结构板等进行变更;2012年3月31日,设计单位向隆豪公司发出了《海南州共和县恰卜恰镇藏文化产业创意园商业广场》的变更通知单,内容为面层、结构板等的变更要求;2013年5月27日,设计单位下发了《设计修改通知单》,对原结施节点详图中的过梁作了补充和变更;2012年3月、4月、5月,方升公司向监理单位分别报送《隆豪置业有限公司工程进度申报(审核)表》,监理单位盖有印鉴。

2012年6月19日,方升公司发出《通知》,要求隆豪公司于2013年6月23日前支付1225.14万工程款,否则将停止施工。2012年6月25日,隆豪公司发出《通知》,内容为:方升公司不按约履行合同,拖延工程进度,不按图施工,施工力量薄弱,严重违约,导致工程延误,给隆豪公司造成了巨大经济损失,要求解除合同,要求方升公司在接到通知后的一日内撤场、拆除临设。之后,双方解除合同,方升公司撤场。

2012年6月28日,隆豪公司与四川省鸿盛实业集团有限公司(以下简称鸿盛实业公司)签订《建设工程施工合同》,以包工包料的方式,将方升公司未完成的全部工程发包给鸿盛实业公司施工。2012年7月22日,隆豪公司与青海兴业建设有限公司(以下简称兴业建设公司)签订《建设工程施工合同》,将鸿盛实业公司未完成施工内容发包给兴业建设公司施工。

根据方升公司的申请,一审法院委托青海省规划设计研究院工程造价咨询部（以下简称规划研究院咨询部）对方升公司承建的青海省海南藏文化产业创意园广场已完工程造价和方升公司应当施工但未施工部分工程项目合同价款进行了鉴定。工程造价鉴定结论如下：（1）依据双方当事人签订的《建设工程施工合同》、设计施工图等相关资料，标的物合同价格 = 建筑面积 × 合同单价 = 36,691.76m^2 × 1860 元/m^2 = 68,246,673.60 元。（2）依据设计施工图纸及《青海省建设工程消耗量定额（2004）》等相关资料，标的物施工图预算价格合计为 89,098,947.93 元。也就是说，合同与预算相比下浮比例为 76.6%。（3）依据双方当事人签订的《建设工程施工合同》、设计施工图、《青海省建设工程消耗量定额（2004）》等相关资料，标的物已完部分工程预算价格合计为 40,652,058.17 元。（4）标的物已完工程项目鉴定价格 = 40,652,058.17元 × 76.6% = 31,139,476.56 元。

判决结果

一审判决：按照定额下浮法认定已完工程价款。

最高人民法院二审判决：按照定额认定已完工程价款。

各方观点

方升公司观点：一审判决认定“双方当事人对工程价款的计价方式明确约定的情况下，对于方升公司已完工程价款的计取，应以合同中约定的工程价款的计价条款为依据”，并无法律根据及合同的依据且违反起码的常理。方升公司完成基础、主体施工后，隆豪公司单方解除合同，致使合同约定工程未能全部完工，合同约定的固定单价无法适用，隆豪公司应当按照定额结算已完工程价款。一审判决认定根据合同约定的固定单价按比例折算已完工程的工程价款，既无法律根据也无合同的依据，显然适用法律错误。

隆豪公司观点：方升公司要求按照定额结算已完工程的工程价款的主张和理由，因不符合双方合同的明确约定和法律规定，故不成立。

法院观点

一审法院观点：鉴定机构依据双方签订的《建设工程施工合同》、设计施工图及《青海省建设工程消耗量定额（2004）》等相关资料，计算出定额预算总价款为89,098,947.93元，合同约定的总价款为68,246,673.60元，合同价与预算价相比下浮比例为76.6%，方升公司已完工程定额预算价为40,652,058.17元，已完工程项目鉴定价格为32,723,973.82元（包括双方有争议的工程变更、签证项目1,451,136.16元）。

最高人民法院二审观点：首先，根据双方签订的《建设工程施工合同》约定，合同价款采用按约定建筑面积量价合一计取固定总价，即以一次性包死的承包单价1860元/m^2乘以建筑面积作为固定合同价，合同约定总价款为68,345,700元。作为承包人的方升公司，其实现合同目的、获取利益的前提是完成全部工程。因此，本案的计价方式，贯彻了工程地下部分、结构施工和安装装修三个阶段，即三个形象进度的综合平衡的报价原则。

其次，我国当前建筑市场行业普遍存在地下部分和结构施工薄利或者亏本的现实，这是由于钢筋、水泥、混凝土等主要建筑材料价格相对较高且大多包死，施工风险和难度较高，承包人需配以技术、安全措施费用才能保质保量完成等；而安装、装修施工是在结构工程已完工之后进行，风险和成本相对较低，因此，安装、装修工程大多可以获取相对较高的利润。本案中，方升公司将包括地下部分、结构施工和安装装修在内的土建和安装工程全部承揽，其一次性包死的承包单价是针对整个工程作出的。如果方升公司单独承包土建工程，其报价一般要高于整体报价中所包含的土建报价。作为发包方的隆豪公司单方违约解除了合同，如果仍以合同约定的1860元/m^2作为已完工程价款的计价单价，则对方升公司明显不公平。

再次，合同解除时，方升公司施工面积已经达到了双方审定的图纸设计的结构工程面积，但整个工程的安装、装修工程尚未施工，方升公司无法完成与施工面积相对应的全部工程量。此时，如果仍以合同约定的总价款68,345,700元确定本案工程价款，则对隆豪公司明显不公平，这也印证了双方当事人约定的工程价款计价方法已无法适用。

最后，根据本案的实际，确定案涉工程价款，只能通过由工程造价鉴定部门进行鉴定的方式进行。通过鉴定方式确定工程价款，司法实践中大致有三种方法：一是以合同约定总价与全部工程预算总价的比值作为下浮比例，再以该比例乘以已完工程预算价格进行计价；二是以已完施工工期与全部应完施工工期的比值作为计价系数，再以该系数乘以合同约定总价进行计价；

三是依据政府部门发布的定额进行计价。

就鉴定意见书能否作为定案依据而言。法院认为，首先，一审法院根据方升公司的申请，委托了规划研究院咨询部就案涉工程方升公司已施工和未施工部分的工程价款进行了鉴定，鉴定机构分别就相应的鉴定内容出具了鉴定意见书。在委托鉴定程序上并不存在违法环节。

其次，方升公司提出上诉，主张鉴定意见书中署名人员为注册造价员，违反了《建设工程造价鉴定规程》。然而，方升公司依据的《建设工程造价鉴定规程》（CECA/GC 8－2012）只是行业自律性规范，其对鉴定人员资质的要求并不具有强制执行效力，并且该规程在青海省并未施行。

再次，《青海省建设工程造价管理办法》第二十三条规定："建设工程造价执业人员应当依法取得相应的造价工程师或造价员资格，注册登记后，方可在其资格范围内按照相关执业准则和规范，从事建设工程造价计价活动。建设工程造价文件应由具有相应资格的注册造价工程师、造价员编制。"对于这一问题，在一审审理期间，鉴定机构已向一审法院作出专门说明，此情形符合青海省的实际。虽然鉴定意见书署名人员为注册造价员，但在无证据证明鉴定人员存在违反法律法规行为的情形下，应当认定该鉴定意见书署名人员具备工程造价编制资质。

最后，尽管鉴定意见属于证据，是具备资格的鉴定人对民事案件中出现的专门性问题，运用专业知识作出的鉴别和判断，但是，鉴定意见只是诸多证据中的一种，其结果并不当然成为人民法院定案的唯一依据。在认定案件事实上，尤其是涉及法律适用时，尚需要结合案件的其他证据加以综合审查判断。

就已完工程的价款如何确定而言。法院认为，首先，前述第一种方法的应用，是在当事人缔约时，依据定额预算价下浮了一定比例形成合同约定价，只要计算出合同约定价与定额预算价的下浮比例，据此就能计算出已完工程的合同约定价。鉴定意见书即采用了该种方法，一审判决也是采纳了该鉴定意见。遵循这一思路，本案已完工程的价款应为：68,246,673.60 元（鉴定的合同总价款）÷89,098,947.93 元（鉴定的全部工程预算价）×40,652,058.17 元（鉴定的已完工程预算价）=31,139,476.56 元。然而，无论是鉴定意见书还是一审判决，采用这一方法计价都存在明显不合理之处：一是现无证据证明鉴定的全部工程预算价 89,098,947.93 元是当事人缔约时依据的预算价，何况合同总价款68,246,673.60元也是通过鉴定得出的，并非当事人缔约时约定的合同总价款。二是用鉴定出的两个价款进行比对得出的下浮比例，与当事人的意思表示没有任何关联，如此计算出来的价款当然不可能是合同约定的价格。三是如采用这一种方法，隆豪公司应支付的全部工程价款大致为：31,139,476.56元+13,500,000元（被隆豪公司分包出去的屋面工程价款）+14,600,000元（剩余工程价款）=59,239,476.56元。由此，隆豪公司应支付的全部工程价款将明显低于合同约定的总价68,345,700元，两者相差910余万元。显然，如采用此种计算方法，将会导致隆豪公司虽然违反约定解除合同，却能额外获取910余万元利益的现象。这种做法无疑会助长因违约而获得不利益的社会效应，因而该方法在本案中不应被适用。四是虽然一审判决试图以这一种计算方法还原合同约定价，但却忽略了当事人双方的利益平衡以及司法判决的价值取向。至隆豪公司解除合同时，方升公司承包的土建工程已全部完工，隆豪公司解除合同的行为破坏了双方的交易背景，此时如再还原合同约定的土建工程价款，既脱离实际情况，违背交易习惯，又会产生对守约一方明显不公平的后果。

其次，如果采用第二种方法计算本案工程的工程价款，本案已完工程价款应为：408天（2011年5月15日至2012年6月25日）÷506天（2011年5月15日至2012年10月1日）×68,246,673.60元（鉴定的合同总价款）=55,028,938.40元。采用这一种方法，与建设工程中发包人与承包人多以单位时间内完成工程量考核进度的交易习惯相符。隆豪公司应支付的全部工程价款为：55,028,938.40元+13,500,000元（被隆豪公司分包出去的屋面工程价款）+14,600,000元（剩余工程的工程价款）=83,128,938.40元。隆豪公司应支付的全部工程价款明显高于合同约定的总价68,345,700元，两者相差14,783,238.40元，此时虽然符合隆豪公司中途解除合同必然导致增加交易成本的实际情况，但该计算结果明显高于已完工程相对应的定额预算价40,652,058.17元，对隆豪公司明显不公，因而也不应采用。

最后，如采用第三种方法即依据政府部门发布的定额计算已完工程价款，则已完工程价款应是40,652,058.17元。隆豪公司应支付的全部工程价款为：40,652,058.17元+13,500,000元（被隆豪公司分包出去的屋面工程）+14,600,000元（剩余工程的工程价款）=68,752,058.17元，比合同约定的总价68,345,700元仅高出40万余元。此种处理方法既不明显低于合同约定总价，也不过分高于合同约定总价，与当事人预期的价款较为接近，因而比上述两种计算结果更趋合理。另外，政府部门发布的定额属于政府指导价，依据政府部门发布的定额计算已完工程价款亦符合《合同法》第六十二条第二项“价款或者报酬不明确的，按照订立合同时履行地的市场价格履行；依法应当执行政府定价或者政府指导价的，按照规定履行”以及《民法通则》（已失效）第八十八条第二款第四项“价格约定不明确，按照国家规定的价格履行；没有国家规定价格的，参照市场价格或者同类物品的价格或者同类劳务的报酬标准履行”等相关规定，审理此类案件，除应当综合考虑案件实际履行情况外，还特别应当注重双方当事人的过错和司法判决的价值取向等因素，以此确定已完工程的价款。一审判决没有分清哪一方违约，仅仅依据合同价与预算价相比下浮的76.6%确定本案工程价款，然而，该比例既非定额规定的比例，也不是当事人约定的比例，一审判决以此种方法确定工程价款不当，应予纠正；方升公司提出的以政府部门发布的预算定额价结算本案已完工程价款的上诉理由成立，应予支持。

法律规定

《民法典》第五百六十六条规定，合同解除后，尚未履行的，终止履行；已经履行的，根据履行情况和合同性质，当事人可以请求恢复原状或者采取其他补救措施，并有权请求赔偿损失。合同因违约解除的，解除权人可以请求违约方承担违约责任，但是当事人另有约定的除外。主合同解除后，担保人对债务人应当承担的民事责任仍应当承担担保责任，但是担保合同另有约定的除外。

《民法典》第一百五十七条规定，民事法律行为无效、被撤销或者确定不发生效力后，行为人因该行为取得的财产，应当予以返还；不能返还或者没有必要返还的，应当折价补偿。有过错的一方应当赔偿对方由此所受到的损失；各方都有过错的，应当各自承担相应的责任。法律另有规定的，依照其规定。

律师点评

固定总价合同未完工的，已完工程质量合同，如何认定已完工程价款，主要有三种观点，即工程量比例折算法、工程款比例折算法和综合考量法。

第一种观点认为，应当按照工程量比例折算法计算已完工程价款，即按照总价乘以已完工程量占全部工程量比例计算已完工程价款。比如（2020）最高法民终903号中最高人民法院认为，新东阳公司因日月鑫公司拖欠工程价款而提前撤离施工现场，致使工程未能如约完工。一审法院采信鉴定机构作出的第二种鉴定结论，以《补充协议》约定的单价乘以建筑面积为竣工总价，按已完工程量占全部工程量比例计算已完工程的价款，能够较为合理地兼顾已完工程与未完工程在整个约定工程中的价值比例。一审法院根据该鉴定结论及复议答复认定案涉工程的工程价款为110,851,012.7元，并无不当。

山东省高级人民法院、四川省高级人民法院和重庆市高级人民法院与最高人民法院上述观点一致。

《山东省高级人民法院关于印发全省民事审判工作会议纪要的通知》（鲁高法〔2011〕297号）规定，《最高人民法院关于审理建设工程施工合同纠纷案件适用法律问题的解释》第二十二条对于固定价格合同已经完全履行完毕情形下的工程价款结算问题作了明确规定，而对固定价格合同未履行完毕情形下的工程价款结算问题未明确。对于建设工程施工合同约定按固定单价结算的，则应根据固定单价核算出已完工程的实际工程量，据实结算工程价款；如果建设工程施工合同约定按固定总价结算，则按照实际施工部分的工程量占全部的工程量的比例，再按照合同约定的固定价格计算出已完部分工程价款。

《四川省高级人民法院关于审理建设工程施工合同纠纷案件若干疑难问题的解答》（川高法民一〔2015〕3号）第二十五条规定，约定工程价款实行固定总价结算的建设工程施工合同未全部完成施工即终止履行，承包人已施工的工程质量合格，承包人要求发包人支付工程价款的，由双方协商确定已施工的工程价款，协商不成的，由鉴定机构根据工程设计图纸、施工图纸、施工签证、交接记录等资料以及现场勘验结果对已完成工程量占合同工程量比例计算系数，再用合同约定的固定价款乘以该系数确定发包人应付的工程价款。

《重庆市高级人民法院关于建设工程造价鉴定若干问题的解答》（渝高法〔2016〕260号）第十一条第三款第六项规定，建设工程为未完工程的，应当根据已完工程量和合同约定的计价原则来确定已完工程造价。如果合同为固定总价合同，且无法确定已完工程占整个工程的比例，一般可以根据工程所在地的建设工程定额及相关配套文件确定已完工程占整个工程的比例，再以固定总价乘以该比例来确定已完工程造价。

第二种观点认为，应当按照工程款比例折算法计算已完工程价款，即在同一取费标准下分别计算出已完工程部分的价款和整个合同约定工程的总价款，两者对比计算出系数，再用合同约定总价乘以该系数确定已完工程价款。因为这个同一取费标准通常是定额，故工程款比例折算法也叫定额比例下浮法。北京市高级人民法院和河北省高级人民法院均持该观点。

《北京市高级人民法院关于审理建设工程施工合同纠纷案件若干疑难问题的解答》（京高法发〔2012〕245号）第十三条规定，建设工程施工合同约定工程价款实行固定总价结算，承包人未完成工程施工，其要求发包人支付工程款，经审查承包人已施工的工程质量合格的，可以采用“按比例折算”的方式，即由鉴定机构在相应同一取费标准下分别计算出已完工程部分的价款和整个合同约定工程的总价款，两者对比计算出相应系数，再用合同约定的固定价乘以该系数确定发包人应付的工程款。

《河北省高级人民法院关于印发〈建设工程施工合同案件审理指南〉的通知》（冀高法〔2018〕44号）第十二条规定，建设工程施工合同约定工程款实行固定价，如建设工程尚未完工，当事人对已完工程造价产生争议，可将争议部分的工程造价委托鉴定，但应以合同约定的固定价为基础，根据已完工程占合同约定施工范围的比例计算工程款。也就是由鉴定机构在同一取费标准下分别计算出已完工程部分的价款和整个合同约定工程的总价款，两者对比计算出相应系数，再用合同约定的固定价乘以该系数，确定工程价款。当事人一方主张以定额标准作为造价鉴定依据的，人民法院不予支持。

第三种观点认为，应综合考量后合理确定已完工程价款，即应当综合考虑建设工程施工合同实际履行情况，并应当注重发承包双方的过错和司法判决的价值取向等因素，合理确定已完工程价款。典型案例中最高人民法院即持该观点。

发包人违约导致总价合同不能履行，承包人不平衡报价时，如何认定已完工程价款呢？有观点认为可以按照合同签订时的定额和市场报价情况据实结算。江苏省高级人民法院即持该观点。已经失效的《江苏省高级人民法院关于审理建设工程施工合同纠纷案件若干问题的解答》（2018年6月26日）

第八条规定，建设工程施工合同约定工程价款实行固定总价结算，承包人未完成工程施工，其要求发包人支付工程款，发包人同意并主张参照合同约定支付的，可以采用“按比例折算”的方式，即由鉴定机构在相应同一取费标准下计算出已完工程部分的价款占整个合同约定工程的总价款的比例，确定发包人应付的工程款。但建设工程仅完成一小部分，如果合同不能履行归责于发包人，因不平衡报价导致按照当事人合同约定的固定价结算将对承包人利益明显失衡的，可以参照定额标准和市场报价情况据实结算。(2014）民一终字第69号中最高人民法院的观点实质上和江苏省高级人民法院的观点是一致的。

承包人违约导致合同不能履行且不平衡报价时，如何认定已完工程价款呢？有观点认为，应先按照定额计算未完工程价款，再用合同总价减去未完工程价款得出已完工程价款。湖北省高级人民法院和《建设工程造价鉴定规范》即持该观点。《湖北省高级人民法院民事审判工作座谈会会议纪要》(2013年）第三十二条第三款规定，如果工程未完工，承包人请求结算工程款的，区分情况处理：(1）已完工程质量不合格的，由承包人进行修复，修复后质量合格，可以请求支付工程款，修复后质量仍不合格，承包人请求支付工程款的，不予支持；(2）已完工程质量合格的，合同约定以单价包干方式计价的，按照包干单价和已完工程量计算工程款；合同约定以总价包干方式计价的，若工程未完工系承包人原因导致，按合同约定的取费标准鉴定未完工部分，以总包干价减未完工部分造价计算工程款；若工程未完工系发包人原因导致，按照建设行政主管部门颁发的定额及取费标准据实结算。《建设工程造价鉴定规范》第5.10.7条规定，总价合同解除后的争议，按以下规定进行鉴定，供委托人判断使用：(1）合同中有约定的，按照合同约定进行鉴定；(2）委托人认定承包人违约导致合同解除的，鉴定人可参照工程所在地同时期适用的计价依据计算出未完工程价款，再用合同约定的总价款减去未完工程价款计算；(3）委托人认定发包人违约导致合同解除的，承包人请求按照工程所在地同时期适用的计价依据计算已完工程价款，鉴定人可采用这一方式鉴定，供委托人判断适用。

因发承包双方共同原因导致总价合同不能履行，承包人不平衡报价时，已完工程价款如何认定呢？笔者认为，按照（2014）民一终字第69号中最高人民法院的观点认定此情形下的已完工程价款是比较公平合理的，即应当综合考虑建设工程施工合同实际履行情况，并应当注重发承包双方的过错和司法判决的价值取向等因素，合理确定已完工程价款。

通过上述分析可知，总价合同未完工，已完工部分质量合格时，已完工程价款如何认定在实务中争议较大；笔者认为，参照（2014）民一终字第69号中最高人民法院的观点认定已完工程价款比较公平合理，即应当综合考虑建设工程施工合同实际履行情况，并应当注重发承包双方的过错和司法价值的取向等因素，合理确定已完工程价款。

操作提示

固定总价合同未完工，已完工程质量合格的，应当综合考虑建设工程施工合同实际履行情况，并应当注重发承包双方的过错和司法价值的取向等因素，合理确定已完工程价款。另外，在实务中，还有工程量比例折算法、工程款比例折算法等方法；故律师建议，发承包双方在建设工程施工合同中明确约定固定总价合同未完工，已完工程质量合格时，已完工程价款的计算方法，否则，裁判者就有了自由裁量的空间，最终裁判的结果可能对己方不利。

十三、以房抵款约定基本内容不明确，不能认定达成了以房抵款的合意

关 键 词： 以物抵债　以房抵款　合意

问题提出： 发承包双方在建设工程施工合同履行中约定以房抵顶工程款，但约定基本内容不明确，比如未明确具体房屋信息的，是否能认定为双方达成了以房抵款的合意？

案件名称： 奇台县蒙奇房地产开发有限公司建设工程施工合同纠纷案件[1]

裁判规则： 最高人民法院认为，发承包双方在建设工程施工合同履行中约定以房抵款，但约定基本内容不明确的，不能认定发包人和承包人达成了以房抵款的合意。

---

〔1〕（2019）最高法民申5468号。

案情简介

再审申请人（一审被告、反诉原告，二审上诉人）：奇台县蒙奇房地产开发有限公司（以下简称蒙奇房产公司）

被申请人（一审原告、反诉被告，二审被上诉人）：武汉和兴祥建筑工程有限公司（以下简称和兴祥建筑公司）

2011年8月18日，和兴祥建筑公司（乙方）与蒙奇房产公司（甲方）签订了《商业广场及酒店项目施工合同》，该合同约定由乙方以包工包料的方式总承包甲方开发的蒙奇商业广场工程项目，承包范围包括：土建工程、水电安装工程、装饰工程、室外配套工程等（电梯工程、园林绿化工程除外）。

上述合同签订后，和兴祥建筑公司即组织人力物力进场施工。

2011年9月18日，和兴祥建筑公司（乙方）与奇台县蒙奇投资管理有限公司（甲方）签订一份《昌吉商业广场建安工程建设工程施工合同补充协议》，该协议约定对原施工合同中第八条关于工程结算办法以及进度款支付的约定进行补充：工程竣工并结算审核完成后在合同约定的时间内，甲方不能按时按量地支付乙方工程款时，甲方可以将已竣工的可以投入使用的成品（如商场以及产权式酒店）等，按欠付的乙方工程款等价转交于乙方名下，转交价格按当地市场行情价格下浮15%，甲方无偿配合乙方营销，物业管理由甲方负责。

2012年6月28日，蒙奇房产公司针对案涉工程进行了招投标，和兴祥建筑公司中标，双方依据招投标文件签订了一份《建设工程施工合同》，并对该合同进行了备案。2015年2月12日，双方当事人又签订一份补充协议。

2016年6月8日，案涉工程的竣工验收资料在奇台县建筑工程质量监督站备案。备案资料中的五方验收意见表中未填写日期。其中设计单位竣工验收意见载明：2012年5月1日参加基础工程结构验收，2014年10月1日参加主体工程结构验收，同意验收结论。2014年10月1日参加竣工验收，经实地查验工程符合设计要求，使用功能可满足设计文件（含变更）的要求，同意验收意见。

2017年4月10日，双方当事人完成结算，并形成《蒙奇商业广场工程决算单》和《工程款支付确认表》，确认和兴祥建筑公司施工的蒙奇商业广场主体及配套工程结算总价为13,210万元，其中主体及配套工程12,660万元，装修工程款550万元。双方确认2011年至2017年4月9日，蒙奇房产公司已付工程款为102,806,634元，同时双方确认另有4,563,790元（其中包括代缴劳保统筹金60万元，垫付零星工程款40万元，代扣税金3,563,790元）亦应计入已付工程款。2018年6月26日，蒙奇房产公司通过以房抵债的方式向案外人胡某刚支付14万元。双方一致认可该14万元应计入已付工程款，截至2018年8月27日，蒙奇房产公司已付工程款总额为107,510,420元。

判决结果

一审判决：未回应以房抵债的问题。

二审判决：不予支持蒙奇房产公司认为和兴祥建筑公司不得请求给付工程款的上诉请求。

最高人民法院裁定：维持二审判决，驳回再审申请。

各方观点

蒙奇房产公司观点：2011年9月18日的《昌吉商业广场建安工程建设工程施工合同补充协议》是双方当事人就欠付工程款达成的以物抵债协议。

和兴祥建筑公司观点：蒙奇房产公司认为，依据2011年9月18日的补充协议，应当以以房抵债的方式履行给付义务的主张不能成立。首先，蒙奇房产公司在一审庭审过程中并不认可其应当按照2011年8月18日的施工合同履行义务，但其在上诉状中却以该合同的补充协议作为其主张的依据，显然自相矛盾，依据不足。其次，2011年8月18日的施工合同的甲方为蒙奇房产公司，而补充协议的甲方为奇台县蒙奇投资管理有限公司，二者主体不符。再次，补充协议并非以房抵债协议，在性质上更多是蒙奇房产公司为使我方尽快贷资施工，而做出的承诺和担保，绝非双方就以房抵债达成的合意。该补充协议不具备以房抵债协议的基本构成要求。2011年9月18日，商场以及酒店尚未建成，不存在可用于抵债的房屋；同时，蒙奇房产公司在履行建设工程施工合同过程中是否会拖欠工程款，以及具体拖欠的金额当时都未确定。也就是说，在2011年9月18日补充协议签署之日，既不存在债权，也不存在可用于抵债的房屋，不具备以房抵债的基本构成要件。最后，在司法实践中，即使双方签署了明确的以房抵债协议，若以房抵债协议尚未实际履行，则债权人请求确认抵债房产所有权归自己或者请求判决履行协议的，人民法院都不予支持，但是经法院释明，当事人要求继续履行原债权债务合同的，人民法院应当继续审理。

法院观点

二审法院观点：本院经审查认为，如双方达成以商品房抵偿工程欠款的协议，以下内容必须清楚明确：债权的数额、用以抵债的房屋的位置、面积及价格。而当事人在签订上述补充协议时，案涉工程刚开始施工，双方尚未形成债权债务关系，房屋亦未建成，以物抵债协议应当具备的基本内容均未确定。且从双方实际履行行为可见，在蒙奇房产公司给付的工程款中，存在以建成后的商品房抵偿的情况，双方另行签订商品房买卖合同，在该合同中对房屋的位置、面积及价格做出清楚明确的约定，从而确定抵偿的工程款的具体数额。综上，本院认为，2011 年 9 月 18 日的补充协议不具备以物抵债协议的基本内容，不能认为双方就案涉工程欠款达成了以商品房抵偿的合意。

最高人民法院观点：本案中，双方于 2011 年 9 月 18 日签订的《昌吉商业广场建安工程建设工程施工合同补充协议》约定："本工程竣工后，结算审核完成后在合同约定的时间内，甲方（蒙奇房产公司）不能按时按量的支付乙方（和兴祥建筑公司）工程款时，甲方可以将已竣工的可以投入使用的成品（如商场以及产权式酒店）等，按欠付的乙方工程款等价转交于乙方名下，转交价格按当地市场行情下浮 15%，甲方无偿配合乙方营销，物业管理由甲方管理。"该协议签订时，案涉工程刚开始施工，双方尚未形成债权债务关系，房屋亦未建成，以物抵债协议应当具备的基本内容均未确定。在双方实际履行合同过程中，存在蒙奇房产公司以建成后的商品房抵偿工程款的情况，但双方就此另行签订了商品房买卖合同，并对抵偿工程款的房屋的位置、面积及价格做出清楚明确的约定，确定了抵偿工程款的具体数额。据此，二审法院认定案涉《昌吉商业广场建安工程建设工程施工合同补充协议》不具备以物抵债协议的基本内容，不能认为双方就案涉工程欠款达成了以商品房抵偿的合意，该认定并无不当，本院予以维持。

法律规定

《民法典》第五百四十三条规定，当事人协商一致，可以变更合同。

《民法典》第五百四十四条规定，当事人对合同变更的内容约定不明确的，推定为未变更。

律师点评

以房抵款即以房折抵工程款的约定系诺成性合同，在工程款债权履行期限届满后，除了存在法定无效情形外，该约定原则上是有效的；以房抵款的约定实质上是对原建设工程施工合同中工程款支付的方式进行了变更，将工程款支付方式变更为发包人交付一定数量的房屋。《民法典》第五百四十四条规定，当事人对合同变更的内容约定不明确的，推定为未变更；依据前述法律规定，典型案例中发承包双方对以房抵款的内容约定不明确，推定为未变更工程款支付方式，即发承包双方对以房抵款未达成合意。

操作提示

在工程款债权履行期限届满后，除存在法定无效情形外，以房抵款的约定原则上是有效的，但是如果该约定的内容不明确，则应认定发承包双方对以房抵款并未达成合意；故律师建议，如果发承包双方拟通过以房抵款的方式支付工程款，须明确约定拟抵顶的具体的房屋信息，否则，应认定为双方未达成以房抵款的合意，约定内容不明确的以房抵款协议对发承包双方均没有约束力。

十四、工程款履行期限届满后，发包人和承包人约定以房抵款，且约定债之更改的，承包人不可以继续主张工程款

关 键 词：工程款　以房抵款　债之更改

问题提出：发承包双方在建设工程施工合同履行中，于工程款履行期限届满后，约定以房抵顶工程款，且约定债之更改，承包人仍然向发包人继续主张工

程款的，是否支持。

案件名称： 江苏南通三建集团股份有限公司、郑州卓泰房地产开发有限公司建设工程施工合同纠纷案件[1]

裁判规则： 最高人民法院认为，发承包双方在建设工程施工合同履行中，于工程款履行期限届满后，约定以房抵顶工程款，且约定债之更改的，承包人不能继续主张工程款。

案情简介

上诉人（原审原告）：江苏南通三建集团股份有限公司（以下简称南通三建公司）

被上诉人（原审被告）：郑州卓泰房地产开发有限公司（以下简称郑州卓泰公司）

被上诉人（原审被告）：长葛卓泰房地产开发有限公司（以下简称长葛卓泰公司）

原审第三人：东某祥

2012年6月1日，南通三建公司与郑州卓泰公司签订《建设工程施工合同》（葛韵华府一期）一份，同年8月1日，双方签订《建设工程施工合同补充协议》一份。2014年5月9日，南通三建公司与郑州卓泰公司签订《建设工程施工合同》（葛韵华府二期）一份。2015年3月10日，南通三建公司与郑州卓泰公司签订《建设工程施工合同》（葛韵华府三期）一份。

郑州卓泰公司是长葛卓泰公司的独资股东。2015年7月10日，南通三建公司与长葛卓泰公司签订《建设工程施工合同》（葛韵御府一期）一份。

南通三建公司依照上述四份合同及一份补充协议约定，派东某祥组织人员进行了施工。各方均认可东某祥是南通三建公司的员工，是以南通三建公司内部经营责任人身份组织施工的，南通三建公司也为东某祥缴纳了2012年8月至2019年5月的基本养老保险。葛韵华府一期工程施工结束后，南通三建公司与郑州卓泰公司签订了《长葛一期结算汇总》，结算总价款为：117,715,929.44元（注：以上价格不含社保、住房公积金、大型机械进出场

[1] （2020）最高法民终197号。

费用、结构检测费、墙改基金等），按合同约定，应扣合同总价款的5%作为保修金，应付款为111,830,113元。后因南通三建公司与郑州卓泰公司就葛韵华府二期、三期工程达不成结算协议，南通三建公司以郑州卓泰公司为被告诉至一审法院，请求判令支付工程欠款。

2018年2月6日，南通三建公司作为甲方，郑州卓泰公司、长葛卓泰公司作为乙方，东某祥作为丙方，三方自行达成《和解协议》。该协议约定，鉴于：(1) 甲方为乙方长葛葛韵华府一期、二期、三期，葛韵御府一期（以下统称长葛项目）的总承包单位，丙方为甲方总承包项目的内部经营责任人；(2) 丙方以个人名义在外融资3600万元，乙方自愿为其进行了担保；(3) 在施工过程中，双方就工程款支付问题产生纠纷，并诉至法院；(4) 长葛项目处于收尾阶段，工作量基本完成。为此，为保证长葛项目顺利完工并验收交付，经甲乙丙三方友好协商，就剩余工程款、项目应付款等问题达成如下一致意见。本协议签订后，甲乙双方确认就长葛项目所有未付工程款的支付，应遵循以下原则：(1) 乙方应支付至甲方指定的以下账户，乙方向其他账户、其他人支付的，均视为乙方未支付，甲方仍有权继续向乙方追索，并以追索金额为基数，以银行同期贷款利率三倍为标准，自违反本条款约定的支付之日起要求乙方支付利息至实际付清之日止。户名：南通三建公司，开户行：建行河南省郑州市金海支行，账号41×××18。(2) 协议签订后，涉及以房抵工程款的，必须由甲乙双方签订书面抵房协议，并加盖甲乙双方印章后才能生效；若乙方同意个人或项目部以甲方名义（无书面委托）办理的抵房或款项支付，均视为乙方没有向甲方支付相应的工程款，甲方仍可以向乙方追偿。

《和解协议》所附签署时间为2018年2月12日的《和解补充协议》约定：《和解协议》第一条，乙方已支付345,694,099.52元（含抵房款），乙方未经甲方同意直接支付于丙方，和解过程中，甲方对乙方行为表示谅解。但丙方违反内部经营责任制协议，私自收款且未经审核擅自使用工程款，丙方对此行为郑重道歉，并承诺协议签订后所有工程款必须进入甲方账户且经甲方审核后定向支付；否则，甲方一概不予认可。

南通三建公司以《和解协议》签订后郑州卓泰公司、长葛卓泰公司没有按照《和解协议》约定履行相关义务为由，提起本案诉讼，称经其结算已完工程造价为408,782,000.3元，要求支付下欠工程款。郑州卓泰公司、长葛卓泰公司对南通三建公司所称的已完成工程价款为408,782,000.3元无异议。

郑州卓泰公司、长葛卓泰公司提交南通三建公司《葛韵华府住宅抵账明细表》《葛韵华府商铺抵账明细表》《葛韵御府住宅抵账明细表》各一份，该表上列明了房号、面积、抵南通三建公司单价、抵付工程款数额、购房人、是否办证或签订合同；标明住宅房屋大部分已办证、少部分未办证，商铺均已签订合同、未办证；抵付工程款合计138,900,484元。东某祥于2017年11月在该三份表上签署“南通三建东某祥指定以上房源签售给上述购房人”的意见。郑州卓泰公司、长葛卓泰公司称《和解协议》确认的已支付工程款345,694,099.52元中含以房抵工程款143,543,893.6元，因根据长葛市相关规定，抵账的储藏室、地下车位不办证，称储藏室、地下车位也均已交付业主使用。郑州卓泰公司和长葛卓泰公司提交的、东某祥签字的《证明》上显示以车位、储藏室抵工程款。

判决结果

一审判决：认定房抵工程款为143,543,893.6元。

最高人民法院二审判决：维持一审该项判决。

各方观点

南通三建公司观点：抵顶工程款的房屋无法办理产权登记，郑州卓泰公司、长葛卓泰公司仍应承担相应的工程款支付义务。虽然各方签订了《房屋抵工程款协议书》，在《和解协议》中明确了已支付工程款包括房抵工程款，但并非所有协议载明的房屋均完成了登记手续，南通三建公司并未实际取得抵顶房屋的所有权，不能认定南通三建公司已实现了抵顶工程款的目的，南通三建公司仍有权向郑州卓泰公司、长葛卓泰公司主张相应的工程款，而不构成重复主张。

郑州卓泰公司和长葛卓泰公司观点：以房抵债的行为已经得到南通三建公司的确定和认可，事实上也已经抵债成功。《和解协议》已确认，至2017年12月25日，郑州卓泰公司、长葛卓泰公司已支付工程款345,694,099.52元，已明确包含以房抵工程款，抵顶的房屋已全部交付，除被法院查封的几套房屋外，都完成了备案手续，大部分住宅房屋已办证且无退房情形。在业主黄某丰起诉南通三建公司和郑州卓泰公司、长葛卓泰公司要求对抵顶房屋办理房屋产权登记一案中，南通三建公司在该案审理中，对以房抵债明确表示认可。无论是《和解协议》的约定，还是南通三建公司在法院审理过程中认可的内容，均构成自认。以案涉房屋价款143,543,893.6元抵顶工程款的目的已实现，郑州卓泰公司、长葛卓泰公司对此部分不应再重复支付。

法院观点

一审法院观点：三方在《和解协议》中确认，至2017年12月25日，郑州卓泰公司、长葛卓泰公司已支付工程款345,694,099.52元（含房抵工程款），诉讼中，郑州卓泰公司、长葛卓泰公司认可所含的房抵工程款为143,543,893.6元；虽然经东某祥签字确认的住宅和商铺部分的数额为138,900,484元，但还有未经南通三建公司或东某祥签字确认的储藏室、地下车位部分，储藏室、地下车位部分郑州卓泰公司、长葛卓泰公司提交的明细表列明了储藏室对应的房号、车位编号，东某祥出具的《证明》中显示以车位、储藏室抵工程款，储藏室、地下车位属于购房人、地下车位属于购房人购买房屋的配套部分且已交付购房人的工程款。故应确认2017年12月25日前郑州卓泰公司、长葛卓泰公司已支付工程款345,694,099.52元中含以房抵工程款143,543,893.6元，其他部分为2017年12月25日前郑州卓泰公司、长葛卓泰公司向南通三建公司实际支付的工程款。

最高人民法院二审观点：首先，关于案涉以房抵款金额问题。案涉《和解协议》中，经三方确认，至2017年12月25日，郑州卓泰公司、长葛卓泰公司已支付工程款345,694,099.52元（含房抵工程款）。一审中，郑州卓泰公司、长葛卓泰公司主张该345,694,099.52元中所含房抵工程款为143,543,893.6元，南通三建公司在一审庭审中陈述在签订和解协议时对该数额是认可的，但主张履行过程中并未履行上述金额的以房抵债，南通三建公司该陈述表明，其认可《和解协议》约定的已付工程款345,694,099.52元中含有房抵工程款143,543,893.6元，只是对实际履行金额有异议。南通三建公司二审期间提交的三份《房屋抵工程款协议书》显示房抵工程款合同数额为

131,050,320元，但该三份《房屋抵工程款协议书》所附房屋明细并非全部房屋，从郑州卓泰公司、长葛卓泰公司一审提交的经由东某祥签字认可的形成于《和解协议》签订之前的抵账明细表和东某祥2017年9月25日出具的《证明》内容来看，用以抵工程款的房屋数量超过三份《房屋抵工程款协议书》所附房屋明细载明的房屋数量，而且还包括车位和储藏室。郑州卓泰公司、长葛卓泰公司解释称由于长葛市规定抵账的储藏室、地下车位不办证不备案，故抵账储藏室、地下车位未列在抵账明细表中，并称储藏室、地下车位均已交付业主使用。上述解释有一定合理性，故一审判决认定以房抵债金额为143,543,893.6元并无不当。

其次，关于以房抵工程款效力问题。从案涉《和解协议》《和解补充协议》的约定看，各方并未约定必须将抵账房屋办至南通三建公司或其指定受让人名下才能达到抵顶工程款的效果；从郑州卓泰公司、长葛卓泰公司一审提交的南通三建公司《葛韵华府住宅抵账明细表》《葛韵华府商铺抵账明细表》《葛韵御府住宅抵账明细表》的内容看，住宅房屋大部分已办证、少部分未办证，商铺均已签订合同、未办证；从东某祥2017年9月25日出具的《证明》看，其委托郑州卓泰公司、长葛卓泰公司将抵工程款的房屋、车位、储藏室办理给第三方，没有办理网签及房产登记手续的也全部签订了转让协议并转让给第三方使用。上述事实表明，郑州卓泰公司、长葛卓泰公司已实际履行了以房抵工程款的义务，以房抵工程款的目的已实现，未办理过户手续的应由相关权利人另行主张权利，南通三建公司不能以此为由否定以房抵工程款的效力。虽然大部分抵顶工程款的房屋、车位、储藏室是由东某祥与郑州卓泰公司、长葛卓泰公司商定的，但是南通三建公司已经在《和解协议》《和解补充协议》中对郑州卓泰公司、长葛卓泰公司向东某祥支付345,694,099.52元（含房抵工程款）的行为表示了谅解，应当视为南通三建公司对东某祥经手的以房抵工程款已予以认可。故南通三建公司以案涉房屋未按照约定办理产权登记手续至南通三建公司或其指定受让人名下为由否认已抵工程款的效力，继而要求郑州卓泰公司、长葛卓泰公司仍应支付相应工程款的上诉请求缺乏事实依据，本院不予支持。

关联案例

案件名称： 中国建筑第二工程局有限公司、上海立天唐人投资集团有限公司建设工程施工合同纠纷案件[1]

法院观点： 该案件中最高人民法院认为，根据（2018）鲁民初6号生效判决认定的事实，章丘唐人公司、中国建筑第二工程局有限公司（以下简称中建二公司）及案外公司签订了一系列《工程款抵房协议》，其中部分抵顶房屋已经按照中建二公司的指示为案外人办理了过户手续，抵顶已经完成。双方对工程款结算达成了新的合意，应按照补充协议以及《工程款抵房协议》的约定履行合同义务，完成相应房屋的抵顶。中建二公司主张抵债房产已被第三人保全，无法执行，但涉案抵债房产大部分由中建二公司在（2018）鲁民初6号一案中申请查封，中建二公司能够根据该案生效判决办理房产抵顶手续。虽然少部分房产被济南市中级人民法院、济南市章丘区人民法院查封，但查封的时间是在（2018）鲁民初6号判决作出后。《最高人民法院关于人民法院办理财产保全案件若干问题的规定》第二十七条第一款规定："人民法院对诉讼争议标的以外的财产进行保全，案外人对保金裁定或者保全裁定实施过程中的执行行为不服，基于实体权利对被保全财产提出书面异议的，人民法院应当依照民事诉讼法第二百二十七条规定审查处理并作出裁定。案外人、申请保全人对该裁定不服的，可以自裁定送达之日起十五日内向人民法院提起执行异议之诉。"中建二公司在办理涉案抵顶房产手续时发现涉案房产被法院保全，可以对查封的房产提出执行异议，请求排除对该部分房产的强制执行。中建二公司未提出执行异议，并不能证明《工程款抵房协议》无法继续履行，其主张解除《工程款抵房协议》，合同和法律依据不足。中建二公司要求章丘唐人公司、上海立天唐人投资集团有限公司另行支付工程款并享有建设工程价款优先受偿权的理由不能成立，原判决未予以支持，并无不当。

法律规定

《民法典》第五百零九条规定，当事人应当按照约定全面履行自己的义务。当事人应当遵循诚信原则，根据合同的性质、目的和交易习惯履行通知、协助、保密等义务。当事人在履行合同过程中，应当避免浪费资源、污染环境和破坏生态。

---

[1]（2020）最高法民申6399号。

律师点评

《最高人民法院公报》2017 年第 9 期《通州建总集团有限公司与内蒙古兴华房地产有限责任公司建设工程施工合同纠纷案》中裁判摘要认为，当事人于债务清偿期届满后达成的以物抵债协议，可能构成债的更改，即成立新债务，同时消灭旧债务；亦可能属于新债清偿，即成立新债务，与旧债务并存。基于保护债权的理念，债的更改一般需有当事人明确消灭旧债的合意，否则，当事人于债务清偿期限届满后达成的以物抵债协议，性质一般应为新债清偿。在新债清偿情形下，旧债务于新债务履行之前不消灭，旧债务和新债务处于衔接并存的状态；在新债务合法有效并得以履行完毕后，因完成了债务清偿义务，旧债务才归于消灭。在债权人与债务人达成以物抵债协议、新债务与旧债务并存时，确定债权是否得以实现，应以债务人是否按照约定全面履行自己义务为依据，若新债务届期不履行，致使以物抵债协议目的不能实现，债权人有权请求债务人履行旧债务，且该请求权的行使，并不以以物抵债协议无效、被撤销或者被解除为前提。故典型案例中发包人和承包人已约定以房抵款，且约定债之更改，依据《民法典》第五百零九条第一款规定，承包人不能向发包人继续主张工程款。

操作提示

工程款履行期限届满，发包人和承包人约定以房抵款，且约定债之更改的，承包人不能继续主张工程款；故律师建议，发承包双方如果确定以房抵款并约定债之更改，一定要约定明确，否则，应认定双方未达成债之更改的合意，发包人未按照约定清偿新债的即未按照约定交付房屋抵顶工程款的，承包人可以继续向发包人主张工程款。

十五、约定的质量保证金返还期限未满，缺陷责任期届满的，发包人不应当返还质量保证金

关 键 词： 质量保证金　缺陷责任期　质保金返还期限

问题提出： 在建设工程施工合同履行中，约定的质量保证金返还期限未满，缺陷责

任期届满的，发包人主张不应当返还质量保证金，是否支持。

案件名称： 江苏南通二建集团有限公司、长春万旌房地产开发有限公司建设工程施工合同纠纷案件[1]

裁判规则： 最高人民法院认为，在建设工程施工合同履行中，约定的质量保证金返还期限未满，缺陷责任期届满的，发包人不应当返还质量保证金。

案情简介

上诉人（一审原告、反诉被告）：江苏南通二建集团有限公司（以下简称南通二建）

上诉人（一审被告、反诉原告）：长春万旌房地产开发有限公司（以下简称万旌公司）

2010年4月28日，发包人万旌公司与承包人南通二建签订《建设工程施工合同（示范文本）》。同日，发包方万旌公司（甲方）与承包方南通二建（乙方）签订了《长春万旌房地产开发有限公司综合楼工程施工合同（补充条款）》。双方当事人在合同附件中约定的工程进度款及工程结算价款的支付的内容为：万旌公司按南通二建工程结算总造价的5%暂留，作为工程质量保修金，保修期限为5年。万旌公司保修金返还：保修金不支付利息，扣除已发生的保修费用后支付，保修期满两年后返3%，保修期满三年后返1%，保修期满五年后返1%。其他保修责任及相关事宜执行合同文本之规定。

2010年6月26日，发包人万旌公司与承包人南通二建又签订了一份《建设工程施工合同》（示范文本）。2010年4月29日，发包方万旌公司与承包方南通二建签订了《工程承包施工补充协议》。万旌公司（发包方、甲方）与南通二建（承包方、乙方）还签订了《长春万旌房地产开发有限公司综合楼工程施工合同（B区、C区补充条款）》。2014年1月25日，发包方万旌公司（甲方）与承包方南通二建（乙方）签订了《长春万旌房地产开发有限公司综合楼工程施工合同补充协议二》。

在南通二建施工中及施工后，万旌公司发包的钢结构、消防、电梯等工程相继施工。案涉工程于2015年投入使用。万旌公司于2015年8月27日签

---

[1]（2020）最高法民终191号。

收了南通二建移交的工程结算书及相关资料。

判决结果

一审判决：质量保修金按照约定的返还期限执行。

最高人民法院二审判决：维持该项判决。

各方观点

南通二建观点：截至2019年1月1日案涉工程竣工已满4年，一审法院于2019年5月24日作出一审判决，当时仅有1%质保金未到期，一审法院认定质保金返还数额正确。

万旌公司观点：（1）案涉工程未经竣工验收，不应起算质保期，也不应向南通二建公司支付质保金。（2）案涉工程未办理竣工验收是因南通二建未向质监站提交工程竣工资料，并非因万旌公司原因，一审法院判决万旌公司全额支付工程价款没有事实依据。

法院观点

一审法院观点：案涉工程造价为151,970,358.04元，依据双方关于“甲方按乙方工程结算总造价的5%暂留，作为工程质量保修金，保修期限为5年”的约定，以及关于“保修金不支付利息，扣除已发生的保修费用后支付，保修期满两年后返3%，保修期满三年后返还1%，保修期满五年后返1%。其他保修责任及相关事宜执行合同文本之规定”的约定，保修金应为7,598,517.9元，并应依约返还。因万旌公司主张南通二建于2014年年末全部撤走，工程的商场部分于2015年11月28日开始营业，写字楼部分于2015年5月开始使用，故一审法院酌定案涉工程已于2015年1月1日由南通二建交付万旌公司使用，保修期应自2015年1月1日起算。因此，万旌公司目前能保留工程造价1%的保修金即1,519,703.58元。

最高人民法院二审观点：一审判决认定工程造价及工程交付时间均无不当，在此基础上计算案涉工程质保金数额及质保期起算时间亦无不当。

法律规定

《建工司法解释（一）》第十七条规定，有下列情形之一，承包人请求发包人返还工程质量保证金的，人民法院应予支持：（一）当事人约定的工程质量保证金返还期限届满；（二）当事人未约定工程质量保证金返还期限的，自建设工程通过竣工验收之日起满二年；（三）因发包人原因建设工程未按约定期限进行竣工验收的，自承包人提交工程竣工验收报告九十日后当事人约定的工程质量保证金返还期限届满；当事人未约定工程质量保证金返还期限的，自承包人提交工程竣工验收报告九十日后起满二年。发包人返还工程质量保证金后，不影响承包人根据合同约定或者法律规定履行工程保修义务。

律师点评

《建工司法解释（一）》第九条规定，当事人对建设工程实际竣工日期有争议时，建设工程未经竣工验收，发包人擅自使用的，以转移占有建设工程之日为竣工日期；典型案例中案涉工程于2015年交付使用，依据前述司法解释，应认定2015年为竣工日期。《建工司法解释（一）》第十七条规定，有下列情形之一，承包人请求发包人返还工程质量保证金的，人民法院应予支持：(1) 当事人约定的工程质量保证金返还期限届满；(2) 当事人未约定工程质量保证金返还期限的，自建设工程通过竣工验收之日起满二年。案涉工程于2015年通过竣工验收，吉林省高级人民法院于2019年5月24日作出一审判决，故依据前述司法解释和合同附件约定，吉林省高级人民法院判决除1%质保金外，其余4%质保金已达到付款条件。山东省高级人民法院、河北省高级人民法院、北京市高级人民法院和宁波市中级人民法院对此问题的意见可供参考。《山东省高级人民法院关于印发全省民事审判工作会议纪要的通知》(鲁高法〔2011〕297号）第三条第七项规定，建设工程质量保修金是发包人与承包人在建设工程施工合同中约定，从应付的工程款中预留，用以保证承包人在保修期内对建设工程出现的质量缺陷进行维修的资金。其主要功能在于担保建设工程竣工验收并交付使用后在保修期限内出现的质量缺陷问题。与质量保修金相联系的是质量保证金。依据原建设部、财政部《建设工程质量保证金管理暂行办法》（已失效）的规定，建设工程质量保证金（保修金）

是发包人与承包人在建设工程承包合同中约定，从应付的工程款中预留，用以保证承包人在缺陷责任期内对建设工程出现的缺陷进行维修的资金。从上述规定来看，建设工程质量保修金和保证金属于相同性质的费用，功能也是相同的。由于质量保修金对应的是质量保修期，而质量保证金对应的是缺陷责任期，司法实务中对于保修金或者保证金的返还时间发生争议。质量保修期与缺陷责任期是两个不同的概念，质量保修期是指建设工程在正常使用条件下的法定最低保修期限，在此期限内承包人对建设工程出现的质量问题负有保修义务。而缺陷责任期是指质量保证金的预留期限，最长为2年，缺陷责任期满，发包人应当将保证金返还给承包人。因二者期限不同，质量保修期长于缺陷责任期。因此，当事人对质量保修金返还期限有约定的，从其约定；没有约定或约定不明的，缺陷责任期满后，发包人应当将质量保修金返还给承包人，即发包人应当自接受建设工程之日起2年内将质量保修金返还给承包人。《河北省高级人民法院关于印发〈建设工程施工合同案件审理指南〉的通知》（冀高法〔2018〕44号）第四十三条规定，当事人对质量保证金返还期限有约定的，承包人请求按照约定返还工程质量保证金的，人民法院应予支持。没有约定或约定不明的，适用《建设工程质量保证金管理办法》（建质〔2016〕295号，已失效）第二条规定，缺陷责任期最长为2年。发包人应在最长缺陷责任期（2年）期满后将质量保证金返还承包人。质量保证金的期限自工程竣工验收合格之日起算；工程因发包人原因未能竣工验收的，自承包人提交工程竣工验收报告90日后起算。发包人返还质量保证金后，不影响承包人依照合同约定或法律规定履行工程保修义务。《北京市高级人民法院关于审理建设工程施工合同纠纷案件若干疑难问题的解答》（2012年8月6日，京高法发〔2012〕245号）第三十一条第三款规定，当事人就工程质量保修金返还期限有约定的，依照其约定，但不影响承包人在保修期限内承担质量保修责任；没有约定或约定不明的，工程质量保修金返还期限为工程竣工验收合格之日起24个月。《宁波市中级人民法院关于审理建设工程施工合同纠纷案件疑难问题解答》（2018年）第九条规定，承包人要求返还工程质量保修金，应如何处理？答：建设工程施工合同中约定了工程质量保修金返还期限的，依照合同约定处理；合同中未约定或约定不明的，工程质量保修金返还期限为工程竣工验收合格之日起24个月。

另外，需要特别说明的是，实务中也有不同观点，比如《深圳市中级人民法院关于建设工程合同若干问题的指导意见》（2010 年修订）第三十六条规定，当事人约定保修金在保修期届满后支付的，地基基础工程及主体结构工程的保修金应在工程竣工验收 2 年后返还。《民法典合同编理解与适用[三]》认为，缺陷责任期内，由承包人原因造成的缺陷，承包人负责维修，并承担鉴定及维修费用；如承包人未履行缺陷修复义务，则发包人可以按照合同约定扣除质量保证金，并由承包人承担相应的违约责任。缺陷责任期届满，发包人应当返还工程质量保证金。

操作提示

《建设工程质量保证金管理办法》第二条规定，本办法所称建设工程质量保证金是指发包人与承包人在建设工程承包合同中约定，从应付的工程款中预留，用以保证承包人在缺陷责任期内对建设工程出现的缺陷进行维修的资金。缺陷是指建设工程质量不符合工程建设强制性标准、设计文件，以及承包合同的约定。缺陷责任期一般为 1 年，最长不超过 2 年，由发、承包双方在合同中约定。约定的质量保证金返还期限未满，缺陷责任期届满的，发包人不应当返还质量保证金。故律师建议，如果发承包双方拟根据《建设工程质量保证金管理办法》第二条规定将缺陷责任期作为认定返还质量保证金的期限，双方一定要明确约定，否则，缺陷责任期满后，承包人主张发包人返还质量保证金的，可能不会得到支持。

十六、质保金返还期限起算时间无法确定，承包人不能主张质量保证金

关 键 词： 质保金　返还期限　起算时间

问题提出： 发承包双方在建设工程施工合同履行中，约定了质保金的返还期限，但质保金返还期限起算时间无法确定，承包人向发包人主张质量保证金的，是否支持。

案件名称： 泸州市第七建筑工程公司、贵州金鸿宇房地产开发有限公司建设工程施

工合同纠纷案件[1]

裁判规则：最高人民法院认为，发承包双方在建设工程施工合同履行中，约定了质保金的返还期限，但质保金返还期限起算时间无法确定的，承包人向发包人主张质量保证金，不予支持。

案情简介

上诉人（一审原告）：泸州市第七建筑工程公司（以下简称泸州七建）

被上诉人（一审被告）：贵州金鸿宇房地产开发有限公司（以下简称金鸿宇公司）

2010年11月11日，金鸿宇公司作为发包人，贵州建工集团第七建筑工程有限责任公司作为承包人签订《建设工程施工合同》，约定由贵州建工集团第七建筑工程有限责任公司承建金南商城1—4号楼。2011年6月14日，金鸿宇公司作为建设单位，贵州建工集团第七建筑工程有限责任公司作为施工单位申请办理了金南商城2号楼、3号楼的建设工程施工许可证。2012年5月2日，金鸿宇公司作为发包人与泸州七建签订了《建设工程施工合同》，约定由泸州七建承建金南商城1号楼。2013年8月1日，金鸿宇公司作为建设单位，泸州七建作为施工单位申请办理了金南商城1号楼的建设工程施工许可证。

泸州七建向一审法院提交的《建设工程结算书》载明，1—3号楼工程结算总价为83,008,020元。泸州七建自认金鸿宇公司已支付工程款5000万元。2019年5月23日，泸州七建申请追加贵州建工集团第七建筑工程有限责任公司作为第三人参加诉讼。2019年9月25日，贵州建工集团第七建筑工程有限责任公司向一审法院说明：其公司与金鸿宇公司于2010年11月11日签订了《建设工程施工合同》，该合同主要约定金鸿宇公司将金南商城1—4号楼，建筑面积约81,000平方米发包给贵州建工集团第七建筑工程有限责任公司施工，并于2011年6月5日办理了金南商城2号楼、3号楼的建设工程施工许可证。《建设工程施工合同》签订后，贵州建工集团第七建筑工程有限责任公司就合同约定的2号楼基础及临时设施，合同外边坡进行施工。因各种原因，

---

[1] （2020）最高法民终375号。

双方根据实际情况，解除了 2010 年 11 月 11 日签订的《建设工程施工合同》，双方于 2012 年 3 月 8 日签订了书面《解除合同协议书》，现双方就 2012 年 3 月 8 日签订的《解除合同协议书》约定的内容各自履行完毕。一审法院认为，贵州建工集团第七建筑工程有限责任公司在本案中不享有权利也不承担义务，不应该是本案的诉讼当事人。故不应当追加其为本案第三人参加诉讼。

判决结果

一审判决：对泸州七建的诉讼请求不予支持。

最高人民法院二审判决：质量保修金应暂予扣除。

各方观点

泸州七建观点：工程结算书可以作为案涉工程的结算依据，金鸿宇公司应当支付质量保修金。

法院观点

一审法院观点：《建设工程结算书》不能作为案涉工程的结算依据。为查清本案事实，一审法院向泸州七建释明，应当对案涉工程的造价进行鉴定，通过鉴定可以明确施工范围和工程的实际造价。但泸州七建拒不申请对案涉工程造价进行鉴定。根据《最高人民法院关于适用〈中华人民共和国民事诉讼法〉的解释》第九十条关于“当事人对自己提出的诉讼请求所依据的事实或者反驳对方诉讼请求所依据的事实，应当提供证据加以证明，但法律另有规定的除外。在作出判决前，当事人未能提供证据或者证据不足以证明其事实主张的，由负有举证证明责任的当事人承担不利的后果”之规定，由于泸州七建提交的《建设工程结算书》不能作为案涉工程的结算依据，其又拒绝申请对案涉工程造价进行鉴定，故应当承担举证不能的后果。综上所述，一审法院对泸州七建的诉讼请求不予支持。

最高人民法院观点：根据《建设工程施工合同》约定，在结算审核定案后 20 个工作日内，金鸿宇公司应向泸州七建支付结算总价 98% 的工程款，余 2% 作为质量保修金，保修期满两年，金鸿宇公司支付工程质量保修金的

80%；保修期满5年后的20个工作日内，金鸿宇公司支付剩余质量保修金。2018年1月10日《建设工程结算书》确定的工程造价为83,008,020元，泸州七建诉请的工程款金额中包含了质量保修金的退还，但因案涉工程未竣工验收，且业主入住使用时间不明，保修期起算时间无法确定，质量保修金依法应暂予扣除，故金鸿宇公司在本案中应支付泸州七建的工程价款为83,008,020×98%＝81,347,859.6元。

法律规定

《建工司法解释（一）》第十七条规定，有下列情形之一，承包人请求发包人返还工程质量保证金的，人民法院应予支持：（一）当事人约定的工程质量保证金返还期限届满；（二）当事人未约定工程质量保证金返还期限的，自建设工程通过竣工验收之日起满二年；（三）因发包人原因建设工程未按约定期限进行竣工验收的，自承包人提交工程竣工验收报告九十日后当事人约定的工程质量保证金返还期限届满；当事人未约定工程质量保证金返还期限的，自承包人提交工程竣工验收报告九十日后起满二年。发包人返还工程质量保证金后，不影响承包人根据合同约定或者法律规定履行工程保修义务。

律师点评

案例中发承包双方约定将保修期满两年和保修期满5年作为质量保证金返还的期限；依据《建设工程质量管理条例》第四十条第三款规定，建设工程的保修期，自竣工验收合格之日起计算；案涉工程的竣工验收合格之日无法确定，故质量保证金返还期限起算时间无法确定，在无法确定质量保证金返还期限起算时间的情况下，质量保证金只能暂予扣除，待可以确定质量保证金返还期限起算时间即案涉工程竣工验收合格日期后，承包人可以另行向发包人主张返还质量保证金。

操作提示

质量保证金返还期限起算时间无法确定的，承包人不可以主张质量保证金。故律师建议，承包人在施工管理中应注意收集和留存案涉工程竣工验收合格之日的有关证据材料，否则，无法确定质量保证金返还期限起算时间的，承包人不能向发包人主张质量保证金。

十七、承包人在发包人出具的罚款单上签字但未明确认可的，该罚款不能认定为已付工程款

关 键 词：罚款单　签字　已付工程款

问题提出：在建设工程施工合同履行中，承包人在发包人出具的罚款单上签字但未明确认可的，该罚款能否认定为已付工程款呢？

案件名称：河北时代豪庭房地产开发有限公司、杜班建设有限公司建设工程施工合同纠纷案件〔1〕

裁判规则：最高人民法院认为，在建设工程施工合同履行中，承包人在发包人出具的罚款单上签字但未明确认可的，该罚款不能认定为已付工程款。

案情简介

上诉人（原审被告、反诉原告）：河北时代豪庭房地产开发有限公司（以下简称时代豪庭公司）

被上诉人（原审原告、反诉被告）：杜班建设有限公司（以下简称杜班公司）

2013 年 7 月 21 日，杜班公司和时代豪庭公司签订《北方嘉园一期工程建设工程施工合同》，由杜班公司承建时代豪庭公司开发的北方嘉园一期项目，工程内容为北方嘉园 1—6#住宅楼，双方约定了工程进度款的支付条件及金额等。杜班公司和时代豪庭公司还签订了北方嘉园一期车库《施工合同》。上述合同签订后，杜班公司进场施工。2015 年 2 月 1 日，时代豪庭公司向杜班公司北方嘉园一期工程项目负责人发出《关于北方嘉园一期工程未能及时交房造成业主延误赔偿事项罚款通知》，其载明交房时间从 2014 年 11 月 30 日至 2015 年 4 月 30 日共延期 5 个月，应向业主赔偿违约金 3,039,000 元，由杜班公司承担。希望杜班公司积极落实工程进度，若后续工程再拖延，由杜班公

〔1〕（2020）最高法民终 871 号。

司向业主继续赔偿其经济损失，此次赔偿业主违约金责任全部由杜班公司造成。工程延误原因如下：人员不足，管理混乱，安全文明施工不到位。甲方（时代豪庭公司）拨付工程款去向不明，导致材料、人工费未及时支付。乙方（杜班公司）工程质量不达标，经常返工，导致工期延误。乙方农民工经常捣乱、封门、关电导致工期延误……杜班公司北方嘉园一期工程项目负责人在该罚款通知上签字。2015 年 3 月 12 日，杜班公司和时代豪庭公司签订北方嘉园 1—6#楼及地下车库《补充协议》。2015 年 3 月 15 日，杜班公司和时代豪庭公司签订北方嘉园 7—10#楼工程补充协议书。2015 年 10 月 5 日，施工单位、建设单位和监理单位就截至 2015 年 9 月 30 日北方嘉园二期工程形象进度进行了确认。2015 年 11 月 6 日，时代豪庭公司等四公司联合向衡水市委递交《关于浙江杜班建设集团在衡工程全面停工的紧急报告》。2015 年 11 月 11 日，时代豪庭公司向杜班公司发出解除合同通知函。2015 年 11 月 12 日，中共衡水市委办公室呈批笺请市领导对《关于浙江杜班建设集团在衡工程全面停工的紧急报告》反映的问题作出批示。2015 年 11 月 27 日，武强县住房和城乡规划建设局形成会议纪要：2015 年 9 月 29 日，杜班公司项目无故停止了施工，停工后多次组织农民工到县信访、人社、住建局，经多次协调，现基本解决了工人工资问题。经研究决定：（1）同意时代豪庭公司与杜班公司解除北方嘉园二期工程施工合同。（2）时代豪庭公司和杜班公司就解除合同后的委托按照有关规定双方妥善解决，确保不拖欠工人工资。本案诉讼过程中，一审法院委托河北汉丰造价师事务所有限公司对北方嘉园 7—10#住宅楼及二期地下车库进行工程造价鉴定，该公司出具了河北省武强县北方嘉园二期项目《工程造价鉴定意见书（征求意见稿）》《工程造价鉴定意见书》《工程造价鉴定意见书》的更正及说明，并对杜班公司和时代豪庭公司的异议均作出了书面答复，鉴定人员亦出庭接受了质询。

判决结果

一审判决：时代豪庭公司及监理公司对杜班公司的罚款 203,500 元不能计入已付工程款。

最高人民法院二审判决：驳回上诉，维持原判。

各方观点

时代豪庭公司观点：时代豪庭公司及监理公司对杜班公司的罚款203,500元应计入已付工程款。

杜班公司观点：时代豪庭公司及监理公司对杜班公司的罚款203,500元不应计入已付工程款。

法院观点

一审法院观点：关于时代豪庭公司及监理公司对杜班公司罚款203,500元。罚款单上虽有杜班公司施工人员签字，但其并无明确认可罚款数额的意思表示，故不能认定杜班公司同意时代豪庭公司的罚款数额。该203,500元不能计入已付工程款。

法律规定

《民法典》第一百四十条规定，行为人可以明示或者默示作出意思表示。沉默只有在有法律规定、当事人约定或者符合当事人之间的交易习惯时，才可以视为意思表示。

《民法典》第四百七十一条规定，当事人订立合同，可以采取要约、承诺方式或者其他方式。

《民法典》第五百八十五条规定，当事人可以约定一方违约时应当根据违约情况向对方支付一定数额的违约金，也可以约定因违约产生的损失赔偿额的计算方法。约定的违约金低于造成的损失的，人民法院或者仲裁机构可以根据当事人的请求予以增加；约定的违约金过分高于造成的损失的，人民法院或者仲裁机构可以根据当事人的请求予以适当减少。当事人就迟延履行约定违约金的，违约方支付违约金后，还应当履行债务。

律师点评

典型案例中的罚款可以理解为《民法典》第五百八十五条规定的违约金，发包人并无证据证明承包人违约且应按照约定承担违约金；就罚款事宜发承包双方可以通过要约、承诺方式确定；承包人施工人员签字仅能证明收到罚款单，承包人对罚款单保持沉默；《民法典》第一百四十条第二款规定，沉默只有在有法律规定、当事人约定或者符合当事人之间的交易习惯时，才可以视为意思表示；典型案例中，不存在沉默可以视为意思表示的情形；故法院认定承包人对罚款并未明确认可，罚款数额不能计入已付工程款。

操作提示

承包人在发包人出具的罚款单上签字但未明确认可的，该罚款不能认定为已付工程款。故律师建议，发包人认为承包人违约的，一定要收集并留存确实充分的证据材料证明己方主张，否则裁判者可能不予认定；如果发承包双方拟规定沉默构成意思表示，建议双方明确约定沉默构成意思表示并视为认可，在发包人向承包人出具罚款单后，承包人保持沉默的，按照约定可以认定承包人认可该罚款单。

十八、工程量清单未列入但施工设计图已列入的项目，该项目不属于漏项

关 键 词：工程量清单　施工设计图　漏项

问题提出：工程量清单作为招标文件的组成部分，其未列入但施工设计图已列入的项目，该项目是否属于漏项呢？

案件名称：广元市川越建筑劳务有限公司、中国水利水电第八工程局有限公司建设工程施工合同纠纷案件〔1〕

裁判规则：最高人民法院认为，工程量清单作为招标文件的组成部分，其未列入但施工设计图已列入的项目，该项目不属于漏项，发包人无须就该项目另行支付工程价款。

〔1〕（2020）最高法民终912号。

案情简介

上诉人（原审原告）：广元市川越建筑劳务有限公司（以下简称川越劳务公司）

上诉人（原审被告）：中国水利水电第八工程局有限公司（以下简称水利水电八局）

上诉人（原审被告）：长江勘测规划设计研究有限责任公司（以下简称长江设计公司）

原审被告：广元市扶贫和移民工作局（现广元市扶贫开发局）

原审被告：广元市昭化区人民政府

2010年9月2日，广元市人民政府移民办公室（现扶贫移民局）、广元市元坝区人民政府（现昭化区政府）（甲方）与长江设计公司（乙方）签订了合同编号为TZKYM201O－002的《四川省嘉陵江亭子口水利枢纽库区元坝区部分交通复建工程委托建设合同》，约定将包括案涉工程项目的嘉陵江亭子口水利枢纽库区广元市元坝区等级以上公路和桥梁，库周交通大、中型桥梁的复建工程委托长江设计公司代建，委托代建费用暂定为人民币252,850,361元。

经长江设计公司组织招标，水利水电八局中标，长江设计公司于2011年3月22日向水利水电八局发出《中标通知书》。2011年3月21日长江设计公司与水利水电八局就施工合同进行谈判并形成纪要。2011年4月，长江设计公司与水利水电八局签订（编号：TZKKQ－SG－10）《嘉陵江亭子口水利枢纽库区广元市元坝区宝红路、虎七路1段、虎陈路、昭化镇天雄村路公路复建工程施工合同文件》，将嘉陵江亭子口水利枢纽库区广元市元坝区宝红路、虎七路1段、虎陈路、昭化镇天雄村路公路复建工程发包给水利水电八局承建。

2012年5月12日，水利水电八局五分局嘉陵江亭子口水利枢纽库区公路复建工程项目部（甲方）作为发包人与川越劳务公司（乙方）作为承包人签订了《复建工程施工分包合同》一份，主要约定：由川越劳务公司承包嘉陵江亭子口水利枢纽库区广元市元坝区宝红路、虎七路1段、虎陈路、昭化镇天雄村路公路路基、路面及附属设施的实施、完成及缺陷修复的所有项目（业主及甲方指定的分包除外），具体以施工图（含业主同意变更的部分）为准。2012 年 5 月 18 日，水利水电八局五分局嘉陵江亭子口水利枢纽库区公路复建工程项目部（甲方）与川越劳务公司（乙方）签订《分包合同补充协议》，约定：本工程所需主材由甲方指定生产厂家（水泥、钢筋、钢绞线），乙方采购，并满足业主主合同质量要求。2013 年 1 月 19 日，水利水电八局五分局嘉陵江亭子口水利枢纽库区公路复建工程项目部（甲方）作为发包人与川越劳务公司（乙方）作为分包人针对工程实际施工过程中新增项目的工程量计价签订了《嘉陵江亭子口水利枢纽库区广元市元坝区宝红路、虎七路 1 段、虎陈路、昭化镇天雄村路公路复建工程施工分包合同补充协议》一份。

川越劳务公司承包工程后，监理机构于2011 年 10 月 7 日签发合同项目开工令，并确定实际开工日期为 2011 年 9 月 12 日。川越劳务公司实际于 2011 年 9 月 12 日组织人员、机械进场施工，陆续完成道路、桥梁施工作业。为保畅通，案涉路段边建边通车，在工程验收完工移交前，已经实际投入使用。2015 年 1 月 9 日，案涉工程经检测达到完工移交条件后，长江设计公司及昭化区政府职能部门接收工程，完成公路桥梁移交手续。

另查明：川越劳务公司成立于2011 年 3 月 17 日，注册资本为 100 万元，经营范围为铁路、道路、隧道和桥梁工程建筑劳务分包。

判决结果

一审判决：未将大田湾中桥施工设计图桥台填筑 30cm 厚砂砾石透水层计入工程价款。

最高人民法院二审判决：维持该项判决。

各方观点

川越劳务公司观点：大田湾中桥施工设计图桥台填筑 30cm 厚砂砾石透水层在工程量清单中未列入，属于漏项，故该项目造价应计入工程价款。

长江设计公司观点：根据招标文件技术规范第 404 节第 4 条，桥台路基填筑及锥坡填土在第 204 节内计量支付，故大田湾中桥施工设计图设计桥台填筑 30cm 厚砂砾石透水层不属于清单漏项。

法院观点

一审法院观点：大田湾中桥施工设计图桥台填筑 30cm 厚砂砾石透水层不应计入工程价款。

最高人民法院二审观点：大田湾中桥施工设计图设计有桥台填筑 30cm 厚砂砾石透水层，投标时已向投标人提供了设计图，此时合同工程量清单中未列入，也可认为系投标单位已按招标文件和合同约定自行考虑报价，在业主不同意做变更处理的情况下，川越劳务公司要求直接计量缺乏依据，其上诉理由不能成立。

法律规定

中华人民共和国住房和城乡建设部公告第 1567 号，现批准《建设工程工程量清单计价规范》为国家标准，编号为 GB50500 - 2013，自 2013 年 7 月 1 日起实施。其中，第 3. 1. 1、3. 1. 4、3. 1. 5、3. 1. 6、3. 4. 1、4. 1. 2、4. 2. 1、4. 2. 2、4. 3. 1、5. 1. 1、6. 1. 3、6. 1. 4、8. 1. 1、8. 2. 1、11. 1. 1 条（款）为强制性条文（下画线部分），必须严格执行。原国家标准《建设工程工程量清单计价规范》GB50500 - 2008 同时废止。本规范由我部标准定额研究所组织中国计划出版社出版发行。

《工程量清单计价规范》第 4. 1. 2 条规定，招标工程量清单必须作为招标文件的组成部分，其准确性和完整性应由招标人负责。

律师点评

《工程量清单计价规范》第 4. 1. 2 条规定，招标工程量清单必须作为招标文件的组成部分，其准确性和完整性应由招标人负责；虽然《工程量清单计价规范》第 4. 1. 2 条规定系强制性条文，必须执行，但是前述规定不是法律、行政法规的效力性强制性规定，故典型案例中最高人民法院并未依据第 4. 1. 2 条规定认定工程量清单的准确性和完整性由发包人负责；典型案例中最高人民法院认为，发包人在招标文件中已经提供了施工设计图，工程量清单未列入但施工设计图中已经列入的施工项目不属于漏项，承包人不能就该施工项目要求发包人另行支付工程价款。

操作提示

工程量清单未列入但施工设计图已列入的相关项目不属于漏项。故律师建议承包人在投标时复核工程量清单和施工设计图的工程量是否一致，是否存在漏项，如果存在漏项，需要及时向发包人澄清；如果承包人不复核，则存在工程量清单未列入但施工设计图已列入的项目的，承包人就该项目向发包人主张工程价款的，可能不予支持。

十九、工程量清单说明规定，未列子目不予计量，其费用应视为均已分摊在合同工程的有关子目的单价或总价中，相关子目不属于漏项

关 键 词： 工程量清单 子目 漏项

问题提出： 工程量清单是招标文件的组成部分，工程量清单说明规定，未列子目不予计量，其费用应视为均已分摊在合同工程的有关子目的单价或总价中，相关子目不属于漏项；承包人要求发包人支付该有关子目的工程价款的，是否支持。

案件名称： 广元市川越建筑劳务有限公司、中国水利水电第八工程局有限公司建设工程施工合同纠纷案件[1]

裁判规则： 最高人民法院认为，工程量清单说明规定，未列子目不予计量，其费用应视为均已分摊在合同工程的有关子目的单价或总价中，相关子目不属于漏项的，从其规定；承包人要求发包人支付该有关子目的工程价款的，不予支持。

案情简介

上诉人（原审原告）：广元市川越建筑劳务有限公司（以下简称川越劳务公司）

上诉人（原审被告）：中国水利水电第八工程局有限公司（以下简称水利水电八局）

---

[1] （2020）最高法民终912号。

上诉人（原审被告）：长江勘测规划设计研究有限责任公司（以下简称长江设计公司）

原审被告：广元市扶贫和移民工作局（现广元市扶贫开发局）

原审被告：广元市昭化区人民政府

2010年9月2日，广元市人民政府移民办公室（现扶贫移民局）、广元市元坝区人民政府（现昭化区政府）（甲方）与长江设计公司（乙方）签订了（合同编号：TZKYM201O－002）《四川省嘉陵江亭子口水利枢纽库区元坝区部分交通复建工程委托建设合同》，约定将包括案涉工程项目的嘉陵江亭子口水利枢纽库区广元市元坝区等级以上公路和桥梁，库周交通大、中型桥梁的复建工程委托长江设计公司代建，委托代建费用暂定为人民币252,850,361元。

经长江设计公司组织招标，水利水电八局中标，长江设计公司于2011年3月22日向水利水电八局发出《中标通知书》。2011年3月21日长江设计公司与水利水电八局就施工合同进行谈判并形成纪要。2011年4月，长江设计公司与水利水电八局签订了（编号：TZKKQ－SG－10）《嘉陵江亭子口水利枢纽库区广元市元坝区宝红路、虎七路1段、虎陈路、昭化镇天雄村路公路复建工程施工合同文件》，将嘉陵江亭子口水利枢纽库区广元市元坝区宝红路、虎七路1段、虎陈路、昭化镇天雄村路公路复建工程发包给水利水电八局承建。

2012年5月12日，水利水电八局五分局嘉陵江亭子口水利枢纽库区公路复建工程项目部（甲方）作为发包人与川越劳务公司（乙方）作为承包人签订了《复建工程施工分包合同》。2012年5月18日水利水电八局五分局嘉陵江亭子口水利枢纽库区公路复建工程项目部（甲方）与川越劳务公司（乙方）签订《分包合同补充协议》。2013年1月19日，水利水电八局五分局嘉陵江亭子口水利枢纽库区公路复建工程项目部（甲方）作为发包人与川越劳务公司（乙方）作为分包人针对工程实际施工过程中新增项目的工程量计价签订了《嘉陵江亭子口水利枢纽库区广元市元坝区宝红路、虎七路1段、虎陈路、昭化镇天雄村路公路复建工程施工分包合同补充协议》。

川越劳务公司承包工程后，监理机构于2011年10月7日签发合同项目开工令，并确定实际开工日期为2011年9月12日。川越劳务公司实际于2011年9月12日组织人员、机械进场施工，陆续完成道路、桥梁施工作业。为保畅通，案涉路段边建边通车，在工程验收完工移交前，已经实际投入使用。2015年1月9日，案涉工程经检测达到完工移交条件后，长江设计公司及昭化区政府职能部门接收工程，完成公路桥梁移交手续。

2015年5月6日，川越劳务公司向水利水电八局提交了《工程决算书》，载明川越劳务公司完成工程的总造价为242,387,507元，已结算工程量金额94,794,182元，剩余工程量金额138,732,651元，水利水电八局在该决算书上签章。但水利水电八局不认可该金额。

2015年5月20日，水利水电八局与川越劳务公司签订《对账备忘录》，双方确认：业主结算工程款为107,289,769元，业主实际支付预付款30万元，业主结算合计107,589,769元，应对川越劳务公司结算107,589,769元。扣减质保金9,181,354元、民工工资保证金515,037元、履约保证金100万元、管理费3,089,900.13元、管理人员工资2,640,000元、实际缴纳税款3,181,129.36元、保险款251,291.25元、罚款26,550元、工程借款1,800,000元、保函费及借款利息252,918.96元、返还川越劳务公司代缴税金-270,214.99元、利息与手续费相抵差额1618.99元，合计扣款21,669,584.70元，实际已经支付工程款93,985,764.57元。

另查明：川越劳务公司成立于2011年3月17日，注册资本为100万元，经营范围为铁路、道路、隧道和桥梁工程建筑劳务分包。

判决结果

一审判决：未列子目不应计入工程价款。

最高人民法院二审判决：维持该项判决。

各方观点

川越劳务公司观点：（1）长江设计公司提供的本合同段三条道路的清单不一致，宝红路涵洞工程单价，未计算涵洞干处挖土方、挖石方及洞口建筑等工作范围，而宝红路涵洞综合单价分析表中也未包含干处挖土方、挖石方及涵洞洞口建筑项目，是由于长江设计公司提供的虎七路1段、虎陈路涵洞清单给宝红路涵洞组价造成误导（宝红路和虎七路1段涵洞洞身单价一致），而宝红路设计图纸中已标明涵洞挖方及洞口建筑工程量，明显属清单漏项，致使川越劳务公司在涵洞施工中连基本成本费用都无法满足。川越劳务公司在施工中已向水利水电八局和长江设计公司反映，长江设计公司称“情况属实，本标段波形护栏存在类似现象，待工程完工后一并处理”。(2) 川越劳务公司已实施完毕，此项亏损较大，所以长江设计公司和水利水电八局应兑现承诺，理应按川越劳务公司实际完成工程量计量支付。

法院观点

一审法院观点：没有证据证明该问题在招标过程中进行过招标答疑，视为投标单位响应了招标文件，即应该视为投标单位根据招标文件规定已考虑这部分费用，其包含在其他已列清单项目单价中。根据施工合同文件工程量清单说明第 2.4 条之规定，未列子目不予计量，故鉴定机构不另行计费符合合同约定，予以采信。

最高人民法院二审观点：鉴定意见根据施工合同文件工程量清单说明第 2.4 条规定，即未列子目不予计量的工作，其费用应视为已分摊在合同工程的有关子目的单价或总价之中，认定该项不另行计费，一审采信鉴定意见，并无不当。川越劳务公司未提供长江设计公司、水利水电八局承诺对该项另行计量的证据，其上诉理由不能成立。

法律规定

《工程量清单计价规范》第 4.1.2 条规定，招标工程量清单必须作为招标文件的组成部分，其准确性和完整性应由招标人负责。

《工程量清单计价规范》第 6.2.7 条规定，招标工程量清单与计价表中列明的所有需要填写单价和合价的项目，投标人均应填写且只允许有一个报价。未填写单价和合价的项目，可视为此项费用已包含在已标价工程量清单中其他项目的单价和合价之中。当竣工结算时，此项目不得重新组价予以调整。

律师点评

未列子目不予计量的工作，其费用应视为已分摊在合同工程的有关子目的单价或总价之中，该约定是否对发承包双方均有拘束力？该约定系发承包双方当事人的真实意思表示，未违反法律、行政法规的效力性强制性规定，未违反公序良俗，也不存在其他法定无效情形，故该约定合法有效，对发承包双方均有拘束力。依据《民法典》第五百零九条第一款规定，最高人民法院认为，根据该约定，承包人主张另行计量的，不予支持。

操作提示

工程量清单说明规定，未列子目不予计量，其费用应视为均已分摊在合同工程的有关子目的单价或总价中，相关子目不属于漏项。故律师建议，承包人在投标时应核对工程量清单和工程量清单说明，认为存在疑义的，应要求发包人答疑，如果对工程量清单说明中的该规定不予理睬，工程完工后，承包人要求对未列子目另行计量的，不予支持。

二十、发包人欠付工程款的，承包人可以拒绝交付施工资料

关 键 词： 工程款 施工资料 抗辩权

问题提出： 在建设工程施工合同履行中，发包人欠付工程款的，承包人是否可以拒绝交付施工资料？

案件名称： 黄冈市嘉晟房地产开发有限公司、梅某旺建设工程施工合同纠纷案件[1]

裁判规则： 最高人民法院认为，在建设工程施工合同履行中，发包人欠付工程款，承包人主张拒绝交付施工资料的，予以支持。

案情简介

再审申请人（一审原告、反诉被告，二审上诉人）：黄冈市嘉晟房地产开发有限公司（以下简称嘉晟公司）

被申请人（一审被告、反诉原告，二审上诉人）：湖北楚雄建筑工程有限公司（以下简称楚雄公司）

---

〔1〕（2021）最高法民申 2016 号。

被申请人（一审被告、二审被上诉人）：梅某旺

2013年8月29日，嘉晟公司（发包人、甲方）与楚雄公司（承包人、乙方）签订《建筑安装工程总承包协议书》，约定嘉晟公司将其开发的位于黄冈市东门路某某号嘉晟国际长河水岸小区工程发包给楚雄公司施工。2014年8月1日，嘉晟公司（甲方）与楚雄公司（乙方）签订《建筑安装工程承包补充协议》，约定：(1) 无论房屋销售情况如何，甲方应在当月5日（节假日顺延）前支付给乙方上一月工程进度款1300万元，无论哪个月，如果甲方无力支付1300万元给乙方，则甲方将本项目在建商品房以每平方米3700元的价格相对应面积部分抵偿给乙方作为工程款。乙方怎么处理抵偿房，甲方不得干涉，且无条件配合乙方办理相关手续，相关税费按政府房产局及银行相关部门规定的比例分配，小业主与甲方各自自行承担。(2) 因甲方不能按上述约定支付乙方工程款，乙方停工的，由甲方承担乙方停工期间一切相关损失。(3) 如果甲方有不良习惯或不当履行约定条款，导致乙方诉至法院，那么甲方必须承担乙方实际施工人梅某旺、汤某国、张某桂的法律顾问汤某禄代理案件的全部代理费（按上述标的的3%—5%计算）。(4) 本协议与主协议具有同等法律效力，如果主协议与本补充协议存在相冲突之处，以本协议为准。2014年9月20日，嘉晟公司（甲方）与楚雄公司（乙方）签订《建筑安装工程承包补充协议》。

2014年案涉工程进行招投标，楚雄公司于2014年8月1日中标。双方当事人备案的施工合同与2013年8月29日双方签订的《建筑安装工程总承包协议书》内容基本一致。

本案中，各方没有办理停工的交接记录，楚雄公司退场时，也未与嘉晟公司办理交接手续。本案诉讼过程中，嘉晟公司已与案外人签订施工合同，案外人已进场施工。案涉工程至今未办理竣工验收手续，但已有部分业主入住。

判决结果

一审判决：对嘉晟公司要求交付工程资料的主张不予支持。

二审判决：维持一审该项判决。

最高人民法院裁定：维持二审判决，驳回再审申请。

各方观点

嘉晟公司观点：楚雄公司应当依照合同约定向嘉晟公司交付工程资料。二审判决以嘉晟公司没有确定资料具体范围为由，对嘉晟公司要求楚雄公司提交资料的诉讼请求不予支持，是错误的。

楚雄公司观点：一审法院对工程资料移交条件不成就的认定正确。二审判决认定事实清楚、适用法律正确，请求驳回嘉晟公司的再审申请。

法院观点

一审法院观点：提交施工资料是施工方的合同义务，也是法定的附随义务。现嘉晟公司要求楚雄公司提交工程资料，但并未明确具体的资料范围，故法院对嘉晟公司的此项诉讼请求不予支持。

二审法院观点：在双方履行合同过程中，楚雄公司作为承包方，移交工程资料并非是与发包方支付工程款相对应的主合同义务，而是为协助合同履行而设立的一项附随义务。根据《合同法》第六十七条关于“当事人互负债务，有先后履行顺序，先履行一方未履行的，后履行一方有权拒绝其履行要求。先履行一方履行债务不符合约定的，后履行一方有权拒绝其相应的履行要求”之规定，在嘉晟公司未履行给付下欠124,654,051.27元工程款主合同义务的情况下，楚雄公司可以抗辩交付工程资料的附随义务。加之，嘉晟公司虽然主张楚雄公司应移交案涉工程的相关资料，但嘉晟公司要求楚雄公司提交工程资料时并未具体明确资料范围，也未提交证据证明楚雄公司具有拒不提供和协助的情形。在嘉晟公司对楚雄公司承担付款义务后，楚雄公司在嘉晟公司明确的施工资料范围内有相应移交案涉工程资料的附随义务。因此，一审法院对嘉晟公司的该项请求不予支持并无不当。嘉晟公司的此项上诉事由不能成立，本院不予支持。

最高人民法院观点：依据《合同法》第六十七条关于“当事人互负债务，有先后履行顺序，先履行一方未履行的，后履行一方有权拒绝其履行要求。先履行一方履行债务不符合约定的，后履行一方有权拒绝其相应的履行要求”之规定，在嘉晟公司未履行给付下欠124,654,051.27元工程款主合同义务的情况下，楚雄公司可以抗辩交付工程资料的附随义务。且嘉晟公司虽然主张楚雄公司应移交案涉工程的相关资料，但并未明确其要求楚雄公司提交工程资料的具体范围，也未提交证据证明楚雄公司具有拒不提供和协助的情形。因此，二审判决对嘉晟公司的该项请求不予支持并无不当。嘉晟公司在承担付款义务后，可向楚雄公司另行主张，要求楚雄公司在嘉晟公司明确的施工资料范围内移交案涉工程资料。

法律规定

《民法典》第五百二十六条规定，当事人互负债务，有先后履行顺序，应当先履行债务一方未履行的，后履行一方有权拒绝其履行请求。先履行一方履行债务不符合约定的，后履行一方有权拒绝其相应的履行请求。

律师点评

发包人欠付工程款的，承包人是否可以拒绝交付施工资料？这个问题有争议，实务中主要有两种观点。第一种观点认为，可以拒绝交付施工资料；该观点认为支付工程款系发包人的主合同义务和先履行义务，交付施工资料系承包人的附随义务和后履行义务，故在发包人未履行支付工程款的主合同义务和先履行义务的情形下，承包人可以抗辩交付施工资料。笔者赞同第一种观点。第二种观点认为，不可以拒绝交付施工资料。比如，《深圳市中级人民法院关于建设工程施工合同纠纷案件的裁判指引》（2014 年修订）第二十六条规定，承包人应当通过行使建设工程价款优先受偿权等合法途径追索工程欠款，不得留置建设工程或施工资料。

操作提示

最高人民法院认为，发包人欠付工程款的，承包人可以拒绝交付施工资料。故律师建议发包人及时向承包人支付工程欠款，否则承包人可以未收到工程欠款为由抗辩，不予交付施工资料。需要特别说明的是，如果建设项目所在地为深圳，建议承包人按照深圳的裁判口径及时交付施工资料，否则承包人拒绝交付施工资料导致的损失由其自行承担。

二十一、银行承兑汇票已承兑，银行承兑汇票保证金被冻结的，承兑行不能拒绝付款

关 键 词：银行承兑汇票　保证金被冻结　拒绝付款

问　　题：在建设工程施工合同履行中，发包人以银行承兑汇票形式支付工程款，该银行承兑汇票已承兑，但银行承兑汇票保证金被冻结的，承兑银行是否可以拒绝付款？

案件名称：衡水银行股份有限公司、江苏紫金农村商业银行股份有限公司票据追索权纠纷案件〔1〕

裁判规则：最高人民法院认为，在建设工程施工合同履行中，发包人以银行承兑汇票形式支付工程款，该银行承兑汇票已承兑，但银行承兑汇票保证金被冻结的，承兑银行不能拒绝付款。

案情简介

再审申请人（一审被告、二审上诉人）：衡水银行股份有限公司（以下简称衡水银行）

被申请人（一审原告、二审被上诉人）：江苏紫金农村商业银行股份有限公司（以下简称紫金农商银行）

原审被告：南京拓闽金属材料有限公司（以下简称拓闽公司）

原审第三人：河北奥冠电源有限责任公司（以下简称奥冠公司）

2012年8月7日，奥冠公司开具了2张银行承兑汇票，票号分别为31300051/29660405、31300051/29660406，票面金额分别为650万元、900万元，汇票到期日均为2014年2月7日，收款人均为上海易泰金属材料有限公司（以下简称易泰公司），付款行均为衡水银行，该行在汇票正面签章确认“本汇票已经承兑，到期日由本行付款”。2013年8月12日、13日，拓闽公司分别向紫金农商银行迈皋桥支行申请贴现并签订银行承兑汇票贴现协议，紫金农商银行迈皋桥支行向衡水银行查询讼争票据后，得到的回复是讼争票据“我行曾签真伪自辨，无挂止冻他查”；当日，紫金农商银行营业部在贴现凭证客户回单、记账凭证上加盖核算专用章并向拓闽公司支付贴现款6,287,060元、8,706,780元。2013年8月29日，紫金农商银行因资金周转需

〔1〕（2017）最高法民再116号。

要向中国人民银行南京分行营业管理部（以下简称人行南京营管部）提出再贴现申请，双方签订了银行（商业）承兑汇票质押回购再贴现合同，约定紫金农商银行将含讼争票据在内的11份银行承兑汇票（票面金额合计6380万元）向人行南京营管部办理质押回购再贴现，回购到期日为2013年12月20日；还约定紫金农商银行提供的银行（商业）承兑汇票，由紫金农商银行按照《票据法》规定背书签章并记载“质押”字样及背书日期，同时在被背书人栏记载人行南京营管部全称后送交给人行南京营管部；该合同自双方盖章且紫金农商银行将合同项下银行（商业）承兑汇票交付人行南京营管部，人行南京营管部将回购再贴现实付金额款项划至紫金农商银行账户之日起生效。当日，人行南京营管部依约实付了再贴现金额，讼争票据对应的结算金额分别为6,454,695.75元、8,936,437.50元。2013年12月20日，紫金农商银行以再贴现转回名义支付讼争票据回购款650万元、900万元，取回讼争票据。2014年1月28日，紫金农商银行向衡水银行办理讼争票据托收。

2014年2月7日，衡水银行分别出具拒付理由书，称河北省衡水市桃城区人民法院（以下简称桃城区法院）于2013年12月21日对讼争票据下达（2013）衡桃民三初字第42—1号民事裁定书，在收到法院的生效判决前，其无法做付款处理。同年2月24日，紫金农商银行将拒付事由通知拓闽公司。

2014年3月10日，紫金农商银行向一审法院提起本案诉讼，讼争票据背面及粘单上背书人栏的签章依序是易泰公司、南京轩立钢铁贸易有限公司（以下简称轩立公司）、拓闽公司、紫金农商银行（加盖的是汇票专用章，并注“质押”字样），对应的被背书人名称依序是轩立公司、拓闽公司、紫金农商银行、人行南京营管部，最后由紫金农商银行加盖结算专用章委托收款。

另查明，2013年9月18日，奥冠公司以紫金农商银行迈皋桥支行为被告向桃城区法院提起（2013）衡桃民三初字第42号票据纠纷案（以下简称桃城区法院第42号案）。依奥冠公司申请，桃城区法院作出（2013）衡桃民三初字第42—1号民事裁定书，裁定：付款人衡水银行对两张票号分别为31300051/29660405、31300051/29660406的银行承兑汇票停止支付，直至该院作出生效判决。2014年4月21日，该院判决紫金农商银行迈皋桥支行对奥冠公司签发的讼争票据不得享有票据权利。同年8月15日，河北省衡水市中级人民法院（以下简称衡水中院）对桃城区法院第42号案作出终审判决，即（2014）衡民二终字第254号民事判决（以下简称衡水中院第254号民事判决)。该判决查明：紫金农商银行迈皋桥支行在办理贴现时，贴现申请人拓闽公司提交增值税发票为发票第三联即购货方记账凭证联，且增值税发票上所载单价与其提供的《钢材购销合同》所载单价不符，紫金农商银行迈皋桥支行在苏州市国家税务局网站上进行增值税发票网上查询时，查询结果显示案涉4张增值税发票的发售单位为“我局”。经河北省故城县刑事大队查询，案涉4张增值税发票系南京市江宁区国家税务局发售，票面金额均为111.97元，均未办理发票认证。该判决认为：紫金农商银行迈皋桥支行提交的讼争票据粘单复印件显示背书人拓闽公司之后被背书人栏及背书人签章处为空白，直至一审第二次庭审时，紫金农商银行迈皋桥支行才提交了背书人签单处加盖“紫金农商银行汇票专用章”、被背书人栏标注为“人行南京营管部”的案涉汇票粘单复印件。综上，本案中应认定紫金农商银行迈皋桥支行通过票据贴现方式自拓闽公司处取得了案涉汇票，成为案涉汇票的持有人。至于紫金农商银行在案涉汇票上签章、紫金农商银行是否享有案涉票据的票据权利及紫金农商银行迈皋桥支行所称紫金农商银行向中国人民银行南京分行办理质押回购再贴现的真实性、合法性问题，超出了该案的审理范围，法院对此不再作出认定；判决驳回紫金农商银行迈皋桥支行的上诉，维持原判。

本案诉讼中，紫金农商银行、奥冠公司在庭前证据交换时均确认衡水中院第254号判决业已生效。紫金农商银行于2014年10月10日向衡水银行发出《再次提示付款通知书》，告知该行拒付理由书中的拒付理由已经消失，要求依法付款。2014年10月13日，衡水银行回复《告知书》称：没有收到讼争票据原件、托收凭证及桃城区法院（2013）衡桃民三初字第42—1号民事裁定书中要求的法院生效民事判决证明，不满足票据法规定的提示承兑要求；另外，衡水银行于2014年10月13日收到河北省故城县人民法院（以下简称故城县法院）（2014）故民二初字第1289号民事裁定书，冻结止付《再次提示付款通知书》涉及款项，故衡水银行无法做付款处理；并附该裁定书复印件。紫金农商银行于2014年10月16日复函称其已于2014年1月28日进行托收，即使有冻结也应无条件付款；拒付之后已诉诸法院，衡水银行在诉讼中知悉票据款已经解冻，应承担扩大的损失；故城县法院裁定冻结的是衡水银行与奥冠公司之间合同项下的保证金，并非票据款等。2014年10月24日，紫金农商银行以公证方式向衡水银行寄送讼争票据等，并说明“……由此产生的经济纠纷由我行承担，请贵行解付”。2014年10月28日，衡水银行回复

《关于不能付款说明》，除重申前述《告知书》内容以外，还要求等待本案生效法律文书。

判决结果

一审判决：衡水银行、拓闽公司于判决生效之日起5日内支付紫金农商银行1550万元及相应利息（以1550万元为基数，自2014年2月7日起，按照中国人民银行规定的企业同期流动资金贷款利率计算至实际给付之日止）。

二审判决：维持一审判决。

最高人民法院再审判决：（1）衡水银行于本判决生效之日起10日内支付紫金农商银行1550万元及相应利息（以1550万元为基数，自2014年2月7日起至2014年10月24日止，按照中国人民银行规定的同期活期存款利率计算；自2014年10月25日起至实际给付之日止，按照中国人民银行规定的企业同期流动资金贷款利率计算）。

（2）拓闽公司于本判决生效之日起10日内支付紫金农商银行1550万元及相应利息（以1550万元为基数，自2014年2月7日起至实际给付之日止，按照中国人民银行规定的企业同期流动资金贷款利率计算，在本判决第一项给付数额范围内承担连带给付责任）。

各方观点

衡水银行观点：（1）江苏省高级人民法院（本案以下简称江苏高院）在已对河北省高级人民法院（本案以下简称河北高院）第600号民事裁定质证的情况下，作出与裁定认定事实截然不同的民事判决，显然错误。2016年7月6日，衡水银行收到江苏高院邮寄来的（2015）苏商终字第00127号民事判决（以下简称江苏高院第00127号民事判决），该判决作出日期为2016年6月30日，判决认定紫金农商银行是涉案票据的合法持票人，其请求衡水银行给付1550万元及相应利息应得到支持。2016年7月9日，衡水银行收到衡水中院（2015）衡民二终字第79号民事判决书（以下简称衡水中院第79号民事判决，该判决书作出日期为2016年6月23日），判决维持了故城县法院（2014）故民二初字第1289号民事判决（以下简称故城县法院第1289号民事判决)，判令衡水银行于判决生效之日起 5 日内返还奥冠公司保证金 1400 万元。紫金农商银行迈皋桥支行向河北高院申请再审，河北高院于 2015 年 9 月 15 日作出河北高院第 600 号民事裁定，驳回紫金农商银行迈皋桥支行的再审申请，即紫金农商银行并不享有票据权利。江苏高院第 00127 号民事判决认定紫金农商银行是涉案两张银行承兑汇票的合法持票人，享有相应的票据权利。在涉案汇票办理程序中衡水银行没有任何过错，而是在出票后汇票流通程序中，奥冠公司使用期间出现问题。之所以未能按期对外支付汇票款，是因为该汇票款先后被桃城区法院、故城县法院在衡水银行办理了冻结手续。衡水银行尊重法院冻结汇票款的事实，在紫金农商银行多次催促付款情况下没有付款，也无法付款。(2) 江苏高院第 00127 号民事判决和南京市中级人民法院 (2014) 宁商初字第 50 号民事判决（以下简称南京中院第 50 号民事判决）认定事实及程序错误，应予撤销。①江苏高院第 00127 号民事判决对衡水中院第 254 号民事判决及河北高院第 600 号民事裁定都一一表述评析，然而却作出与衡水中院第 79 号民事判决相矛盾的民事判决。②作为付款行，衡水银行分别在江苏省、河北省两地法院参加诉讼，均是案件被告，足以证明涉案银行承兑汇票存在重大争议，两案之间有必然的因果关系。如按两地法院生效民事判决办理，则衡水银行需要向紫金农商银行支付汇票款 1550 万元及 200 余万元利息；需要向奥冠公司返还汇票保证金 1400 万元，这必然导致衡水银行在无任何过错的情况下，无端要多付出 1600 余万元，出现一张汇票要付两份款的事件。

紫金农商银行观点：(1) 紫金农商银行是合法的票据权利人。《票据法》第三十一条规定：以背书转让的汇票，背书应当连续。持票人以背书的连续，证明其汇票权利。紫金农商银行在本案一审中提交了案涉两份票据原件，其背书连续。衡水银行拒付理由是案涉判决被冻结不能支付，并不是该票据存在其他影响紫金农商银行行使票据权利的瑕疵。紫金农商银行取得票据支付了对价。2013 年 8 月 29 日至 12 月 20 日，票据在人行南京营管部保管，紫金农商银行在申请再贴现前已经背书，并将票据原件交给人行南京营管部。紫金农商银行不存在《票据法》上的重大过失。关于重大过失，《最高人民法院关于中国农业银行武汉市分行硚口区支行与中国工商银行大理市支行、云南省大理州物资贸易中心银行承兑汇票纠纷一案的请示的答复》中明确，只要紫金农商银行向衡水银行查询到案涉票据不存在挂失、止冻，就尽到了谨慎注意的义务，不存在《票据法》第十二条第二款规定的重大过失。紫金农商银行的后手为人行南京营管部，紫金农商银行向人行南京营管部支付回购款后，该营管部以单纯交付票据的方式将案涉票据退还给紫金农商银行。因此，紫金农商银行从人行南京营管部取得案涉票据亦合法有据。根据《票据法》第四十四条之规定，付款人承兑汇票后，应当承担到期付款的责任。根据《合同法》第一百二十一条之规定，当事人一方因第三人的原因造成违约的，应当向对方承担违约责任。本案中，桃城区法院民事裁定书要求停止支付案涉票据款，是因为第三人奥冠公司提起的申请保全，不能因此对抗紫金农商银行要求其支付案涉票据款及利息损失的主张。（2）衡水中院第254号民事判决是错误判决。该案未审核票据原件，且与本案诉讼无涉，不能形成对本案诉讼的既判力约束。紫金农商银行迈皋桥支行并未在案涉票据上签章，不是票据权利人。衡水中院第254号民事判决亦明确紫金农商银行是否具有票据权利，不属于该案审理范围。河北高院第600号民事裁定并未超出该生效判决所认定的事实。（3）衡水中院作出中止审理第79号案的裁定，认为该案应当以江苏高院最终判决为依据，但其违反了自己做出的裁定书，作出相反判决。衡水中院第79号民事判决判令衡水银行返还保证金没有事实和法律依据，其认定紫金农商银行不享有票据权利，亦超出了该案审理范围。该案审理的是保证合同纠纷，与本案诉讼亦无涉，不能形成对本案诉讼的既判力约束。即便紫金农商银行不享有票据权利，根据《票据法》规定，人行南京营管部等其他票据上记载的当事人依然享有票据权利。如发生拒付或者其他追索情形，他们依然享有票据权利，衡水银行及奥冠公司依然要承担票据责任。该案存在明显错误，不应作为认定本案江苏法院判决的依据。

拓闽公司观点：（1）江苏高院第00127号民事判决及南京中院第50号民事判决，程序严重违法。（2）紫金农商银行迈皋桥支行是涉案票据的贴现银行，江苏高院第00127号民事判决认定紫金农商银行是贴现银行错误。

法院观点

一审法院观点：对于紫金农商银行主张衡水银行、拓闽公司连带给付票面金额并计付利息的诉讼请求应予支持。《票据法》第六十一条规定，汇票到期被拒绝付款的，持票人可以对背书人、出票人以及汇票的其他债务人行使追索权。第六十八条规定，汇票的出票人、背书人、承兑人和保证人对持票人承担连带责任。持票人可以不按照汇票债务人的先后顺序，对其中任何一人、数人或者全体行使追索权。第七十条规定，持票人行使追索权，可以请求被追索人支付下列金额和费用：（1）被拒绝付款的汇票金额；（2）汇票金额自到期日或者提示付款日起至清偿日止，按照中国人民银行规定的利率计算的利息；（3）取得有关拒绝证明和发出通知书的费用。紫金农商银行提供的讼争票据及拒付通知书能够证实拓闽公司系其背书人，衡水银行系承兑人，紫金农商银行已于汇票到期日前向衡水银行提示付款但被拒付，故其要求衡水银行、拓闽公司连带给付票面金额1550万元，并以此为基数给付自2014年2月7日起按照中国人民银行规定的企业同期流动资金贷款利率计算至判决确定之日止的利息，具有事实及法律依据，该院予以支持。就衡水银行辩称其系因协助执行桃城区法院的冻结裁定而停止支付讼争票据款项的意见，该院认为根据《票据法》第四十四条的规定，付款人承兑汇票后，应当承担到期付款的责任。衡水银行虽因协助执行桃城区法院冻结裁定的原因而停止支付讼争票据的款项，但并不足以对抗《票据法》第六十八条、第七十条所规定的票据责任承担。本案诉讼中，紫金农商银行向衡水银行发出《再次提示付款通知书》，之后又以公证方式寄送讼争票据等，均旨在督促衡水银行尽快履行票据责任，并不影响其于2014年1月28日托收讼争票据行为的效力。

二审法院观点：紫金农商银行请求衡水银行给付1550万元及相应利息应得到支持。《最高人民法院关于审理票据纠纷案件若干问题的规定》第十四条规定：票据债务人以《票据法》第十条、第二十一条的规定为由，对业经背书转让票据的持票人进行抗辩的，人民法院不予支持。《票据法》第十条规定：票据的签发、取得和转让，应当遵循诚实信用的原则，具有真实的交易关系和债权债务关系。票据的取得，必须给付对价，即应当给付票据双方当事人认可的相对应的代价。故紫金农商银行的前手拓闽公司取得案涉票据非基于真实的交易关系或债权债务关系、拓闽公司取得案涉票据未给付对价，并不能成为票据债务人否定紫金农商银行票据权利的抗辩事由。紫金农商银行支付了相应对价并合法取得案涉票据，其向衡水银行主张票据权利，请求支付票据金额款项，合法有据，一审判决衡水银行向紫金农商银行支付案涉票据金额款项，合法正确。衡水银行承兑案涉票据后应承担按期兑付票款的义务，紫金农商银行于2014年1月28日即向衡水银行主张票据权利，其之后出具《再次提示付款通知书》并不影响其之前行使票据权利的效力，一审判决衡水银行向紫金农商银行支付自案涉票据到期日即2014年2月7日起的相应利息，合法正确。综上，衡水银行承兑案涉票据后应承担按期兑付票款的义务，该行主张其未能如期兑付系他人申请查封票据所致，但根据《合同法》第一百二十一条之规定，上述理由不能对抗紫金农商银行要求其支付案涉票据金额款项及利息损失的主张，一审判决衡水银行给付紫金农商银行1550万元及相应利息，合法正确。

至于衡水银行上诉所提及的故城县法院第1289号民事判决，因该判决系未生效判决，故衡水银行据此主张应驳回紫金农商银行在本案中对衡水银行的诉讼请求，无事实及法律依据，该院依法不予支持。

最高人民法院观点：应当事人奥冠公司的申请，桃城区法院为维护当事人的合法权益及保障案件审结后能顺利执行，下发要求付款人衡水银行对案涉两张票据停止支付的裁定，是法院依法采取的财产保全措施。衡水银行据此拒付具有合理理由，不应承担给付票据到期日到合理拒付期间按照同期银行企业贷款利率计算的利息的法律责任。但由于持票人已经提示付款，在不存在合理拒付理由情形下，承兑人本应付款，不应占有票款，享有票款利息，因此，在票据到期日至合理拒付事由终结之日，付款人应按照同期银行活期存款利率给付持票人利息。故城县法院裁定冻结的是衡水银行与奥冠公司之间承兑合同项下的保证金，并非案涉票据款，因此，该冻结裁定不是衡水银行拒付的合理理由。

《票据法》第四条规定：持票人行使票据权利，应当按照法定程序在票据上签章，并出示票据。第五十三条规定：持票人应当按照下列期限提示付款，即定日付款、出票后定期付款或者见票后定期付款的汇票，自到期日起10日内向承兑人提示付款。由上述规定可见，持票人向承兑人请求付款的，应遵期提示票据。在持票人提示票据请求付款，且合法拒付事由消灭的情形下，承兑人应承担给付票款的责任。承兑人不给付票款的，应承担被追索的责任。本案中，因桃城区法院第42号案正在审理中，衡水银行根据该院止付裁定初次拒付具有合理理由。2014年8月15日，衡水中院第254号民事判决对桃城区法院第42号案作出终审判决，即驳回紫金农商银行迈皋桥支行的上诉，维持原判。桃城区法院第42号案的判决已经发生法律效力。在衡水银行知道或者应当知道该判决生效之日，应认定止付事由消灭。衡水银行并非桃城区法院第42号案当事人，桃城区法院亦没有告知其止付事由消失。在故城县法院第1289号质押合同纠纷案审理过程中，2014年9月29日，故城县人民法院开庭笔录载明，原告奥冠公司出具了衡水中院第254号民事判决，被告衡水银行对该判决的真实性予以认可。此时，应认定衡水中院知道桃城区法院第42号案民事判决已经生效。2014年10月10日，紫金农商银行再次向衡水银行发出《再次提示付款通知书》，告知该行拒付理由书中的拒付理由已经消失，要求依法付款。2014年10月13日，衡水银行回复《告知书》称：没有收到讼争票据原件、托收凭证及桃城区法院（2013）衡桃民三初字第42—1号民事裁定书中要求的法院生效民事判决证明，不满足票据法规定的提示承兑要求。2014年10月24日，紫金农商银行以公证方式向衡水银行寄送讼争票据。2014年10月25日，衡水银行收到该票据。根据上述事实可以认定，2014年10月25日，衡水银行已经收到紫金农商银行以公证方式寄送的讼争票据，其已经知道止付事由消灭的事实应进行付款。其未付款，应承担从应付款之日到实际给付之日按照中国人民银行规定的企业同期流动资金贷款利率计算的利息，即从2014年10月25日起到实际给付之日止的利息。此外，尽管承兑人因法院冻结可以暂不付款，但由于其并非资金所有人，只是在暂不付款期间暂时占有资金，故该部分资金在承兑人占用期间的存款利息所得，应返还给票据权利人。因此，衡水银行应给付票据到期日至其依法应当付款日之间的利息，该部分利息应按照同期银行活期存款利率计算。

法律规定

《票据法》第三十八条规定，承兑是指汇票付款人承诺在汇票到期日支付汇票金额的票据行为。

《票据法》第四十四条规定，付款人承兑汇票后，应当承担到期付款的责任。

律师点评

《票据法》第四十四条规定，付款人承兑汇票后，应当承担到期付款的责任；该条法律规定的字面含义是只要付款人承兑汇票，就应当承担到期付款的责任，法律没有规定例外情形；故根据前述法律规定，银行承兑汇票承兑后，银行承兑汇票保证金被冻结的，承兑行也不能拒绝付款。

操作提示

银行承兑汇票已承兑，银行承兑汇票保证金被冻结的，承兑行不能拒绝付款。故律师建议，承包人接受发包人通过银行承兑汇票方式支付工程款的，应当按照《票据法》第三十九条规定及时向付款人提示承兑。否则，依据《票据法》第四十条第二款的规定，银行承兑汇票未按照规定期限提示承兑的，承包人作为持票人丧失对其前手的追索权；银行承兑汇票已承兑的，无论发包人作为出票人的银行承兑保证金是否被冻结，承兑行均不能拒绝付款；如果承兑行拒绝付款，建议承包人作为持票人通过诉讼方式向承兑行主张权利，要求其支付票据金额并按照银行同期利率支付利息。

第八章　工程款违约金、利息及履约保证金利息

一、合同无效，欠付工程款利息计付标准约定不能参照执行

关 键 词： 合同无效　利息约定　工程款

问题提出： 依据《建工司法解释（一）》第二十六条规定，对欠付工程价款利息计付标准有约定的，按照约定处理；如果建设工程施工合同无效，约定的欠付工程价款利息计付标准能否参照执行呢？

案件名称： 吴某全、重庆市丰都县第一建筑工程公司建设工程施工合同纠纷案件[1]

裁判规则： 最高人民法院认为，建设工程施工合同无效的，欠付工程价款利息计付标准约定自始无效，该约定不能参照执行。

案情简介

再审申请人（一审原告、二审上诉人）：吴某全

被申请人（一审被告、二审上诉人）：重庆市丰都县第一建筑工程公司（以下简称丰都一建公司）

被申请人（一审被告、二审上诉人）：重庆市园林工程建设有限公司（以下简称园林工程公司）

被申请人（一审被告、二审被上诉人）：重庆市丰都县福瑞文化传播有限公司（以下简称福瑞公司）

被申请人（一审被告、二审被上诉人）：重庆福佑文化发展有限公司（以

〔1〕（2019）最高法民再258号。

下简称福佑公司）

2015年8月1日，发包人福佑公司、福瑞公司与承包人丰都一建公司签订《建设工程总承包合同》，合同约定工程名称为《丰都县文化创意园—国际魔幻电影5D情景剧文化主题公园》改造建设工程。工程地点为重庆市丰都县。2015年8月25日，丰都一建公司与吴某全签订《建设工程内部承包合同》。同日，福佑公司作为甲方、丰都一建公司作为乙方、吴某全作为丙方签订了《补充协议》，约定：（1）甲、乙、丙三方再次释明乙方与丙方于2015年8月25日签订的工程承包合同中的实际施工承包人为吴某全。（2）该合同中约定缴纳工程保证金的实际缴纳人为丙方吴某全。并打入乙方指定的甲方账户，户名为福佑公司，开户行为中国建设银行重庆市分行营业部，账号为50×××10。（3）该补充协议与该工程承包合同具有同等的效力。同日，丰都一建公司向吴某全出具授权委托书，授权吴某全全权代表其公司执行《丰都县文化创意园—国际魔幻电影5D情景剧文化主题公园》改造建设工程的合同签署及管理工作。授权有效期为从本授权委托书签署之日起至工程合同履行完毕止。在授权范围和授权有效期的一年内，吴某全的一切行为，均代表丰都一建公司，其一切经济行为由委托代理人承担全部法律责任。2015年8月26日，吴某全按照上述三方《补充协议》约定向福佑公司指定账户汇入了工程保证金1050万元。

随后，吴某全组织工人进场施工。吴某全于2015年11月13日向福佑公司、福瑞公司以及丰都一建公司发出停工通知书。诉争工程于2015年11月14日正式停工。

在本案诉讼过程中，2016年7月21日，福瑞公司代表建设单位，重庆市中泰工程监理有限公司代表监理单位，丰都一建公司代表施工单位共同对现场遗留的原材料进行了统计并签字确认。2017年1月24日，甲方福佑公司、乙方丰都一建公司、丙方吴某全、丁方园林工程公司签订了《协议书》，约定：（1）甲方与乙方于本协议签订之日解除2015年8月1日签订的《建设工程总承包合同》；乙方与丙方于本协议签订之日解除2015年8月25日签订的《建设工程内部承包合同》。（2）甲方同意在2017年1月26日前，预付丙方800万元（其中包括优先支付民工工资款项），在2017年2月13日前预付250万元，在2017年3月11日前预付150万元。丁方同意从转账给丰都县旅游局账户之款项中代甲方支付前述款项。丙方收款账户为：户名吴某全，建设银行账号62×××56。(3) 乙方及丙方在签署本协议之时已经从丰都县文化创意产业园国际魔幻电影5D情景剧文化主题公园改造建设工程撤场，并将工地按现状移交给丁方；乙方及丙方同意丁方将本项目发包给第三人施工，甲乙丙三方之间的纠纷由其另行协商解决。(4) 甲乙双方之间就5D项目的全部施工合同中甲方的支付义务，由丁方代为履行，履行总金额最终以甲乙丁三方确认金额为准。(5) 丙方和甲方、乙方之间就5D项目的全部施工合同所产生的已由重庆市第三中级人民法院立案受理的施工合同纠纷(2016)渝03民初7号生效判决书中确认的被告支付义务，由丁方代为履行(但应减除丁方通过丰都县旅游局已实际支付的金额)，履行总金额最终以法院生效裁判金额为准。福佑公司、丰都一建公司、吴某全、园林工程公司分别在协议尾部盖章、签字。上述协议签订后，园林工程公司代福佑公司向吴某全支付了1200万元工程款。吴某全将诉争工程移交给园林工程公司后撤场。

判决结果

一审判决：未支持工程款利息诉讼请求。

二审判决：丰都一建公司应从2015年12月6日起至2017年1月25日止，以工程款欠款6,403,497.42元为本金，按照中国人民银行同期同类贷款利率向吴某全支付工程款利息：从2017年1月26日起，以工程款欠款4,903,497.42元为本金，按照中国人民银行同期同类贷款利率向吴某全支付工程款利息至本金付清之日止。

最高人民法院再审判决：丰都一建公司在本判决生效后10日内向吴某全支付工程款4,903,497.42元，并从2015年11月6日起至2017年1月25日止，以6,403,497.42元为本金，按照中国人民银行同期同类贷款利率计付工程款利息；从2017年1月26日起至2019年8月19日止，以4,903,497.42元为本金，按照中国人民银行同期同类贷款利率计付工程款利息；从2019年8月20日起至本金付清之日止，以4,903,497.42元为本金，按全国银行间同业拆借中心公布的贷款市场报价利率计付工程款利息。

各方观点

吴某全观点：应按四倍利率计算欠付工程款利息，至少应按1.3倍予以支持。

园林工程公司观点：吴某全一审、二审诉讼请求均未主张工程款利息，二审判决支付工程款利息违反不告不理原则。因吴某全不具备施工资质导致其与丰都一建公司签订的《建设工程内部承包合同》无效，合同的违约条款也无效。吴某全在未到支付节点时自行停工，无权主张保证金利息和工程款利息。

法院观点

二审法院观点：丰都一建公司应从2015年12月6日起至2017年1月25日止，以工程款欠款6,403,497.42元为本金，按照中国人民银行同期同类贷款利率向吴某全支付工程款利息；从2017年1月26日起，以工程款欠款4,903,497.42元为本金，按照中国人民银行同期同类贷款利率向吴某全支付工程款利息至本金付清之日止。事实和理由：（1）根据《建设工程内部承包合同》约定，“首次支付工程款的时间为基础开工后两个月”，吴某全未能举示其具体的开工日期，但根据原始地貌测量时间2015年9月15日推断，如吴某全在原始地貌测量完成后即时开工，则首次支付工程款的时间最早应为2015年11月15日。再根据“结算月次月的五日前银行转账支付”的约定，第一次工程款最迟应于2015年12月5日前支付。因丰都一建公司并未按约支付工程款，故应从2015年12月6日起支付工程欠款利息。（2）尽管《建设工程内部承包合同》专用条款第二十条约定，发包人未按约定时间支付工程款，应当按照中国农业银行同期贷款利息的四倍计算工程欠款利息，但因《建设工程内部承包合同》无效，故该条亦无效。根据《最高人民法院关于审理建设工程施工合同纠纷案件适用法律问题的解释》第十七条规定，丰都一建公司应当按照中国人民银行发布的同期同类贷款利率标准计付利息。（3）根据四方《协议书》，园林工程公司已于2017年1月26日代替福瑞公司和丰都一建公司向吴某全支付了工程款150万元，故应分段计算工程欠款利息，即丰都一建公司应从2015年12月6日起至2017年1月25日止，以工程款欠款6,403,497.42元为本金，按照中国人民银行同期同类贷教利率计付工程款利息；从2017年1月26日起，以工程款欠款4,903,497.42元为本金，按照中国人民银行同期同类贷款利率计付工程款利息至本金付清之日止。

最高人民法院观点：各方当事人对原审认定的丰都一建公司欠付吴某全的工程款无异议，本院予以确认。《建设工程内部承包合同》约定，首次支付工程款的时间为基础开工后两个月，结算月次月的5日前银行转账支付。涉案工程的开工时间系2015年8月29日，丰都一建公司首次支付工程款的时间应为2015年10月29日，最迟应于2015年11月5日前支付。但丰都一建公司并未按约支付工程款，故应从2015年11月6日起支付欠付工程款利息。园林工程公司辩称吴某全一审、二审诉讼请求均未主张工程款利息，二审判决支付工程款利息违反不告不理原则。吴某全向一审法院提交的民事起诉状载明“三、判决第一被告偿付原告工程款、材料款、停工损失……（具体请求事项及金额见请求清单）”，其请求清单第二点未付工程款损失包括利息，吴某全的二审上诉请求第5点中包括要求丰都一建公司支付工程款利息。园林工程公司的该意见不能成立，本院不予支持。

吴某全主张应按四倍利率计算欠付工程款利息，至少应按1.3倍予以支持。其与丰都一建公司签订的《建设工程内部承包合同》因其不具备相应建筑工程施工资质而无效。该合同中关于如发包方违约应按照中国农业银行同期贷款利息的四倍每月计算利息支付给吴某全的约定亦无效。根据《最高人民法院关于审理建设工程施工合同纠纷案件适用法律问题的解释》第十七条关于“当事人对欠付工程价款利息计付标准有约定的，按照约定处理；没有约定的，按照中国人民银行发布的同期同类贷款利率计息”的规定，原审判决按照中国人民银行同期同类贷款利率计付工程款利息并无不当。因自2019年8月20日起，中国人民银行贷款基准利率标准已经取消，故自该日起以全国银行间同业拆借中心公布的贷款市场报价利率作为利息计算标准。

根据福佑公司、丰都一建公司、吴某全、园林工程公司签订的《协议书》，园林工程公司已于2017年1月26日代替福瑞公司和丰都一建公司向吴某全支付了工程款150万元，故应分段计算欠付工程款利息，丰都一建公司应从2015年11月5日起至2017年1月25日止，以工程款欠款6,403,497.42元为本金，按中国人民银行同期同类贷款利率计付工程款利息。从2017年1月26日起至2019年8月19日止，以欠付工程款4,903,497.42元为本金，按中国人民银行同期同类贷款利率计付欠付工程款利息；从2019年8月20日起至本金付清之日止，按全国银行间同业拆借中心公布的贷款市场报价利率计算利息。

关联案例 1

案件名称：广宏建设集团有限公司、陕西开城实业有限公司建设工程施工合同纠纷案件[1]

法院观点：该案件中最高人民法院认为，陕西开城实业有限公司（以下简称开城公司）在本案起诉前未取得建设工程规划许可证等规划审批手续，按照《最高人民法院关于审理建设工程施工合同纠纷案件适用法律问题的解释（二）》第二条的规定，开城公司与广宏建设集团有限公司（以下简称广宏公司）订立的《建设工程施工合同》及《红光嘉苑二期 B 标段及一期 B 标段工程相关补充协议书》均系无效合同。合同无效，合同中关于按月息 1% 支付欠付工程款利息的约定亦无效。广宏公司依据合同约定请求按照月息 1% 支付工程款利息，原判决未予支持，判令按照同期银行贷款利率计算工程款利息，并无不当。

关联案例 2

案件名称：蔡某永、农某军建设工程施工合同纠纷案件[2]

法院观点：该案件中最高人民法院认为，农某军与蔡某永签订的《建筑工程劳务分包合同》在被认定无效前双方当事人已同意解除，且该合同第十四条关于逾期付款按中国人民银行同期贷款利率的四倍支付逾期费用的约定，并非《合同法》第五十七条规定的合同中关于独立存在的有关解决争议方法的条款，故欠付工程款利息应分段按中国人民银行发布的同期同类贷款利率及全国银行间同业拆借中心公布的贷款市场报价利率计算。

相反案例

案件名称：解某安、安徽金得顺投资有限公司建设工程施工合同纠纷案件[3]

法院观点：该案件中最高人民法院认为，安徽金得顺投资有限公司（以下简称金得顺公司）与解某安签订的《建设工程施工合同》专用条款第四十七条中约定，如金得顺公司拖欠工程款须按当地信用社同期贷款利率的标准支付利息。虽然上述《建设工程施工合同》无效，但根据《最高人民法院关于审理建设工程施工合同纠纷案件适用法律问题的解释》第二条规定，解某安可以请求参照上述《建设工程施工合同》约定支付工程款，工程款中应包含利息。二审判决根据金得顺公司与解某安约定的利息标准判令金得顺公司支付利息，并无错误。

---

[1] （2020）最高法民申 6997 号。

[2] （2020）最高法民申 4170 号。

[3] （2020）最高法民申 4286 号。

法律规定

《民法典》第一百五十五条规定，无效的或者被撤销的民事法律行为自始没有法律约束力。

《民法典》第七百九十三条规定，建设工程施工合同无效，但是建设工程经验收合格的，可以参照合同关于工程价款的约定折价补偿承包人。建设工程施工合同无效，且建设工程经验收不合格的，按照以下情形处理：（一）修复后的建设工程经验收合格的，发包人可以请求承包人承担修复费用；（二）修复后的建设工程经验收不合格的，承包人无权请求参照合同关于工程价款的约定折价补偿。发包人对因建设工程不合格造成的损失有过错的，应当承担相应的责任。

《建工司法解释（一）》第二十六条规定，当事人对欠付工程价款利息计付标准有约定的，按照约定处理。没有约定的，按照同期同类贷款利率或者同期贷款市场报价利率计息。

律师点评

建设工程施工合同无效时，利息约定条款能否参照执行？这个问题，在实务中存在争议，主要有两种观点。第一种观点认为，利息约定条款不能参照执行；第二种观点认为，利息约定条款可以参照执行。笔者赞同第一种观点，理由如下：第一，《民法典》第一百五十五条规定，无效的或者被撤销的民事法律行为自始没有法律约束力；故根据前述法律规定，建设工程施工合同无效，利息约定条款自始无效。第二，《民法典》第七百九十三条仅规定参照有关工程价款的约定折价补偿；利息约定条款显然不属于有关工程价款的约定。因此，利息约定条款自始无效，则视为利息计付标准没有约定，依据《建工司法解释（一）》第二十六条规定，建设工程施工合同无效的，利息计付标准按照全国银行间同业拆借中心公布的贷款市场报价利率计算。

第二种观点认为，利息约定条款可以参照执行，其理由是工程款中应包含利息，比如相反案例中最高人民法院即支持第二种观点。另外，需要说明的是，在（2021）最高法民申59号中最高人民法院认为，建设工程施工合同无效的，利息约定条款无效，法院综合考量后可以参照《最高人民法院关于审理买卖合同纠纷案件适用法律问题的解释》第二十四条第四款的规定，酌定利息按中国人民银行同期同类贷款基准利率（全国银行间同业拆借中心公布的贷款市场报价利率）上浮30%计算。《民法典合同编理解与适用［三］》一书认为，废弃合同有关于利息计付标准的约定时，按中国人民银行同期同类贷款利率对利息进行裁判不妥，应当参照合同约定标准裁判。

操作提示

建设工程施工合同无效的，利息条款约定无效。故律师建议，在建设工程施工合同签订过程中，发承包双方应严格按照法律、行政法规和司法解释规定执行，避免出现建设工程施工合同无效的情形，否则，承包人主张参照利息条款执行的，不予支持。

二、合同无效，工程款利息起算日不能参照合同约定执行

关 键 词： 合同无效　工程款利息　起算日

问题提出： 依据《建工司法解释（一）》第二十七条规定，工程款利息从应付工程价款之日起算，发承包双方对付款时间约定明确的从其约定；但是建设工程施工合同无效后，工程款利息起算日能否参照约定执行呢?

案件名称： 六枝特区金海大酒店有限公司、戴某忠建设工程施工合同纠纷案件〔1〕

裁判规则： 最高人民法院认为，依据《建工司法解释（一）》第二十七条规定，工程款利息从应付工程价款之日起算，发承包双方对付款时间约定明确的从其约定；但是建设工程施工合同无效后，工程款利息起算日不能参照约定执行。

案情简介

上诉人（原审被告、反诉原告）：六枝特区金海大酒店有限公司（以下简称金海大酒店）

---

〔1〕（2020）最高法民终429号。

被上诉人（原审原告、反诉被告）：戴某忠

原审第三人：华翔飞建筑装饰工程有限公司（以下简称华翔飞公司）

2011年3月28日，贵州省六盘水市六枝特区人民政府作为甲方与作为乙方的金某求签订《招商引资协议书》，约定甲方提供土地作为招商引资条件，乙方出资在六枝特区平寨镇南环路修建五星级酒店。2013年1月25日，金某求作为金海大酒店法定代表人与贵州省六盘水市六枝特区人民政府签订《五星级酒店开发建设补充协议》，对五星级酒店的建设时间、完工时间及投入试运营时间等事项进行补充约定。

2014年8月27日，戴某忠作为乙方与作为甲方的罗某方签订《协议书》，约定：由于甲方在六枝特区金海大酒店装饰工程投标中已中标，甲方将该工程所有工程事项转包给乙方施工。罗某方在该协议书上签字并加盖原华翔飞分公司印章。同日，戴某忠向原华翔飞分公司出具《安全承诺书》及《担保书》。同日，原华翔飞分公司邱某东向戴某忠出具《授权委托书》，授权戴某忠洽谈金海大酒店装饰装修合同签订等相关事宜。

2014年8月27日，金海大酒店作为甲方与作为乙方的原华翔飞分公司签订《施工合同》，约定内容如下。（1）工程名称：六枝特区金海大酒店装修施工工程；工程地点：六枝；承包范围：六枝特区金海大酒店所有的客房和公共区域的装修装饰，强弱电、给排水、智能化及所有未完工的项目。（2）合同暂定价款：人民币5000万元。①上述造价为暂定价，按实际工程量造价结算。②工程进度款支付方式和时间：工程竣工7日内支付工程总价款的90%；工程竣工结算后15日内一次性支付到97%（扣留工程总造价的3%作为工程质保金），工程质保金竣工一年后付清。如果甲方未按期付款，甲方应向乙方每月支付违约金（按总价的5%计算）作为赔偿。并将本酒店49%的产权抵押给乙方，在酒店产权抵押期间，甲方仍然向乙方每月支付违约金（按总价的5%计算）作为赔偿，直至付清为止。乙方进场后5天内开始计算总投入金额（暂定3000万元），甲方每月按乙方投入暂定3000万元金额的2%作为给付乙方的投入报酬费用。

2014年9月12日，金海大酒店与原华翔飞分公司签订《补充协议1》，约定主合同第1.5.2款应为：（1）工程竣工后7日内支付工程总价的90%；（2）工程竣工结算后15日内一次性付到工程总造价的97%（扣留工程总造价的3%作为工程质保金），工程质保金竣工一年后付清。如果甲方未按时付款，甲方除应向乙方每月支付资金利息（按总价款的2%计算）外，每延期一天还应支付乙方违约金（按总价款的1‰/天计算），并将本酒店49%的产权抵押给乙方［在酒店产权抵押期间，甲方仍然向乙方每月支付资金利息（按总价款的2%计算），并每延期一天另支付乙方违约金（按总价款的1‰/天计算），直至付清为止］。

2014年9月13日，原华翔飞分公司与龙某权签订《建筑工程劳务承包合同》，将酒店13、14、15、16层的所有工程承包给龙某权。戴某忠在甲方处签字。

2014年9月14日，原华翔飞分公司与兰某签订《涂装工程施工合同》，约定将金海大酒店内装设计图以内的所有内墙、天棚乳胶漆、墙纸基层承包给兰某。兰某已提起诉讼主张工程款，并经调解确认由金海大酒店分四次支付兰某工程款29万元，付款方式为金海大酒店支付给戴某忠，再由戴某忠支付给兰某。

2014年9月15日，金海大酒店向原华翔飞分公司发出《开工令》，确定此合同项目的实际开工时间为2014年9月15日。

2015年1月27日，金海大酒店与原华翔飞分公司签订《补充合同2》，约定：经甲、乙双方协商，甲方将金海大酒店3、4、5层室内装饰发包给乙方施工，结合原合同要求，并根据3、4、5层的具体情况，签订本补充合同。进度款支付方式和时间为：（1）工程竣工后7日内支付工程总价的90%；（2）工程竣工结算后15日内一次性付到97%（扣留工程总价的3%作为工程质保金），工程质保金竣工一年后一次性付清。如果甲方未按期付款，甲方除应向乙方每月支付资金利息（按总价款的2%计算）外，每延期一天另支付乙方违约金（按总价款的1‰/天计算），并将本酒店49%的产权抵押给乙方［在酒店产权抵押期间；甲方仍然向乙方每月支付资金利息（按总价款的2%计算），并每延期一天另支付乙方违约金（按总价款的1‰/天计算），直至付清为止］。乙方进场后5日内开始计算乙方总投入（1000.00万元），甲方每月按乙方投入1000.00万元的2%作为给乙方的投入报酬费用。

2015年4月2日，甲方金海大酒店、乙方原华翔飞分公司与丙方贵州省建筑联合公司六枝金海大酒店项目部签订合同，约定甲方将金海大酒店三层KTV工程承包给乙方，再由乙方把三层KTV室内增加消防排烟系统风管及设备安装、调试的工作分包给丙方。

2015年8月11日，戴某忠与贵州雅舍装饰有限公司六枝分公司签订《六枝特区金海国际大酒店装修工程合同书》，约定将金海大酒店3、4、5层装修包工给贵州雅舍装饰有限公司六枝分公司。

2015年8月12日，金海大酒店与戴某忠签订另一份《补充合同2》。

合同签订后，戴某忠在施工过程中，经罗某方签字，对案涉项目施工材料、图纸及工序等进行了变更。经查明，金海大酒店1层为酒店大厅，6层以上为酒店客房，案涉酒店1、6、7、8楼客房于2015年6月25日移交金海大酒店投入试营业，2、9、10、11、12、13楼客房于2015年7月1日移交金海大酒店投入试营业，14、15、16、17、18楼客房于2015年11月20日移交金海大酒店试营业。3—5层双方未履行完《补充合同2》约定的工程内容即发生争议，其中5层为会议室和办公室，已经完工并投入使用。3、4层为KTV和水汇，戴某忠未施工完成，后由金海大酒店另行组织施工完成并已投入使用。

判决结果

一审判决：以起诉之日作为《补充合同2》项下工程款利息起算日。

最高人民法院二审判决：维持一审该项判决。

各方观点

金海大酒店观点：因案涉工程不应支付工程款，故亦不应支付逾期付款利息。因戴某忠拖延工期，为了不让损失继续扩大，其主动与金海大酒店和原华翔飞分公司协商先使用部分工程，金海大酒店并未擅自使用案涉工程。即便应付利息，一审判决认定逾期付款利息的计算标准也应按每年365天计算。一审法院按照360天计算明显错误。

戴某忠观点：《补充合同2》所涉工程因金海大酒店未按期支付工程款而无法继续施工，但最终也已交付给金海大酒店，并投入使用，该合同所涉工程价款的逾期付款利息应从起诉之日计算。

华翔飞公司观点：我方作为第三人，并没有参与合同的签订和履行，我方是在戴某忠起诉以后才知晓合同的存在以及施工行为的，款项也没有支付到我公司。因此，戴某忠和金海大酒店在明知原华翔飞分公司不是合同当事人的情况下恶意将我公司作为当事人。

法院观点

一审法院观点：由于《补充合同2》约定的3、4、5层装修工程中3、4、5层未竣工即停工，并未移交金海大酒店投入使用，故不能以上述主合同约定的工程资金利息起算时间作为该部分工程款利息的起算时间。而且《补充合同2》已被认定为无效，故根据《合同法》第五十六条规定，无效合同对当事人自始没有法律约束力，戴某忠已无继续施工至完工的义务，因此，该部分工程对应的折价补偿款也应当由金海大酒店及时进行结算并支付，其未及时进行结算并支付，应当支付资金占用利息。关于3、4、5层装修工程款的逾期付款利息起算时间问题，一审法院根据《最高人民法院关于审理建设工程施工合同纠纷案件适用法律问题的解释》第十八条关于“利息从应付工程价款之日计付。当事人对付款时间没有约定或者约定不明的，下列时间视为应付款时间：（一）建设工程已实际交付的，为交付之日；（二）建设工程没有交付的，为提交竣工结算文件之日；（三）建设工程未交付，工程价款也未结算的，为当事人起诉之日”之规定，确定为戴某忠提起诉讼之日，即从2017年5月22日起计算。

最高人民法院二审观点：《最高人民法院关于审理建设工程施工合同纠纷案件适用法律问题的解释》第十八条规定，利息从应付工程价款之日计付。当事人对付款时间没有约定或者约定不明，建设工程已实际交付的，交付之日视为应付款时间。建设工程未交付，工程价款也未结算的，当事人起诉之日视为应付款时间。《补充合同2》所涉工程虽未完工，但金海大酒店在一审庭审中自认已经交付，故一审法院在交付具体时间不明的情况下按照戴某忠起诉之日起算逾期付款利息，并以中国人民银行同期同类贷款利率（2019年8月20日起按全国银行间同业拆借中心公布的贷款市场报价利率）作为利率标准并无不当。金海大酒店主张应以每年365天计算而非360天计算利息与《中国人民银行关于人民币存贷款计结息问题的通知》规则不符，本院不予采纳。

关联案例 1

案件名称：廊坊澳美基业房地产开发有限公司、中国建筑第二工程局有限公司建设工程施工合同纠纷案件〔1〕

法院观点：该案件中最高人民法院认为，根据《最高人民法院关于审理建设工程施工合同纠纷案件适用法律问题的解释》第十八条的规定，利息从应付工程价款之日计付。当事人对付款时间没有约定或者约定不明的，下列时间视为应付款时间：（1）建设工程已实际交付的，为交付之日；（2）建设工程没有交付的，为提交竣工结算文件之日；（3）建设工程未交付，工程价款也未结算的，为当事人起诉之日。中国建筑第二工程局有限公司（以下简称中建二局公司）于2015年9月全面撤场，案涉项目后由廊坊澳美基业房地产开发有限公司（以下简称澳美基业公司）另找第三方继续施工，二期住宅已经部分投入使用，原审法院以中建二局公司全面退场时间作为双方之间实际交付已完成工程的时间点，并以此作为应付款时间和计算欠付工程款的利息，具有事实和法律依据（该案件中最高人民法院认定澳美基业公司和中建二局公司之间签订的多份施工合同无效）。

关联案例 2

案件名称：江苏省第一建筑安装集团股份有限公司与唐山市昌隆房地产开发有限公司建设工程施工合同纠纷案件〔2〕

法院观点：该案件中最高人民法院认为，根据《最高人民法院关于审理建设工程施工合同纠纷案件适用法律问题的解释》第十八条规定，利息从应付工程价款之日计付。当事人对付款时间没有约定或者约定不明的，下列时间视为应付款时间：（1）建设工程已实际交付的，为交付之日；（2）建设工程没有交付的，为提交竣工结算文件之日；（3）建设工程未交付，工程价款也未结算的，为当事人起诉之日。案涉工程于2011年11月30日竣工验收合格并交付使用，案涉两份合同均被认定为无效。一方面合同约定的工程价款给付时间无法参照合同约定适用，另一方面发包人支付工程欠款利息性质为法定孳息，建设工程竣工验收合格交付发包人后，其已实际控制，有条件对诉争建设工程行使占有、使用、收益权利，故从工程竣工验收合格交付时起计付工程价款利息符合当事人利益平衡。江苏省第一建筑安装集团股份有限公司主张从2012年1月30日起按照中国人民银行同期贷款利率支付工程款利息，法院予以支持。

---

〔1〕（2021）最高法民申1959号。

〔2〕最高人民法院公报2018年第6期案例。

法律规定

《民法典》第一百五十五条规定，无效的或者被撤销的民事法律行为自始没有法律约束力。

《民法典》第七百九十三条规定，建设工程施工合同无效，但是建设工程经验收合格的，可以参照合同关于工程价款的约定折价补偿承包人。建设工程施工合同无效，且建设工程经验收不合格的，按照以下情形处理：（一）修复后的建设工程经验收合格的，发包人可以请求承包人承担修复费用；（二）修复后的建设工程经验收不合格的，承包人无权请求参照合同关于工程价款的约定折价补偿。发包人对因建设工程不合格造成的损失有过错的，应当承担相应的责任。

《建工司法解释（一）》第二十七条规定，利息从应付工程价款之日开始计付。当事人对付款时间没有约定或者约定不明的，下列时间视为应付款时间：（一）建设工程已实际交付的，为交付之日；（二）建设工程没有交付的，为提交竣工结算文件之日；（三）建设工程未交付，工程价款也未结算的，为当事人起诉之日。

律师点评

《民法典》第一百五十五条规定，无效的或者被撤销的民事法律行为自始没有法律约束力；故根据前述法律规定，建设工程施工合同无效的，工程款利息起算日约定自始无效。《民法典》第七百九十三条仅规定建设工程施工合同无效的，参照合同关于工程价款的约定折价补偿；显然，工程款利息起算日约定不属于关于工程价款的约定，故建设工程施工合同无效，视为工程价款支付时间没有约定或者约定不明，依据《建工司法解释（一）》第二十七条规定确定工程款利息起算日即应付工程价款之日。

操作提示

建设工程施工合同无效的，工程款利息起算日约定不能参照执行；故律师建议，发承包双方在建设工程施工合同签订过程中，严格按照法律、行政法规和司法解释规定执行，避免出现建设工程施工合同无效的情形，否则，承包人主张参照工程款利息起算日约定执行的，不予支持。

三、未约定履约保证金利息支付标准的，可以按照同期同类贷款利率（市场报价利率）支付利息

关 键 词： 履约保证金　未约定利息　市场报价利率

问题提出： 发承包双方在建设工程施工合同中未约定履约保证金利息支付标准，发包人逾期支付履约保证金的，其应当按照何种标准向承包人承担逾期支付履约保证金利息？

案件名称： 重庆建工集团股份有限公司、盘县南方嘉龙房地产开发有限公司建设工程施工合同纠纷案件〔1〕

裁判规则： 最高人民法院认为，发承包双方在建设工程施工合同中未约定履约保证金利息支付标准，发包人逾期支付履约保证金的，其应当按照同期同类贷款利率（市场报价利率）向承包人承担逾期支付履约保证金利息。

案情简介

上诉人（原审原告）：重庆建工集团股份有限公司（以下简称重庆建工）

上诉人（原审被告）：盘县南方嘉龙房地产开发有限公司（以下简称嘉龙公司）

嘉龙公司是贵州南方嘉龙房地产开发有限公司的全资子公司。

2012 年 1 月 5 日，贵州南方嘉龙房地产开发有限公司采用邀请招标的方式对盘县红果云鼎世家房地产建设项目进行招标，其中投标保证金为 200 万元，并注明：不中标者三日内退款，中标者工程验收合格后退款。2012 年 1 月 22 日，重庆建工贵州分公司收到中标通知书以确定中标，投标保证金转为履约保证金。

2013 年 3 月 29 日，嘉龙公司（甲方）与重庆建工（乙方）分别作为发包方与承包方签订了《建设工程施工合同（南方·云鼎尚城工程）》。合同签订后，重庆建工于 2013 年 6 月 2 日开始施工。

---

〔1〕（2019）最高法民终 886 号。

2014 年 11 月 24 日，重庆建工贵州分公司向嘉龙公司与监理单位提交《主体验收申请报告》，称云鼎尚城的一期工程 1#、4#、5#、6#楼主体工程已完工并申请验收。2014 年 11 月 26 日，监理单位、勘察单位、设计单位、建设单位、质量监督单位均在《工程质量验收会议结论》中表明 1#、4#、5#、6#楼主体工程同意验收合格。

2015 年 7 月 22 日，重庆建工贵州分公司向嘉龙公司提交 1#、4#、5#、6#楼的竣工结算资料，载明已支付工程款为 55,590,753.02 元，请求支付尾款 24,710,833.47 元。

2016 年 5 月 25 日，经项目建设单位、监理单位、施工单位共同确认，最终同意延长交付时间：（1）一期工程：已交付使用；（2）二期工程：2016 年 8 月 30 日前。

此后，2016 年 6 月 17 日，重庆建工在给嘉龙公司的工作联系函中表明，一期工程及二期工程的 3#、8#楼均竣工，且众多住户入住，但双方一直就工程结算等相关问题未达成共识，且重庆建工尚欠各材料商及分包单位材料款和分包工程款达 4600 万元，垫资总额达 6669.87 万元，没有能力组织资金投入，其明确提出在结算等相关事宜未达成共识，所欠款项未得到落实与支付前，该项目已无法组织继续实施及配合另外分包的实施和房屋的交付。

判决结果

一审判决：嘉龙公司应向重庆建工返还 200 万元履约保证金并从 2016 年 11 月 22 日起按中国人民银行同期同类贷款基准利率计算利息至付清之日止。

最高人民法院二审判决：维持该项判决。

各方观点

重庆建工观点：嘉龙公司应返还履约保证金 200 万元及相应利息。

嘉龙公司观点：原审法院判决嘉龙公司返还重庆建工履约保证金 200 万元并自 2016 年 11 月 22 日起计算相应利息系事实认定错误。重庆建工存在无故停工、经催告明示不再履约，以及时至今日仍不配合嘉龙公司进行工程竣工验收和备案等严重违约行为，已经给嘉龙公司造成巨大经济损失。在重庆建工违约的前提下，嘉龙公司有权不予返还履约保证金，更不应支付相应利息。

法院观点

一审法院观点：2016 年 11 月 22 日，重庆建工已经将案涉工程全部交由嘉龙公司实际占有，根据前述关于竣工日期的认定，应认定 2016 年 11 月 22 日为工程实际竣工日期。故嘉龙公司应向重庆建工返还 200 万元履约保证金并从 2016 年 11 月 22 日起按中国人民银行同期同类贷款基准利率计算利息至付清之日止。

最高人民法院二审观点：案涉履约保证金系投标保证金转换而来。建设项目已交付，主要义务已经履行，嘉龙公司应当将履约保证金退还给重庆建工并支付相应利息。

法律规定

《民法典》第六百四十六条规定，法律对其他有偿合同有规定的，依照其规定；没有规定的，参照适用买卖合同的有关规定。

《最高人民法院关于审理买卖合同纠纷案件适用法律问题的解释》（法释〔2020〕17 号）第十八条规定，买卖合同对付款期限作出的变更，不影响当事人关于逾期付款违约金的约定，但该违约金的起算点应当随之变更。买卖合同约定逾期付款违约金，买受人以出卖人接受价款时未主张逾期付款违约金为由拒绝支付该违约金的，人民法院不予支持。买卖合同约定逾期付款违约金，但对账单、还款协议等未涉及逾期付款责任，出卖人根据对账单、还款协议等主张欠款时请求买受人依约支付逾期付款违约金的，人民法院应予支持，但对账单、还款协议等明确载有本金及逾期付款利息数额或者已经变更买卖合同中关于本金、利息等约定内容的除外。买卖合同没有约定逾期付款违约金或者该违约金的计算方法，出卖人以买受人违约为由主张赔偿逾期付款损失，违约行为发生在 2019 年 8 月 19 日之前的，人民法院可以中国人民银行同期同类人民币贷款基准利率为基础，参照逾期罚息利率标准计算；违约行为发生在 2019 年 8 月 20 日之后的，人民法院可以违约行为发生时中国人民银行授权全国银行间同业拆借中心公布的一年期贷款市场报价利率（LPR）标准为基础，加计30%—50%计算逾期付款损失。

律师点评

法律、行政法规及司法解释并未对履约保证金的利率计付标准作出明确规定。《民法典》第六百四十六条规定，法律对其他有偿合同有规定的，依照其规定；没有规定的，参照适用买卖合同的有关规定。故依据前述法律规定，建设工程施工合同中的履约保证金问题可以参照适用买卖合同的有关规定。参照《最高人民法院关于审理买卖合同纠纷案件适用法律问题的解释》第十八条规定，发包人未退还履约保证金的行为发生在2019年8月19日之前的，人民法院可以中国人民银行同期同类人民币贷款基准利率为基础，参照逾期罚息利率标准计算；违约行为发生在2019年8月20日之后的，人民法院可以未退还履约保证金发生时中国人民银行授权全国银行间同业拆借中心公布的一年期贷款市场报价利率（LPR）标准为基础，加计30%—50%计算逾期付款损失。因此案例中，最高人民法院认为履约保证金应按照中国人民银行同期同类贷款利率支付利息。另外，（2021）最高法民终717号中最高人民法院认为，金钱之债支付利息符合交易习惯。

操作提示

未约定履约保证金利息支付标准的，可以按照同期贷款利率（市场报价利率）支付利息；故发承包双方就履约保证金发生纠纷后，律师建议承包人可以按照同期同类人民币贷款基准利率或全国银行间同业拆借中心公布的一年期贷款市场报价利率向发包人主张履约保证金利息。

四、承包人可以同时主张工程款利息和违约金

关 键 词：工程款利息　违约金　同时主张

问题提出：在建设工程施工合同履行中，承包人可以向发包人主张欠付工程款利息，也可以向发包人主张欠付工程款违约金；承包人向发包人同时主张

工程款利息和违约金的，是否支持。

案件名称：南通苏中建设有限公司、宏运地产朝阳有限公司建设工程施工合同纠纷案件〔1〕

裁判规则：最高人民法院认为，在建设工程施工合同履行中，承包人向发包人同时主张工程款利息和违约金的，予以支持，但合计年利率不能超过四倍市场报价利率。

案情简介

上诉人（一审原告）：南通苏中建设有限公司（以下简称苏中建设公司）

上诉人（一审被告）：宏运地产朝阳有限公司（以下简称宏运朝阳公司）

2009年4月22日，宏运朝阳公司（发包方，原宏运集团朝阳房地产开发有限公司）与苏中建设公司（承包方）签订建设工程施工合同，约定宏运朝阳公司将其开发建设的凤凰新城一期工程A01、A02、A03、A04、A05住宅楼发包给苏中建设公司施工，工程内容为土建、装饰、给排水、供暖、电气照明、楼内消防栓及管路安装工程；开工日期为2009年5月1日，竣工时间待定；工程质量为合格；合同价款暂定8000万元，最终以实际竣工结算为准。专用条款第26.3条约定，如果工程竣工验收合格在本合同约定时间内，则2011年1月30日前进度产值支付到85%。尾款在工程竣工验收合格后一年内付清（留竣工结算总价3%作为质量保修金）。专用条款第35.1条约定发包人的违约责任为："本合同通用条款第33.3款约定发包人违约应承担的违约责任：未按本合同约定时间付款，发包人应从付款之日，超过30天起，每延误一天向承包人支付应付款0.5‰的违约金。"

合同签订后，苏中建设公司依约进行了施工。2012年6月10日，案涉工程竣工验收，工程经苏中建设公司、宏运朝阳公司、监理单位及设计单位四方验收合格，四方签订《工程质量竣工验收记录》。2012年7月6日，苏中建设公司将工程移交宏运朝阳公司，并向其递交了结算书，宏运朝阳公司接受工程同时签收结算书。2012年9月9日，苏中建设公司向宏运朝阳公司送达了《关于工程结算及催收工程款的函》，对宏运朝阳公司未能按约定时间进行

---

〔1〕（2019）最高法民终1891号。

审计提出保留相关权利，并请求尽快拨付工程款。

判决结果

一审判决：（1）宏运朝阳公司于判决生效后10日内给付苏中建设公司工程款3,611,773.21元的违约金（以719,891.37元为基数自2013年7月11日起至2014年6月9日止，以3,611,773.21元为基数自2014年6月10日起至判决确定的给付之日止，按照每日0.5‰计算）；（2）宏运朝阳公司于判决生效后10日内给付苏中建设公司履约保证金41万元及利息（自2012年6月10日至判决确定的给付之日止，按照中国人民银行同期贷款利率计算）；（3）宏运朝阳公司于判决生效后10日内给付苏中建设公司履约保证金41万元的违约金（自2012年7月11日至判决确定的给付之日止，按照每日0.5‰计算）。

最高人民法院二审判决：（1）宏运朝阳公司于本判决生效后10日内给付苏中建设公司工程款3,711,773.21元及利息（利息以819,891.37元为计息本金，自2013年6月10日起至2014年6月9日止按中国人民银行同期贷款利率计算；以3,711,773.21元为计息本金，自2014年6月10日起至2019年8月19日止按中国人民银行同期贷款利率计算，自2019年8月20日起至实际给付之日止按同期全国银行间同业拆借中心公布的贷款市场报价利率计算）。

（2）宏运朝阳公司于本判决生效后10日内给付苏中建设公司工程款3,711,773.21元的违约金（违约金以819,891.37元为计息本金，自2013年7月11日起至2014年6月9日止按每日0.5‰利率计算；以3,711,773.21元为计息本金，自2014年6月10日起至实际给付之日止，按每日0.5‰利率计算）。本判决第一项、第二项中利息、违约金总额超过年利率24%的，按年利率24%计算。

（3）宏运朝阳公司于本判决生效后10日内给付苏中建设公司履约保证金21万元及利息（利息以21万元为计息本金，自2012年6月10日起至2019年8月19日止按中国人民银行同期贷款利率计算，自2019年8月20日起至实际给付之日止按同期全国银行间同业拆借中心公布的贷款市场报价利率计算）。

（4）宏运朝阳公司于本判决生效后10日内给付苏中建设公司履约保证金

21万元的违约金（违约金以21万元为计息本金，自2012年7月11日起至实际给付之日止，按每日0.5‰利率计算）。本判决第三项、第四项中利息、违约金总额超过年利率24%的，按年利率24%计算。

各方观点

苏中建设公司观点：按照法律规定及合同约定，宏运朝阳公司有义务及时支付工程款，其存在违约行为，应承担工程款利息及履约保证金的利息、违约金。

宏运朝阳公司观点：因苏中建设公司诉讼原因，宏运朝阳公司多承担2014年至2018年的工程款利息及违约金，以及21万元履约保证金的利息及违约金。

法院观点

一审法院观点：苏中建设公司要求宏运朝阳公司按照每日0.5‰利率承担拖欠工程款的违约金，自2012年7月11日起计算至实际给付之日止。根据合同违约条款约定，发包人应从付款之日，超过30天起，每延误一天向承包人支付应付款0.5‰的违约金，故工程款中不含质量保修金部分719，891.37元的违约金，计算期间应自2013年7月11日起至2014年6月9日止；工程款3，611，773.21元的违约金，计算期间应自2014年6月10日起至判决确定的给付之日止。苏中建设公司诉请宏运朝阳公司按中国人民银行同期贷款利率承担迟延退还履约保证金的利息，自2012年6月10日起计算至实际给付之日止。根据合同约定，履约保证期间为合同签订之日至工程验收合格之日，故履约保证金41万元的利息，计算期间应自2012年6月10日起至判决确定的给付之日止。苏中建设公司要求宏运朝阳公司按照每日0.5‰利率承担迟延退还履约保证金的违约金，自2012年6月10日起计算至实际给付之日止。按照合同违约条款约定，履约保证金41万元的违约金计算期间应自2012年7月11日起至判决确定的给付之日止。

最高人民法院二审观点：二审直接在判决结果中表述了观点。

相反案例

案件名称： 广西建工集团第一建筑工程有限责任公司与青海恒平房地产开发有限公司建设工程施工合同纠纷案件[1]

法院观点： 广西建工集团第一建筑工程有限责任公司（以下简称广西一建）认为青海恒平房地产开发有限公司（以下简称恒平公司）除应当按照合同约定支付违约金之外，还应支付迟延付款利息。对此，最高人民法院认为，《合同法》第一百一十四条规定："当事人可以约定一方违约时应当根据违约情况向对方支付一定数额的违约金，也可以约定因违约产生的损失赔偿额的计算方法。约定的违约金低于造成的损失的，当事人可以请求人民法院或者仲裁机构予以增加；约定的违约金过分高于造成的损失的，当事人可以请求人民法院或者仲裁机构予以适当减少……"从该条规定可以看出，违约金以补偿性为原则，以惩罚性为补充，主要用于弥补守约方因违约方的违约行为造成的损失，同时兼具一定的惩罚作用，以守约方的实际损失为标准，可以对过高或过低的违约金予以适当调整。本案中，双方当事人就迟延支付工程款的违约金计算方式进行了约定，即以迟延支付工程款的数额为基数按照每日3‰的标准支付违约金。而恒平公司迟延支付工程款给广西一建造成的损失主要为资金占用期间的利息损失。虽然广西一建一审起诉时主张按照每日1‰的标准计算违约金，但仍高于其实际损失。一审法院结合双方合同履行情况、预期利益等情况，确定恒平公司在利息损失的基础上上浮30%支付广西一建违约金，该违约金的计算方式足以弥补广西一建的利息损失，亦兼具一定的惩罚性质，属于法律规定范围内的合理调整。前述违约金的计算方式已涵盖利息损失，故一审法院未予支持广西一建要求恒平公司另行支付利息损失的请求并无不当。

法律规定

《建工司法解释（一）》第二十六条规定，当事人对欠付工程价款利息计付标准有约定的，按照约定处理。没有约定的，按照同期同类贷款利率或者同期贷款市场报价利率计息。

《民法典》第五百七十七条规定，当事人一方不履行合同义务或者履行合同义务不符合约定的，应当承担继续履行、采取补救措施或者赔偿损失等违约责任。

《民法典》第五百八十五条规定，当事人可以约定一方违约时应当根据违约情况向对方支付一定数额的违约金，也可以约定因违约产生的损失赔偿额

---

[1] （2019）最高法民终1365号。

的计算方法。约定的违约金低于造成的损失的，人民法院或者仲裁机构可以根据当事人的请求予以增加；约定的违约金过分高于造成的损失的，人民法院或者仲裁机构可以根据当事人的请求予以适当减少。当事人就迟延履行约定违约金的，违约方支付违约金后，还应当履行债务。

律师点评

对于承包人是否可以同时主张利息和违约金，实务中有争议，主要有两种观点。第一种观点认为，可以同时主张利息和违约金；第二种观点认为，不可以同时主张利息和违约金。笔者赞同第一种观点，理由如下：依据《建工司法解释（一）》第二十六条规定，工程款利息系法定孳息，依据《民法典》第五百八十五条规定，工程款违约金系违约责任的一种形式，法定孳息和违约责任系不同性质的责任，可以同时主张，但两种总额不得超过同期同类贷款利率或市场报价利率的四倍。典型案例中最高人民法院、安徽省高级人民法院、北京市高级人民法院和山东省高级人民法院即持有第一种观点。《安徽省高级人民法院关于审理建设工程施工合同纠纷案件适用法律问题的指导意见（二）》（2013 年 12 月 23 日安徽省高级人民法院审判委员会民事执行专业委员会第 32 次会议讨论通过）第十六条规定，当事人同时主张违约金和利息的，可予支持。当事人主张的总额在中国人民银行公布的同期同类贷款利率或贷款基础利率四倍范围内的，应当综合违约行为的情节、程度，给守约方造成损失的大小等因素进行确定。当事人主张的总额超出中国人民银行公布的同期同类贷款利率或贷款基础利率四倍范围的，应当举证证明实际损失的数额，人民法院按照《最高人民法院关于适用〈中华人民共和国合同法〉若干问题的解释（二）》第二十九条的规定处理。《北京市高级人民法院关于审理建设工程施工合同纠纷案件若干疑难问题的解答》（2012 年 8 月 6 日，京高法发〔2012〕245 号）第三十六条规定，承包人同时主张逾期支付工程款的违约金和利息的，如何处理？建设工程施工合同明确约定发包人逾期支付工程款，承包人可以同时主张逾期付款违约金和利息的，依照其约定，发包人主张合同约定的违约金和利息之和过分高于实际损失请求予以适当减少的，按照《最高人民法院关于适用〈中华人民共和国合同法〉若干问题的解释（二）》第二十九条的规定处理；没有约定或约定不明的，对承包人的主张，一般不应同时支持，但承包人有证据证明合同约定的违约金或利息单独不足以弥补其实际损失的除外。《山东高院关于审理建设工程施工合同纠纷案件若干问题的解答》（2020年11月4日）第十四条规定，建设工程施工合同对发包人逾期支付工程款既约定了违约金，又约定了逾期付款利息，承包人同时主张逾期付款违约金和利息的，应予支持。但发包人主张合同约定的违约金和利息之和过分高于实际损失，请求予以适当减少的，应当以实际损失为基础，兼顾合同的履行情况、当事人的过错程度以及预期利益等综合因素，根据公平原则和诚实信用原则予以确定。

第二种观点认为，不可以同时主张利息和违约金，其理由是工程款利息系《民法典》第五百七十七条规定的赔偿损失，该赔偿损失系违约责任的一种形式，违约金亦为违约责任的一种形式，赔偿损失和违约责任系相同的责任，不可以同时主张；相反案例中最高人民法院和浙江省高级人民法院赞同第二种观点。《浙江省高级人民法院民事审判第一庭关于审理建设工程施工合同纠纷案件若干疑难问题的解答》第二十一条规定，承包人能否一并请求逾期支付工程款的违约金和利息？承包人不能按照建设工程施工合同的约定，既请求发包人承担逾期支付工程款的违约金，又同时请求支付相应利息。

操作提示

承包人可以同时主张工程款利息和违约金，但合计年利率不能超过同期同类贷款利率或市场报价利率的四倍；故在发承包双方就工程价款及利息、违约金发生纠纷后，律师建议承包人一并主张工程款利息和违约金，否则，根据不告不理原则，承包人仅主张工程款利息或者违约金的，不能同时支持工程款利息和违约金。

五、约定工程款不计利息，承包人主张工程款利息的，不予支持

关 键 词： 工程款　利息　约定不计利息

问题提出： 发承包双方在建设工程施工合同中约定欠付工程款不计利息，承包人向发包人主张欠付工程款利息的，是否支持？

案件名称：准信智慧消防股份有限公司、福建世茂新里程投资发展有限公司建设工程施工合同纠纷案件〔1〕

裁判规则：最高人民法院认为，发承包双方在建设工程施工合同中约定欠付工程款不计利息，承包人向发包人主张欠付工程款利息的，不予支持。

案情简介

再审申请人（一审原告、二审被上诉人）：准信智慧消防股份有限公司（以下简称准信公司）

被申请人（一审被告、二审上诉人）：福建世茂新里程投资发展有限公司（以下简称世茂公司）

案涉分包合同专用条件第16.3条约定："第16.3款（e）段后加进下列（f）条件：'（f）经雇主同意承包商建议扣发、扣除、扣减或缓发的金额。'第16.3款第十一段及第十二段在本分包合同中不适用，任何扣发、扣除、扣减或缓发的金额，在实际支付时，均不需考虑利息的支付。"

判决结果

二审判决：世茂公司无须支付欠付工程款利息。

最高人民法院裁定：维持二审判决，驳回再审申请。

各方观点

准信公司观点：世茂公司欠付的工程款按约定属于到期应支付的款项，二审判决认定世茂公司欠付的工程款属于"缓发的款项"，世茂公司无须支付该部分利息，背离了合同约定。此外，世茂公司不存在异议且一审判令应支付的部分变更工程款属于"到期应支付的工程价款"，其应支付该部分利息。

法院观点

最高人民法院观点：案涉分包合同专用条件第16.3条约定，"第16.3款

---

〔1〕（2020）最高法民申6055号。

（e）段后加进下列（f）条件：‘（f）经雇主同意承包商建议扣发、扣除、扣减或缓发的金额。’第 16.3 款第十一段及第十二段在本分包合同中不适用，任何扣发、扣除、扣减或缓发的金额，在实际支付时，均不需考虑利息的支付”。案涉分包合同的专用条件应当优先于通用条件适用。二审判决根据文义解释，结合本案实际情况认定“缓发金额”为依据合同约定世茂公司应当及时支付但实际延期支付的款项（包括世茂公司按合同约定应当支付的工程价款）。根据上述专用条件的约定，二审判决认定准信公司无权向世茂公司主张欠付工程款利息，有合同依据。

法律规定

《民法典》第五百零九条规定，当事人应当按照约定全面履行自己的义务。当事人应当遵循诚信原则，根据合同的性质、目的和交易习惯履行通知、协助、保密等义务。当事人在履行合同过程中，应当避免浪费资源、污染环境和破坏生态。

《建工司法解释（一）》第二十六条规定，当事人对欠付工程价款利息计付标准有约定的，按照约定处理。没有约定的，按照同期同类贷款利率或者同期贷款市场报价利率计息。

律师点评

发包人欠付工程款的，依据《建工司法解释（一）》第二十六条规定，承包人可以主张工程款利息；但是，如果在建设工程施工合同中约定不予支付工程款利息，则依据《民法典》第五百零九条规定，该约定有效。故案例中最高人民法院认为，承包人无权向发包人主张欠付工程款利息。

操作提示

约定工程款不计利息的，承包人不可以主张工程款利息。故律师建议，承包人在建设工程施工合同或者投标文件中明确拒绝该约定，否则，发承包双方发生工程价款结算纠纷后，承包人主张工程款利息的，不予支持。

第九章　合同解除

一、合同解除后，发包人应当自解除之日起支付工程款

关键词： 合同解除　解除之日　工程款

问题提出： 建设工程施工合同解除后，支付工程价款的约定是否属于结算和清理条款，发包人是否应当自解除之日起向承包人支付工程款。

案件名称： 浙江省东阳第三建筑工程有限公司、烟台经纬实业有限责任公司建设工程施工合同纠纷案件〔1〕

裁判规则： 最高人民法院认为，建设工程施工合同解除后，支付工程价款的约定属于结算和清理条款，发包人应当自解除之日起向承包人支付工程款。

案情简介

上诉人（原审原告）：浙江省东阳第三建筑工程有限公司（以下简称东阳三建）

上诉人（原审被告）：烟台经纬实业有限责任公司（以下简称烟台经纬）

烟台经纬与东阳三建于2012年7月24日签订《烟台经纬广场施工总承包合同》，合同约定如下。工程名称：烟台经纬广场，工程地点：山东省烟台市芝罘区建设路与前进路交汇处东北角，工程内容：建筑面积106,588平方米（其中地下三层26,868平方米，裙房六层28,453平方米，30层宾馆、写字楼各一幢51,267平方米）。2014年4月18日，双方签订《补充协议》约定：本工程建筑面积约115,314.00平方米（地下××），合同造价约

〔1〕（2018）最高法民终920号。

200,000,000.00 元（按实调整）。

《补充协议》签订后工程恢复施工。其间，双方仍因施工进度及工程款问题发生矛盾，经多次协商未果，最终烟台经纬向东阳三建送达了《解除“烟台经纬广场”施工合同通知书》，东阳三建于 2015 年 4 月 30 日撤离施工场地。烟台经纬将案涉工程交由其他施工方继续建设。

判决结果

一审判决：烟台经纬于判决生效后 10 日内向东阳三建支付剩余工程款 18,286,971.46 元，并支付工程款利息（工程款利息以 18,286,971.46 元为基数，按照中国人民银行同期同类贷款利率自 2015 年 10 月 23 日起计付至实际给付之日）。

最高人民法院二审判决：烟台经纬于本判决生效后 10 日内向东阳三建支付剩余工程款 30,208,489.69 元，并支付工程款利息（工程款利息以 30,208,489.69 元为基数，按照中国人民银行同期同类贷款利率自 2015 年 5 月 1 日起计付至实际给付之日）。

各方观点

东阳三建观点：烟台经纬于 2015 年 4 月 30 日强行接收工程，案涉合同已经解除，欠付工程款利息应自 2015 年 5 月 1 日起算。

烟台经纬观点：烟台经纬已经足额支付工程进度款，一审判决对工程款利息起算时间的认定符合本案实际情况。

法院观点

一审法院观点：关于工程款利息的问题，双方签订的《烟台经纬广场施工总承包合同》对付款时间虽有约定，但双方期间就付款问题多次发生争议，并于 2014 年 4 月 18 日签订《补充协议》对先前争议问题进行过修正和补充，此后仍因进度款的计算方法等问题存在争议，并最终导致东阳三建的施工未能如约完成。双方并未按照《烟台经纬广场施工总承包合同》的约定实际履行合同，工程款的给付时间已经实际变更且缺乏明确约定，工程最终也未能完工。因此，本案工程款利息的给付起始日期，应当参照《最高人民法院关于审理建设工程施工合同纠纷案件适用法律问题的解释》第十八条第三项关于“建设工程未交付，工程价款也未结算的，为当事人起诉之日”的规定予以确认，如此更符合本案实际，也更公平合理。烟台经纬应当以18,286,971.46元欠付工程款为基数，自2015年10月23日起向东阳三建按照中国人民银行发布的同期同类贷款利率计息支付利息。

最高人民法院二审观点：《合同法》第九十七条规定，合同解除后，尚未履行的，终止履行；已经履行的，根据履行情况和合同性质，当事人可以要求恢复原状、采取其他补救措施，并有权要求赔偿损失。案涉施工合同于2015年4月30日解除，根据合同性质，建设工程施工合同解除后无法恢复原状，东阳三建诉请支付工程款实质上是合同解除后的结算和清理，烟台经纬应自合同解除之日起支付相应的结算和清理款项。东阳三建上诉主张以2015年5月1日为起算点计算欠付工程款的利息，有事实和法律依据，本院予以支持。一审判决以东阳三建一审起诉之日作为利息起算点依据不足，本院予以纠正。

法律规定

《民法典》第五百六十六条规定，合同解除后，尚未履行的，终止履行；已经履行的，根据履行情况和合同性质，当事人可以请求恢复原状或者采取其他补救措施，并有权请求赔偿损失。合同因违约解除的，解除权人可以请求违约方承担违约责任，但是当事人另有约定的除外。主合同解除后，担保人对债务人应当承担的民事责任仍应当承担担保责任，但是担保合同另有约定的除外。

《民法典》第五百六十七条规定，合同的权利义务关系终止，不影响合同中结算和清理条款的效力。

《民法典》第八百零六条规定，承包人将建设工程转包、违法分包的，发包人可以解除合同。发包人提供的主要建筑材料、建筑构配件和设备不符合强制性标准或者不履行协助义务，致使承包人无法施工，经催告后在合理期限内仍未履行相应义务的，承包人可以解除合同。合同解除后，已经完成的建设工程质量合格的，发包人应当按照约定支付相应的工程价款；已经完成的建设工程质量不合格的，参照本法第七百九十三条的规定处理。

《建设工程施工合同（示范文本）》通用合同条款第16.1.4条规定，因发包人违约解除合同后的付款。承包人按照本款约定解除合同的，发包人应在解除合同后28天内支付下列款项，并解除履约担保：（1）合同解除前所完成工作的价款；（2）承包人为工程施工订购并已付款的材料、工程设备和其他物品的价款；（3）承包人撤离施工现场以及遣散承包人人员的款项；（4）按照合同约定在合同解除前应支付的违约金；（5）按照合同约定应当支付给承包人的其他款项；（6）按照合同约定应退还的质量保证金；（7）因解除合同给承包人造成的损失。合同当事人未能就解除合同后的结清达成一致的，按照第20条〔争议解决〕的约定处理。承包人应妥善做好已完工程和与工程有关的已购材料、工程设备的保护和移交工作，并将施工设备和人员撤出施工现场，发包人应为承包人撤出提供必要条件。

《建设工程施工合同（示范文本）》通用合同条款第16.2.4条规定，因承包人违约解除合同后的处理。因承包人原因导致合同解除的，则合同当事人应在合同解除后28天内完成估价、付款和清算，并按以下约定执行：（1）合同解除后，按第4.4款〔商定或确定〕商定或确定承包人实际完成工作对应的合同价款，以及承包人已提供的材料、工程设备、施工设备和临时工程等的价值；（2）合同解除后，承包人应支付的违约金；（3）合同解除后，因解除合同给发包人造成的损失；（4）合同解除后，承包人应按照发包人要求和监理人的指示完成现场的清理和撤离；（5）发包人和承包人应在合同解除后进行清算，出具最终结清付款证书，结清全部款项。因承包人违约解除合同的，发包人有权暂停对承包人的付款，查清各项付款和已扣款项。发包人和承包人未能就合同解除后的清算和款项支付达成一致的，按照第20条〔争议解决〕的约定处理。

律师点评

《民法典》第五百六十六条第一款规定，合同解除后，尚未履行的，终止履行；已经履行的，根据履行情况和合同性质，当事人可以请求恢复原状或者采取其他补救措施，并有权请求赔偿损失。依据前述法律规定，建设工程施工合同解除后应当恢复原状或者采取其他补救措施，鉴于无法恢复原状，可以采取发包人向承包人支付工程款这一其他补救措施；故案例中最高人民法院认为，发包人应当自建设工程施工合同解除之日起支付工程款。此外，《建设工程施工合同（示范文本）》通用合同条款第16.1.4条和第16.2.4条规定亦能支持最高人民法院在案例中的观点。

操作提示

合同解除后，发包人应当自解除之日起支付工程款。故发承包双方已经解除建设工程施工合同的，律师建议，承包人可以自解除之日起向发包人主张工程款。另外，需要说明的是，必须是依法解除建设工程施工合同才可以适用本条裁判规则，违法解除建设工程施工合同的，不产生合法解除的法律效力，故违法解除建设工程施工合同的不能适用本条裁判规则。

二、合同解除后，发包人不应当自解除之日支付质量保证金

关 键 词： 合同解除　质量保证金　结算和清理条款

问题提出： 建设工程施工合同解除后，质量保证金扣留条款是否属于结算和清理条款，发包人是否应当自解除之日返还质量保证金。

案件名称： 福建九鼎建设集团有限公司、云南佳鸿宇合实业有限公司建设工程施工合同纠纷案件[1]

裁判规则： 最高人民法院认为，建设工程施工合同解除后，质量保证金扣留条款属于结算条款，合同解除不影响该条款的效力，发包人不应当自解除之日返还质量保证金。

案情简介

上诉人（一审原告、反诉被告）：福建九鼎建设集团有限公司（以下简称福建九鼎）

上诉人（一审被告、反诉原告）：云南佳鸿宇合实业有限公司（以下简称

[1]（2020）最高法民终337号。

佳鸿宇合）

2015年1月15日，福建九鼎与佳鸿宇合签订《建设工程施工合同》，约定：福建九鼎自筹资金，承包佳鸿宇合位于昆明市晋宁县米钢结构厂房（具体栋号为3－1#—3－3#、3－31#—3－43#，工程为钢结构，地上××，总面积为31,408平方米）的工程施工，施工范围包括设计施工图纸（土建工程、钢结构、安装工程）。承包人提供完整的验收资料（具体见附件）且竣工验收合格［经发包人组织由发包人、承包人、监理方、当地工业园区管委会及规划、住建（质检站）等相关部门共同验收合格之日］并完成最终结算后，双方对最终结算价款无异议的，发包人支付至工程结算价款的95%（含前述已经支付的价款）。结算总价的5%作为工程质保金（按照《工程质量保修书》中相关专业规定扣除相应质保金），自竣工验收合格并交付使用之日起一年的缺陷责任期满，如未发生任何质量问题及维修责任，发包方在一个月内全额无息付清质保金。合同附件《工程质量保修书》约定，工程质量保修金按实际完成工程结算总价款的5%计算扣留5年。

案涉项目工程监理方为云南恒丰工程建设监理有限公司（以下简称恒丰监理），监理人代表发包人对工程施工相关事项进行检查、查验、审核、验收。

2014年10月8日，福建九鼎垫资进场施工。

2015年8月3日，佳鸿宇合向福建九鼎发出工作联系函，提出因3#地块加筋挡土墙出现质量问题，要求对3－34#、3－35#、3－43#栋房屋暂停施工，后一直未通知对该三栋房屋再行恢复施工。

2016年1月7日，福建九鼎完成了除三栋停工栋号外的其他13栋房屋主体封顶工作，并经监理人验收确认。

案涉项目经第三方云南和亚消防检测评价有限公司检测，确认存在明显质量问题，注明："如上述问题未按要求整改清楚，将严重影响消防验收（防火涂料验收合格后，方可进行下一项施工工序）。"

判决结果

一审判决：质保金从欠付工程款中扣除。

最高人民法院二审判决：维持一审该项判决。

各方观点

福建九鼎观点：5%的质保金不应从工程款中扣除。案涉工程未完工，《建设工程施工合同》因佳鸿宇合违约被解除后，对无法竣工验收的工程不存在质量保修期，质保金条款不再适用，故不应再按照合同约定从工程结算款中扣除5%的质保金。根据合同约定，工程质保金自竣工验收合格并交付使用之日起一年的缺陷责任期满返还。但案涉工程已停工且合同已解除，不能直接适用合同规定计算质保期，质保金应当返还。

佳鸿宇合观点：案涉工程至今没有完成竣工验收，也没有向佳鸿宇合交付，因此质保金的起算时间还未开始。而且质保金条款属于结算和清理条款，即使合同解除，也不影响质保金条款的效力。因此质保金应当扣除。质保期应当从工程竣工验收合格之日起算，一审判决认为质保期应从主体封顶之日起算是不恰当的。如果判决合同解除，佳鸿宇合认为应当于合同解除后，并由承包人承担了修复费用之后起算质保期较为公允。

法院观点

一审法院观点：根据双方《建设工程施工合同》中《工程质量保修书》的约定，案涉项目的工程质量保修金按实际完成工程结算总价款的5%计算扣留5年，福建九鼎自2016年1月8日完成主体封顶至今，质保期尚未届满，故应将该质保金金额从欠付工程款金额中进行扣减，待质量保修期届满后，再依约返还。

最高人民法院二审观点：质保金条款属于结算条款，合同解除不影响质保金条款效力，因此在合同约定的条件满足时，工程质量保修金才应返还施工方。虽然案涉工程未完工，但福建九鼎的质量保修义务并不因此免除。根据《建设工程施工合同》中《工程质量保修书》之约定，工程质量保修金按实际完成工程结算总价款的5%扣留5年，案涉工程于2016年1月8日完成主体封顶，至今工程未竣工验收，也未交付使用，质量保修期尚未届满，故福建九鼎主张质保金不应扣除的理由不能成立。

关联案例1

案件名称：海天建设集团有限公司、西安华峰置业有限公司等建设工程施工合同纠纷案件〔1〕

法院观点：该案件中最高人民法院认为，质量保证金是发包人与承包人在建设工程承包合同中约定，从应付的工程款中预留，用以保证承包人在缺陷责任期内对建设工程出现的缺陷进行维修的资金。与承包人的法定质量保修义务不同，质量保证金条款依赖于双方当事人的约定。建设工程质量保证金对应的是“缺陷责任期”，而非保修期。缺陷责任期是承包人按照合同约定承担缺陷修复义务，且发包人预留质量保证金（已缴纳履约保证金的除外）的期限，自工程实际竣工之日起计算。保修期是承包人按照合同约定对工程承担保修责任的期限，从工程竣工验收合格之日起计算。保修义务是承包人的法定义务。本案中，根据已查明事实，案涉工程系未完工工程。双方当事人现已解除合同，但已完工部分仍应按照《复工协议》约定的质保金条款，对于合同约定的缺陷责任期已经到期的部分，应返还质保金并承担法定保修义务；对于缺陷责任期未至届满的，应预留至期满再行返还。西安华峰置业有限公司返还工程质量保证金后，不影响海天建设集团有限公司依照合同约定或法律规定履行工程保修义务。故原审判决以案涉工程主体质量检测合格之日起算质保期并无不当，法院予以维持。

关联案例2

案件名称：陕西西岳山庄有限公司与中建三局建发工程有限公司、中建三局第三建设工程有限责任公司建设工程施工合同纠纷案件〔2〕

法院观点：该案件中最高人民法院认为，合同解除后，未履行的部分不再履行。由于《施工合同》约定的工程质保期已过，质保金不再从工程款中扣除。

〔1〕（2021）最高法民终340号。
〔2〕最高人民法院公报2007年第12期案例。

关联案例 3

案件名称：江苏省华建建设股份有限公司、重庆栩宽房地产开发有限公司建设工程施工合同纠纷案件〔1〕

法院观点：该案件中最高人民法院认为，首先，本案合同解除系因发包人违约，承包人并无可归责事由。合同约定的质保期最长为5年，但工程停工至今5年有余，扣留质保金，有悖公平正义。其次，在施工过程中监理单位对分部工程的质量进行了把控并确认验收合格，重庆栩宽房地产开发有限公司亦未主张工程存在质量问题，案涉合同业已解除，上述质保金条款终止履行。最后，承包人的保修义务是法定义务，保证金条款虽然终止履行但不免除江苏省华建建设股份有限公司（以下简称华建公司）对其施工工程的质量保修法定责任。华建公司关于本案案涉质保金不应暂扣的理由成立，应予支持。

法律规定

《民法典》第五百五十七条规定，有下列情形之一的，债权债务终止：（一）债务已经履行；（二）债务相互抵销；（三）债务人依法将标的物提存；（四）债权人免除债务；（五）债权债务同归于一人；（六）法律规定或者当事人约定终止的其他情形。合同解除的，该合同的权利义务关系终止。

《民法典》第五百六十七条规定，合同的权利义务关系终止，不影响合同中结算和清理条款的效力。

律师点评

建设工程施工合同解除的，发包人是否应当自解除之日支付质量保证金？对此，法律、行政法规和司法解释并没有作出明确的规定，实务中存在争议，主要有两种观点。第一种观点认为，发包人不应当支付质量保证金；第二种观点认为，发包人应当支付质量保证金。笔者赞同第一种观点，理由是：《民法典》第五百六十七条规定，合同的权利义务关系终止，不影响合同中结算和清理条款的效力；建设工程施工合同解除系合同的权利义务关系终止的一种情形，质量保证金条款属于合同中的结算和清理条款；故在建设工程施工合同解除后，发包人不应当支付质量保证金。典型案例中最高人民法院赞同

〔1〕（2020）最高法民终132号。

第一种观点。第二种观点认为，发包人应当支付质量保证金，其理由是质量保证金条款不属于合同中的结算和清理条款，故在建设工程施工合同解除后，发包人应当支付质量保证金。安徽省高级人民法院赞同第二种观点。《安徽省高级人民法院关于审理建设工程施工合同纠纷案件适用法律问题的指导意见(二)》(2013 年 12 月 23 日安徽省高级人民法院审判委员会民事执行专业委员会第 32 次会议讨论通过）第十四条规定，建设工程尚未竣工，合同终止履行的，已完工程质量合格，发包人主张按照合同约定扣留一定比例的工程价款作为质量保修金的，不予支持。

操作提示

合同解除后，发包人不应当自解除之日支付质量保证金。故在发承包双方就工程价款发生纠纷后，建设工程施工合同已经依法解除的，律师建议，承包人不应向发包人主张支付质量保证金，否则，由此产生的诉讼费等支出由承包人自行承担。

三、发包人违约导致合同解除的，其应当支付可得利益损失

关 键 词： 发包人违约 合同解除 可得利益损失

问题提出： 在建设工程施工合同履行中，因发包人违约导致案涉合同解除，承包人要求发包人支付可得利益损失的，是否支持。

案件名称： 吉林鑫达钢铁有限公司建设工程施工合同纠纷案件[1]

裁判规则： 最高人民法院认为，在建设工程施工合同履行中，因发包人违约导致案涉合同解除的，承包人要求发包人支付可得利益损失，应予支持。

案情简介

再审申请人（一审原告、反诉被告，二审被上诉人）：吉林鑫达钢铁有限公司（以下简称鑫达公司）

---

〔1〕（2019）最高法民申 5776 号。

被申请人（一审被告、反诉原告，二审上诉人）：思安新能源股份有限公司（以下简称思安公司）

2011 年 11 月 17 日，鑫达公司（发包方）与思安公司（承包方）签订《总承包合同书》，主要内容为：工程内容为 2×130t/h 高温高压锅炉、50MW 汽轮发电机组和 19MW 汽拖工程设计、供货、施工总承包工程；承包范围为上述汽拖工程的全部设计和建设；承包方式为负责设计、供货、建设、安装调试、属工程范围内的“交钥匙工程”；合同价款为 1999 亿元，其中设备费为 10,850 万元，建安费为 8810 万元，设计费为 330 万元。双方之间形成的《技术协议书》对一系列技术问题作出约定。

2012 年 6 月 20 日，鑫达公司、宏天智公司、思安公司签订《三方合作协议》，约定由宏天智公司负责涉案项目的设备融资，鑫达公司、思安公司在原总承包合同项下的其他义务不变。该协议在成套设备采购部分约定，宏天智公司为鑫达公司垫付采购资金向思安公司采购本协议约定的成套设备，成套设备价款为 10,850 万元，由宏天智公司直接向思安公司支付 10,850 万元。思安公司根据该协议附表 1《设备清单》中的设备单价，实际采购到场的设备总价为 3089.30 万元。

2012 年 7 月 11 日，思安公司（卖方）与宏天智公司（买方）签订《成套设备采购与供货合同》，由宏天智公司为鑫达公司垫付资金向思安公司购买成套设备；思安公司与鑫达公司签订《建筑安装工程合同》，明确思安公司负责设计、土建施工、设备安装等具体施工任务，除合同价款为 7990 万元外，其他约定内容与《总承包合同书》中的建筑安装义务一致，鑫达公司义务、付款方式亦一致；鑫达公司（买方）与宏天智公司（卖方）签订《成套设备采购与供货合同》，约定合同价款为 10,950 万元，供货范围与其他约定同思安公司与宏天智公司间签订的《成套设备采购与供货合同》一致；同日，鑫达公司、宏天智公司与思安公司签订《确认书》，确认三方的权利义务关系以《三方合作协议》、《总承包合同书》及《技术协议书》为准，思安公司与鑫达公司签订《建筑安装合同》的目的是为思安公司在鑫达公司现场实施务工派遣及开具当地建安发票。思安公司不据此向鑫达公司主张任何权利。

2012 年 7 月 29 日，鑫达公司与思安公司签订《桩基土方工程施工合同》，鑫达公司将涉案工程桩基土方工程委托给思安公司施工。

2013 年 4 月，部分供货厂家催促思安公司提货。之后，思安公司多次催促宏天智公司代鑫达公司付款。截至2013年5月17日，思安公司共收到鑫达公司支付的工程款4765万元。另外，宏天智公司代鑫达公司向思安公司支付工程款2000万元。

2013年5月30日，鑫达公司、思安公司、宏天智公司召开会议，并形成《5.30会议纪要》，该会议纪要的鑫达公司陈述中记载：就目前鑫达项目而言，主要还是资金问题，思安工程进度良好。2013年8月23日，鑫达公司、宏天智公司、思安公司就鑫达公司煤气发电项目后续事宜进行会谈，并形成《8.23会议纪要》。该会议纪要中三方同意共同投资意见，降低宏天智公司投资数额；工期建议：9月1日开始实施，12月31日完工。2013年9月5日，鑫达公司通过电子邮件形式提出与宏天智公司终止《三方合作协议》。次日，宏天智公司回复电子邮件同意终止该协议。

判决结果

一审判决：对可得利益损失不予支持。

二审判决：鑫达公司于本判决发生法律效力后立即给付思安公司可得利益损失2,271,929元。

最高人民法院裁定：维持二审判决，驳回再审申请。

各方观点

鑫达公司观点：（1）思安公司在一审举证期限内未申请对可得利益损失进行鉴定，吉林省辽源市中级人民法院已判决支持思安公司关于损失的全部诉讼请求。二审法院允许思安公司在二审期间委托鉴定可得利益损失，违反法定程序。鑫达公司对二审法院委托鉴定提出异议，二审法院应予采纳。（2）鑫达公司没有违约，思安公司违约。案涉合同无法继续履行是思安公司签约时隐瞒资金不足所致，鑫达公司由此遭受损失。思安公司申请鉴定预期可得利益超出《合同法》第一百一十三条规定的范围，不应予以保护。思安公司请求解除合同表明其放弃继续履行合同取得预期利益，与其在诉讼中主张预期利益损失相矛盾。

思安公司观点：二审法院根据思安公司的申请委托补充鉴定，符合法律规定。思安公司在一审中提供的同时期同行业的三家公司年报，足以证明预期可得利益的损失金额。二审法院为慎重起见依申请进行补充鉴定，鉴定结果仅作为认定损失金额的参照。二审法院在思安公司于一审中举证证明的20%毛利率与二审中补充鉴定结果之间取最低金额，认定可得利益损失，并无不妥。

法院观点

一审法院观点：思安公司主张的剩余合同价款20%的毛利率损失，于法无据，不予支持。

二审法院观点：思安公司上诉时主张以同行业最低利润率20%计算可得利益损失共2086.1万元，向本院申请鉴定时又主张以下列两种方式之一计算可得利益损失：（1）按总承包合同的可得收益规范计算，即以“建安利润率+总承包服务费+税金”方法计算可得利益损失，具体公式如下：未履行部分118,918,767.8元×（施工利润率7%+总承包服务费3%）×（1+工程同期税金3.48%）=12,305,714元；（2）公平计算法（利润率+税率），为简化处理公平适当地以10%—12%确定本案利润率，计算方法：未履行部分118,918,767.8元×公平利润率10%×（1+确定利润率时的增值税率10%）=13,081,064元。本院认为，根据《合同法》第一百一十三条第一款规定：“当事人一方不履行合同义务或者履行合同义务不符合约定，给对方造成损失的，损失赔偿额应当相当于因违约所造成的损失，包括合同履行后可以获得的利益，但不得超过违反合同一方订立合同时预见到或者应当预见到的因违反合同可能造成的损失。”根据上述法律规定，预期可得利益应当是守约方通过履行合同未来可以获得的利益，但不得超过违反合同一方订立合同时预见到或者应当预见到的因违反合同可能造成的损失。就本案而言，双方签订的《总承包合同》是一个集设计、设备供货和安装及土建施工于一体的合同，合同总价款为1999亿元，其中设备费10,850万元，建安费8810万元，设计费330万元。鑫达公司在签订合同时应当预见到自己的违约行为会造成思安公司未完的建筑安装工程利润损失，故本院对思安公司主张的该部分可得利益损失予以支持。一审判决对此未予支持错误，本院二审予以纠正。但思安公司主张的可得利益计算方式没有事实和法律依据，本院不予支持。该部分利润应以双方签订的《总承包合同》中确定的建安费8810万元为基础，扣除已完工程利润后予以确定。经本院委托，中恒一信项目管理咨询有限公司对本案进行工程造价鉴定，得出案涉合同的建筑安装工程未完工程利润为2,271,929元，本院对此予以支持。思安公司所主张的设计费和设备费采购损失并非建设工程施工合同的可得利益损失，且设计费330万元一审法院已判决鑫达公司给付，故思安公司有关可得利益的鉴定范围不全面的异议不能成立。

最高人民法院观点：鑫达公司（发包方）与思安公司（承包方）于2011年11月17日签订总承包合同，约定思安公司承包案涉汽拖工程设计、供货、施工，合同价款为1999亿元。在合同履行过程中，因鑫达公司迟延支付合同约定的每笔款项，明显违约，最后导致工程停滞，双方均请求解除合同。合同解除主要原因在鑫达公司一方，思安公司主张解除合同后剩余未完工程的预期可得利益损失，符合《合同法》第一百一十三条第一款的规定。

对于案涉可得利益损失，二审法院在审理中委托鉴定机构进行工程造价鉴定，鉴定意见表明案涉合同的建筑安装工程未完工程利润为2,271,929元。二审法院在审理中委托补充鉴定，并不违反法律规定，既然二审法院已经委托鉴定并认定事实，本案又无相反证据予以推翻，那么二审法院根据鉴定意见认定可得利益损失，并无不当。鑫达公司申请再审认为二审法院对可得利益损失委托补充鉴定违反法定程序，没有事实和法律依据，本院不予支持。

关联案例

案件名称：北京城建集团有限责任公司、沈阳首开国盛投资有限公司建设工程施工合同纠纷案件〔1〕

法院观点：该案件中最高人民法院认为，本案系因沈阳首开国盛投资有限公司（以下简称首开公司）原因，致使合同不能继续履行，首开公司应赔偿北京城建集团有限责任公司（以下简称城建公司）的损失。鉴定机构根据城建公司提供的证据，对其主张的损失中的合理部分及预期利润损失出具鉴定意见，确定索赔部分金额为21,486,576元。混凝土违约金、诉讼费、律师费、资金占用补偿金、预期利润属于应由违约方承担的部分，一审法院采信鉴定机构的意见，根据《合同法》第一百一十三条规定判决首开公司支付城建公司补偿款及预期利润合计21,486,567元，有事实依据和法律依据。

---

〔1〕（2020）最高法民终1042号。

相反案例

案件名称： 温州锐锋矿山建设有限公司、云南黄金矿业集团股份有限公司楚雄小水井金矿等建设工程施工合同纠纷案件〔1〕

法院观点： 该案件中最高人民法院认为，温州锐锋矿山建设有限公司（以下简称锐锋公司）与云南黄金矿业集团股份有限公司楚雄小水井金矿已于2015年11月25日解除《井巷工程合同》和《探采合同》，双方确认《探采合同》并未履行；而且，《井巷工程合同》约定的是执行合同固定单价，合同履行能否盈利取决于施工管理水平、市场价格影响以及实际探采情况，在此情况下，锐锋公司请求赔偿预期利益缺乏事实依据。

法律规定

《民法典》第五百七十七条规定，当事人一方不履行合同义务或者履行合同义务不符合约定的，应当承担继续履行、采取补救措施或者赔偿损失等违约责任。

《民法典》第五百八十四条规定，当事人一方不履行合同义务或者履行合同义务不符合约定，造成对方损失的，损失赔偿额应当相当于因违约所造成的损失，包括合同履行后可以获得的利益；但是，不得超过违约一方订立合同时预见到或者应当预见到的因违约可能造成的损失。

律师点评

建设工程施工合同解除后，发包人违约的，承包人是否可以主张可得利益？虽然依据《民法典》第五百八十四条规定，发包人违约造成承包人损失的，承包人可以向发包人主张可得利益损失（未完工程利润或预期利润），但实务中主要有两种观点。第一种观点认为，应当支付可得利益损失，比如典型案例中最高人民法院认为合同解除主要原因在鑫达公司一方，思安公司主张解除合同后剩余未完工程的预期可得利益损失，符合《合同法》第一百一十三条第一款的规定。第二种观点认为，不应当支付可得利益损失，比如相反案例中最高人民法院认为，可得利益损失属于不确定的事实，受各种因素

〔1〕（2021）最高法民申2549号。

影响无法准确判定是否会产生该项损失，因此，相关当事人的主张缺乏事实根据，不予支持。笔者赞同第一种观点，理由是：（1）《民法典》第五百八十四条明确规定，守约方可以向违约方主张可得利益损失。（2）可得利益损失系《民法典》第五百七十七条规定的一种违约责任形式，如果不支持承包人的可得利益损失，明显在纵容违约，违反公平原则和诚信原则。（3）深圳市中级人民法院亦赞成第一种观点。《深圳市中级人民法院关于建设工程合同若干问题的指导意见》（2010年修订）第八条规定，发包人与承包人签订建设工程合同后毁约的，应赔偿承包人由此造成的损失，该损失应包括承包人履行合同后可获得的利益。

操作提示

发包人违约导致合同解除的，其应当支付可得利益损失。故发承包双方在建设工程施工合同履行过程中，因发包人原因导致建设工程施工合同解除的，律师建议，承包人可以向发包人主张未完工程的可得利益，否则，根据不告不理原则，承包人不主张可得利益损失的，裁判者不会支持可得利益损失。

四、合同解除，违约金高于可得利益损失的，发包人不应当支付可得利益损失

关 键 词：发包人违约　合同解除　可得利益损失　违约金

问题提出：在建设工程施工合同履行中，案涉合同解除，违约金高于可得利益损失，承包人仍然向发包人主张可得利益损失的，是否支持？

案件名称：华信装备制造集团有限公司、信达富（北京）投资管理有限公司建设工程施工合同纠纷案件[1]

裁判规则：最高人民法院认为，在建设工程施工合同履行中，案涉合同解除，违约金高于可得利益损失，承包人另行向发包人主张可得利益损失的，不予支持。

---

[1]（2020）最高法民再67号。

案情简介

申诉人（一审原告、二审被上诉人）：华信装备制造集团有限公司（以下简称华信公司）

被申诉人（一审被告、二审上诉人）：信达富（北京）投资管理有限公司（以下简称信达富公司）

华信公司、信达富公司于2010年4月11日签订《建设工程施工合同》，约定华信公司承建信达富公司位于长春市经济开发区某某路新建厂房的钢构制作安装，彩板、门窗制作安装，合同价款为366万元，合同工期总日历天数为70天。合同签订后，信达富公司于2010年4月14日向华信公司支付35万元预付款，履行了合同约定。华信公司接收预付款后，即组织钢构板的购买、制作及彩板的购买和剪裁。华信公司于2010年5月中旬，将钢构部分制作完成，在对彩板进行剪裁后准备安装时，得知信达富公司在办理开工许可证过程中因政府告知计划对包括信达富公司施工修建的厂房区域在内的土地进行收储而未能取得开工许可证，导致双方签订的《建设工程施工合同》不能继续履行，但信达富公司没有书面通知华信公司不能开工。另查明，在庭审中双方对华信公司已完成的钢构制作价款1,901,559元，华信公司共购买10卷彩板，彩板总价款1,167,959元，对其中1卷进行了剪裁，其余9卷未拆封的事实无争议。

长春市中级人民法院就本案于2012年2月9日作出（2011）长民一初字第59号民事判决；吉林省高级人民法院就本案于2012年6月4日作出（2012）吉民一终字第52号民事判决。信达富公司不服二审判决，向吉林省高级人民法院申请再审。吉林省高级人民法院于2013年4月28日作出（2012）吉民监字第198号民事裁定，裁定本案由该院另行组成合议庭再审。吉林省高级人民法院就本案于2014年10月23日作出（2013）吉民再字第27号民事判决。

在再审审理过程中，华信公司于2013年12月4日向法院提出申请，要求对其制作完成的钢结构和彩板工程的造价进行鉴定。吉林省高级人民法院委托吉林中信工程建设咨询有限公司对此进行了鉴定。该公司于2014年4月21日作出吉中信鉴字［2014］第107号《工程造价鉴定意见书》，鉴定结论为：由于檩条Q235B的单价无法准确确定，因此未进行鉴定，能确定单价的鉴定造价为人民币 2, 157, 544 元，其中包含未拆封的 9 卷彩板的价值 338, 742 元和利润 115, 742 元。

判决结果

原一审判决：对违约金不予支持。

原二审判决：驳回上诉，维持原判。

吉林省高级人民法院再审判决：未支持华信公司因履行合同而取得的期待利益 115, 742 元。

最高人民法院再审判决：维持该项判决。

各方观点

华信公司观点：判决信达富公司支付工程价款 300 万元。

信达富公司观点：华信公司应自行承担损失。

法院观点

原一审法院观点：信达富公司已按合同约定履行预付款义务，且信达富公司并未在华信公司开工前告知其不能开工，华信公司是在完成钢构制作及彩板剪裁后准备安装时才知晓信达富公司未能将开工许可证办理完成的事实，应当认定华信公司依照合同约定完成采购制作并无过错，信达富公司应当支付相应钢构工程价款及彩板价款，华信公司所主张的工程款数额不高于钢构工程价款及彩板价款的实际价格，故对华信公司的此项诉讼请求予以支持。同时华信公司应将其为履行双方合同而制作完成的钢构件及所购买的彩板交付给信达富公司。对信达富公司主张华信公司自行承担损失的抗辩不予支持。

原二审法院观点：信达富公司与华信公司签订《建设工程施工合同》后，即按合同约定于 2010 年 4 月 14 日向华信公司支付了 35 万元工程预付款，且并没有向华信公司发出暂不开工的书面通知。华信公司收到预付款后，即按合同约定完成施工材料的采购和制作，其行为并无过错，也没有违反合同约定。而且，华信公司所主张的工程款数额不高于钢构工程价款及彩板价款的实际价格。因此，信达富公司提出的华信公司应自行承担损失的上诉主张，事实和法律依据不足，不予支持。

吉林省高级人民法院再审观点：该院委托的吉林中信工程建设咨询有限公司作出的吉中信鉴字［2014］第107号《工程造价鉴定意见书》确定，华信公司制作完成的钢结构和彩板除檩条Q235B以外的造价为2,157,544元，其中包括未拆封的9卷彩板338,742元、利润115,742元。该院对此份鉴定意见书进行了庭审举证、质证。利润系华信公司因履行合同而取得的期待利益，亦不属于华信公司的实际投入，故应将利润从华信公司的实际投入中扣除。

最高人民法院再审观点：华信公司在履约过程中并不存在过错，信达富公司在2010年5月得知因政府部门要进行土地收储，无法取得建设工程施工许可证后，即通知了华信公司。华信公司得知上述情况后即停止施工，防止了损失的进一步扩大。信达富公司的通知行为属合同解除行为，但其既没有约定的单方解除权，也无法定解除权，应当负相应的违约责任。政府部门的土地收储行为包括征收、收购、优先购买或收回土地等，其需要与被收储方进行协商，并支付一定的土地价款或征地和拆迁补偿费用。土地被政府收储虽不是当事人的主观过错，但亦非不能预见、不能避免及不能克服的客观情况，不属于不可抗力，原审、再审对此认定错误，本院予以纠正。《合同法》第一百零七条规定："当事人一方不履行合同义务或者履行合同义务不符合约定的，应当承担继续履行、采取补救措施或者赔偿损失等违约责任。"我国《合同法》对违约采严格责任，违约责任的承担不以违约方的过错为要件，双方也未在合同中约定将各自之外的原因作为违约免责情形。因此，政府土地收储行为不能成为信达富公司免除违约责任的合法理由。根据《建设工程施工合同》约定，信达富公司支付工程款每拖延一天，应支付合同金额1%的违约金。信达富公司应支付工程款为1,625,977元，其在2010年5月终止合同时即产生支付责任，现华信公司所主张的40万元违约金有事实和法律依据，且相对于双方约定的366万元固定造价及经鉴定确定的实际造价1,975,977元，该违约金未明显过高。关于《工程造价鉴定意见书》所确定的利润115,742元及华信公司诉请的拖欠工程款利息20万元，因双方订有违约金条款，且40万元的违约金已经能够填补华信公司因对方违约造成的损失，故不再单独予以计算。

法律规定

《民法典》第五百七十七条规定，当事人一方不履行合同义务或者履行合同义务不符合约定的，应当承担继续履行、采取补救措施或者赔偿损失等违约责任。

《民法典》第五百八十四条规定，当事人一方不履行合同义务或者履行合同义务不符合约定，造成对方损失的，损失赔偿额应当相当于因违约所造成的损失，包括合同履行后可以获得的利益；但是，不得超过违约一方订立合同时预见到或者应当预见到的因违约可能造成的损失。

《民法典》第五百八十五条规定，当事人可以约定一方违约时应当根据违约情况向对方支付一定数额的违约金，也可以约定因违约产生的损失赔偿额的计算方法。约定的违约金低于造成的损失的，人民法院或者仲裁机构可以根据当事人的请求予以增加；约定的违约金过分高于造成的损失的，人民法院或者仲裁机构可以根据当事人的请求予以适当减少。当事人就迟延履行约定违约金的，违约方支付违约金后，还应当履行债务。

律师点评

依据《民法典》第五百七十七条，可得利益损失系违约责任的一种形式，违约金亦为违约责任的一种形式；案涉建设工程施工合同解除后，违约金高于可得利益损失的，鉴于违约金已经可以填补承包人的损失，发包人不应当再支付可得利益损失。

操作提示

案涉建设工程施工合同解除后，违约金高于承包人可得利益损失的，发包人不应当再向承包人支付可得利益损失。故在建设工程施工合同履行过程中，案涉建设工程施工合同解除后，违约金高于承包人可得利益损失的，律师建议，承包人不应向发包人主张可得利益损失，否则，由此产生的鉴定费、诉讼费等支出由承包人自行承担。

五、因发包人违约而支付的进度款利息中高于市场报价利率部分的利息可以从可得利益损失中扣除

关 键 词：发包人违约　进度款利息　可得利益损失

问题提出：在建设工程施工合同履行中，因发包人违约导致案涉合同解除，承包人向发包人主张可得利益损失，发包人主张将其支付的工程进度款利息中高于市场报价利率部分的利息从可得利益损失中扣除的，是否支持。

案件名称：江苏省华建建设股份有限公司、重庆栩宽房地产开发有限公司建设工程施工合同纠纷案件〔1〕

裁判规则：最高人民法院认为，在建设工程施工合同履行中，因发包人违约导致案涉合同解除，承包人向发包人主张可得利益损失，发包人主张将其支付的工程进度款利息中高于市场报价利率部分的利息从可得利益损失中扣除的，予以支持。

案情简介

上诉人（原审原告）：江苏省华建建设股份有限公司（以下简称华建公司）

被上诉人（原审被告）：重庆栩宽房地产开发有限公司（以下简称栩宽公司）

2013年8月15日，栩宽公司（甲方）与华建公司（乙方）签订《施工总承包合同》。2015年2月13日，栩宽公司（甲方）与华建公司（乙方）签订《补充协议书》，约定：（1）栩宽公司在2015年2月13日16时之前支付3000万元至华建公司重庆分公司账户上（以乙方实际到账视为甲方履行本条款）。（2）从2015年2月14日起，栩宽公司开始支付华建公司应付工程进度款金额21,051万元的资金占用利息，资金占用利息按年利率10%及实际占用天数计算。（3）栩宽公司在2015年4月30日之前支付21,051万元及资金占用利息至华建公司重庆分公司账户上（以乙方实际到账视为甲方履行本条款）。（4）如栩宽公司在2015年4月30日之前未付21,051万元及资金占用利息，则栩宽公司承诺在应支付21,051万元及资金占用利息的基础上另支付

〔1〕（2020）最高法民终132号。

乙方3000万元违约金进行总额支付，并承诺在2015年5月30日之前支付到位（以乙方实际到账视为甲方履行本条款）。如果甲方在2015年5月30日仍未能支付到位，则从2015年6月1日起，按2015年5月31日应付乙方总金额（包括应付未付工程进度款、资金占用利息、违约金）计算资金占用利息（利息按年利率10%计算）。（5）在栩宽公司已支付21,051万元及资金占用利息、违约金（如有）后，双方必须对前期相关损失进行签字确认（在乙方报出后14日内甲方确认，如不确认，则视为甲方认可乙方所报金额）并即时（签字确认后14日内）进行支付，而且双方必须重新对合同条件进行谈判并签订新合同。（6）上述合同条款未能履行前，乙方有权拒绝复工，由此引起的一切复工前、复工后损失（在乙方报出后14日之内确认，如不确认，则视为甲方认可乙方所报金额）由栩宽公司承担并即时（签字确认后14日内）进行支付（以乙方实际到账视为甲方履行本条款）。（7）本补充协议与之前双方签订的施工合同条款不一致之处，以本补充协议为准。

华建公司于2016年8月5日向栩宽公司发出《解除合同通知书》，称因栩宽公司拖欠巨额工程进度款，案涉工程被迫于2015年春节后处于停工状态。华建公司多次催促栩宽公司履约支付拖欠的工程进度款，但栩宽公司至今未按约支付，已构成违约。根据《合同法》第九十四条规定，特通知栩宽公司解除双方签订的建设工程施工合同。合同解除后，请栩宽公司立即支付所有下欠的工程款、利息和违约金，赔偿华建公司因栩宽公司合同违约而造成的一切经济损失。栩宽公司于2016年8月9日收到该通知书。

判决结果

一审判决：未支持华建公司关于可得利益损失的主张。

最高人民法院二审判决：维持该项判决。

各方观点

华建公司观点：《施工总承包合同》因栩宽公司违约而解除，栩宽公司应依法赔偿华建公司可得利益损失。原审判决以“建设工程存在较多可变因素”“每个工程利润不尽相同”为由，不支持华建公司可得利益损失错误。根据

《建设工程造价鉴定规范》第 5. 10. 6 条，按统计部门发布的建筑企业统计年报的利润率 3. 6% 计算，华建公司的可得利润为 22, 020, 560. 68 元［（92, 500 万元 –31, 331. 7759 万元）×3. 6%］，应予赔偿。

栩宽公司观点：原审判决认定事实清楚，适用法律正确，华建公司上诉理由均不成立，其上诉请求应予驳回。

法院观点

一审法院观点：根据《合同法》第一百一十三条的规定，本案因栩宽公司违反合同义务，未按期支付工程进度款导致华建公司行使了合同解除权，客观上给华建公司造成了损失。华建公司主张按照《施工总承包合同》约定的工程暂定总金额减去已完工程价款后乘以 7% 的利润率来确定其可得利益。因在建设工程施工过程中涉及较多可变因素，故往往合同约定的暂定总金额与实际的结算金额差别较大。施工单位因为在施工过程中对成本、风险等不特定因素的管控不同，所获取的工程利润率也不尽相同。故华建公司关于用合同暂定总金额乘以 7% 的利润率来确定可得利益损失的主张缺乏事实和法律依据，对其该项诉讼请求不予支持。

最高人民法院二审观点：根据《合同法》第一百一十三条的规定，违约方向守约方赔偿损失的范围包括合同履行后可以获得的利益，但不得超过违反合同一方订立合同时预见到或者应当预见到的可能造成的损失。案涉合同由于栩宽公司违约逾期不支付工程款而解除，华建公司有权依法主张损害赔偿，包括主张可得利益损失。《最高人民法院关于当前形势下审理民商事合同纠纷案件若干问题的指导意见》第十条规定："人民法院在计算和认定可得利益损失时，应当综合运用可预见规则、减损规则、损益相抵规则以及过失相抵规则等，从非违约方主张的可得利益赔偿总额中扣除违约方不可预见的损失、非违约方不当扩大的损失、非违约方因违约获得的利益、非违约方亦有过失所造成的损失以及必要的交易成本。存在合同法第一百一十三条第二款规定的欺诈经营、合同法第一百一十四条第一款规定的当事人约定损害赔偿的计算方法以及因违约导致人身伤亡、精神损害等情形的，不宜适用可得利益损失赔偿规则。"

本案中，违约方栩宽公司不可预见的损失、非违约方华建公司必要的交易成本等虽然无法精确计算，但是本院（2019）最高法民终1559号生效判决已支持华建公司主张的违约金1000万元、进度款145,808,954元及自2015年2月14日起至付清时止的按年利率10%计算的利息。本案中根据双方当事人达成的一致意见，案涉64,701,046元进度款自2015年2月14日起至付清时止按年利率10%计算利息。案涉工程系华建公司垫资建设，其垫资款直接损失应当是资金占用利息。案涉进度款21,051万元（145,808,954元+64,701,046元）利息中高于银行同期贷款利率的部分，应当是华建公司因栩宽公司违约而获得的利益。该部分利益应当从华建公司主张的可得利益赔偿总额中扣除。经查询，2015年3月1日，同贷利率为5.75%，2015年5月11日调整为5.5%，2015年6月28日调整为5.25%，2015年8月26日调整为5%，2015年10月24日调整为4.75%；2019年一年期LPR为4.2%左右，5年期以上LPR为4.8%左右；2020年一年期LPR为4.1%左右，5年期以上LPR为4.7%左右。即使同贷利率按上述时期最高值5.75%计算，仅自2015年2月14日至2020年2月13日这5年时间华建公司因栩宽公司违约获取的高于同贷利率的利息就约为：21,051万元×（10%－5.75%）×5年=4473万余元。该部分因违约所得收益已经远超栩宽公司主张的可得利益损失总额。华建公司主张的可得利益损失22,020,560.68元，缺乏理据，不予支持。

法律规定

最高人民法院印发的《关于当前形势下审理民商事合同纠纷案件若干问题的指导意见》第十条规定，人民法院在计算和认定可得利益损失时，应当综合运用可预见规则、减损规则、损益相抵规则以及过失相抵规则等，从非违约方主张的可得利益赔偿总额中扣除违约方不可预见的损失、非违约方不当扩大的损失、非违约方因违约获得的利益、非违约方亦有过失所造成的损失以及必要的交易成本。存在合同法第一百一十三条第二款规定的欺诈经营、合同法第一百一十四条第一款规定的当事人约定损害赔偿的计算方法以及因违约导致人身伤亡、精神损害等情形的，不宜适用可得利益损失赔偿规则。

律师点评

依据《最高人民法院关于当前形势下审理民商事合同纠纷案件若干问题的指导意见》第十条规定，应当从可得利益赔偿总额中扣除违约方不可预见的损失、非违约方不当扩大的损失、非违约方因违约获得的利益、非违约方亦有过失所造成的损失以及必要的交易成本；因发包人违约而支付的进度款利息中高于市场报价利率部分的利息属于非违约方因违约获得的利益，故前述利息差额应当从可得利益赔偿总额中扣除。

操作提示

因发包人违约而支付的进度款利息中高于市场报价利率部分的利息可以从可得利益损失中扣除。故发承包双方在建设工程施工合同履行过程中，因发包人原因导致建设工程施工合同解除，案涉工程未完工的，律师建议，承包人在向发包人主张可得利益损失时，应将发包人支付进度款利息中高于市场报价利率部分的利息差额从可得利益赔偿总额中扣除，否则，由此产生的诉讼费等支出由承包人自行承担。

六、合同解除后，承包人不能主张可得利益损失利息

关 键 词：合同解除　可得利益损失　利息

问题提出：在建设工程施工合同履行中，案涉施工合同解除后，承包人向发包人主张可得利益损失时一并主张可得利益损失利息的，是否支持。

案件名称：北京城建集团有限责任公司、沈阳首开国盛投资有限公司建设工程施工合同纠纷案件〔1〕

裁判规则：最高人民法院认为，在建设工程施工合同履行中，案涉施工合同解除后，承包人向发包人主张可得利益损失时一并主张可得利益损失利息的，对可得利益损失利息不予支持。

〔1〕（2020）最高法民终1042号。

案情简介

上诉人（一审原告）：北京城建集团有限责任公司（以下简称城建公司）

上诉人（一审被告）：沈阳首开国盛投资有限公司（以下简称首开公司）

2011年8月，发包方首开公司与承包方城建公司签订盛京国际演艺中心一期主场馆工程合同一份，约定城建公司负责施工首开公司开发的盛京国际演艺中心一期主场馆工程。

合同签订后，城建公司开始进场施工。开工报告显示城建公司于2011年7月26日开始施工。由于天气原因，为确保案涉工程施工质量，发包方首开公司决定不进行冬季施工。案涉工程经两次冬季停工，其首次于2011年12月8日第一次停工至2012年6月4日复工。于2012年11月9日第二次停工后，根据停工（复工）报告，首开公司应当于2013年4月1日前通知城建公司复工，但首开公司一直未向城建公司下达复工指令。

首开公司、城建公司、监理单位共同对案涉工程进行质量验收。单位工程质量竣工验收记录显示：综合验收结论为已完工程的工程质量符合设计要求和规范规定。已完结构工程验收合格。首开公司、城建公司、监理公司、设计单位分别在该竣工验收记录落款处加盖各自公章。其中，在竣工日期一栏内载明的时间是2013年9月16日，在监理单位签章栏内注明的日期为2013年12月12日。为保障已完工程，城建公司至今仍派驻人员对案涉工程进行看管，案涉工程并未交付给首开公司。

一审案件审理中，城建公司向一审法院提出司法鉴定申请，请求依法对城建公司已完工程造价以及因首开公司单方停工给城建公司造成的一切损失（包括实际损失及预期利润）进行司法鉴定。经诉讼双方共同摇号，最终确定由瑞丰工程管理有限公司（以下简称鉴定机构）对本案工程进行司法造价鉴定。鉴定机构于2019年3月1日出具鉴定报告，经复议后鉴定机构将鉴定意见调整为无争议部分148,140,448元，有争议部分17,092,208元，索赔部分21,486,567元。

判决结果

一审判决：未支持预期利润利息的主张。

最高人民法院二审判决：维持该项判决。

各方观点

城建公司观点：因首开公司单方原因导致案涉工程停工，致使城建公司遭受重大损失；鉴定机构依照规则并结合本案事实情况认定预期利润为4,604,089元，一审法院采纳鉴定意见不违反相关规定。首开公司应当支付预期利润的利息。

首开公司观点：对于索赔部分预期利润4,604,089元，一审法院援引《合同法》第一百一十三条之规定，适用法律错误。

法院观点

一审法院观点：对于本案中因首开公司单方停工而给城建公司造成的损失，首开公司应当给予赔偿。《合同法》第一百一十三条第一款规定，“当事人一方不履行合同义务或者履行合同义务不符合约定，给对方造成损失的，损失赔偿额应当相当于因违约所造成的损失，包括合同履行后可以获得的利益，但不得超过违反合同一方订立合同时预见到或者应当预见到的因违反合同可能造成的损失”。根据上述法律规定，首开公司应承担完全赔偿责任。赔偿范围包括因停工给城建公司造成的实际损失和城建公司的预期利润损失。首开公司抗辩称，其不应当向城建公司支付预期利润，没有事实依据及法律依据，一审法院不予支持。其中，对于预期利润鉴定机构采用的鉴定方法是（中标金额－现完成金额）×投标利润率。鉴定机构对城建公司的实际损失及预期利润损失两项合计，鉴定为21,486,567元。该索赔数额属于城建公司损失中的合理部分，考虑到城建公司同时负有采取积极措施避免损失扩大的义务，对该鉴定数额一审法院予以确认。

对于城建公司关于请求首开公司支付补偿款利息及预期利润利息的主张，因该项主张已超过了城建公司的实际损失范围，一审法院不予支持。

最高人民法院二审观点：本案中，一审法院已根据城建公司的主张，采信鉴定机构的意见，对其主张的实际损失及预期利润部分予以支持。而补偿款及预期利润的利息不属于实际损失的范围，一审法院未支持城建公司该项主张，并无不当。城建公司关于补偿款及预期利润利息的主张，缺乏依据，本院不予支持。

法律规定

《建工司法解释（一）》第二十六条规定，当事人对欠付工程价款利息计付标准有约定的，按照约定处理。没有约定的，按照同期同类贷款利率或者同期贷款市场报价利率计息。

《民法典》第五百七十七条规定，当事人一方不履行合同义务或者履行合同义务不符合约定的，应当承担继续履行、采取补救措施或者赔偿损失等违约责任。

《民法典》第五百八十四条规定，当事人一方不履行合同义务或者履行合同义务不符合约定，造成对方损失的，损失赔偿额应当相当于因违约所造成的损失，包括合同履行后可以获得的利益；但是，不得超过违约一方订立合同时预见到或者应当预见到的因违约可能造成的损失。

律师点评

依据《民法典》第五百七十七条规定，可得利益损失系违约责任的一种形式；《建工司法解释（一）》第二十六条仅规定工程价款利息，并未规定可得利益损失可以主张利息；故可得利益损失的利息无法律依据。因此，案例中最高人民法院认为，预期利润即可得利益损失利息不属于实际损失的范围，不予支持。

操作提示

合同解除后，承包人不能主张可得利益损失利息。故发承包双方在建设工程施工合同履行中，因发包人原因导致建设工程施工合同解除，案涉工程未完工的，律师建议，承包人在向发包人主张可得利益损失时，不应一并主张可得利益损失利息，否则，由此产生的诉讼费等支出由承包人自行承担。

第十章　建设工程价款优先受偿权

一、实际施工人原则上不能主张优先受偿权

关 键 词： 实际施工人　施工人　优先受偿权

问题提出： 在挂靠、转包、违法分包情形下，实际施工人依法要求发包人在欠付工程价款范围内承担责任，并向发包人主张优先受偿权的，是否支持。

案件名称： 吴某全、重庆市丰都县第一建筑工程公司建设工程施工合同纠纷案件〔1〕

裁判规则： 最高人民法院认为，在挂靠、转包、违法分包情形下，实际施工人依法要求发包人在欠付工程价款范围内承担责任，并向发包人主张优先受偿权的，原则上不支持其关于优先受偿权的主张，特定情形可予以支持。

案情简介

再审申请人（一审原告、二审上诉人）：吴某全

被申请人（一审被告、二审上诉人）：重庆市丰都县第一建筑工程公司（以下简称丰都一建公司）

被申请人（一审被告、二审上诉人）：重庆市园林工程建设有限公司（以下简称园林工程公司）

被申请人（一审被告、二审被上诉人）：重庆市丰都县福瑞文化传播有限公司（以下简称福瑞公司）

被申请人（一审被告、二审被上诉人）：重庆福佑文化发展有限公司（以下简称福佑公司）

---

〔1〕（2019）最高法民再258号。

2015 年 8 月 1 日，发包人福佑公司、福瑞公司与承包人丰都一建公司签订《建设工程总承包合同》，合同约定工程名称为《丰都县文化创意园—国际魔幻电影 5D 情景剧文化主题公园》改造建设工程。2015 年 8 月 25 日，丰都一建公司与吴某全签订《建设工程内部承包合同》，合同约定：首次支付工程款的时间为基础开工后两个月，结算月次月的 5 日前银行转账支付。同日，福佑公司作为甲方、丰都一建公司作为乙方、吴某全作为丙方签订了《补充协议》，约定：（1）甲、乙、丙三方再次释明乙方与丙方于 2015 年 8 月 25 日签订的工程承包合同中的实际施工承包人为吴某全。（2）该合同中约定工程保证金的实际缴纳人为丙方吴某全。

随后，吴某全组织工人进场施工。吴某全于 2015 年 11 月 13 日向福佑公司、福瑞公司以及丰都一建公司发出停工通知书。诉争工程于 2015 年 11 月 14 日正式停工。在本案诉讼过程中，2016 年 7 月 21 日，福瑞公司代表建设单位，重庆市中泰工程监理有限公司代表监理单位，丰都一建公司代表施工单位共同对现场遗留的原材料进行了统计并签字确认。2017 年 1 月 24 日，甲方福佑公司、乙方丰都一建公司、丙方吴某全、丁方园林工程公司签订了《协议书》。

判决结果

一审判决：吴某全具有优先受偿权。

二审判决：吴某全不具有优先受偿权。

最高人民法院再审判决：维持二审该项判决。

各方观点

吴某全观点：依据《最高人民法院关于审理建设工程施工合同纠纷案件适用法律问题的解释》第 26 条第 2 款规定，二审判决认定吴某全对其承建工程的折价款及拍卖价款没有优先受偿权，属适用法律错误。

丰都一建公司观点：原审在未查明吴某全挂靠丰都一建公司，且福佑公司、福瑞公司知晓挂靠的情况下，适用《最高人民法院关于审理建设工程施工合同纠纷案件适用法律问题的解释》第二十六条错误，丰都一建公司不应承担支付工程款的责任。

园林工程公司观点：福瑞公司、福佑公司与吴某全签订合同至今，从未取得项目的土地使用权、建设工程规划许可证，因此《建设工程总承包合同》无效，吴某全不享有工程价款优先受偿权。庭审笔录中吴某全本人认可其没有移交工程资料，拟证明案涉工程不具备支付工程款的条件，结合承包合同无效而言，吴某全不具有工程款优先受偿权。

法院观点

一审法院观点：根据《最高人民法院关于建设工程价款优先受偿权问题的批复》（已失效）的规定，承包人有权就发包人欠付的工程款主张优先受偿权。案涉工程于2015年11月14日实际停工，吴某全于2016年1月向法院提起诉讼主张优先受偿权，未超过6个月法定期间，因此，吴某全享有在欠付工程款2,934,181.04元范围内就案涉工程折价、拍卖所得价款的优先受偿权。

二审法院观点：目前吴某全不能对案涉工程享有工程价款优先受偿权。事实和理由：（1）《合同法》第二百八十六条赋予承包人建设工程价款优先受偿权，但并未直接赋予实际施工人建设工程价款优先受偿权。（2）在发包人欠付承包人工程款数额明确，但承包人怠于行使优先受偿权的情况下，考虑到可能会因为承包人的不积极作为而影响实际施工人收取工程款的合法权益，故允许实际施工人向发包人主张优先受偿权，但这种优先受偿权应当在《最高人民法院关于审理建设工程施工合同纠纷案件适用法律问题的解释》第二十六条赋予实际施工人的权利范围内行使，即在发包人欠付承包人工程款范围内享有优先受偿权，而非对于承包人欠付实际施工人的工程款享有优先受偿权。（3）本案中因福佑公司与丰都一建公司尚未完成结算，福佑公司是否欠丰都一建公司工程款以及欠款的具体金额尚未确定，不能确定吴某全在什么范围内对案涉工程款享有优先受偿权，故其请求暂不能成立，吴某全应待福佑公司和丰都一建公司完成工程款结算后另行主张权利。

最高人民法院再审观点：本案中，吴某全与丰都一建公司签订的《建设工程内部承包合同》为无效合同，吴某全并非承包人而是实际施工人。《最高人民法院关于审理建设工程施工合同纠纷案件适用法律问题的解释》第二十六条第二款规定的是发包人只在欠付工程价款范围内对实际施工人承担责任，即实际施工人可以向发包人主张工程价款，但并未规定实际施工人享有工程价款的优先受偿权。《合同法》第二百八十六条仅规定承包人享有工程价款优先受偿权，亦未规定实际施工人也享有该项权利。因此，吴某全主张其享有工程价款优先受偿权并无事实和法律依据，二审不予支持并无不当。

法律规定

《民法典》第八百零七条规定，发包人未按照约定支付价款的，承包人可以催告发包人在合理期限内支付价款。发包人逾期不支付的，除根据建设工程的性质不宜折价、拍卖外，承包人可以与发包人协议将该工程折价，也可以请求人民法院将该工程依法拍卖。建设工程的价款就该工程折价或者拍卖的价款优先受偿。

律师点评

实际施工人能否主张优先受偿权？实务中存在争议，主要有三种观点。第一种观点认为，不能主张；第二种观点认为，可以主张；第三种观点认为，原则上不能主张，特定情形下可以主张。

第一种观点的理由是：实际施工人不是承包人，不符合《民法典》第八百零七条规定的承包人条件，案例中最高人民法院和《民法典合同编理解与适用［三］》即持该观点；《民法典合同编理解与适用［三］》认为，与发包人没有建设工程施工合同关系的实际施工人不享有建设工程价款优先受偿权。第二种观点的理由是：实际施工人可以认定为“承包人”，比如（2021）最高法民申1033号案件和（2020）最高法民终429号案件中最高人民法院即持该观点。

笔者倾向于第三种观点，理由是：（1）一般情形下，实际施工人不是承包人，不符合《民法典》第八百零七条规定的承包人条件，故实际施工人不能主张优先受偿权。（2）发包人明知挂靠的，实际施工人和发包人形成事实上的建设工程施工合同关系，此时，实际施工人就具有了“承包人”的身份，故实际施工人可以主张优先受偿权。（2019）最高法民申6085号案件中最高人民法院认为，在发包人同意或者认可挂靠存在的情形下，挂靠人作为没有资质的实际施工人借用有资质的建筑施工企业（被挂靠人）的名义，与发包人订立了建设工程施工合同。挂靠人是实际承包人，被挂靠人是名义承包人，两者与发包人属于同一建设工程施工合同的双方当事人。因此，认定挂靠人享有优先受偿权，并不违反法律规定。（3）总承包人或者转包人怠于行使优先受偿权时，实际施工人可以主张优先受偿权。比如《重庆市高级人民法院民一庭关于当前民事审判疑难问题的解答》（2014年）第十五条规定，实际施工人是否享有建设工程价款优先受偿权？答：我国《合同法》第二百八十六条（《民法典》第807条）规定，“发包人未按照约定支付价款的，承包人可以催告发包人在合理期限内支付价款。发包人逾期不支付的，除按照建设工程的性质不宜折价、拍卖的以外，承包人可以与发包人协议将该工程折价，也可以申请人民法院将该工程依法拍卖。建设工程的价款就该工程折价或者拍卖的价款优先受偿”。该条赋予承包人建设工程价款优先受偿权的立法目的旨在解决工程款的拖欠问题，保障包括广大农民工在内的建筑工人的基本生活需要。但是，现实生活中，承包人非法转包和违法分包的情形较为普遍，承包人往往并不实际施工，拖欠的工程款通常是实际施工人的。如果承包人怠于行使权利，则实际施工人的利益无法得到保护。因此，在与发包人具有直接合同关系的承包人没有起诉发包人的情况下，实际施工人诉请发包人在欠付工程款范围内支付工程价款并依照我国《合同法》第二百八十六条主张建设工程价款优先受偿权的，应当予以支持。《河北省高级人民法院关于印发〈建设工程施工合同案件审理指南〉的通知》（冀高法〔2018〕44号）第三十三条规定，建设工程施工合同无效，但建设工程质量合格，承包人主张建设工程价款就该工程折价或拍卖的价款优先受偿的，人民法院应予以支持；分包人或实际施工人在总包人或非法转包人怠于主张工程价款时，主张建设工程价款就该工程折价或拍卖的价款优先受偿的，人民法院应予支持。《安徽省高级人民法院关于审理建设工程施工合同纠纷案件适用法律问题的指导意见》（安徽省高级人民法院审判委员会2009年5月4日第16次会议通过）第十八条规定，分包人或实际施工人完成了合同约定的施工义务且工程质量合格的，在总包人或非法转包人怠于主张工程价款优先受偿权时，就其承建的工程在发包人欠付的工程款范围内主张工程价款优先受偿权的，可予支持。《浙江省高级人民法院民事审判第一庭关于审理建设工程施工合同纠纷案件若干疑难问题的解答》第二十二条规定，在建设工程施工合同无效情形下，谁有权行使优先受偿权？建设工程施工合同无效，但工程经竣工验收合格，承包人可以主张工程价款优先受偿权。分包人或实际施工人完成了合同约定的施工义务且工程质量合格的，在总承包人或转包人怠于行使工程价款优先受偿权时，就其承建的工程在发包人欠付工程价款范围内可以主张工程价款优先受偿权。

操作提示

实际施工人原则上不能主张优先受偿权，在特定情形下可以向发包人主张优先受偿权；故律师建议，作为实际施工人应当搜集并留存特定情形的相关证据材料，并依法主张优先受偿权，否则证据材料不确实充分的，不予支持关于优先受偿权的主张。

二、工程款债权转让的，优先受偿权一并转让

关 键 词： 债权转让　优先受偿权　主随从原则

问题提出： 承包人或者实际施工人依法将工程款债权转让的，优先受偿权作为工程款债权的从权利，是否随着工程款债权一并转让？

案件名称： 王某燕与闫某毛、焦作市东成房地产开发有限公司案外人执行异议之诉案件[1]

裁判规则： 最高人民法院认为，承包人或者实际施工人依法将工程款债权转让的，优先受偿权作为工程款债权的从权利随着工程款债权一并转让。

案情简介

再审申请人（一审原告、二审上诉人）：王某燕

被申请人（一审被告、二审被上诉人）：闫某毛

二审被上诉人（一审第三人）：焦作市东成房地产开发有限公司（以下简

---

〔1〕（2021）最高法民申35号。

称东成公司）

焦作市黎阳建筑安装工程有限公司（以下简称黎阳公司）与东成公司建筑工程施工合同纠纷一案，一审法院于2017年7月3日受理后，经审理判决：（1）东成公司于本判决生效之日起10日内支付黎阳公司工程款12,502,943.05元及利息（自2017年4月5日起按中国人民银行同期同类贷款利率计算至本判决确定的还款义务期限届满之日止）；（2）黎阳公司有权对温县新东未来城1号、2号、3号楼及人防、商铺、地下车库工程以折价或拍卖的价款，在12,502,943.05元范围内享有优先受偿权；（3）驳回黎阳公司的其他诉讼请求。一审判决后，黎阳公司与东成公司均不服，向二审法院提起上诉。二审法院经审理判决：（1）维持一审法院（2017）豫08民初55号民事判决第三项及保全费、鉴定费、反诉费负担部分；（2）变更一审法院（2017）豫08民初55号民事判决第一项为：东成公司于本判决生效之日起10日内支付黎阳公司工程款19,372,188.8元及利息（自2017年4月5日起按中国人民银行同期同类贷款利率计算至东成公司实际清偿之日止）；（3）变更一审法院（2017）豫08民初55号民事判决第二项为：黎阳公司有权对温县新东未来城1号、2号、3号楼及人防、商铺、地下车库工程以折价或拍卖的价款，在19,372,188.8元范围内享有优先受偿权。

2019年5月16日，闫某毛与黎阳公司签订债权转让协议书，协议约定：鉴于闫某毛为黎阳公司承建的温县新东未来城项目的全额投资人，黎阳公司自愿将二审法院（2018）豫民终1418号生效判决书所确定的黎阳公司的全部债权及相关权利一并转让给闫某毛。黎阳公司于2019年5月17日通知东成公司自接到该债权转让通知书后依法向闫某毛履行全部义务。闫某毛于2019年5月21日申请强制执行。

判决结果

一审判决：闫某毛因受让工程款债权取得了优先受偿权。

二审判决：维持一审该项判决。

最高人民法院裁定：维持二审判决，驳回再审申请。

各方观点

王某燕观点：一审、二审判决认定闫某毛享有建设工程价款优先受偿权，属适用法律错误。(1) 建设工程价款优先受偿权是法定优先权，法律规定该权利的立法本意是通过保护承包人的建设工程价款债权进而确保建筑工人的工资权益得以实现，该权利专属于施工承包人。黎阳公司对东成公司享有工程款债权和建设工程价款优先受偿权，闫某毛通过债权转让取得的债权只是普通金钱债权，不能从黎阳公司处受让优先受偿权。(2) 根据《最高人民法院关于审理建设工程施工合同纠纷案件适用法律问题的解释（二）》第十七条规定，只有与发包人订立建设工程施工合同的承包人才享有《合同法》第二百八十六条规定的建设工程价款优先受偿权，实际施工人不应当享有该优先受偿权。一审、二审判决认定闫某毛是黎阳公司承建案涉工程的实际出资人，闫某毛受让取得黎阳公司债权后自然取得优先受偿权有违上述司法解释规定精神，该认定是错误的。

闫某毛观点：其享有建设工程价款优先受偿权。

法院观点

一审法院观点：黎阳公司对东成公司温县新东未来城1号、2号、3号楼及人防、商铺、地下车库工程以折价或拍卖的价款，在19,372,188.8元范围内享有优先受偿权，黎阳公司将该债权转让给闫某毛。根据《最高人民法院关于建设工程价款优先受偿权问题的批复》第三条规定，“建筑工程价款包括承包人为建设工程应当支付的工作人员报酬、材料款等实际支出的费用，不包括承包人因发包人违约所造成的损失”。从该规定可以看出，建设工程价款优先受偿的范围具有专属性，只能是为建设工程应当支付的工作人员的报酬、材料款等实际支出的费用。同时，建设工程款优先受偿权属于法定抵押权，担保的是工程款债权，主债权转让的，担保物权一并转让。根据法律条文的表述并不能确定工程款优先受偿权具有人身专属性，故工程款债权转让给他人的，优先受偿权也随之转让。因此，闫某毛作为黎阳公司承建的温县新东未来城工程建设工程款的实际出资人，在取得黎阳公司的债权后自然取得相关债权的优先受偿权。

二审法院观点：《合同法》第八十一条规定，“债权人转让权利的，受让人取得与债权有关的从权利，但该从权利专属于债权人自身的除外”。法律、法规并未禁止建设工程债权转让，也未明确规定建设工程价款优先受偿权专属于承包人。本案中，黎阳公司自愿将生效判决书确定的全部债权一并转让，闫某毛作为黎阳公司承建案涉工程的全额投资人，依据债权转让协议，在受让黎阳公司的债权后取得建设工程价款优先受偿权。

最高人民法院观点：《合同法》第八十一条规定，“债权人转让权利的，受让人取得与债权有关的从权利，但该从权利专属于债权人自身的除外”。本案中，根据已查明事实，黎阳公司对东成公司享有19,372,188.8元债权，并对东成公司温县新东未来城1号、2号、3号楼及人防、商铺、地下车库工程以折价或拍卖的价款在19,372,188.8元范围内享有优先受偿权，黎阳公司已于2019年5月16日与闫某毛签订债权转让协议，将其对东成公司享有的债权及相关权利转让给闫某毛。《最高人民法院关于审理建设工程施工合同纠纷案件适用法律问题的解释（二）》第十七条规定：“与发包人订立建设工程施工合同的承包人，根据合同法第二百八十六条规定请求其承建工程的价款就工程折价或者拍卖的价款优先受偿的，人民法院应予支持。”该条虽然规定由承包人主张优先受偿权，但是并不能得出建设工程价款优先受偿权具有人身专属性。本案中，闫某毛系作为黎阳公司承建案涉工程全额投资人受让案涉工程款债权及相关权利的，一审、二审判决基于债权转让并结合闫某毛系全额投资人身份的事实，认定建设工程价款主债权转让的，建设工程价款优先受偿权一并转让，闫某毛取得相关工程款债权优先受偿权并不违反上述法律规定。王某燕的相关申请理由不能成立。

法律规定

《民法典》第五百四十七条规定，债权人转让债权的，受让人取得与债权有关的从权利，但是该从权利专属于债权人自身的除外。受让人取得从权利不因该从权利未办理转移登记手续或者未转移占有而受到影响。

律师点评

工程款债权转让的，优先受偿权能否一并转让？法律、行政法规和司法解释对此没有明确规定，实务中存在争议，主要有两种观点。第一种观点认为，优先受偿权可以一并转让；第二种观点认为，优先受偿权不能一并转让。笔者倾向于第一种观点，理由是：《民法典》第五百四十七条第一款规定，债权人转让债权的，受让人取得与债权有关的从权利，但是该从权利专属于债权人自身的除外；优先受偿权属于工程款债权的从权利，且该从权利不是专属于债权人自身的权利，故笔者认为，工程款债权转让的，优先受偿权一并转让。山东省高级人民法院、深圳市中级人民法院和陕西省高级人民法院也认可该观点，《山东高院民一庭关于审理建设工程施工合同纠纷案件若干问题的解答》（2020 年 8 月 15 日）第十二条规定，工程款债权的受让人主张对建设工程价款优先受偿权一并受让的，如何处理？建设工程价款优先受偿权依附于工程款债权，属于从属性权利，承包人将建设工程价款债权转让的，建设工程价款优先受偿权随之转让。《深圳市中级人民法院关于建设工程施工合同纠纷案件的裁判指引》（2014 年修订）第二十四条规定，承包人将其对发包人的工程款债权转让给第三人的，建设工程价款优先受偿权随之转让。《陕西省高级人民法院关于审理建设工程施工合同纠纷案件若干问题的解答》第十六条规定，工程款债权的受让人主张对建设工程价款优先受偿权一并受让的，如何处理。建设工程价款优先受偿权依附于工程款债权，属于从属性权利，承包人将建设工程价款债权转让的，建设工程价款优先受偿权随之转让。

第二种观点的理由是：优先受偿权具有人身依附性。比如河北省高级人民法院即持有该观点。《河北省高级人民法院关于印发〈建设工程施工合同案件审理指南〉的通知》（冀高法〔2018〕44 号）第三十七条规定，建设工程价款优先受偿权与建设工程价款请求权具有人身依附性，承包人将建设工程价款债权转让的，建设工程价款的优先受偿权消灭。

操作提示

工程款债权转让的，优先受偿权一并转让。故律师建议，作为工程款债权的受让方，应当在优先受偿权期限内依法主张优先受偿权，逾期主张的则丧失优先受偿权。

三、工程款债权履行期限届满后，发包人和承包人可以通过以房抵款的方式行使优先受偿权

关 键 词：工程款债权　优先受偿权　协议折价　以房抵款

问题提出：依据《民法典》第八百零七条规定，承包人可以通过协议折价方式实现优先受偿权；工程款债权履行期限届满后，发包人和承包人通过以房抵顶工程款方式行使优先受偿权，该方式是否属于协议折价方式呢？

案件名称：四川省建筑机械化工程有限公司、成都紫杰投资管理有限公司申请执行人执行异议之诉案件[1]

裁判规则：工程款债权履行期限届满后，发包人和承包人通过以房抵顶工程款方式行使优先受偿权的，予以支持。

案情简介

再审申请人（一审被告、二审上诉人）：四川省建筑机械化工程有限公司（以下简称建机工程公司）

被申请人（一审原告、二审被上诉人）：成都紫杰投资管理有限公司（以下简称紫杰投资公司）

一审第三人：宁波市银都房地产开发有限公司（以下简称宁波银都公司）

一审第三人：大邑银都房地产开发有限公司（以下简称大邑银都公司）

案涉13套房屋是大邑银都公司开发的位于四川省大邑县晋原镇大邑大道458号“邑都上城”楼盘的商品房。建机工程公司是“邑都上城”楼盘二期、三期土建、水电安装工程的施工人。因大邑银都公司拖欠建机工程公司工程款6,830,778元，双方于2013年7月11日签订《协议书》，约定大邑银都公司以包括案涉13套房屋在内的15套房屋共2819.53平方米作价7,330,778元抵偿欠付工程款，房款超出的500,000元由建机工程公司支付给大邑银都公

---

〔1〕（2020）最高法民再252号。

司，建机工程公司可以将抵偿的房屋出售，大邑银都公司配合购房人办理权属证书；双方在《协议书》中还约定了其他事项；《协议书》附表明确了15套房屋的房号、面积和价格等事项。协议签订后，大邑银都公司将抵债的15套房屋的钥匙交给建机工程公司。除抵偿协议中约定的价值526,344元的17栋3单元6层12号房屋外，2016年4月28日，建机工程公司还与大邑银都公司签订了14份《商品房买卖合同》，约定建机工程公司购买《协议书》附表中约定的其他14套房屋，房屋价款与《协议书》附表约定一致。17栋3单元6层12号房屋由大邑银都公司自行出卖，所得价款由大邑银都公司收取充抵协议书约定的500,000元。《商品房买卖合同》签订后，其中37栋3单元6层12号和40栋1单元6层12号房屋的买卖合同在登记机关进行了合同备案。2016年4月29日，大邑银都公司开具了14份《商品房买卖合同》约定房屋的销售不动产统一发票。

紫杰投资公司在与宁波银都公司、大邑银都公司、孙某生、徐某珍、孙某添、马某纳等借款合同纠纷一案中申请诉讼财产保全，成都市中级人民法院于2018年5月21日作出160号裁定，对包括案涉13套房屋在内的房产、股权等财产在30,760,000元范围内予以查封，目前借款合同纠纷案件在审理过程中。2018年7月23日，建机工程公司对160号裁定中的案涉13套房屋提出执行异议，成都市中级人民法院审查后认为建机工程公司的异议成立，于2018年8月20日作出804号裁定，裁定中止对案涉13套房屋的执行。紫杰投资公司不服裁定，提起本案诉讼。

判决结果

一审判决：未认定以案涉13套房屋折价抵偿工程款的《协议书》为实现优先受偿权的方式。

二审判决：驳回上诉，维持原判。

最高人民法院再审判决：认定以案涉13套房屋折价抵偿工程款的《协议书》为实现优先受偿权的方式。

各方观点

建机工程公司观点：（1）建机工程公司基于大邑银都公司拖欠工程款，并在自身享有工程价款优先受偿权的基础上，与大邑银都公司签订以案涉13套房屋折价抵偿工程款的《协议书》及《商品房买卖合同》，建机工程公司对案涉13套房屋享有物权期待权，系案涉房屋的真实买受人。虽然《协议书》签订之初建机工程公司为避免双重纳税，未直接办理案涉房屋的不动产登记，但大邑银都公司出具的《情况说明》及《关于我司为四川省建筑机械化工程有限公司抵偿房屋办理过户登记有关情况的说明》足以证明本案系因大邑银都公司清税而未能给建机工程公司办理案涉房屋的不动产登记。（2）建机工程公司在享有工程价款优先受偿权的基础上，与大邑银都公司达成以案涉13套房屋折价抵偿工程价款的协议，建机工程公司的工程价款优先受偿权已经演变为对案涉房屋的物权期待权，根据《合同法》第二百八十六条规定，建机工程公司有权与大邑银都公司协商将案涉房屋予以折价抵偿，而不必通过拍卖受偿。（3）建机工程公司的工程价款优先受偿权已通过房屋折价的方式实现，其就案涉折价抵偿房屋享有实体权利，该实体权利足以排除人民法院的强制执行。

紫杰投资公司观点：（1）建机工程公司未在法定6个月期限内向大邑银都公司主张建设工程价款优先受偿权。（2）2013年7月11日建机工程公司与大邑银都公司签订的《协议书》并非建设工程价款优先受偿权的实现方式。（3）2013年7月11日建机工程公司与大邑银都公司签订的《协议书》不足以排除紫杰投资公司的强制执行。

法院观点

一审法院观点：在建机工程公司与大邑银都公司在先存在的建筑工程施工合同关系中，大邑银都公司拖欠工程款未支付，双方通过协商一致采用以物抵债的方式消灭拖欠工程款的合同之债，由此订立《商品房买卖合同》，并按照合同约定的价款以金钱债权抵偿合同价款，可作为履行付款义务的一种方式，不违反法律规定，也不影响国家、集体和他人的合法权益，法律上应予以认可。该合同作为依法成立的合同，对双方均发生约束力，双方只需按照合同约定履行即可最终完成以物抵债的约定并实现物权变动。但建机工程公司在双方商品房买卖合同成立后，并未主动行使合同权利和履行买受人的义务，这一点从建机工程公司一直没有交纳物业服务费可以看出，再结合建机工程公司与大邑银都公司签订的《协议书》看，其明确约定了物管费从建机工程公司将房屋转让给第三方后才计收，且第三方购房后大邑银都公司需无条件配合办理权属证书，说明建机工程公司最根本的目的还是处置约定的抵偿房屋以实现债权，这才是其在《商品房买卖合同》签订后仍迟迟未办理权属登记的根本原因，拖延两年以上后又因其他案件的执行被查封，属于建机工程公司自身的原因所致。建机工程公司于房屋的合同权利是真实的，但因自身的原因造成权利的不完整，不足以排除人民法院强制执行。

二审法院观点：建机工程公司关于建设工程价款优先受偿权可排除执行的主张不能成立。案外人执行异议之诉的标的是案外人是否有权请求排除对执行标的采取的强制措施，这一诉讼标的的基础是案外人与被执行人谁对该执行标的享有实体权利。根据《最高人民法院关于适用〈中华人民共和国民事诉讼法〉执行程序若干问题的解释》第十五条规定，足以排除强制执行的权益范围，应当为所有权或者有其他足以阻止执行标的转让、交付的实体权利。建设工程价款优先受偿权源于《合同法》第二百八十六条的规定，即“发包人未按照约定支付价款的，承包人可以催告发包人在合理期限内支付价款。发包人逾期不支付的，除按照建设工程的性质不宜折价、拍卖的以外，承包人可以与发包人协议将该工程折价，也可以申请人民法院将该工程依法拍卖。建设工程的价款就该工程折价或者拍卖的价款优先受偿”。按照该条规定，建设工程价款优先受偿权是承包人享有的就建设工程折价或者拍卖的价款优先受偿的权利，这种优先权仅是债权实现的顺位优先权利，而非所有权等实体权利，不能阻止执行标的的转让、交付，不属于“足以排除强制执行”的民事权益。而本案建机工程公司与大邑银都公司选择直接用房屋抵偿来偿还建机工程公司的工程款，这种方式也与法律规定的建设工程价款优先受偿权行使的方式不符。因此，建机工程公司关于可基于建设工程价款优先受偿权排除本案执行的理由不能成立。

最高人民法院观点：根据《合同法》第二百八十六条的规定，在发包人逾期不支付工程价款的情形下，承包人既可以通过法院拍卖程序就建设工程拍卖价款优先受偿，也可以通过与发包人协商的方式将建设工程折价抵偿。

建机工程公司承建了大邑银都公司开发的“邑都上城”项目土建、水电安装工程。大邑银都公司欠付建机工程公司该工程项目的工程款为6,830,778元。双方于2013年7月11日签订《协议书》，约定以案涉位于“邑都上城”项目的13套房屋在内的共15套房屋作价7,330,778元抵偿大邑银都公司欠付建机工程公司的工程款，后建机工程公司与大邑银都公司就案涉房屋签订《商品房买卖合同》，建机工程公司以冲抵工程款的方式购买案涉房屋，其实质是通过协商折价抵偿实现建机工程公司就案涉项目房屋所享有的建设工程价款优先受偿权，建机工程公司与大邑银都公司以案涉房屋折价抵偿欠付工程款，符合《合同法》第二百八十六条规定的工程价款优先受偿权实现方式。

法律规定

《民法典》第八百零七条规定，发包人未按照约定支付价款的，承包人可以催告发包人在合理期限内支付价款。发包人逾期不支付的，除根据建设工程的性质不宜折价、拍卖外，承包人可以与发包人协议将该工程折价，也可以请求人民法院将该工程依法拍卖。建设工程的价款就该工程折价或者拍卖的价款优先受偿。

律师点评

《民法典》第八百零七条规定，承包人可以与发包人协议将该工程折价，也可以请求人民法院将该工程依法拍卖；故协议折价也是承包人行使优先受偿权的一种方式。以房抵款即以房屋抵顶工程款，以房抵款的约定具有协议折价行使优先受偿权内容，且以房抵款约定合法有效的，可以认定以房抵款系承包人通过协议折价行使优先受偿权。

操作提示

工程款履行期限届满后，发包人和承包人可以通过以房抵款的方式行使优先受偿权。故律师建议，承包人可以通过以房抵款的方式依法行使优先受偿权。另外，需要特别提示的是，根据《最高人民法院关于审理商品房买卖合同纠纷案件适用法律若干问题的解释》第二条规定，以房抵款约定的有效以开发商取得商品房预售许可证明为前提。

四、承包人主张以质量保证金返还日期作为全部工程价款优先受偿权的起算点，不予支持

关 键 词： 质量保证金 优先受偿权 工程价款

问题提出： 发包人欠付工程价款的，承包人可以依据《民法典》第八百零七条规定向发包人主张优先受偿权；工程价款包括质量保证金；承包人主张以质量保证金返还日期作为全部工程价款优先受偿权的起算点的，是否支持。

案件名称： 北京首钢建设集团有限公司、通化市诚信房地产开发有限责任公司建设工程施工合同纠纷案件[1]

裁判规则： 最高人民法院认为，发包人欠付工程价款的，承包人可以依据《民法典》第八百零七条规定向发包人主张优先受偿权；工程价款包括质量保证金；承包人主张以质量保证金返还日期作为全部工程价款优先受偿权的起算点的，不予支持。

案情简介

上诉人（一审原告）：北京首钢建设集团有限公司（以下简称首钢建设）

上诉人（一审被告）：通化市诚信房地产开发有限责任公司（以下简称诚信公司）

2013 年 4 月 3 日，诚信公司与首钢建设签订《施工合同补充协议》，约定由首钢建设承建诚信公司发包的阳光颐水铭苑（御龙苑）小区住宅楼 2#、3#、13#、14#（包括地下）的土建、安装、室内初装修、外装修等施工图纸中所包含的施工项目。工程价款暂定 12,500 万元。

2013 年 5 月 16 日，案涉工程 14#楼开始施工建设。

2013 年 6 月 17 日，首钢建设中标承建御龙苑（原阳光颐水铭苑）综合住宅小区二标段、三标段工程。中标价格分别为 58,573,743 元和 69,680,905 元。

---

[1]（2020）最高法民终 1192 号。

2013 年 6 月 18 日，诚信公司与首钢建设就阳光颐水铭苑综合住宅小区二标段签订《建设工程施工合同》，约定工程内容为土建、水暖、电气、给排水。开工日期为 2013 年 6 月 20 日，竣工日期为 2014 年 10 月 1 日。合同价款暂定 58,573,743 元。2013 年 6 月 18 日，诚信公司与首钢建设就阳光颐水铭苑综合住宅小区三标段签订《建设工程施工合同》。

2014 年 9 月 30 日，诚信公司、首钢建设共同确认 2#、14#楼蓝图范围内的工程施工完毕。2014 年 10 月 16 日，诚信公司、首钢建设共同确认 3#、13#楼蓝图范围内的工程施工完毕。

2015 年 1 月，首钢建设向诚信公司提交《竣工结算书》，提报工程价款 118,965,683 元。

2015 年 9 月 21 日，首钢建设向诚信公司发出《关于辉南阳光颐水铭苑 2#、3#、13#、14#工程结算及相关事宜的函》，要求诚信公司尽快办理竣工结算。2015 年 11 月 20 日，阳光颐水铭苑 2#、3#、13#、14#楼取得城建工程档案验收合格证。

在 2018 年 5 月 29 日一审法院庭审中，诚信公司和首钢建设均认可双方实际履行的是经过备案的两份《建设工程施工合同》。2018 年 7 月 23 日一审法院庭审中，诚信公司和首钢建设均确认案涉工程在招投标和签订《建设工程施工合同》之后，以及实际施工过程中，图纸均无变更，且没有地下室部分。

判决结果

一审判决：首钢建设不享有优先受偿权。

最高人民法院二审判决：首钢建设就其承建的阳光颐水铭苑 2#、3#、13#、14#楼在 6,227,495.78 元范围内享有建设工程价款优先受偿权。

各方观点

首钢建设观点：（1）根据双方的施工合同，案涉质量保证金为工程价款的 5%，缺陷责任期按最长的 24 个月计算，诚信公司应在 2016 年 10 月 16 日前支付最后 5% 的工程款，故优先受偿权也应从 2016 年 10 月 17 日起算。（2）案涉建设工程施工合同被一审法院认定为无效，根据合同无效的法律后果，本案工程价款优先受偿权的行使期间应在合同被确认无效之后起算。

诚信公司观点：首钢建设以质量保修金的支付期限作为其主张工程价款优先权的起算点，无事实依据。质量保修金是施工单位在工程保修书中承诺，在建筑工程竣工验收交付使用后，从交付的建设工程款中预留的用于维修建筑工程的资金；通常保修期满以后，建设单位将质量保修金返还给施工单位。质量保修金是为保障工程质量而缴纳的，不属于应付工程款，因而不应该以建设单位返还质量保修金时间作为应付工程款的时间。另外，首钢建设主张在2015年5月案涉合同并未被撤销或确认无效，应自合同被人民法院认定无效之日起算工程价款优先受偿权的上诉理由，不能成立。无效合同应自合同成立之日起就自始确定无效。一审法院认定首钢建设对案涉工程款不享有工程价款优先受偿权，有事实依据，二审法院应予维持。

法院观点

一审法院观点：首钢建设在2015年5月之前已经将案涉工程交付诚信公司，故诚信公司应当于2015年5月给付工程价款，即自该时起算首钢建设行使工程价款优先受偿权的6个月期限，至2015年11月。但首钢建设于2017年1月25日才提起本案诉讼，已经超出工程价款优先受偿权最后的行使期限14个月之久，故对其关于对案涉工程享有工程价款优先受偿权的主张，不予支持。

最高人民法院二审观点：关于能否以质量保证金的返还时间作为认定诚信公司应付工程款时间的问题。《最高人民法院关于审理建设工程施工合同纠纷案件适用法律问题的解释（二）》第二十二条规定："承包人行使建设工程价款优先受偿权的期限为六个月，自发包人应当给付建设工程价款之日起算。"根据本条规定，审理首钢建设行使工程价款优先受偿权的请求，应首先查明诚信公司应付工程款的时间。

经查明，2013年6月18日，诚信公司（甲方）与首钢建设（乙方）就阳光颐水铭苑综合住宅小区二标段和三标段签订的两份《建设工程施工合同》第26.2款付款条件均约定：（1）±0以下施工完付第一次工程款，付款比例为进度结算额的20%；（2）施工至三层顶板时按60%付工程款；（3）三层以上以按月结算方式支付工程款；（4）结构封顶付款至工程累计结算额的

80%；（5）工程完工双方验收合格后付款至工程结算额的90%；（6）备案手续完成后付款至工程结算额的95%，余下5%为质保金，质保期满付款；（7）所有甲指分包项目由乙方结算，甲方代付工程款；（8）如甲方未按合同条款约定付款，欠付款按照同期银行贷款利率按日结息，所产生的利息费用由甲方承担并按月支付；（9）税金由甲方代扣代缴并提供完税凭证。又查明，2015年11月20日，阳光颐水铭苑2#、3#、13#、14#楼取得城建工程档案验收合格证。故从此日起，已经符合诚信公司与首钢建设就阳光颐水铭苑综合住宅小区二标段和三标段签订的《建设工程施工合同》第26.2款约定的付款至95%的条件。也就是说，一审法院将2015年11月20日认定为诚信公司应支付工程款的时间，符合本案实际，也即自此日开始，根据上述司法解释规定，可以起算首钢建设行使优先受偿权的期限。而自2015年11月20日开始，至首钢建设于2017年1月25日提起本案诉讼，已经超过6个月，故针对诚信公司应付的95%的工程款，首钢建设请求行使工程价款优先受偿权的期限已经届满。

但是，对于工程结算总额的5%部分，案涉两份《建设工程施工合同》约定的是质保期满付款；案涉《施工合同补充协议》约定15日内建设单位组织验收，甲方扣除5%保修费（保修期按国家规定），保修款一年以后返还。而案涉《建设工程施工合同》附件三《房屋建筑工程质量保修书》关于质量保修期主要约定为：地基基础工程和主体结构工程为工程合理使用年限；屋面防水工程、有防水要求的卫生间、房间和外墙面的防渗漏为5年；装修工程为2年；电器管线、给排水管道、设备安装工程为1年；供热与供冷系统为2个采暖期、供冷期。故根据上述合同约定，该部分5%保修金至早自竣工验收合格一年后始支付。2015年11月20日，阳光颐水铭苑2#、3#、13#、14#楼取得城建工程档案验收合格证，则至早自2016年11月20日，诚信公司始负担返还该5%工程保修金的义务。首钢建设请求就该部分工程款行使优先受偿权的期限届满日为2017年5月20日。首钢建设于2017年1月25日提起本案诉讼，并未超过就该部分工程价款享有的优先受偿权的行使期间。故对于该124,549,915.6元×5%=6,227,495.78元应付工程款，首钢建设在本案中主张行使工程价款优先受偿权，依据充分。一审法院未支持该部分工程价款优先受偿权，认定事实及适用法律均错误。首钢建设关于优先受偿权起算时点应为质量保证金的最后返还期限的上诉理由，虽然大部分不能成立，但是其针对质量保修金部分的上诉请求成立，本院予以支持。一审法院认定首钢建设起诉请求行使优先受偿权已经超过6个月的法定期限，部分认定事实及适用法律并无不当；部分不当，应予纠正。

至于能否以质量保修金的返还日期作为整个案涉建设工程价款优先受偿权的起算时点，这涉及对于质量保修金返还和工程款支付两种款项支付期间的区分。质量保修金虽然属于建设工程价款的一部分，在其作为工程价款能够就施工工程价款取得优先受偿权上与工程款是一致的，但是就质量保修金的功能来看，其系施工单位在工程保修书中承诺，在建筑工程竣工验收交付使用后，从交付的建设工程款中预留的用于维修建筑工程的资金；因此，该款项虽然来源于工程款，但是在功能上却发挥着保证金的作用。对于该保证金的返还日期，其具有区别于工程款支付期限的单独要求，通常需要由当事人通过约定的方式，明确在一定的保修期满以后，建设单位将质量保修金返还给施工单位。就此而言，质量保修金是为保障工程质量而自工程款中扣除的，自扣除之日起其已经与整个工程应付工程款相分离；因此，对该返还义务的具体履行期限，需要基于合同的特殊约定来确定。因而，在质量保修金与工程价款存在上述功能上的区分的情况下，不应该以建设单位返还质量保修金的时间作为应付工程款的时间。首钢建设关于应以质量保修金的返还日期作为整个案涉建设工程价款优先受偿权行使起算时点的上诉理由，本院不予采信。

法律规定

《建工司法解释（一）》第二十七条规定，利息从应付工程价款之日开始计付。当事人对付款时间没有约定或者约定不明的，下列时间视为应付款时间：（一）建设工程已实际交付的，为交付之日；（二）建设工程没有交付的，为提交竣工结算文件之日；（三）建设工程未交付，工程价款也未结算的，为当事人起诉之日。

《建工司法解释（一）》第四十一条规定，承包人应当在合理期限内行使建设工程价款优先受偿权，但最长不得超过十八个月，自发包人应当给付建设工程价款之日起算。

律师点评

质量保证金属于工程价款的组成部分；就工程价款，承包人可以行使优先受偿权；故就质量保证金，承包人也可以行使优先受偿权。质量保证金和其他工程款可以相互区分，所以，承包人就质量保证金行使优先受偿权的起算时间和承包人就其他工程款行使优先受偿权的起算时间相互区分，不能将承包人就质量保证金行使优先受偿权的起算时间作为承包人就整个工程价款行使优先受偿权的起算时间。

操作提示

承包人主张以质量保证金返还日期作为整个案涉工程价款优先受偿权的起算点的，不予支持；如前所述，不能将承包人就质量保证金行使优先受偿权的起算时间作为承包人就整个工程价款行使优先受偿权的起算时间；故律师建议，承包人应分别就质量保证金和其他工程款依法行使优先受偿权，否则承包人在主张质量保证金时请求对整个工程价款行使优先受偿权的，其他工程款的优先受偿权期限可能已过。

第十一章　税　　收

一、给付（交付）发票属于建设工程施工合同规定的义务

关 键 词：开具发票　税法　给付（交付）发票

问题提出：按照税法规定，在建设工程施工合同履行中，承包人应当依法开具发票；发包人要求承包人给付（交付）发票的，是否支持该主张？

案件名称：青海临峰房地产开发有限公司与金某东建设工程施工合同纠纷案件[1]

裁判规则：最高人民法院认为，按照税法规定，在建设工程施工合同履行中，承包人应当依法开具发票；发包人要求承包人给付（交付）发票的，应予支持。

案情简介

再审申请人（一审原告、反诉被告，二审上诉人）：青海临峰房地产开发有限公司（以下简称临峰公司）

再审申请人（一审被告、反诉原告，二审上诉人）：浙江中业建设集团有限公司（以下简称中业公司）

一审第三人：金某东

2011年5月，临峰公司与中业公司签订的《补充协议》约定：临峰公司同意将其开发的香江花园商住楼总承包给中业公司施工，施工范围为设计施工图纸范围内所有工程（包括小区指管网的排水、排污、化粪池工程），电梯除外，结算方式为本工程共6幢商住楼，约为9.1万/平方米，具体以总体规

---

〔1〕（2019）最高法民再166号。

划设计为准。

2011年10月11日，青海省工程建设招标投标管理办公室发出《中标通知书》，确定中业公司为临峰公司开发的湟源县香江花园住宅小区1#、3#、5#楼工程的中标人，中标价为48,365,586.85元，施工日期为458个日历天，质量要求符合合格标准，项目经理为吕某通。

2011年10月12日，临峰公司与中业公司签订《施工合同》，约定临峰公司将其开发的湟源县香江花园住宅小区1#、3#、5#楼工程发包给中业公司建设，工程内容为施工图纸中包括的全部内容。

2014年12月19日，中业公司青海分公司以公告形式告知香江花园业主：香江花园项目由于各配套设施尚未完善，竣工验收未通过，为了保护各用户合法权益，敬请各位用户在竣工验收合格前不要入住和装修，否则损失自行承担。

2014年12月25日，湟源县工程质量监督站通知临峰公司：你单位开发建设的香江花园住宅小区工程竣工验收未通过，经发现有个别住户开始进行室内装修，按照《建筑法》第六十一条规定，该工程不予交付使用。请你单位停止以上行为，若再发现此行为我单位将按有关规定给予处罚。

2015年1月16日，临峰公司与中业公司青海分公司、青海金瑁建设有限公司（以下简称金瑁公司）因湟源县香江花园小区工程款结算发生重大分歧，在青海省信访局接待办公室经省信访局、省住建厅、省人社厅、湟源县人民政府协调，临峰公司与中业公司青海分公司、金瑁公司达成协议。

判决结果

一审判决：驳回开具发票的诉讼请求。

二审判决：维持一审该项判决。

最高人民法院再审判决：中业公司于工程款给付后15日内向临峰公司移交税务机关开具的建安税务专用发票。

各方观点

临峰公司观点：应依法审理并判决中业公司履行开具建安税务专用发票

的义务。

中业公司观点：中业公司仅对已付工程款开具发票，临峰公司陈述部分工程款直接支付给实际施工人金某东，待本案判决明确临峰公司未付工程款的数额且支付完剩余工程款之后，中业公司方可依法开具发票。

法院观点

一审法院观点：未回应开具发票的问题。

二审法院观点：中业公司不属于青海辖区企业，其税金缴纳须受企业外出经营活动税收管理的约束，加之税收管理已进行了调整，无论是纳税主体还是税款具体数额，均属税务机关核定确认的事项，人民法院不宜对此作出处理，双方应依照相关法律规定另行解决。故临峰公司主张由人民法院确定中业公司应开具建安税务发票的具体数额，并判令中业公司按照法院确定的数额开具发票的上诉理由不能成立，应不予支持。

最高人民法院再审观点：根据《税收征收管理法》第二十一条关于“税务机关是发票的主管机关，负责发票印制、领购、开具、取得、保管、缴销的管理和监督。单位、个人在购销商品、提供或者接受经营服务以及从事其他经营活动中，应当按照规定开具、使用、取得发票”的规定，以及《发票管理办法》第十九条关于“销售商品、提供服务以及从事其他经营活动的单位和个人，对外发生经营业务收取款项，收款方应当向付款方开具发票；特殊情况下，由付款方向收款方开具发票”的规定，收取工程款后开具工程款发票是承包方在税法上的义务，承包人应当依据税法的相关规定向发包人开具发票。

本案中，开具发票、交付竣工资料等均属合同约定内容，属于民事合同义务范围。“开具发票”从文义解释来看虽是由税务机关开具和履行，但合同文本中所约定的“开具发票”含义并非是指由税务机关开具发票，而是指在给付工程款时需由承包方向发包人给付税务机关开具的发票。该给付义务属承包方应当履行的合同义务。有义务开具发票的当事人在遵守税收法律法规的前提下，可以自主作出向其他民事主体开具发票的意思表示，该行为属于民事法律行为；对于接受发票的一方当事人来说，是否可以取得发票将影响其民事权益，因此当事人之间的一方自主申请开具发票与另一方取得发票的关系，属于民事法律关系范畴，人民法院应当依法审理。原判决以不属于人民法院民事受理范围未予支持临峰公司的该项诉讼请求确有不当，予以纠正。

法律规定

《民法典》第五百零九条规定，当事人应当按照约定全面履行自己的义务。当事人应当遵循诚信原则，根据合同的性质、目的和交易习惯履行通知、协助、保密等义务。当事人在履行合同过程中，应当避免浪费资源、污染环境和破坏生态。

《税收征收管理法》第二十一条规定，税务机关是发票的主管机关，负责发票印制、领购、开具、取得、保管、缴销的管理和监督。单位、个人在购销商品、提供或者接受经营服务以及从事其他经营活动中，应当按照规定开具、使用、取得发票。发票的管理办法由国务院规定。

《发票管理办法》第十九条规定，销售商品、提供服务以及从事其他经营活动的单位和个人，对外发生经营业务收取款项，收款方应当向付款方开具发票；特殊情况下，由付款方向收款方开具发票。

《发票管理办法》第二十条规定，所有单位和从事生产、经营活动的个人在购买商品、接受服务以及从事其他经营活动支付款项，应当向收款方取得发票。取得发票时，不得要求变更品名和金额。

《第八次全国法院民事商事审判工作会议（民事部分）纪要》第三十四条规定，承包人不履行配合工程档案备案、开具发票等协作义务的，人民法院视违约情节，可以依据合同法第六十条、第一百零七条规定，判令承包人限期履行、赔偿损失等。

操作提示

给付（交付）发票属于建设工程施工合同规定的义务。因此，律师建议，承包人应在遵守税法规定的前提依法开具发票，并向发包人给付或者交付发票，否则，依据《第八次全国法院民事商事审判工作会议（民事部分）纪要》第三十四条规定，发包人可以要求承包人承担包括赔偿损失在内的违约责任。

二、印花税损失不属于民事诉讼范围

关 键 词：印花税损失 民事诉讼范围 行政法

问题提出：在建设工程施工合同履行中，承包人认为因发包人原因产生印花税损失，向法院主张该损失的，是否支持。

案件名称：中国建筑一局（集团）有限公司、辽宁上海城置业有限公司建设工程施工合同纠纷案件[1]

裁判规则：最高人民法院认为，在建设工程施工合同履行中，承包人认为因发包人原因产生印花税损失，向法院主张该损失的，不予支持。

案情简介

上诉人（原审原告）：中国建筑一局（集团）有限公司（以下简称中建一局）

被上诉人（原审被告）：辽宁上海城置业有限公司（以下简称上海城公司）

2013年2月，上海城公司作为甲方，中建一局作为乙方，双方签订一份《施工框架协议书》。该协议书约定：上海城公司委托中建一局进行上海城项目工程总承包施工，合作区域总建筑面积约30万平方米，其中一期工程约15万平方米（其中主楼17层、商业为二至三层、地下车库约4万平方米），一期工程开工时间约2013年4月中旬；二期工程约15万平方米，开工时间约2013年8月。合同价款：暂按1950元/建筑平米计算，暂定合同额为5.85亿，具体合同价款以实际签订的施工合同为准。

2013年3月，双方签订一份《建设工程施工合同》，合同约定：中建一局承建上海城公司发包的“上海城”工程的总承包工程。

合同签订后，中建一局按约于2013年4月30日对一期工程开始施工，于2014年12月31日完工。工程当时未经竣工验收，但上海城公司自认于2015年1月6日将房屋交给买房的业主。

一期工程中的1#商铺不是中建一局施工的，2#商铺的基础由中建一局施

---

[1] （2019）最高法民终339号。

工，其余工程由上海城公司委托他人施工。

工程施工期间，上海城公司已向中建一局支付工程款人民币 178,518,435.39 元。

“上海城”二期工程的总承包工程，上海城公司没有发包给中建一局施工。

判决结果

一审判决：未回应印花税损失问题。

最高人民法院二审判决：印花税损失不属于民事诉讼范围。

各方观点

中建一局观点：一审判决遗漏二期印花税损失 87,750 元。中建一局按双方合同一期、二期总造价 5.85 亿元缴纳印花税，由于上海城公司违约将二期工程发包给他人施工，故因二期合同额缴纳的印花税损失 87,750 元应由上海城公司承担。

上海城公司观点：关于一审判决遗漏二期印花税的问题。首先，上海城公司认为按合同暂定价格所缴纳印花税是可以根据实际履行合同的数额多退少补或做其他抵扣的，并不产生损失。其次，合同无法继续履行是中建一局违约造成的，损失应由其自行承担。

法院观点

最高人民法院观点：关于二期印花税损失问题，印花税收取属于税务行政主管部门职权范围，不宜由人民法院在民事诉讼中处理。一审判决未支持中建一局有关印花税的主张并无不当，中建一局就此问题可另寻法律途径解决。

法律规定

《税收征收管理法》第五条规定，国务院税务主管部门主管全国税收征收管理工作。各地国家税务局和地方税务局应当按照国务院规定的税收征收管理范围分别进行征收管理。地方各级人民政府应当依法加强对本行政区域内税收征收管理工作的领导或者协调，支持税务机关依法执行职务，依照法定税率计算税额，依法征收税款。各有关部门和单位应当支持、协助税务机关依法执行职务。税务机关依法执行职务，任何单位和个人不得阻挠。

律师点评

印花税征收属于税务行政主管部门的职权范围，依据《税收征收管理法》第五条关于“国务院税务主管部门主管全国税收征收管理工作。各地国家税务局和地方税务局应当按照国务院规定的税收征收管理范围分别进行征收管理”之规定，印花税损失不属于民事诉讼范围，承包人可以就此问题另寻法律途径解决。

操作提示

印花税损失不属于民事诉讼范围。故律师建议，承包人认为存在印花税损失的，应另寻法律途径解决，不能通过民事诉讼方式予以处理。

三、“每次付款前，乙方应当开具发票”，该约定不能得出如果承包人未开具发票，发包人有权拒绝付款的结论

关 键 词： 开具发票 拒绝付款 抗辩权

问题提出： 发承包双方在建设工程施工合同中约定，“每次付款前，乙方应当开具发票”；如果承包人未开具发票，发包人是否有权拒绝付款？

案件名称： 江苏苏兴建设工程有限公司与海南华地置业有限公司建设工程施工合同纠纷案件〔1〕

裁判规则： 最高人民法院认为，发承包双方在建设工程施工合同中约定，“每次付款前，乙方应当开具发票”的，如果承包人未开具发票，不能得出发包人有权拒绝付款的结论。

---

〔1〕（2019）最高法民终381号。

案情简介

上诉人（一审原告、反诉被告）：江苏苏兴建设工程有限公司（以下简称苏兴公司）

被上诉人（一审被告、反诉原告）：海南华地置业有限公司（以下简称华地公司）

2013 年 1 月华地公司作为发包人（甲方）与苏兴公司作为承包人（乙方）签订《建设工程施工合同》及《补充协议》，约定的主要内容为：华地公司将华地永发·栖岸一期工程发包给苏兴公司承包施工，工程内容为 1 号楼至 9 号楼区域内的所有土建工程、水电安装工程施工由乙方总承包，消防工程、室外管网道路及绿化工程施工项目另行协商。2013 年 1 月 15 日华地公司作为发包人（甲方）与苏兴公司作为承包人（乙方）签订《华地永发栖岸会所建设工程施工合同》。后双方又签订《华地永发栖岸会所建设工程施工合同补充协议（1）》。2014 年 3 月 1 日，华地公司作为发包人（甲方）与苏兴公司作为承包人（乙方）签订《华地永发栖岸泳池及 1—9 号楼区域室外园林景观工程施工合同》。

合同签订后，苏兴公司分别于 2013 年 1 月 10 日、3 月 14 日就会所区域和 1 号楼至 9 号楼住宅区域进场开工，并完成了除消防工程外的合同约定的施工内容。2017 年 1 月 21 日，涉案工程经竣工验收合格。2017 年 3 月 17 日，苏兴公司与华地公司双方委托海南万隆工程项目管理有限公司进行结算审核。2018 年 2 月 7 日，苏兴公司、华地公司、海南万隆工程项目管理有限公司三方形成《竣工结算审核汇总对比表》，审定涉案工程结算总金额为 157, 450, 193. 11 元（含未完消防工程暂定价款 3, 010, 196. 24 元，待施工完成后按实结算），苏兴公司在盖章处注明未计补偿款及利息。

另查明，2015 年 2 月 9 日，苏兴公司与华地公司签订《补充协议》。2016 年 9 月 5 日，苏兴公司与华地公司就借款利息及停工补偿确认额事宜签订《补充协议》。

再查明，截至 2018 年 2 月 11 日，华地公司向苏兴公司支付工程款总额为 145, 122, 103 元。截至 2018 年 2 月 11 日，苏兴公司已向华地公司开具发票金额为 1. 3 亿元。截至 2018 年 6 月，苏兴公司已向华地公司开具发票金额为 1. 45 亿元。

苏兴公司于2017年10月10日向法院提出诉前财产保全申请，请求对华地公司名下房产进行查封，并向该院提供了中国平安财产保险股份有限公司的保函作为担保。该院于2017年10月10日作出（2017）琼财保11号民事裁定，查封了华地公司名下的房产。2018年1月30日，因双方当事人达成部分和解，苏兴公司向该院申请解封56套房屋。该院作出（2017）琼民初45号民事裁定予以解封。同年4月4日，因双方当事人达成部分和解，苏兴公司再次向该院申请解除50套房屋的查封。该院于2018年4月10日作出（2017）琼民初45号之一民事裁定予以解封。同年7月30日，因双方当事人达成部分和解，苏兴公司再次向该院申请解封3套房屋。该院作出（2017）琼民初45号之二民事裁定予以解封。

判决结果

一审判决：苏兴公司应向华地公司开具14,982,103元的工程款发票。

最高人民法院二审判决：苏兴公司应向华地公司开具722,103元的工程款发票。

各方观点

苏兴公司观点：一审法院认定苏兴公司应向华地公司开具14,982,103元的工程款发票，于法无据。根据《税收征收管理法》《发票管理办法》的规定，税务机关是发票的主管机关，未按照规定开具发票属于违反发票管理法规的行为。因此，开具发票属于行政法律关系而不是民事法律关系，当事人在诉讼中提出开具发票的诉讼请求，人民法院应予驳回。

华地公司观点：苏兴公司、华地公司签订的1—9号楼《补充协议》第六条第二项约定，每次付款前，苏兴公司应当先开具发票。《华地永发栖岸会所建设工程施工合同》专用条款第十二条约定，工程款（进度款）支付前苏兴公司应提供真实有效的发票。因此，苏兴公司未按照约定提供相应发票，不符合付款的条件，华地公司有权延期付款且不应承担相应责任。

法院观点

一审法院观点：根据相关法律规定，开具工程款发票是建筑施工企业的法定义务，故苏兴公司应依法承担开具工程款发票的义务。双方签订的一系列《施工合同》及《补充协议》也约定华地公司付款前，苏兴公司应当开具发票。故华地公司支付工程款的同时，苏兴公司应向华地公司开具相应金额的工程款发票。华地公司诉请苏兴公司出具14,982,103元工程款发票的请求，一审法院予以支持。

最高人民法院二审观点：关于华地公司提出的第1项异议，苏兴公司与华地公司签订的1—9号楼《补充协议》第六条约定，每次付款前，乙方应当开具发票。苏兴公司与华地公司签订的《华地永发栖岸会所建设工程施工合同》第十二条约定，“工程款（进度款）前承包人提供真实有效的发票”。上述合同约定了苏兴公司在华地公司付款前有开具发票的义务，但是并不能得出如果苏兴公司不开具发票，华地公司有权拒绝付款的结论。

法律规定

《民法典》第五百零九条规定，当事人应当按照约定全面履行自己的义务。当事人应当遵循诚信原则，根据合同的性质、目的和交易习惯履行通知、协助、保密等义务。当事人在履行合同过程中，应当避免浪费资源、污染环境和破坏生态。

律师点评

“每次付款前，乙方应当开具发票”，该约定的字面含义是每次付款前，乙方应当开具发票，即付款前乙方有开具发票的义务，但是并不能得出如果乙方不开具发票，甲方有权拒绝付款的结论。

操作提示

该条裁判规则认为，依据“每次付款前，乙方应当开具发票”的约定不能得出如果乙方不开具发票，甲方有权拒绝付款的结论；故律师建议，发承包双方在建设工程施工合同中明确约定“乙方不开具发票，甲方有权拒绝付款”，否则，仅约定“每次付款前，乙方应当开具发票”的，则发包人主张承包人不开具发票，其有权拒绝付款的，该主张不予支持。

四、约定承包人未开具发票，发包人有权拒绝支付工程款，该约定有效

关 键 词：承包人　开具发票　拒绝付款

问题提出：发承包双方在建设工程施工合同中约定，承包人未开具发票，发包人有权拒绝支付工程款；承包人未开具发票的，发包人是否有权拒绝支付工程款？

案件名称：铜陵有色金属集团铜冠建筑安装股份有限公司、江西自立环保科技有限公司建设工程施工合同纠纷案件[1]

裁判规则：最高人民法院认为，发承包双方在建设工程施工合同中约定，承包人未开具发票，发包人有权拒绝支付工程款的，从其约定。

案情简介

再审申请人（一审原告、反诉被告，二审上诉人）：铜陵有色金属集团铜冠建筑安装股份有限公司（以下简称铜冠公司）

再审申请人（一审被告、反诉原告，二审上诉人）：江西自立环保科技有限公司（以下简称自立公司）

2012年自立公司与铜冠公司签订《建设工程施工合同》，约定自立公司将该公司二期工程（Ⅱ标）发包给铜冠公司。自立公司于2012年9月28日在合同上盖章，铜冠公司于2012年10月15日在合同上盖章。双方在《建设工程施工合同》专用条款第二十六条中还作了以下约定：“双方约定的工程款（进度款）支付的方式和时间：1. 每月工程款（进度款）的支付：每月25日前承包人上报本月实际完成工程量，完成工程量经监理工程师和发包人签证确认该月工程款后，在次月10日前按确认的该月合格工程的工程款的70%支

〔1〕（2020）最高法民申210号。

付给承包人。工程进度款的支付均不包括设计变更及联系单增加的工程量的工程价款，设计变更及联系单增减的工程量造价单项净增、减达10万元（含经过审计单位审核确认）时，双方另行协商，净增、减部分的支付方法，不得优于原支付方式。当月工程量不满20万元时则当月进度款不付，合并到下月去支付。2. 符合本专用条款32.1规定的竣工验收条件之后，支付至合同价（此处合同价指的是承包人的预算并经业主和第三方审计机构初步审计后的工程价）的80%。3. 承包人在收取每期工程款时应开具相应额度的正式发票。4. 发包人在接到竣工结算报告和完整的竣工结算资料之日起1月内开始进行竣工结算审核，在竣工结算审核完成1个月内，累计支付到工程结算价的95%，余5%作为工程质量保修金。在发包人支付上述款项前，承包人必须开具同等数额的正规税务发票，否则发包人有权拒绝支付。5. 工程质量保修金在工程竣工验收合格2年后扣除相应的扣款（由于承包人维修不及时而发包人自行维修的费用）后返还3%（无息），5年保修期满后扣除相应的扣款（由于承包人维修不及时而发包人自行维修的费用）后支付余款（无息）。以上款项支付均在到期后10个工作日内支付，不计息。”双方在《建设工程施工合同》附件1《房屋建筑工程质量保修书》中约定了质量保修期。

合同签订后，铜冠公司开始施工。自立公司就案涉工程向铜冠公司提供了多家设计单位出具的施工图纸，存在施工图纸设计变更的情形。施工过程中，也发生过停电情形。2014年3月案涉工程完工，双方开始进行工程结算。铜冠公司于2014年5月12日向监理单位提交了工程决算书，于2014年6月9日向自立公司提交了工程决算书，于2015年4月7日向自立公司提交了竣工验收申请书、竣工验收报告等资料。铜冠公司主张自立公司于2014年8月就已经开始实际使用案涉工程进行生产，自立公司则主张其是2015年开始使用的。

判决结果

一审判决：自立公司支付铜冠公司工程款共计11,216,915.9元，该款限于自立公司收到铜冠公司开具的工程款税务发票之日起15日内付清。

二审判决：铜冠公司于本判决生效之日起15日内向自立公司提供案涉工程的工程款税务发票，发票开票金额为32,585,434.92元［（45,296,173.6元－

46.94 万元）×95% –1000 万元]。

最高人民法院裁定：维持二审判决，驳回再审申请。

各方观点

铜冠公司观点：铜冠公司未履行开票义务并不能阻碍自立公司的付款义务的履行，并且在自立公司先向铜冠公司支付工程款的情况下，铜冠公司方可开具等值的发票。铜冠公司的开票义务不构成自立公司拒付工程款的理由。开票的附随义务与支付工程款的主合同义务并不对等，且在工程款总价未确定的情况下铜冠公司亦无法开具发票，而工程总价款未确定的原因在于自立公司未能及时安排工程竣工结算审核。同时，自立公司已认可先支付工程款再开具发票的交易模式。

自立公司观点：《建设工程施工合同》第 26.1 条约定了每月工程进度款的支付，第 26.3 条约定，"承包人在收取每期工程款时应开具相应额度的正式发票"。自立公司已经依约支付工程进度款 3000 余万元，但铜冠公司仅开具 1000 万元发票，自立公司有权行使同时履行抗辩权，拒绝继续支付工程款。

法院观点

一审法院观点：根据双方合同专用条款第 26.3 条、第 26.4 条约定，铜冠公司在收到自立公司的每期工程款时应开具相应额度的正式发票；在支付工程结算款时，也必须开具同等数额的正规税务发票，否则自立公司有权拒绝支付。自立公司已经支付铜冠公司工程款 31,814,449 元，但铜冠公司仅开具了 1000 万元发票，因此在铜冠公司开具同等数额的正规税务发票前，自立公司可以要求铜冠公司先开具发票再支付工程价款。自立公司在本案审理期间多次提出该抗辩，铜冠公司也未开具相应的发票给自立公司，故对铜冠公司支付工程款利息的诉讼请求不予支持。但是，双方就案涉工程产生争议并非因铜冠公司未开具足额的税务发票，而是双方就工程造价产生了较大争议，且在工程造价确定前，铜冠公司无法对未付工程款数额予以确定，不能就未付工程款开具发票，故对自立公司主张铜冠公司未足额提供发票，其可以拒绝支付工程款的诉讼请求不予支持。在铜冠公司开具了相应工程款发票后，自立公司应当支付剩余工程款。

二审法院观点：根据《建设工程施工合同》第三部分专用条款第 26.3 条、第 26.4 条的约定，自立公司支付每期工程款时，铜冠公司应当开具相应额度的发票，直至工程款结算完毕，否则，自立公司有权拒付工程款。上述条款约定的付款和开具发票并无先后履行顺序，根据《合同法》第六十六条的规定，自立公司在已经支付了 3000 余万元工程款而铜冠公司只开具了 1000 万元的发票情况下，有权拒绝铜冠公司支付工程款的请求，即自立公司享有同时履行抗辩权。铜冠公司在开具相应数额发票后，如自立公司仍不履行支付剩余工程款的义务，则铜冠公司可以请求支付工程款利息。然而直至本案二审期间，铜冠公司仍未开具与自立公司已支付工程款等额的发票，其主张工程款利息的上诉请求不予支持。

最高人民法院观点：因付款义务与交付发票义务不是对待给付，自立公司不得以铜冠公司未交付发票为由拒绝履行其付款义务，但双方另有约定的除外。本案《建设工程施工合同》专用条款第二十六条约定，铜冠公司在收取每期工程款时应开具相应额度的正式发票；自立公司支付工程结算款前，铜冠公司必须开具同等数额的正规税务发票，否则自立公司有权拒绝支付。自立公司累计已支付进度款 3000 余万元，但铜冠公司仅交付 1000 万元的发票，违反合同约定；且在自立公司支付结算款前，铜冠公司应先交付发票。在此情形下，自立公司拒绝支付工程款不构成违约。二审判决未支持铜冠公司关于自立公司应支付利息的主张，并无不当。

法律规定

《民法典》第一百四十三条规定，具备下列条件的民事法律行为有效：（一）行为人具有相应的民事行为能力；（二）意思表示真实；（三）不违反法律、行政法规的强制性规定，不违背公序良俗。

《民法典》第一百四十六条规定，行为人与相对人以虚假的意思表示实施的民事法律行为无效。以虚假的意思表示隐藏的民事法律行为的效力，依照有关法律规定处理。

《民法典》第一百五十三条规定，违反法律、行政法规的强制性规定的民事法律行为无效。但是，该强制性规定不导致该民事法律行为无效的除外。违背公序良俗的民事法律行为无效。

《民法典》第一百五十四条规定，行为人与相对人恶意串通，损害他人合法权益的民事法律行为无效。

《民法典》第五百零九条规定，当事人应当按照约定全面履行自己的义务。当事人应当遵循诚信原则，根据合同的性质、目的和交易习惯履行通知、协助、保密等义务。当事人在履行合同过程中，应当避免浪费资源、污染环境和破坏生态。

《民法典》第五百二十六条规定，当事人互负债务，有先后履行顺序，应当先履行债务一方未履行的，后履行一方有权拒绝其履行请求。先履行一方履行债务不符合约定的，后履行一方有权拒绝其相应的履行请求。

律师点评

发承包双方明确约定承包人未交付发票的，发包人有权拒绝付款，该约定是否有效？实务中，主要有两种观点：第一种观点认为，该约定有效；第二种观点认为，该约定无效。笔者倾向于第一种观点，理由是：该约定系发承包双方的真实意思表示，未违反法律、行政法律的效力性强制性规定，未违反公序良俗，也不存在其他法定无效情形，依据《民法典》第五百零九条规定，该约定合法有效。四川省高级人民法院和最高人民法院民一庭亦赞成第一种观点。《四川省高级人民法院关于审理建设工程施工合同纠纷案件若干疑难问题的解答》（川高法民一〔2015〕3号）第二十九条第二款规定，发包人以承包人未开具发票，未移交工程竣工资料为由拒付工程价款的，不予支持。但建设工程施工合同另有约定的除外。最高人民法院民一庭针对建设工程合同纠纷案件11个问题编著的《民事审判实务问答》中第2个问题认为，在一方违反约定没有开具发票的情况下，另一方不能以此为由拒绝履行合同主要义务即支付工程价款；除非当事人明确约定：一方不及时开具发票，另一方有权拒绝支付工程价款；这种情况就意味着双方将开具发票视为与支付工程价款同等的义务。

第二种观点认为，约定承包人未开具发票，发包人有权拒绝支付工程款的，可以明确承包人具有向发包人开具发票的义务；山东省高级人民法院和河北省高级人民法院支持该观点。《山东高院关于审理建设工程施工合同纠纷案件若干问题的解答》（2020年11月4日）第十条规定，承包人主张工程款，发包人以承包人违反约定未开具发票为由提出抗辩的，如何处理？支付工程款义务和开具发票义务是两种不同性质的义务，不具有对等关系。发包人以承包人违反约定未开具发票为抗辩理由拒付工程款的，一般不予支持；双方明确约定以承包人开具发票作为支付工程款条件的，可以明确承包人具有向发包人开具发票的义务。《河北省高级人民法院关于印发〈建设工程施工合同案件审理指南〉的通知》（冀高法〔2018〕44号）第五十四条规定，支付工程款义务和开具发票义务是两种不同性质的义务，不具有对等关系。发包人以承包人违反约定未开具发票为抗辩理由拒付工程款的，人民法院不予支持，但可以明确承包人具有向发包人开具发票的义务。发包人提起反诉请求主张承包人开具发票的，人民法院应予支持。

操作提示

约定承包人未开具发票，发包人有权拒绝支付工程款的，该约定有效。故如果发承包双方在建设工程施工合同中明确约定“承包人未开具发票，发包人有权拒绝支付工程款”，律师建议承包人应当按照该约定执行，否则，发包人可以此为由行使先履行抗辩权，不予支付工程价款。

第十二章　司 法 鉴 定

一、建设工程施工合同约定工程价款以政府审计为依据的，原则上不可以申请司法鉴定

关 键 词： 政府审计　司法鉴定　工程价款

问题提出： 发承包双方在建设工程施工合同中约定，工程价款结算以政府审计为依据；工程价款结算发生纠纷时，承包人是否可以申请司法鉴定以确定案涉工程价款呢？

案件名称： 黄某忠、郴州市发展投资集团有限公司建设工程施工合同纠纷案件[1]

裁判规则： 最高人民法院认为，发承包双方在建设工程施工合同中约定，工程价款结算以政府审计为依据，工程价款结算发生纠纷时，承包人申请司法鉴定以确定案涉工程价款的，原则上不予支持，特定情形应予准许。

案情简介

上诉人（原审原告）：黄某忠

上诉人（原审被告）：郴州市发展投资集团有限公司（以下简称郴投公司）

原审第三人：湖南华盛建设工程（集团）有限公司（以下简称华盛公司）

原审第三人：湖南格塘建筑工程有限公司（以下简称格塘公司）

2010 年 4 月 26 日，黄某忠与华盛公司签订《协议书》，约定郴州市苏仙

[1]（2020）最高法民终 630 号。

湖、王仙湖提质建设工程项目（以下简称两湖建设项目）的投标以华盛公司的名义进行，并以华盛公司的名义对外享有相关权益，项目的资金投入、实际施工等均由黄某忠负担和实施，实际权益由黄某忠享有。同日，黄某忠与华盛公司、格塘公司签订《联合承建郴州市城市建设投资经营有限公司项下苏仙湖、王仙湖提质建设工程协议书》，约定华盛公司和格塘公司组成联合体公司投标两湖建设项目，项目前期工程由华盛公司和格塘公司统一办理，项目中标后两公司收取黄某忠管理费。三方就项目权益及负债、项目管理、违约责任等进行了详细约定。

2010年5月4日，郴投公司向华盛公司发出《投标邀请函》，邀请华盛公司参加两湖建设项目投标，并载明资金来源采用BT模式。2010年5月5日，华盛公司与格塘公司签订《联合体协议书》，约定双方组成联合体公司参加两湖建设项目投标。2010年6月15日，郴投公司向联合体公司发出《中标通知书》，联合体公司中标两湖建设项目。

2010年9月20日，联合体公司与郴投公司签订《施工合同》，其第25.2条约定本工程实行按实结算（个别工程项目因非承包人原因，不能全部完成时，应按承包人已经完成的合格工作内容据实结算），结算造价以郴州市政府审计部门按合同约定并根据省政府192号文件规定的期限完成审核确定的结算数额为准。合同签订后，黄某忠组织人员及设施设备进场施工。2011年7月21日，郴投公司（甲方）与北湖区郴江镇梨树山村王仙桥村民小组（乙方）签订《王仙湖建设项目王仙桥、段家弃土场（修建）使用协议》。2013年1月16日，联合体公司与郴投公司签订《苏仙湖、王仙湖提质改造工程补充协议》，约定：增加工程总造价以施工单位报郴州市审计部门审核为准。

2011年1月8日，苏仙湖项目开工建设，2011年8月29日开园，2014年4月2日通过综合竣工验收。2011年3月28日，王仙湖项目开工建设，2011年12月30日开园，2013年11月20日通过综合竣工验收。2014年7月，联合体公司向郴投公司递交工程结算书，称两湖建设工程及增补工程总结算金额为27,119.1122136万元。2014年1月7日，郴投公司向郴州市审计局出具《关于郴州市苏仙湖、王仙湖项目竣工结算报送审计的函》，该函相关资料显示郴投公司对两湖建设工程及增补工程审定金额为24,390.062733万元，请求郴州市审计局进行审计。

2017年6月28日，湖南省郴州市苏仙区人民法院（2017）湘1003民初

610号民事判决载明：郴州市提质改造子项目王仙湖、苏仙湖建设工程，实际施工主体为黄某忠，华盛公司、格塘公司只负责收取管理费，黄某忠系两湖建设项目的实际施工人。

原审审理过程中，黄某忠申请工程造价鉴定和会计鉴定。经依法委托，国众联建设工程管理顾问有限公司和湖南华信求是会计师事务所有限公司出具工程造价鉴定意见书和会计鉴定意见书。

判决结果

一审判决：案涉鉴定意见书应作为本案工程结算的依据。

最高人民法院二审判决：驳回上诉，维持原判。

各方观点

黄某忠观点：郴投公司主张工程造价以审计结果为准，需具备三个前提，一是审计主体应为郴州市审计局，二是必须按照合同约定的计价依据进行审计，三是在规定期限内完成审计。而本案中，审计报告的形成时间与报告内容，均与合同约定的条件不符。同时，根据《全国人民代表大会常务委员会法制工作委员会法规备案审查室关于对地方性法规中以审计结果作为政府投资建设项目竣工结算依据有关规定提出的审查建议的复函》，《施工合同》关于以审计结果作为工程造价的约定违反上位法，应为无效。根据审计法的规定，被审计单位是郴投公司，黄某忠的义务仅是向发包人提出结算报告和依据，黄某忠已经提交并得到郴投公司认可。同时，在黄某忠起诉后，郴投公司即提交了审计报告，郴投公司主张审计结论迟延出具系黄某忠不配合造成，没有事实依据。原审法院认定郴州市审计局出具的审计结论和时间均违反了合同的约定，事实上已不具备定案的依据，据此根据黄某忠的申请启动司法鉴定，符合法律规定和查明事实的要求。

郴投公司观点：根据《施工合同》约定，案涉工程款的结算依据系“郴州市政府审计部门完成审核确定的结算数额”，郴审报〔2018〕26号审计报告是以《施工合同》及双方合意为依据做出的，理应作为案涉工程结算依据。案涉工程结算应当以审计结论为前提，截至本案黄某忠起诉之时，案涉工程的付款条件根本未成就，而审计报告晚出系黄某忠不配合审计、延迟提交结算材料等原因造成。原审法院未查明以上事实，直接以竣工验收之日作为付款时间节点，并以此计算利息，事实查明错误。在《施工合同》明确约定以郴州市审计局审计报告为结算依据，且黄某忠未提供任何有力证据证明审计报告违法的情况下，原审法院仍然启动司法鉴定程序，程序违法。郴投公司既不同意造价鉴定，也不同意会计鉴定。

华盛公司观点：施工过程中与项目有关的决策、签订补充协议、材料款支付、审计会议提出异议、工程核算等均是由黄某忠实施的。黄某忠与郴投公司实际形成了建设工程施工合同的关系，其可以主张案涉工程款及资金利息。

格塘公司观点：原审判决已经认可了黄某忠是实际施工人，并且黄某忠与郴投公司实际已经形成了建设工程施工合同的关系，同意黄某忠的上诉请求。

法院观点

一审法院观点：就案涉工程价款的结算而言，本案中存在郴州市审计局审计报告、司法鉴定意见书。对于审计报告和司法鉴定意见书，郴投公司认为双方《施工合同》第三部分第25.2条明确约定按照审计结论结算，郴州市审计部门已经做出〔2018〕26号审计报告，案涉工程应按照审计报告结算。原审法院认为，双方《施工合同》第三部分第25.2条约定："本工程实行按实结算（个别工程项目因非承包人原因，不能全部完成时，应按承包人已经完成的合格工作内容据实结算），结算造价以经郴州市政府审计部门按合同约定并根据省政府192号文件规定的期限内完成审核确定的结算数额为准"，即虽然约定以郴州市政府审计部门审核确定的数额进行结算，但同时约定审计应当按照合同的约定进行。而〔2018〕26号审计报告并未完全依据合同约定的计价方式进行审计，比如未按照合同约定以市场价格计算人工工资，且审计报告为郴州市政府审计部门作出的最终审计结论，审计结果已不予调整，因此本案如依据审计报告结算将违反合同约定，故对郴投公司要求按照审计结论结算的主张，原审法院不予支持。本案司法鉴定由黄某忠申请，鉴定机构采取抽签摇号的方式确定，经原审法院依法委托后，造价鉴定机构和会计鉴定机构就法院委托事项各自出具鉴定意见书，原审法院组织双方当事人对鉴定意见书进行了质证。鉴定机构针对双方当事人对鉴定意见书提出的异议，在审查后调整了金额并补充了意见，双方当事人提交了书面质证意见。本案造价鉴定和会计鉴定机构及其鉴定人员均具有相应鉴定资质，鉴定程序合法，鉴定意见书内容翔实、客观，因此，案涉鉴定意见书应作为本案工程结算的依据。

最高人民法院二审观点：一般而言，当事人约定以审计部门的审计结果作为工程款结算依据的，应当按照约定处理。但审计部门无正当理由长期未出具审计结论，经当事人申请，且符合进行司法鉴定条件的，人民法院可以通过司法鉴定方式确定工程价款。本案中，郴投公司于 2014 年 1 月 7 日向郴州市审计局出具《关于郴州市苏仙湖、王仙湖项目竣工结算报送审计的函》后，至黄某忠 2017 年提起本案诉讼，郴州市审计局始终未作出审计结论，原审法院根据黄某忠的申请，委托进行造价鉴定，并无不当。郴投公司主张合同已经约定以审计报告为结算依据，原审法院贸然启动司法鉴定违法，没有事实、法律依据，本院不予支持。

《施工合同》专用条款第 25. 2 条约定本工程实行按实结算（个别工程项目因非承包人原因，不能全部完成时，应按承包人已经完成的合格工作内容据实结算），结算造价以郴州市政府审计部门按合同约定并根据省政府 192 号文件规定的期限完成审核确定的结算数额为准。第 25. 3 条约定根据审核确认的竣工图纸、设计变更、发包人或其指定的现场代表和监理工程师书面确认的有关指令、通知、工程会议纪要、工程联系单、施工方案、施工组织设计、现场签证等相关工程结算资料，采用清单计价法进行结算。第 25. 4 条约定了工程结算计价依据。

根据上述合同约定，结算造价采用审计结论的前提一是审计部门按合同约定进行审计，二是在省政府 192 号文件规定的期限内完成审核。

关于审计方式的问题。《施工合同》专用条款第 25. 4 条约定，本工程人工工资单价按湘建价〔2009〕396 号文件规定的市场工资单价执行，施工期间如人工工资、机械设备费用发生变化以及政府或其授权的相关职能部门的文件规定进行调整……郴州市审计局出具的郴审报〔2018〕26 号审计报告载明，由于两湖工程是 BT 项目，审计依据 2012 年 12 月 4 日《郴州市人民政府办公室关于市城区政府投资 BT 项目竣工结算审计有关问题的会议备忘录》

的规定，按施工同期最低人工工资标准计取。按最低工资标准计取比按市场工资标准少597.55万元，施工单位对此持不同意见。根据原审查明的事实，案涉工程已由合同约定的BT项目转为了普通建设工程项目，审计报告以对BT项目的相关规定计取最低人工工资标准，与合同约定不符。原审认定审计报告并未完全依据合同约定的计价方式进行审计，且审计结果已不予调整，如依据审计报告结算将违反合同约定，并无不当。

关于审计期限的问题。根据本院查明，《湖南省建设工程造价管理办法》（湖南省人民政府令第192号）第十八条第二款规定，对于1亿元以上的工程项目，工程造价咨询机构应当于收到发包人交付的全部竣工结算文件之日起90日内完成审核。原审查明，2014年7月，联合体公司向郴投公司递交工程结算书。2014年1月7日，郴投公司向郴州市审计局出具《关于郴州市苏仙湖、王仙湖项目竣工结算报送审计的函》，请求郴州市审计局进行审计。2018年2月2日，郴州市审计局出具郴审报〔2018〕26号审计报告。从上述已查明的事实看，案涉工程的审计工作自联合体公司于2014年7月向郴投公司递交工程结算书起，超三年多未作出审计结论，至本案黄某忠起诉时仍未作出，有违上述湖南省人民政府令第192号的相关规定。

综合上述分析，无论是审计依据还是审计期限，郴审报〔2018〕26号审计报告均非按照合同约定及相关规定作出，原审未将审计报告作为本案结算依据，并无不当。

原审法院根据黄某忠的申请，依法委托国众联建设工程管理顾问有限公司进行案涉工程造价鉴定。鉴定过程中，原审法院组织双方当事人对提交给鉴定机构的送鉴资料进行了证据交换和质证，在鉴定报告形成后，组织双方当事人进行对审，造价鉴定机构也对双方提出的异议予以了回复及修正，原审法院又组织各方对鉴定意见进行了质证。案涉工程造价鉴定程序合法、依据充分，能够反映案件真实情况，原审采信造价鉴定报告，并无不当。郴投公司主张造价鉴定程序违法、鉴定结果失真，理据不足，本院不予支持。郴投公司进而主张原审未准许重新鉴定，程序错误，不符合法律规定，本院不予支持。

关联案例

案件名称：湖南紫都城镇建设开发有限公司、湖南业达建设有限公司建设工程施工合同纠纷案件[1]

法院观点：该案件中最高人民法院认为，湖南紫都城镇建设开发有限公司（以下简称紫都公司）与湖南业达建设有限公司（以下简称业达公司）在《道路工程施工承包合同》中约定工程结算按现行长沙市政定额标准计取，工程最终造价及支付以财政、审计部门最后审计结果为最终结算依据。虽然紫都公司及官渡镇政府均主张工程造价应以财政、审计部门最后审计结果为最终结算依据，但在上述道路工程已使用近两年的情况下，紫都公司尚未向相关财政、审计部门提交工程建设资料，启动财政、审计部门审计。在本案审理过程中也无法提供审计结果，故一审法院根据业达公司的申请，依法委托湖南日升工程咨询有限公司对业达公司完成的工程进行造价鉴定，该鉴定机构作出湘日（2016 基）鉴字 111 号《工程造价鉴定报告》，该鉴定报告可以作为认定涉案工程造价的依据。

法律规定

《民法典》第五百零九条规定，当事人应当按照约定全面履行自己的义务。当事人应当遵循诚信原则，根据合同的性质、目的和交易习惯履行通知、协助、保密等义务。当事人在履行合同过程中，应当避免浪费资源、污染环境和破坏生态。

律师点评

建设工程施工合同约定工程价款以政府审计为依据，该约定系发承包双方的真实意思表示且不违反法律、行政法律的效力性强制性规定，未违反公序良俗，也不存在其他法定无效情形，故该约定合法有效；依据《民法典》第五百零九条第一款规定，原则上应当按照该约定执行，即工程价款以政府审计为依据。既然有原则，就必然有例外。例外情形主要有：(1) 发包人长期无正当理由不启动审计；(2) 审计部门明确表示无法进行审计；(3) 审计部门长期无正当理由不出具审计结论。关于例外情形，山东省高级人民法院、河北省高级人民法院、四川省高级人民法院的意见可供参考。《山东省高级人

---

[1] (2019) 最高法民再 56 号。

民法院关于审理建设工程施工合同纠纷案件若干问题的解答》（2020年11月4日）第三条规定，政府投资和以政府投资为主的建设项目，合同约定以行政审计、财政评审作为工程款结算依据的，按照约定处理；但发包人故意迟延提交审计或妨碍审计条件成就，以及行政审计、财政评审部门明确表示无法进行审计或无正当理由超出合同约定的审计期限三个月，仍未作出审计结论、评审意见的，当事人申请对工程造价进行司法鉴定，应当准许。《河北省高级人民法院关于印发〈建设工程施工合同案件审理指南〉的通知》（冀高法〔2018〕44号）第二十一条规定，审计机关严重超出合同约定的期限未作出审计结论，发包人以此为由拒付工程款，且无法举证证明审计机关具有正当理由不能出具审计结论的，当事人申请对工程造价予以司法鉴定，人民法院应予支持。《四川省高级人民法院关于审理建设工程施工合同纠纷案件若干疑难问题的解答》（川高法民一〔2015〕3号）第十七条规定，政府审计部门审计结果能否作为合同结算依据？政府投资的建设工程施工合同结算纠纷中，发包人主张以政府审计部门审计结果作为工程造价结算依据的原则上不予支持，但当事人在合同中有明确约定的除外。当事人在合同中明确约定工程价款以政府审计部门审计结果作为结算依据，并约定了审计时间，在合同约定的审计时间内非因承包人原因未作出审计结论，或虽未约定审计时间，经承包人催告，发包人未在合理期限内送交政府审计部门审计，承包人主张按照双方签章确认的送审结算价结算工程价款的，可予支持。政府审计部门审计结论明确部分项目已经超出政府投资项目，但合同明确约定属于施工内容，承包人主张支付工程价款的，应予支持。

操作提示

建设工程施工合同约定工程价款以政府审计为依据的，原则上不可以申请司法鉴定，特定情形下可以申请司法鉴定。故发承包双方发生结算争议后，律师建议及时搜集并留存例外情形的有关证据材料，否则，承包人申请司法鉴定的，不予支持。另外，承包人应当按照约定及时向发包人提交结算资料。

二、虽有结算书，但发包人和承包人均同意司法鉴定的，仍然可以鉴定意见作为认定工程价款的依据

关 键 词： 结算书　司法鉴定　鉴定意见

问题提出： 在工程价款结算时，发承包双方达成了结算书，后发生争议，发包人和承包人均同意司法鉴定的，裁判者是否可以准许司法鉴定，并以鉴定意见作为认定案涉工程价款的依据呢？

案件名称： 云南文荣建筑工程有限公司、景洪立丰房地产开发有限公司建设工程施工合同纠纷案件[1]

裁判规则： 最高人民法院认为，在工程价款结算时，发承包双方达成了结算书，后发生争议，发包人和承包人均同意司法鉴定的，裁判者可以准许司法鉴定，并以鉴定意见作为认定案涉工程价款的依据。

案情简介

再审申请人（一审原告、反诉被告，二审上诉人）：云南文荣建筑工程有限公司（以下简称文荣公司）

被申请人（一审被告、反诉原告，二审被上诉人）：景洪立丰房地产开发有限公司（以下简称立丰公司）

2010年7月14日，文荣公司经正规招投标程序，以39,200,064.2元中标景洪立丰9号公馆工程。2010年7月21日，文荣公司与立丰公司签订《建设工程施工合同》，工程名称为景洪立丰9号公馆项目，工程承包范围包括基础、土建主体、给排水、电气安装、消防预埋等工程施工内容。2010年7月21日，文荣公司与立丰公司又签订一份《建设工程施工合同》，工程名称为9号公馆，工程内容为发包方签字确认的，在云南博超建筑设计有限公司设计的9号公馆工程施工图纸中载明的基础、土建、给排水系统、电气系统等部分施工内容。

文荣公司于2012年5月7日按期完成合同施工内容并经竣工验收合格。双方认可立丰公司已付工程款57,750,097.56元。依立丰公司、文荣公司的申请，原审法院委托西双版纳瑜兴司法鉴定所对立丰公司、文荣公司于2010

---

[1] （2020）最高法民再360号。

年 7 月 21 日签订的两份《建设工程施工合同》的 9 号公馆最终完成建筑总面积依法予以实测后，按照合同结算方式出具最终 9 号公馆结算总价款。2018 年 12 月 27 日，西双版纳瑜兴司法鉴定所出具瑜兴司鉴［2018］征鉴字第 17 号司法鉴定征求意见：（1）39, 200, 064. 2 元合同鉴定造价为 52, 689, 229. 57 元；（2）42, 000, 000 元合同鉴定造价为 66, 983, 394. 44 元。立丰公司支付司法鉴定费 352, 000 元，文荣公司支付司法鉴定费 250, 000 元。

判决结果

一审判决：以鉴定意见作为认定案涉工程价款的依据。

二审判决：驳回上诉，维持原判。

最高人民法院再审判决：维持二审该项判决。

各方观点

文荣公司观点：本案鉴定意见不合法、不客观，鉴定意见无效。本案已有工程结算书，就不应当再进行鉴定，且鉴定程序存在鉴定人黄某 1、杨某 1 没有《建设工程造价鉴定规范》规定的注册造价工程师资质，杨某 1 没有“工程造价纠纷鉴定”执业资格，黄某 1 没有参加勘验鉴定活动，杨某 1 没有参加鉴定计算工作，鉴定漏项（“9 号公馆降排水方案”未计入造价、未鉴定电气安装中的线材、穿线增加费用、应立丰公司要求对“花架”重复施工的工程量未计入造价）等情形，原审判决认定鉴定有效是错误的。

立丰公司观点：案涉鉴定意见系经双方申请，一审法院委托后依法作出，不存在漏项等问题，合法有效。

法院观点

一审法院观点：本案中，文荣公司亦未提供证据证明在确定中标人前，立丰公司、文荣公司就投标价格、投标方案等实质性内容进行过谈判，文荣公司以 39, 200, 064. 2 元中标为有效中标，以备案的中标合同 39, 200, 064. 2 元合同鉴定造价 52, 689, 229. 57 元为本案工程结算价款。

二审法院观点：首先，一审诉讼中，文荣公司申请对其已完成的工程造价进行鉴定，说明文荣公司对工程造价要求通过鉴定确定，并非以双方结算为准。其次，文荣公司未提交证据证明在确定中标人前，立丰公司、文荣公司就投标价格、投标方案等实质性内容进行过谈判。二审中文荣公司提交《施工组织方案设计报审表》，其内容系临时用电实施方案，安全文明施工实施方案等，也不能证明双方对合同的内容进行过实质性谈判。最后，文荣公司主张双方实际履行的合同是“暂估工程价款为42,000,000元”的合同，但该合同与备案合同实质内容不一致，依法应当以备案的中标合同作为结算工程价款的依据，故文荣公司以39,200,064.2元中标为有效中标，鉴定部门以备案的中标合同，最终按文荣公司实际完成的面积进行实测作出的鉴定意见，即工程造价为52,689,229.57元，符合本案的实际情况，也未违反法律规定，二审法院予以采信，应作为本案工程结算价款。

最高人民法院再审观点：关于鉴定意见是否应被采信的问题。首先，虽然《最高人民法院关于审理建设工程施工合同纠纷案件适用法律问题的解释(二)》第十二条规定，当事人在诉讼前已经对建设工程价款结算达成协议，诉讼中一方当事人申请对工程造价进行鉴定的，人民法院不予准许，但本案中鉴定程序的启动经过了双方当事人的同意，故原审法院未采信结算书而启动鉴定程序并无不当。其次，虽然本案三个鉴定人中，仅鉴定人黄某3具有注册造价工程师资质，其他二人均非注册造价工程师，但目前并无明确的法律法规规定司法鉴定人员数量须三人以上且须全部具备注册造价工程师资质，否则鉴定意见无效。本案是否应当重新鉴定还应根据鉴定意见是否客观真实、是否存在明显错误予以确定。本案中，文荣公司提出鉴定意见存在错漏问题：一是未将案涉项目降排水方案计入造价，对此，鉴定机构在二审中已向法院作了回复，称该方案中部分工程没有详细的规格尺寸，因资料提供不完整，双方质证无果，故未将该部分计入造价；二是文荣公司提出的花架问题，对此鉴定机构亦在二审中向法院作了回复，称花架工程造价1,060,542元已计入造价鉴定，至于花架重复施工的问题，因鉴定部门系通过对文荣公司实际完成的面积进行实测所作出的鉴定意见，故不存在漏算的问题。综上，本案中的鉴定意见并无明显错误或缺陷，原审判决予以采信并无不当。

法律规定

《建工司法解释（一）》第二十九条规定，当事人在诉讼前已经对建设工程价款结算达成协议，诉讼中一方当事人申请对工程造价进行鉴定的，人民法院不予准许。

律师点评

《建工司法解释（一）》第二十九条规定，当事人在诉讼前已经对建设工程价款结算达成协议，诉讼中一方当事人申请对工程造价进行鉴定的，人民法院不予准许；故依据前述司法解释，虽有结算书，原则上不予准许司法鉴定，但是如果发承包双方均同意鉴定，裁判者可以准许司法鉴定。

操作提示

虽有结算书，但发包人和承包人均同意司法鉴定的，裁判者可以准许司法鉴定。故对于发承包双方通过结算书等形式达成了结算协议的建设工程施工合同纠纷案件，律师建议，承包人不能同意司法鉴定，否则，裁判者可能会参照该条裁判规则准许司法鉴定，并以鉴定意见作为认定案涉工程价款的依据，鉴定意见可能对承包人有利，也可能对承包人不利。

三、发包人主张工程质量不符合约定，但其提交的证据不足以证明的，应当由其申请鉴定

关 键 词： 质量不合格　证据不足　申请鉴定

问题提出： 在建设工程施工合同履行中，发包人主张工程质量不符合约定，但其提交的证据不足以证明的，应当由谁申请质量鉴定？

案件名称： 凉州区交通运输局、甘肃金程建筑工程有限责任公司建设工程施工合同纠纷案件〔1〕

〔1〕（2019）最高法民终695号。

裁判规则：最高人民法院认为，在建设工程施工合同履行中，发包人主张工程质量不符合约定，但其提交的证据不足以证明的，应当由发包人申请质量鉴定。

案情简介

上诉人（一审被告）：凉州区交通运输局（以下简称凉州区交通局）

被上诉人（一审原告）：甘肃金程建筑工程有限责任公司（以下简称金程公司）

被上诉人（一审被告）：武威交通投资（集团）有限公司（以下简称武威交投公司）

一审被告：武威市交通运输局（以下简称武威市交通局）

诉讼中，凉州区交通局申请撤回对武威市交通局的上诉，法院予以准许。本案现已审理终结。

2015 年 7 月 14 日，武威市交通局向古浪县交通运输局（以下简称古浪县交通局）、凉州区交通局发出武交发（2015）162 号《武威市交通局关于由武威交投公司建设计划的通知》，明确本案工程已列入武威市农村公路路网县道网调整规划，为确保顺利实施，项目 KO + 000 - Kl1 + 000 段由古浪县交通局作为建设单位，K11 + 000 - K43 + 000 段由凉州区交通局作为建设单位。同年 7 月 15 日，武威市交通局向武威交投公司发出武交发（2015）162 号《武威市交通局关于由武威交投公司建设管理金荣沙漠生态公路项目的通知》，明确本案工程已列入武威市农村公路路网县道网调整计划，由武威交投公司作为工程项目法人，具体负责项目投融资和项目管理工作。项目 KO + 000 - Kl1 + 000 段由古浪县交通局具体实施，K11 + 000 - K43 + 000 段由凉州区交通局具体实施。武威交投公司要按照相关规定督促县区交通局组建项目管理办公室，健全管理机构，完善相关管理制度，切实做好建设项目质量安全管理和交竣工验收工作。在项目建设中，要严格执行项目法人责任制、招投标制、工程监理制和合同管理制，确保工程质量。

2015 年 7 月 27 日，武威市凉州区人民政府就金荣沙漠生态公路建设等项目形成《武威通航产业基地和金荣沙漠生态公路建设进展情况汇报》，并呈送市委领导。

2015年9月14日，凉州区交通局作为建设单位领取了本案工程《建设项目选址意见书》。2015年10月11日，武威市发展和改革委员会向武威市交通局发送武发改交通（2015）815号《关于武威市生态公路工程可行性研究报告的批复》。批复内容如下："项目估算总投资57,088.8547万元。资金来源：由你局申请国家和省上专项补助资金，不足部分由你局多渠道筹措解决。项目业主为武威市交通局。项目的设计、施工、监理及与工程建设有关的重要材料采购等，严格遵循《甘肃省招标投标条例》有关规定。"2015年12月31日，武威市环境保护局向武威市交通建设有限责任公司发出武市环开发（2015）151号《关于武威市交通建设有限责任公司金荣沙漠生态公路建设项目环境影响报告书的批复》，明确为加快甘肃国际陆港产业园、长庆现代农业产业园、荣华现代绿洲生态移民农业产业化基地发展，决定建设金荣沙漠生态公路工程，项目建设可行，同意批复。2016年1月19日，武威市水土保持工作站向凉州区交通局发出《关于武威市金荣沙漠生态公路工程项目水土保持方案报告书的批复》，批复本案项目通过技术审查。2016年7月28日，武威市国土资源局向武威市交通局发出武国土资耕发（2016）26号《关于金荣沙漠生态公路建设项目用地预审的意见》，主要内容为：2015年该项目经武威发改委立项批复，同意项目建设。该项目已列入凉州区土地利用总体规划（2010—2020年）重点建设项目用地规划表中，同意推荐的选址方案……补充耕地采用委托方式，按照《甘肃省人民政府关于印发甘肃省征地补偿区片综合地价及甘肃省征地补偿统一年产值标准的通知》（甘政发〔2012〕151号）已将征地补偿安置费用足额列入工程概算……同意项目实施。本项目用地预审文件有效期为两年，本文件有效期至2018年7月28日。

2015年11月3日，凉州区交通局作为招标单位，就武威市金荣沙漠生态公路工程（凉州段）在武威市公共资源交易网进行公开招标。招标内容为第一标段公路工程施工，第二标段公路工程监理。资金来源为地方自筹及申请国家专项补助资金。2015年12月8日，武威市金荣沙漠生态公路工程（凉州段）中标公示，一标段中标单位为金程公司，中标造价为285,504,945元，二标段中标单位为武威宏业建设监理咨询有限公司。12月12日，金程公司取得武威市金荣沙漠生态公路工程（凉州段）（施工标段）施工招标中标通知书，通知书载明开工时间为2015年12月12日，竣工时间为2017年12月10日，承包方式为包工包料，项目业主单位为凉州区交通局。

2015年12月13日，凉州区交通局作为业主与金程公司签订《施工合同》。

2016年11月16日，金程公司形成《金荣沙漠生态公路完成情况的说明》，对凉州段路线基本情况进行确认，并明确已完成路基路面工程，防护、标志标线工程正在准备阶段，武威宏业建设监理咨询有限公司在该说明上加盖公章。2017年8月10日，金程公司诉前委托中鼎公司制作了《工程造价编制报告》。该报告明确：根据现场勘查，施工单位截至2017年8月5日已完成该项目路基、路面及涵洞工程。依据招标工程量清单，边沟、排水沟、护坡、防护栏、交通标志牌、路面标线工程均未施工。按施工单位现场实际完成的工程量，依据投标文件内施工单位按工程量清单填报的单价及总价确认工程造价为249,028,600元。2015年12月31日，《武威日报》等新闻媒体登载《金荣沙漠生态公路一瞥》等通讯报道，报道金荣沙漠生态公路于2015年1月开工建设，11月底全部完工。2017年3月，武威市政府网、每日甘肃网发布了提及金荣沙漠生态公路建成通车的文章。

2018年5月29日，一审法院组织各方当事人前往现场进行勘查，发现所有交通路标牌均未予设置，路基距地面超过3米的部分未做防护，路面路肩未做，部分路面存在裂缝、有拱起现象，局部有起皮露骨、断板现象。2015年7月至2016年9月，武威交投公司共计转给凉州区交通局工程借款2660万元。至本案诉讼前，金程公司共收到凉州区交通局转付工程款9420万元。

判决结果

一审判决：经释明，凉州区交通局等均未对工程质量瑕疵问题提起质量鉴定，亦未对上述质量瑕疵问题的修复费用进行主张。故本案工程价款参照《施工合同》约定进行处理。

最高人民法院二审判决：驳回上诉，维持原判。

各方观点

凉州区交通局观点：一审判决适用法律错误。《施工合同》系无效合同，工程存在质量问题，至今仍未竣工验收，且金程公司无证据证明工程已实际交付并投入使用。本案不符合《最高人民法院关于审理建设工程施工合同纠纷案件适用法律问题的解释》第二条规定的“建设工程施工合同无效，但建设工程经竣工验收合格”的情形，一审判决参照合同约定判令凉州区交通局支付工程价款，适用法律错误。

金程公司观点：无证据证明本案工程存在质量问题，现场勘查时发现的质量瑕疵系凉州区交通局未尽养护管理职责造成。

武威交投公司观点：武威交投公司既未参与项目审批及招标工作，亦非合同主体，不应承担付款责任。本案项目是时任武威市相关领导为给荣华公司争取补助资金而未批先建的项目，与武威交投公司无关。

武威市交通局观点：（1）招标公告、中标公示、中标通知书及《施工合同》均可证明凉州区交通局是建设单位。武威市交通局未编制招标文件，未确定投标人资格，亦未签订合同，不应当承担付款责任。（2）本案属建设工程施工合同纠纷，是平等主体之间的权利义务纠纷，虽然发改部门批复武威市交通局是项目业主，但批复适用于上级答复下级的行政请示事项，并不能设立民事权利义务。《施工合同》是凉州区交通局与金程公司签订的，发改部门的批复不能突破合同相对性。（3）本案项目是时任武威市相关领导为给荣华公司争取补助资金而未批先建的项目，可能涉嫌刑事犯罪，请求将本案移送纪委监察机关依法查处。

法院观点

一审法院观点：本案经现场勘验，发现在工程质量方面，部分路面存在裂缝、拱起现象，局部有起皮露骨、断板现象。经释明，凉州区交通局等均未对工程质量瑕疵问题提起质量鉴定，亦未对上述质量瑕疵问题的修复费用进行主张。故本案工程价款参照《施工合同》约定进行处理。金程公司在审理中提供了其自行委托中鼎公司制作的《工程造价编制报告》，对已完成施工内容和未完成施工内容进行了明确，与现场勘查结果基本一致。中鼎公司具有工程造价咨询企业甲级证书，编制人均为注册造价工程师。该编制报告已对未施工部分工程量进行了剔除。《最高人民法院关于民事诉讼证据的若干规定》（以下简称《民事诉讼证据规定》）第二十八条规定，一方当事人自行委托鉴定部门作出的鉴定，另一方当事人有足以反驳的证据证明其鉴定确有错误，申请重新鉴定的，人民法院应予准许。凉州区交通局等虽不认可中鼎公司的《工程造价编制报告》，但经多次释明，均未在指定期间内对《工程造价编制报告》提出明确反驳证据或申请工程造价鉴定，根据《最高人民法院关于适用〈中华人民共和国民事诉讼法〉的解释》第九十条，应视为凉州区交通局等举证不能，故按《工程造价编制报告》认定金程公司已施工部分工程价款为249,028,600元。

最高人民法院二审观点：本案工程未经竣工验收，但已实际投入使用。凉州区交通局提出工程质量抗辩，但未提交证据证明，经一审法院释明亦未申请工程质量鉴定，依据《最高人民法院关于审理建设工程施工合同纠纷案件适用法律问题的解释（二）》第十四条的规定，该局应承担举证不能的法律后果，应视为该局认可本案工程质量。一审法院认定本案工程款付款条件已成就，处理正确，本院予以维持。

法律规定

《民事诉讼法》第六十七条规定，当事人对自己提出的主张，有责任提供证据。当事人及其诉讼代理人因客观原因不能自行收集的证据，或者人民法院认为审理案件需要的证据，人民法院应当调查收集。人民法院应当按照法定程序，全面地、客观地审查核实证据。

《最高人民法院关于适用〈中华人民共和国民事诉讼法〉的解释》（法释〔2022〕11号）第九十条规定，当事人对自己提出的诉讼请求所依据的事实或者反驳对方诉讼请求所依据的事实，应当提供证据加以证明，但法律另有规定的除外。在作出判决前，当事人未能提供证据或者证据不足以证明其事实主张的，由负有举证证明责任的当事人承担不利的后果。

《最高人民法院关于适用〈中华人民共和国民事诉讼法〉的解释》第九十一条规定，人民法院应当依照下列原则确定举证证明责任的承担，但法律另有规定的除外：（一）主张法律关系存在的当事人，应当对产生该法律关系的基本事实承担举证证明责任；（二）主张法律关系变更、消灭或者权利受到妨害的当事人，应当对该法律关系变更、消灭或者权利受到妨害的基本事实承担举证证明责任。

《建工司法解释（一）》第三十二条规定，当事人对工程造价、质量、修复费用等专门性问题有争议，人民法院认为需要鉴定的，应当向负有举证责任的当事人释明。当事人经释明未申请鉴定，虽申请鉴定但未支付鉴定费用或者拒不提供相关材料的，应当承担举证不能的法律后果。一审诉讼中负有举证责任的当事人未申请鉴定，虽申请鉴定但未支付鉴定费用或者拒不提供相关材料，二审诉讼中申请鉴定，人民法院认为确有必要的，应当依照民事诉讼法第一百七十条第一款第三项的规定处理。

律师点评

发包人主张工程质量不符合约定的，根据《民事诉讼法》第六十七条、《最高人民法院关于适用〈中华人民共和国民事诉讼法〉的解释》第九十条和第九十一条规定，应当由发包人对工程质量不符合约定承担举证证明责任；发包人提交的证据不足以证明其主张的，应当由法院释明后，由发包人申请鉴定。江苏省高级人民法院的观点和典型案例中最高人民法院的观点一致。《江苏省高级人民法院民一庭建设工程施工合同纠纷案件司法鉴定操作规程》（已失效）第三十八条规定，发包人主张工程质量不符合合同约定，但提交的证据不足以证明的，应由发包人向人民法院申请鉴定；根据已有证据能够证明质量不符合合同约定，承包人主张并非施工原因导致但提交的证据不足以证明的，应当由承包人申请鉴定。

操作提示

发包人主张工程质量不符合约定，但其提交的证据不足以证明的，应当由发包人申请鉴定。故如果发包人主张工程质量不符合约定，但提交的证据不足以证明其主张的，律师建议发包人申请质量鉴定，否则，应当由发包人承担不利后果即认定工程质量符合约定。

四、现有证据能够证明工程质量不符合约定，承包人主张并非施工原因导致但提交的证据不足以证明的，应由其申请鉴定

关 键 词： 工程质量不合格 非施工原因 申请鉴定 证据不足

问题提出： 在建设工程施工合同履行中，发包人提供的现有证据能够证明案涉工程质量不符合约定，承包人主张并非施工原因导致但提交的证据不足以证明的，应当由谁申请质量鉴定？

案件名称： 中国华冶科工集团有限公司、新疆昆仑钢铁有限公司建设工程施工合同纠纷案件〔1〕

裁判规则： 最高人民法院认为，在建设工程施工合同履行中，发包人提供的现有证据能够证明案涉工程质量不符合约定，承包人主张并非施工原因导致但提交的证据不足以证明的，应当由承包人申请质量鉴定。

案情简介

上诉人（一审原告、反诉被告）：中国华冶科工集团有限公司（以下简称华冶公司）

上诉人（一审被告、反诉原告）：新疆昆仑钢铁有限公司（以下简称昆钢公司）

2012 年 1 月 5 日，昆钢公司（发包人、甲方）与华冶公司（承包人、乙方）签订《系统工程合同》，该合同约定：工程内容为 $630m^3$ 高炉、$120m^2$ 烧结、$10m^2$ 竖窑、厂区公辅及系统配套设施；承包范围为铁 $630m^3$ 高炉、$120m^2$ 烧结、$10m^2$ 竖窑、厂区公辅及系统配套设施的土建、设备、管道、采暖、通风、电气仪表、工艺钢构等全部内容。后双方签订《补充协议书》，约定：经双方一致同意取消 2012 年 1 月 5 日签订的《系统工程合同》内部分设备安装及部分管道、电气仪表工程承包内容（具体以甲方下发的指令单为准）。双方签订的《工程进度协议书》约定，烧结、高炉系统必须在 2013 年 4 月 1 日前联动试车完成，以及在 2013 年 4 月 18 日前全部完工；竖炉系统必须在 2013 年 5 月 5 日前联动试车完成，以及在 2013 年 5 月 20 日前全部完工。

2013 年 4 月 1 日及 2013 年 6 月 2 日，华冶公司对 1#高炉系统工程、

---

〔1〕（2021）最高法民终 304 号。

$105m^2$ 烧结系统工程、$10m^2$ 竖炉系统工程施工完毕后，将实物及图纸向昆钢公司移交，三项系统工程分别包括设备安装、钢结构制作安装、管道安装、电气、仪表安装及土建结构施工，载明以上合同内施工内容均按合同、设计图纸、规范标准施工完成，经试车、自动化调试等及实体验收合格，具备建设单位投产前移交条件，监理单位郑州中兴工程监理有限公司、设计单位中钢集团设计研究院有限公司、建设单位昆钢公司于2013年4月1日至2013年6月20日，分别在《单位工程竣工报告》《单位工程交工验收证书》《工程实物交接证书》等交接材料上签字、盖章确认。

2013年4月18日，昆钢公司1#高炉工程投产，此前烧结工程已投产，2013年6月2日竖炉工程投产。

2014年11月22日，华冶公司向昆钢公司移交了结算书7册，图纸会审2册，设计变更3册，工作联系单1册，工程会议纪要1册，签证单3册，综合结算资料1册，共18册。昆钢公司认可收到上述材料。2015年10月27日，华冶公司给昆钢公司复函称，华冶公司承建的铁前炼铁、烧结、竖炉等工程项目于2013年5月全部热负荷试车完成，已经办理工程验收手续及实物交接手续，竣工及结算资料均移交给了昆钢公司等。

2014年3月26日，华冶公司就昆钢公司2014年3月22日提出的工程质量问题回复称，华冶公司将安排人员进行处理。2014年11月17日，《新疆昆仑钢铁厂工程竣工验收纪要》载明，验收部位：竖炉、烧结土建、设备、管道安装；设备、电气、管道的安装工程符合设计要求；土建工程的主体结构存在质量问题主要是冬季施工和抢工期造成的地面、基础回填土夯实不好造成下沉和填充墙抹灰层开裂等缺陷。要求施工单位对影响工程质量的问题在2015年1月24日前整改完毕，于2015年1月31日前申报组织验收。附件载明施工单位依据验收检查存在的质量问题，进行的整改修补：竖炉6处，烧结厂13处。该附件分别由施工单位华冶公司、监理单位郑州中兴工程监理有限公司、建设单位昆钢公司人员签字。2014年11月18日的《新疆昆仑钢铁厂工程竣工验收纪要》附件载明，施工单位依据验收检查存在的质量问题，进行整改修补的部位有13处。2014年12月4日，由华冶公司武某与昆钢公司施某佺双方签字确认的关于新疆昆仑钢铁工程竣工验收纪要的回复中，提出整改意见，载明烧结、高炉、竖炉部分的质量问题及处理意见。2015年7月30日，华冶公司针对昆钢公司来函提出的工程质量问题回复称，华冶公司将派人进行维修处理等。2015 年 12 月 7 日，华冶公司给昆钢公司的回函中载明，2015 年 7 月下旬已派人对存在质量缺陷的部位进行了处理，未及之处委托昆钢公司进行处理，对于发生费用华冶公司认可后从未支付的工程款中扣除；华冶公司于 2014 年 11 月将结算资料报给昆钢公司，双方从 2014 年 12 月开始核对工程量，至回函时只核对完高炉系统钢结构和部分烧结系统钢结构，其他部分均未展开，设备管道电气直到 2015 年 10 月才开始审核工作。华冶公司催促昆钢公司尽快完成工程结算审核工作，按合同约定比例支付剩余工程款。昆钢公司 2015 年 12 月 28 日复函称，华冶公司 2015 年 7 月下旬派人对存在质量缺陷的部分部位进行了处理，但未标明所修复的工程部位，且未组织对该批整改、修复的部分工程是否合格进行双方验收；华冶公司提供工程结算资料不完整，复印件多，变更及隐蔽签证手续不满足审核要求，要求华冶公司做好工程整改、修复、工程结算双方核对等工作。

合同约定的施工内容为 630m^3 高炉、120m^2 烧结、10m^2 竖窑，双方认可实际施工的是 1#高炉系统工程、105m^2 烧结系统工程、10m^2 竖炉系统工程。双方认可已付工程款为 85, 018, 161. 06 元。

2016 年 8 月 24 日，昆钢公司申请对华冶公司施工工程质量是否符合和达到合同约定进行鉴定，申请鉴定项目包括主体结构和地基基础工程 16 项，屋面防水工程 3 项；对施工质量不合格造成的工程整改、加固、修复等费用进行鉴定。

2017 年 3 月 9 日，一审法院在双方当事人参与的情况下，通过摇号的方式确定工程质量鉴定人为新疆维吾尔自治区司法鉴定科学技术研究所司法鉴定中心（以下简称司法鉴定所），双方对于选定鉴定人的程序和鉴定人无异议。

2017 年 5 月 12 日，一审法院向司法鉴定所出具（2016）兵法委字第 005 号—2 号《鉴定委托函》，委托司法鉴定所：（1）对华冶公司施工工程质量是否符合和达到合同约定要求进行工程质量鉴定；（2）对华冶公司如施工工程质量不合格等造成的工程整改、加固、修复费用进行鉴定。

2017 年 12 月 30 日，司法鉴定所作出新司鉴所司鉴字（2017）第 174 号《鉴定意见书》，鉴定意见为华冶公司所施工的工程存在的质量问题及修复方案 20 处（项）；修复费用为 5, 048, 083. 03 元。

判决结果

一审判决：华冶公司支付昆钢公司维修费用 4, 943, 211. 28 元，于本判决生效后 10 日内付清。

最高人民法院二审判决：维持一审该项判决。

各方观点

华冶公司观点：一审法院对工程质量维修费用认定有误。（1）工程维修费用应由责任方承担，而质量鉴定意见书并未认定责任方，相关费用不应全部由华冶公司承担。（2）即使认定由华冶公司承担维修责任，维修范围和费用亦应仅限于地基基础和主体结构。（3）部分质量缺陷显系昆钢公司自身原因所致，相应维修费用应由其自行承担。

昆钢公司观点：（1）案涉工程质量问题依法应由华冶公司承担责任。案涉工程存在多处质量问题，相关质量问题在华冶公司施工时已存在，且 2016 年昆钢公司即已对相关质量问题进行了公证，并非由昆钢公司使用多年后才产生质量问题。在本案诉讼发生之前，华冶公司均认可相关案涉工程质量问题系其施工行为造成，但在进入本案诉讼程序后，华冶公司却以质量问题原因无法核实为由，否认案涉工程质量问题系其所造成与事实不符。此外，华冶公司主张相关工程质量问题系昆钢公司自身原因所致，其所提供的证据亦不足以证实其上述主张。（2）关于华冶公司承担维修责任及维修费用的范围。《建筑工程施工质量验收统一标准》（GB50300—2001，已失效）已对建筑工程的分部工程、分项工程专门作了明确划分，且在地基与基础的分部工程中明确列明了地下防水。可见，地下防水应属于地基与基础工程组成部分，华冶公司主张地下防水不属于地基与基础工程缺乏依据。综上，地下防水属于地基与基础工程，案涉地下防水工程维修费用应由华冶公司承担。

法院观点

一审法院观点：本案工程质量是否符合合同约定，应否承担维修费用。通过查明的事实可知，华冶公司施工的工程部分部位存在质量问题，未达到合同约定标准及要求，双方的来往函件亦证实工程存在质量缺陷，华冶公司亦认可。华冶公司关于冲渣池立柱不均匀沉降、地坪下沉、墙体抹灰层开裂、屋面防水保护层开裂等部分工程质量问题非其施工行为导致，系昆钢公司变更原施工设计、强行要求冬季施工和赶工期等原因造成，其所提意见证据不足。

《建筑法》第五十八条第一款规定："建筑施工企业对工程的施工质量负责。"《合同法》第二百八十一条规定："因施工人的原因致使建设工程质量不符合约定的，发包人有权要求施工人在合理期限内无偿修理或者返工、改建。经过修理或者返工、改建后，造成逾期交付的，施工人应当承担违约责任。"合同约定，承包人向发包人承诺按照合同约定施工、竣工并在质量保修期内承担质量保修责任。通用条款第15.1条约定，工程质量应当达到协议书约定的质量标准，质量标准的评定以国家或行业的质量检验评定标准为依据。因承包人原因致使工程质量达不到约定的质量标准的，承包人承担违约责任。第15.2条约定，双方对工程质量有争议的，由双方同意的工程质量检测机构鉴定，所需费用及因此造成的损失，由责任方承担；双方均有责任的，由双方根据其责任分别承担。华冶公司该项主张不符合相关法律规定和合同约定，不予采纳。

经鉴定并核算，华冶公司施工的工程地基基础工程和主体结构，以及屋面防水存在工程质量问题，需要维修的费用为4,943,211.28元。根据《最高人民法院关于审理建设工程施工合同纠纷案件适用法律问题的解释》第十三条关于"建设工程未经竣工验收，发包人擅自使用后，又以使用部分质量不符合约定为由主张权利的，不予支持；但是承包人应当在建设工程的合理使用寿命内对地基基础工程和主体结构质量承担民事责任"的规定，华冶公司应当承担维修费用4,943,211.28元。

最高人民法院二审观点：案涉部分工程存在质量问题，未达到合同约定标准及要求，双方当事人的来往函件亦证实工程存在质量缺陷。华冶公司主张冲渣池立柱不均匀沉降、地坪下沉、墙体抹灰层开裂、屋面防水保护层开裂等部分工程质量问题非其施工行为导致，系昆钢公司变更原施工设计、强行要求冬季施工和赶工期等原因造成，但未能提交证据予以证明，故本院不予采信。经鉴定人鉴定并核算，华冶公司施工的工程地基基础工程和主体结构以及屋面防水存在工程质量问题，需要维修的费用为4,943,211.28元，华冶公司应当承担。

法律规定

《民事诉讼法》第六十七条规定，当事人对自己提出的主张，有责任提供证据。当事人及其诉讼代理人因客观原因不能自行收集的证据，或者人民法院认为审理案件需要的证据，人民法院应当调查收集。人民法院应当按照法定程序，全面地、客观地审查核实证据。

《最高人民法院关于适用〈中华人民共和国民事诉讼法〉的解释》（法释〔2022〕11号）第九十条规定，当事人对自己提出的诉讼请求所依据的事实或者反驳对方诉讼请求所依据的事实，应当提供证据加以证明，但法律另有规定的除外。在作出判决前，当事人未能提供证据或者证据不足以证明其事实主张的，由负有举证证明责任的当事人承担不利的后果。

《最高人民法院关于适用〈中华人民共和国民事诉讼法〉的解释》第九十一条规定，人民法院应当依照下列原则确定举证证明责任的承担，但法律另有规定的除外：（一）主张法律关系存在的当事人，应当对产生该法律关系的基本事实承担举证证明责任；（二）主张法律关系变更、消灭或者权利受到妨害的当事人，应当对该法律关系变更、消灭或者权利受到妨害的基本事实承担举证证明责任。

《建工司法解释（一）》第三十二条规定，当事人对工程造价、质量、修复费用等专门性问题有争议，人民法院认为需要鉴定的，应当向负有举证责任的当事人释明。当事人经释明未申请鉴定，虽申请鉴定但未支付鉴定费用或者拒不提供相关材料的，应当承担举证不能的法律后果。一审诉讼中负有举证责任的当事人未申请鉴定，虽申请鉴定但未支付鉴定费用或者拒不提供相关材料，二审诉讼中申请鉴定，人民法院认为确有必要的，应当依照民事诉讼法第一百七十条第一款第三项的规定处理。

律师点评

现有证据能够证明工程质量不符合约定，承包人主张并非施工原因导致的，根据《民事诉讼法》第六十七条、《最高人民法院关于适用〈中华人民共和国民事诉讼法〉的解释》第九十条和第九十一条规定，应当由承包人对并非施工原因导致工程质量不符合约定承担举证证明责任；承包人提交的证据不足以证明其主张的，应当由法院释明后，由承包人申请鉴定。江苏省高级人民法院亦持有该观点。《江苏省高级人民法院民一庭建设工程施工合同纠纷案件司法鉴定操作规程》（已失效）第三十八条规定，发包人主张工程质量不符合合同约定，但提交的证据不足以证明的，应由发包人向人民法院申请鉴定；根据已有证据能够证明质量不符合合同约定，承包人主张并非施工原因导致但提交的证据不足以证明的，应当由承包人申请鉴定。

操作提示

现有证据能够证明工程质量不符合约定，承包人主张并非施工原因导致但提交的证据不足以证明的，应由承包人申请鉴定。故如果现有证据能够证明工程质量不符合约定，承包人主张并非施工原因导致但提交的证据不足以证明的，律师建议承包人申请质量鉴定，否则，应当由承包人承担不利后果，即认定系施工原因导致工程质量不符合约定。

五、工程造价咨询企业超越资质等级作出的鉴定意见并非当然无效

关 键 词： 资质等级　鉴定意见　无效

问题提出： 在工程造价咨询企业资质取消前，工程造价咨询企业超越资质等级作出鉴定意见的，该鉴定意见能否作为认定案涉工程价款的依据？

案件名称： 安徽同聚祥实业有限公司、安徽梅龙建设集团有限公司建设工程施工合同纠纷案件[1]

裁判规则： 最高人民法院认为，在工程造价咨询企业资质取消前，工程造价咨询企业超越资质等级作出鉴定意见的，该鉴定意见并非当然无效。

案情简介

再审申请人（一审被告、二审上诉人）：安徽同聚祥实业有限公司（以下简称同聚祥公司）

---

〔1〕（2019）最高法民申 1242 号。

被申请人（一审原告、二审被上诉人）：安徽梅龙建设集团有限公司（以下简称梅龙公司）

2012年11月21日，经过工程招投标程序，同聚祥公司与梅龙公司签订一份《建设工程施工合同》，同聚祥公司将位于池州江南集中区大别山路交叉口东北角的1—8#标准化厂房、9—11#宿舍楼、12#综合服务楼、13#办公楼、14#研发楼等的土建、装饰及安装工程发包给梅龙公司承建。

2013年3月20日，同聚祥公司与梅龙公司又签订一份《协议书》，约定双方如有违约，除赔偿给对方造成的全部损失外，另承担违约总额30%的违约责任。

合同签订后，梅龙公司依约开始施工。后双方因工程款的支付产生争议，2015年7月22日，梅龙公司向一审法院提起诉讼，诉请同聚祥公司支付工程款。2015年8月31日，经管委会协调，双方达成一致意见并形成会议纪要。和解协议签订后，梅龙公司撤回起诉。此后，梅龙公司按约于2016年1月完成了1—8#楼的竣工验收，9—14#楼也经预验收后交付同聚祥公司，但同聚祥公司并未按约支付工程款，故梅龙公司再次诉至法院，请求判如所请。

一审过程中，经梅龙公司申请，一审法院委托安徽辰宇建设工程项目管理有限公司（以下简称辰宇公司）对案涉工程造价进行鉴定。鉴定单位于2017年5月9日出具鉴定意见书。同聚祥公司已支付梅龙公司工程款5005万元。

一审法院另查明：梅龙公司原名安徽省池州梅龙建筑（集团）有限公司，2015年9月2日变更为梅龙公司，建筑企业施工资质系建筑工程施工总承包一级。

判决结果

一审判决：辰宇公司超越鉴定资质作出的工程造价鉴定意见可以作为认定案涉工程价款的依据。

二审判决：维持一审该项判决。

最高人民法院裁定：维持二审判决，驳回再审申请。

各方观点

同聚祥公司观点：辰宇公司超越鉴定资质作出的工程造价鉴定意见，不能作为认定案件事实的依据。上述鉴定意见加盖的资质章已经过期，并且没有附鉴定机构和鉴定人员的资质证书。同聚祥公司也一直就辰宇公司超越资质等级出具鉴定意见提出异议。根据《工程造价咨询企业管理办法》第十九条的规定，辰宇公司作为具有乙级资质的工程造价咨询企业，只能从事工程造价 5000 万元以下的工程造价咨询业务。辰宇公司超越其资质等级的许可范围对案涉工程出具鉴定意见，不但违反了相关行政管理规定，也违反了相关法律的强制性规定和司法解释的规定，应属无效的鉴定意见，不能作为认定案件事实的依据。

梅龙公司观点：同聚祥公司关于辰宇公司出具的鉴定意见不能作为认定案件事实依据的主张不能成立。本案的司法鉴定程序合法有效。辰宇公司是经过一审法院审核、筛选，二审法院同意备选的专业机构，具备相应的司法造价鉴定资质。按照管理规定，辰宇公司的资质章每三年核准一次，2017 年 4 月 1 日至 5 月 14 日虽不在资质章的有效期内，但该期间属于行政机关核准资质延期的正常预备时间。辰宇公司从 2016 年 8 月接受法院委托至 2017 年 5 月 9 日出具鉴定意见书，均属于在鉴定资质章有效期内进行的鉴定活动，不存在资质章过期事实。辰宇公司虽为乙级资质，但鉴定人员均持有注册造价工程师证书，具备鉴定本案工程造价的资质。《工程造价咨询企业管理办法》系部门规章，属于管理性规范文件。在适用该办法第三十八条关于“超越资质等级承接工程造价咨询业务的，出具的工程造价成果文件无效”的规定认定鉴定意见效力时，应当结合具体情况作出判断。辰宇公司就案涉工程造价鉴定进行了组织听证、现场勘查、出具鉴定意见、接受法庭质询、解答当事人异议等一系列鉴定活动。这足以证明辰宇公司出具的鉴定意见遵循客观事实，符合法律规定，可以作为认定案件事实的依据。

法院观点

一审法院观点：经审查，辰宇公司是经一审法院审核、筛选并报批准进入鉴定人目录范围内的鉴定单位，具备相应的司法造价鉴定资质，其出具的司法鉴定意见合法有效。最高人民法院在（2014）民一终字第 72 号民事判决中，明确《工程造价咨询企业管理办法》是原建设部的部颁规章，属于管理性规范，不能作为评判鉴定意见效力的依据。在本案鉴定过程中，鉴定单位依法举行了听证，进行了现场勘验，并出具鉴定意见初稿，在充分听取双方的鉴定异议后，最终定稿并出庭接受质询，对双方当庭提出的异议再次复核后给予合理答复。故本案鉴定程序合法，依据充分，双方虽仍有异议，但未提供足以反驳的证据和理由，故对鉴定意见予以确认，同聚祥公司关于鉴定意见不具备合法性的抗辩理由不能成立，不予采纳。

二审法院观点：经查，鉴定人员具备从事鉴定工作的资质，但案涉鉴定单位确属乙级资质。从本案鉴定过程看，案涉鉴定意见系鉴定单位依据双方提供的证据材料及现场勘验情况等出具的，双方对鉴定意见进行了质证，并提出异议，鉴定单位对双方的异议也予以了解答。二审期间，鉴定单位对同聚祥公司上诉提出的鉴定异议，再次组织双方进行现场勘验，并进行了补充鉴定，出具了补充鉴定意见。双方对所出具的补充鉴定意见也发表了质证意见。至此，同聚祥公司对案涉鉴定单位资质已不持异议，且鉴定单位出具的鉴定意见符合客观事实。因此，鉴定单位出具的鉴定意见可以作为定案依据，本院予以确认。

最高人民法院观点：同聚祥公司申请再审称，根据《工程造价咨询企业管理办法》第十九条的规定，辰宇公司作为具有乙级资质的工程造价咨询企业，只能从事工程造价 5000 万元以下的工程造价咨询业务。而根据《工程造价咨询企业管理办法》第三十八条的规定，超越资质等级承接工程造价咨询业务的，出具的工程造价成果文件无效。可见，同聚祥公司对于辰宇公司具有乙级资质、有能力对工程造价进行鉴定不持异议，只是对辰宇公司能否就 5000 万元以上的工程造价进行鉴定存在异议。鉴于在鉴定机构作出工程造价鉴定结论之前案涉工程造价的确切数额并不确定，同聚祥公司认可辰宇公司是具有乙级资质的工程造价咨询企业，《工程造价咨询企业管理办法》系部门规章，不能仅因《工程造价咨询企业管理办法》第三十八条规定而否定案涉鉴定意见的合法性。一审期间，鉴定机构辰宇公司依法举行了听证，进行了现场勘验，并出具鉴定意见初稿，在充分听取双方当事人对鉴定意见初稿提出的异议后，最终定稿并出庭接受质询，对当事人当庭提出的异议再次复核后给予合理答复。二审期间，辰宇公司针对同聚祥公司提出的异议对案涉工程进行了两次补充鉴定，辰宇公司会同双方当事人对现场进行勘验，并出具了补充鉴定意见。综合全案情况，二审判决将辰宇公司作出的工程造价鉴定意见作为认定本案事实的依据是适当的。

法律规定

《民事诉讼证据规定》第四十条规定，当事人申请重新鉴定，存在下列情形之一的，人民法院应当准许：（一）鉴定人不具备相应资格的；（二）鉴定程序严重违法的；（三）鉴定意见明显依据不足的；（四）鉴定意见不能作为证据使用的其他情形。存在前款第一项至第三项情形的，鉴定人已经收取的鉴定费用应当退还。拒不退还的，依照本规定第八十一条第二款的规定处理。对鉴定意见的瑕疵，可以通过补正、补充鉴定或者补充质证、重新质证等方法解决的，人民法院不予准许重新鉴定的申请。重新鉴定的，原鉴定意见不得作为认定案件事实的根据。

《工程造价咨询企业管理办法》第十九条规定，工程造价咨询企业依法从事工程造价咨询活动，不受行政区域限制。甲级工程造价咨询企业可以从事各类建设项目的工程造价咨询业务。乙级工程造价咨询企业可以从事工程造价2亿元人民币以下各类建设项目的工程造价咨询业务。

《工程造价咨询企业管理办法》第三十六条规定，未取得工程造价咨询企业资质从事工程造价咨询活动或者超越资质等级承接工程造价咨询业务的，出具的工程造价成果文件无效，由县级以上地方人民政府住房城乡建设主管部门或者有关专业部门给予警告，责令限期改正，并处以1万元以上3万元以下的罚款。

律师点评

依据《工程造价咨询企业管理办法》第十九条规定，工程造价咨询企业分为甲级和乙级两个级别；依据前述规定，甲级工程造价咨询企业不存在超越资质等级作出鉴定的情况，乙级工程造价咨询企业存在超越资质等级作出鉴定的情况。依据《工程造价咨询企业管理办法》第三十六条规定，乙级工程造价咨询企业超越资质等级作出的鉴定意见无效。但是，最高人民法院认为，《工程造价咨询企业管理办法》系部门规章，鉴定意见不能仅因违反部门规章的规定而无效；鉴定意见能否作为认定案件事实的依据关键要看该鉴定意见是否存在《民事诉讼证据规定》第四十条第一款规定的应当重新鉴定的情形；且自2021年7月1日起，住房和城乡建设主管部门停止工程造价咨询企业资质审批，工程造价咨询企业按照其营业执照范围开展业务。

操作提示

自2021年7月1日起，住房和城乡建设主管部门停止工程造价咨询企业资质审批，工程造价咨询企业超越资质等级作出鉴定意见的现象逐渐减少直至消失；但是，在2021年7月1日前，仍然可能会出现工程造价咨询企业超越资质等级作出鉴定意见的问题。工程造价咨询企业超越资质等级作出的鉴定意见并非当然无效，故律师建议，发承包双方不能仅以该鉴定意见违反部门规章的规定为由主张鉴定意见无效，还应当主要关注该鉴定意见是否存在《民事诉讼证据规定》第四十条第一款规定的应当重新鉴定的情形。

六、鉴定机构对地下车库、人防工程面积进行现场勘验的，无须测绘资质

关 键 词： 地下车库　人防工程　现场勘验　测绘资质

问题提出： 在建设工程施工合同履行中，发承包双方就工程价款结算发生纠纷后，裁判者准许通过司法鉴定确定案涉工程价款，在鉴定过程中，鉴定机构需要对案涉地下车库、人防工程面积进行现场勘验的，鉴定机构是否需要取得测绘资质？

案件名称： 河南天河建设工程有限公司、河南聚尔溢实业有限公司建设工程施工合同纠纷案件〔1〕

裁判规则： 最高人民法院认为，鉴定机构在鉴定过程中需要对案涉地下车库、人防工程面积进行现场勘验的，无须取得测绘资质。

---

〔1〕（2019）最高法民申5682号。

案情简介

再审申请人（一审原告、反诉被告，二审上诉人）：河南天河建设工程有限公司（以下简称天河公司）

再审申请人（一审被告、反诉原告，二审上诉人）：河南聚尔溢实业有限公司（以下简称聚尔溢公司）

2013年9月29日，聚尔溢公司（发包人）与天河公司（承包人）签订《建设工程施工合同》。合同约定：工程名称为鑫源·御香山一期工程；工程内容为2#、6#楼；工程承包范围为2#、6#楼施工图纸范围内的全部内容，包含建筑装修、水、电（含弱电）、暖通（暖通管道入户，室内部分由聚尔溢公司负责）、消防等。2014年10月17日，聚尔溢公司、天河公司与宏图公司签订《补充协议》，天河公司将2#楼69轴外墙以东全部工程转让给宏图公司，价款为224,617元，聚尔溢公司、天河公司之间的合同价款相应调整。据此，双方当事人之间上述《建设工程施工合同》的签约合同价调整为44,575,532.11元（44,800,149.11元－224,617元）。2014年10月10日，聚尔溢公司（发包人）与天河公司（承包人）签订《建设工程施工合同（Ⅱ标补充协议地下车库）》。合同约定：工程名称为鑫源·御香山一期工程。工程内容为地下车库19轴人防工程以东至33轴以西2.5m及2.4m处（非人防工程车库），以工程部划分的标段为分割线。工程承包范围为19轴人防工程以东至33轴以西2.5m处地下车库非人防部分施工图纸范围内的全部内容，包含结施、建施、水、电（含弱电）、暖通（不含锅炉）、消防等。2014年11月1日，聚尔溢公司（发包人）与天河公司（承包人）签订《建设工程施工合同（Ⅱ标补充人防地下室）》。合同约定：工程名称为鑫源·御香山一期工程。工程内容为16轴西1800mm处至22轴人防工程。

上述合同签订后，天河公司开始进行施工，聚尔溢公司也支付了部分工程进度款，但双方当事人存在未按合同约定及时足额支付工程进度款、未按合同约定完成施工进度等情形，导致工程进度和工期拖延。为解决合同履行过程中出现的问题，2015年3月25日，双方签订《关于御香山Ⅰ、Ⅱ标段后期付款说明》，该付款说明叙明，鉴于御香山项目Ⅰ、Ⅱ标段施工合同对付款节点约定不详，本着公平、合作、共赢原则对项目后期付款进行细化。后双方仍未能按照约定完成工程进度和工程进度款支付。为解决合同履行过程中多次出现的当事人履行义务不到位等问题，经协商，双方当事人又相继签订多份补充协议，在之前工作的基础上，对工程进度款支付和工程进度（工期）作出新的约定和安排。2015 年 6 月 12 日，聚尔溢公司、天河公司及监理公司三方参与形成《关于御香山项目竣工前工作安排会议纪要》。2015 年 12 月 9 日，聚尔溢公司和天河公司双方签订《御香山一期二标预付款支付协议》。2016 年 2 月 4 日，双方签订《鑫源・御香山Ⅱ标段工程款支付办法》。经过各方当事人的工作和努力，2016 年 7 月 1 日，鑫源・御香山一期工程 2#楼、6#楼、地下车库人防地下室工程完工，天河公司向聚尔溢公司递交了工程竣工报告；同日，聚尔溢公司负责人在该竣工报告上签名并加盖该公司印章。2016 年 8 月 30 日，上述工程通过设计、勘察、建设、监理、施工单位竣工验收，验收结论为：（1）工程外观质量达到设计及规范要求，合格；（2）工程实体质量合格；（3）工程资料基本符合要求。其间，天河公司将上述工程交付聚尔溢公司。至 2016 年 10 月 21 日，聚尔溢公司共实际向天河公司支付工程进度款 44, 364, 958. 5 元，另扣除天河公司电费 365, 490 元（天河公司向聚尔溢公司出具的工程款收据含该款）；2014 年 1 月 8 日、4 月 28 日，聚尔溢公司分别返还天河公司履约保证金 51 万元、49 万元，共计 100 万元。

诉讼过程中，双方当事人均认可涉案建设工程施工合同约定有固定价，按图纸施工工程款就是合同约定的固定价。经双方沟通，由聚尔溢公司申请对涉案工程变更部分和需维修项目进行工程造价鉴定，天河公司同意进行该鉴定。一审法院依法委托河南金鼎工程咨询有限公司（以下简称金鼎公司）进行鉴定。2017 年 9 月 5 日、10 月 12 日，金鼎公司分别作出河南金鼎［2017］工程造价审字第 133 号、第 133—1 号鑫源・御香山一期工程Ⅱ标段 2#楼、6#楼及地下停车场（含人防工程）工程造价鉴定意见书、补充鉴定意见书。

上述鉴定意见作出后，经征求当事人意见，聚尔溢公司不再申请对涉案工程需维修项目工程造价进行鉴定，天河公司亦不申请进行该鉴定。

判决结果

一审判决：鉴定机构对案涉工程地下车库、人防工程进行勘验形成的鉴定意见可以作为认定案涉工程价款的依据。

二审判决：维持一审该项判决。

最高人民法院裁定：维持二审判决，驳回再审申请。

各方观点

天河公司观点：在河南省汝州市人民法院（2019）豫0482民初4294号案件中，该院根据聚尔溢公司的申请，委托河南正达房地产评估测绘咨询有限公司（以下简称正达公司）对汝州市鑫源·御香山Ⅱ标补充人防地下车库面积进行测绘，测绘的面积1812.71m^2与实际结算的面积1813.93m^2（金鼎公司审计结果为1802m^2）基本相符，由此证明金鼎公司鉴定结果符合法律规定。

聚尔溢公司观点：本案司法鉴定机构不具备房地产测绘资质，其认定的地下车库、人防工程实际施工面积与事实不符，严重违法。第一，本案工程造价鉴定机构金鼎公司仅有工程造价咨询企业资质，不具备测绘资质。第二，根据另案中河南省汝州市人民法院委托正达公司对汝州市鑫源·御香山Ⅱ标补充人防地下车库面积的测绘结果，地下车库面积为152,304m^2，实际应支付的价款为2,711,011.2元，而本案司法鉴定补充意见书确认的人防车库合同造价为3,207,560元，地下车库造价为6,788,100元，均高于合同约定价格，缺乏依据，不应作为定案证据使用。

法院观点

一审法院观点：本案诉讼过程中，经双方沟通，由聚尔溢公司申请对涉案工程变更部分和需维修项目进行工程造价鉴定，天河公司同意进行该鉴定，一审法院依法委托金鼎公司进行鉴定，该公司作出河南金鼎［2017］工程造价审字第133号、第133—1号鑫源·御香山一期工程Ⅱ标段2#楼、6#楼及地下停车场（含人防工程）工程造价鉴定意见书、补充鉴定意见书，最终鉴定意见为涉案工程原合同价（含补充协议）为54,571,192.11元，变更部分工程造价共计2,616,222.93元，包括变更部分工程造价在内的工程总造价为57,187,415.04元。该鉴定机构和鉴定人员具备相应的鉴定资格，鉴定程序合法，且鉴定人出庭作证，接受了当事人质询。天河公司和聚尔溢公司虽对该鉴定意见部分内容持有异议，但并未举出足以反驳的相反证据，该鉴定意见依法可以作为认定涉案工程总造价的依据，一审法院予以采信。

二审法院观点：（1）关于地下车库的合同造价，双方在《建设工程施工合同》中约定签约合同价为6,764,895元，合同价格形式为固定总价合同1700元/m^2（按图纸以实际面积计算）。（2）关于人防地下室合同造价，双方在《建设工程施工合同》中约定签约合同价为3,204,000元，合同价格形式为固定单价合同1780元/m^2（按图纸以实际面积计算）。对以上两项工程，双方虽然约定有签约合同价，但同时对每平方米的单价也作出了约定，并特别约定“按图纸以实际面积计算”，据此，金鼎公司在鉴定时对该两部分工程的合同价款根据实际施工面积予以调整符合合同约定。

最高人民法院观点：首先，依据中国建设工程造价管理协会发布的《建设工程造价鉴定规程》第5.2.1条关于“根据项目鉴定工作需要，鉴定机构可组织当事人对被鉴定的标的物进行现场勘验”的规定可知，鉴定机构根据鉴定需要可以对地下车库、人防工程面积进行现场勘验，而无须专门的测绘资质。其次，聚尔溢公司与天河公司签订的《建设工程施工合同（Ⅱ标补充协议地下车库）》和《建设工程施工合同（Ⅱ标补充人防地下室）》均约定了固定单价，并约定按图纸以实际面积计算，因此金鼎公司在鉴定时对该两部分工程的合同造价根据实际施工面积予以调整符合合同约定。最后，聚尔溢公司主张另案中法院委托的鉴定机构正达公司对补充人防地下车库面积的测绘结果为1523.04m^2，与金鼎公司测算面积不一致。经查，正达公司出具的《测绘成果报告》中补充人防地下车库及周边部分测绘面积为1812.71m^2，与天河公司一审提交的经聚尔溢公司相关人员确认同意付款的2015年2月10日《汝州市鑫源·御香山工程款支付申请表》中确认的人防地下车库面积1813.93m^2相差无几，与金鼎公司测算的1802m^2亦大体相当。故二审判决依据金鼎公司对该部分面积的测算结果认定工程价款，并无不妥。

法律规定

《测绘法》第二条规定，在中华人民共和国领域和中华人民共和国管辖的其他海域从事测绘活动，应当遵守本法。本法所称测绘，是指对自然地理要素或者地表人工设施的形状、大小、空间位置及其属性等进行测定、采集、表述，以及对获取的数据、信息、成果进行处理和提供的活动。

《测绘法》第二十七条规定，国家对从事测绘活动的单位实行测绘资质管理制度。从事测绘活动的单位应当具备下列条件，并依法取得相应等级的测绘资质证书，方可从事测绘活动：（一）有法人资格；（二）有与从事的测绘活动相适应的专业技术人员；（三）有与从事的测绘活动相适应的技术装备和设施；（四）有健全的技术和质量保证体系、安全保障措施、信息安全保密管理制度以及测绘成果和资料档案管理制度。

《测绘法》第二十八条规定，国务院测绘地理信息主管部门和省、自治区、直辖市人民政府测绘地理信息主管部门按照各自的职责负责测绘资质审查、发放测绘资质证书。具体办法由国务院测绘地理信息主管部门商国务院其他有关部门规定。军队测绘部门负责军事测绘单位的测绘资质审查。

《测绘法》第二十九条规定，测绘单位不得超越资质等级许可的范围从事测绘活动，不得以其他测绘单位的名义从事测绘活动，不得允许其他单位以本单位的名义从事测绘活动。测绘项目实行招投标的，测绘项目的招标单位应当依法在招标公告或者投标邀请书中对测绘单位资质等级作出要求，不得让不具有相应测绘资质等级的单位中标，不得让测绘单位低于测绘成本中标。中标的测绘单位不得向他人转让测绘项目。

《测绘法》第五十五条规定，违反本法规定，未取得测绘资质证书，擅自从事测绘活动的，责令停止违法行为，没收违法所得和测绘成果，并处测绘约定报酬一倍以上二倍以下的罚款；情节严重的，没收测绘工具。以欺骗手段取得测绘资质证书从事测绘活动的，吊销测绘资质证书，没收违法所得和测绘成果，并处测绘约定报酬一倍以上二倍以下的罚款；情节严重的，没收测绘工具。

《测绘法》第五十九条规定，违反本法规定，未取得测绘执业资格，擅自从事测绘活动的，责令停止违法行为，没收违法所得和测绘成果，对其所在单位可以处违法所得二倍以下的罚款；情节严重的，没收测绘工具；造成损失的，依法承担赔偿责任。

《自然资源部办公厅关于印发测绘资质管理办法和测绘资质分类分级标准的通知》（自然资办发〔2021〕43 号，以下简称〔2021〕43 号文）第二条规定，测绘资质分为甲、乙两个等级。测绘资质的专业类别分为大地测量、测绘航空摄影、摄影测量与遥感、工程测量、海洋测绘、界线与不动产测绘、地理信息系统工程、地图编制、导航电子地图制作、互联网地图服务。

〔2021〕43号文附件2专业标准中规定，工程测量专业包括控制测量、地形测量、规划测量、建筑工程测量、变形形变与精密测量、市政工程测量、水利工程测量、线路与桥隧测量、地下管线测量、矿山测量、工程测量监理；界线与不动产测绘专业包括行政区域界线测绘，地籍测绘、房产测绘、海域权属测绘等不动产测绘，不动产测绘监理。

律师点评

依据《测绘法》第二条、第二十七条、第二十八条规定，从事测绘活动应当取得相应的资质等级证书；依据《测绘法》第二十九条规定，相关主体从事测绘活动不能超越测绘资质等级；根据〔2021〕43号文，测绘专业包括工程测量专业和界线与不动产测绘专业，界线与不动产测绘专业包括地籍测绘、房产测绘。按照最高人民法院的观点，鉴定机构在从事工程造价鉴定过程中，根据鉴定需要对地下车库、人防工程面积进行现场勘验的，不属于从事《测绘法》规定的应当取得相应的资质等级证书才能依法从事的测绘活动。

操作提示

鉴定机构对地下车库、人防工程面积进行现场勘验的，不需要测绘资质。故如果鉴定机构在从事工程造价鉴定过程中，需要对地下车库、人防工程面积进行现场勘验，律师建议，发承包双方不能仅以鉴定机构不具备测绘资质而主张相关鉴定意见不能作为认定案件事实的依据，发承包双方应当主要关注鉴定意见是否存在《民事诉讼证据规定》第四十条第一款规定的应当重新鉴定的情形。

七、取得工程造价评估资格的机构具备工程造价司法鉴定资质

关 键 词： 工程造价评估资格　鉴定资质　工程造价

问题提出： 发承包双方在建设工程施工合同履行中，因工程价款结算发生纠纷后，共同选择取得工程造价评估资格的机构作为鉴定机构进行工程造价鉴定

的，该鉴定机构是否具有工程造价司法鉴定资质呢？

案件名称： 浦城县万达置业有限公司建设工程施工合同纠纷案件[1]

裁判规则： 最高人民法院认为，发承包双方在建设工程施工合同履行中，因工程价款结算发生纠纷后，共同选择取得工程造价评估资格的机构作为鉴定机构进行工程造价鉴定的，该鉴定机构具有工程造价司法鉴定资质。

案情简介

再审申请人（一审被告、反诉原告，二审上诉人）：浦城县万达置业有限公司（以下简称浦城万达公司）

被申请人（一审原告、反诉被告，二审被上诉人）：上海世方建筑工程有限公司（以下简称上海世方公司）

2013 年 12 月 5 日，浦城县国土资源局向浦城万达公司颁发了浦城县［2013］浦土偿字第 038 号《建设用地批准书》，将坐落于浦城县梦笔大道与梦笔东路交叉口东南角的浦城县 2010—04 号地块的国有土地拍卖出让给浦城万达公司，土地用途为商服用地。

2014 年 4 月 11 日，浦城万达公司与上海世方公司签订一份《补充合同》，约定：工程名称为华友·梦笔城市广场；总包单位为上海世方公司；工程地点为浦城县梦笔大道；建筑面积约 45, 000 平方米。2014 年 8 月 23 日，浙江恒超工程管理有限公司开具《工程开工令》，开工日期定为 2014 年 8 月 23 日，浦城万达公司的负责人李某金在《工程开工令》上签名，上海世方公司加盖公章。

2014 年 11 月 13 日，浦城县住房保障和城乡规划建设局向浦城万达公司颁发地字第 350722201400010 号建设用地规划许可证及附件，规定：用地单位为浦城万达公司；用地项目名称为华友·梦笔城市广场；用地位置为浦城县梦笔大道与梦笔东路交叉口东南角的浦城县 2010—04 号地块；用地性质为商业用地；用地面积为 14, 048 平方米；建筑面积约 33, 715 平方米；持本证到土地管理部门办理用地手续后，到浦城县住房保障和城乡规划建设局办理建设工程规划许可证，未办理建设工程规划许可证不得动工。

---

[1] （2019）最高法民申 6461 号。

2014年11月12日，浦城万达公司与福建闽才工程造价咨询有限公司签订一份《工程建设项目招标代理协议书》。2014年12月19日，福建闽才工程造价咨询有限公司作为招标代理机构，向上海世方公司发出招标文件编号为闽才招浦字［2014］90号的《中标通知书》，通知：上海世方公司于2014年12月8日所递交的华友·梦笔城市广场工程的投标文件已被招标人浦城万达公司接受，其被确定为中标人，中标价为90,692,888元。次日，浦城万达公司与上海世方公司签订一份编号为PCHY［2014］－08的《建设工程施工合同》，约定：工程名称为华友·梦笔城市广场；工程地点为浦城县梦笔大道；工程规模为总建筑面积约42,789.70平方米。2014年12月22日，浦城万达公司与上海世方公司签订一份《补充协议》，约定：双方于同年12月20日签订的《建设工程施工合同》（合同编号为PCHY［2014］－08），仅作工程施工备案用途，不作为双方的实际履行合同条款，对双方无任何法律约束力，双方均不得以此施工合同向对方要求相关权利与义务等。

2015年1月4日，浦城万达公司作为建设单位，上海世方公司作为施工单位，共同向浦城县住房保障和城乡规划建设局申报备案华友·梦笔城市广场项目施工合同。2015年3月17日，浦城县规划建设和旅游局作出浦建规［2015］04号《关于同意浦城县2010—04#地（华友－梦笔城市广场）建设的规划批复》，同意华友·梦笔城市广场项目的建设。2015年3月19日，浦城县规划建设和旅游局颁发编号为352124201503190101的建筑工程施工许可证，建设单位为浦城万达公司，工程名称为华友·梦笔城市广场，建设地址为梦笔大道南侧与梦笔大道东侧交汇处，合同价格为9069万元，施工单位为上海世方公司，监理单位为浙江恒超工程管理有限公司，合同开工日期为2015年3月20日，合同竣工日期为2016年5月20日。2015年3月20日，施工单位上海世方公司和监理单位浙江恒超工程管理有限公司盖章确认的《开工报告》，确认华友·梦笔城市广场的开工日期为2015年3月20日。上海世方公司依约进场施工。

浦城万达公司于2015年9月28日向上海世方公司发出解除《补充合同》的律师函。

上海世方公司于2016年4月12日向一审法院申请对其承建的华友·梦笔城市广场项目已完成工程量、总造价和停工期间产生的全部损失进行鉴定。一审法院依法委托厦门鼎力资产评估有限公司（以下简称厦门鼎力公司）和福建天泽司法鉴定所（以下简称天泽司法鉴定所）对上海世方公司承建的华友·梦笔城市广场已完成工程量、工程价款和工程停工期间产生的全部损失、延期开工产生的全部停窝工损失和开工后产生的全部停窝工损失进行评估、鉴定。厦门鼎力公司于2016年11月18日作出鼎评报字（2016）第11号《评估报告》。浦城万达公司申请对华友·梦笔城市广场项目建筑工程中钢筋承载力及混凝土探伤工程质量进行鉴定。一审法院依法委托广州仲恒房屋安全鉴定有限公司对华友·梦笔城市广场项目建筑工程中钢筋承载力及混凝土探伤工程质量进行鉴定。但一审法院通知浦城万达公司预交鉴定费用，浦城万达公司在规定的时间内未预交鉴定费用。另查明，上海世方公司于2016年6月3日拆除华友·梦笔城市广场工程脚手架。上海世方公司因本案申请财产保全，交纳财产保全费5000元。上海世方公司支付给厦门鼎力公司评估费208,837元。上海世方公司支付给天泽司法鉴定所鉴定费159,399元。

判决结果

一审判决：涉案工程价款应以评估价认定为5588.6686万元。

二审判决：驳回上诉，维持原判。

最高人民法院裁定：维持二审判决，驳回再审申请。

各方观点

浦城万达公司观点：工程造价司法鉴定机构应取得工程造价咨询企业资质，但本案一审法院委托的厦门鼎力公司、天泽司法鉴定所均未取得工程造价咨询企业资质，且其鉴定人员并非是注册于该鉴定机构的造价工程师。一审、二审采信该两家鉴定机构出具的鉴定意见，明显错误。

厦门鼎力公司没有鉴定资格，《最高人民法院关于如何认定工程造价从业人员是否同时在两个单位执业问题的答复》明确从事工程造价咨询业务的单位和鉴定人员的执业资质认定由建设行政部门负责。厦门鼎力公司一审提供的《国家发展改革委办公厅关于涉案物品价格鉴定资格问题的复函》已于2016年1月1日被废止。厦门鼎力公司所谓评估资质的审批机关是厦门市发展和改革委员会，而不是建设行政主管部门。厦门鼎力公司出具的是价格评估机构资质证书，而并非工程造价咨询甲级或者乙级资质企业的资质证书，其颁发部门为厦门市发展和改革委员会，而并非住房和城乡建设部门。综上，厦门鼎力公司不具有工程造价鉴定资格。

上海世方公司观点：一审判决认定事实清楚，适用法律正确，浦城万达公司的上诉理由无事实及法律依据，依法应当驳回其上诉并维持原判。关于已完成工程量造价的鉴定机构及损失的鉴定机构均系一审法院依法通过摇号方式确定的具备资质的鉴定机构，鉴定程序合法有效，鉴定结论客观公正。

法院观点

一审法院观点：一审法院依法委托厦门鼎力公司对涉案工程已完成工程量造价进行评估的结论为5588.6686万元。虽然浦城万达公司对鉴定单位和鉴定人员的资质提出异议，但厦门鼎力公司有工程造价评估资质，亦属于一审法院公布的对外委托评估机构名册中的鉴定机构，一审法院依法通过摇号确定该鉴定机构，鉴定程序合法，浦城万达公司提出的异议不能成立，不予支持。

二审法院观点：浦城万达公司认为厦门市发展和改革委员会无权审批厦门鼎力公司评估资质，应当由建设行政主管部门审批。其实质上是对行政主管部门审批权提出异议，不属于民事诉讼审查范围，不予审查。厦门鼎力公司已经取得了厦门市发展和改革委员会颁发的资质证书，并被一审法院列入对外委托评估机构名册，具备进行司法鉴定的资质。对于浦城万达公司对厦门鼎力公司的鉴定资质提出的异议，不予采纳。厦门鼎力公司提交了其鉴定人员的资质证书，由于厦门鼎力公司的鉴定资质并非建设主管部门授予，因此，浦城万达公司主张厦门鼎力公司及其鉴定人员的鉴定资质违反建设行政主管部门的规章，属于错误适用部门规章，不予采纳。

最高人民法院观点：一审、二审法院采信厦门鼎力公司《评估报告》及天泽司法鉴定所《鉴定意见书》并无明显不当。浦城万达公司一审、二审中均提出厦门鼎力公司没有取得工程造价咨询企业资质，不具有案涉工程造价评估资格。经查，厦门鼎力公司取得了厦门市发展和改革委员会颁发的工程造价评估资质，且并未有法律、行政法规明确规定只有取得工程造价咨询企业资质才能从事工程造价评估工作，故一审、二审法院认可厦门鼎力公司的工程造价评估资格并无不当。此外，浦城万达公司提出在《评估报告》上签字的两名鉴定人，一名不具有造价工程师资格，另一名虽然取得资格，但注册执业单位并非厦门鼎力公司的问题。厦门鼎力公司雇佣执业单位不是本公司的造价工程师对案涉工程价格进行鉴定确有不妥，但考虑到浦城万达公司对该造价工程师实际参与案涉工程造价评估的事实未提出异议，且该造价工程师亦就鉴定情况出庭接受询问，也即案涉《评估报告》是具有相应资质人员对案涉工程进行造价评估后出具的。且浦城万达公司对评估报告具体内容并未提出明确异议，故一审、二审法院对该评估报告予以采信并无明显不当。

法律规定

《全国人民代表大会常务委员会关于司法鉴定管理问题的决定》（以下简称《司法鉴定管理决定》）第一条规定，司法鉴定是指在诉讼活动中鉴定人运用科学技术或者专门知识对诉讼涉及的专门性问题进行鉴别和判断并提供鉴定意见的活动。

《司法鉴定管理决定》第二条规定，国家对从事下列司法鉴定业务的鉴定人和鉴定机构实行登记管理制度：（一）法医类鉴定；（二）物证类鉴定；（三）声像资料鉴定；（四）根据诉讼需要由国务院司法行政部门商最高人民法院、最高人民检察院确定的其他应当对鉴定人和鉴定机构实行登记管理的鉴定事项。法律对前款规定事项的鉴定人和鉴定机构的管理另有规定的，从其规定。

《司法鉴定管理决定》第十七条规定，本决定下列用语的含义是：（一）法医类鉴定，包括法医病理鉴定、法医临床鉴定、法医精神病鉴定、法医物证鉴定和法医毒物鉴定。（二）物证类鉴定，包括文书鉴定、痕迹鉴定和微量鉴定。（三）声像资料鉴定，包括对录音带、录像带、磁盘、光盘、图片等载体上记录的声音、图像信息的真实性、完整性及其所反映的情况过程进行的鉴定和对记录的声音、图像中的语言、人体、物体作出种类或者同一认定。

律师点评

《司法鉴定管理决定》第二条第一款规定，国家对从事下列司法鉴定业务的鉴定人和鉴定机构实行登记管理制度：（1）法医类鉴定；（2）物证类鉴定；（3）声像资料鉴定；（4）根据诉讼需要由国务院司法行政部门商最高人民法院、最高人民检察院确定的其他应当对鉴定人和鉴定机构实行登记管理的鉴定事项。工程造价鉴定不属于前述四类司法鉴定，故法律并未对工程造价鉴定的资质作出明确的规定。因此，典型案例中最高人民法院认为，鉴定机构虽然未取得工程造价咨询企业资质，但其已取得工程造价评估资质，故认定鉴定机构具有工程造价鉴定资质。

操作提示

取得工程造价评估资格的机构具备进行工程造价司法鉴定的资质。故发承包双方发生结算纠纷后，通过启动工程造价司法鉴定确定工程价款，最终选择具备工程造价评估资格的机构进行司法鉴定的，律师建议，发承包双方不能仅以鉴定机构不具备鉴定资质主张鉴定意见不能作为认定案件的依据，还应主要关注鉴定意见是否符合《民事诉讼证据规定》第四十条第一款规定的应当重新鉴定的情形。

八、鉴定人中仅有一个注册造价工程师，该鉴定意见并非当然无效

关 键 词： 鉴定人　注册造价工程师　无效

问题提出： 发承包双方在建设工程施工合同履行中，因工程价款结算发生纠纷后，选择鉴定机构出具鉴定意见作为案涉工程价款的认定依据，出具鉴定意见的鉴定人中仅有一个注册造价工程师的，该鉴定意见能否作为认定案涉工程价款的依据？

案件名称： 云南文荣建筑工程有限公司、景洪立丰房地产开发有限公司建设工程施工合同纠纷案件〔1〕

裁判规则： 发承包双方在建设工程施工合同履行中，因工程价款结算发生纠纷后，选择鉴定机构出具鉴定意见作为案涉工程价款的认定依据，出具鉴定意见的鉴定人中仅有一个注册造价工程师的，该鉴定意见并非当然无效。

---

〔1〕（2020）最高法民再360号。

案情简介

再审申请人（一审原告、反诉被告，二审上诉人）：云南文荣建筑工程有限公司（以下简称文荣公司）

被申请人（一审被告、反诉原告，二审被上诉人）：景洪立丰房地产开发有限公司（以下简称立丰公司）

2010 年 7 月 14 日，文荣公司经正规招投标程序，以 39,200,064.2 元中标景洪立丰 9 号公馆工程。2010 年 7 月 21 日，文荣公司与立丰公司签订《建设工程施工合同》，工程名称为景洪立丰 9 号公馆项目，工程承包范围包括基础、土建主体、给排水、电气安装、消防预埋等工程施工内容。2010 年 7 月 21 日，文荣公司与立丰公司又签订一份《建设工程施工合同》，工程名称为 9 号公馆，工程内容为发包方签字确认的，云南博超建筑设计有限公司设计的 9 号公馆工程施工图纸载明的基础、土建、给排水系统、电气系统等部分施工内容。

文荣公司于 2012 年 5 月 7 日按期完成合同施工内容并经竣工验收合格。双方认可立丰公司已付工程款 57,750,097.56 元。依立丰公司、文荣公司的申请，原审法院委托西双版纳瑜兴司法鉴定所对立丰公司、文荣公司于 2010 年 7 月 21 日签订的两份《建设工程施工合同》的 9 号公馆最终完成建筑总面积依法予以实测后，按照合同结算方式出具最终 9 号公馆结算总价款。2018 年 12 月 27 日，西双版纳瑜兴司法鉴定所出具瑜兴司鉴［2018］征鉴字第 17 号司法鉴定征求意见：（1）39,200,064.2 元合同鉴定造价为 52,689,229.57 元；（2）42,000,000 元合同鉴定造价为 66,983,394.44 元。立丰公司支付司法鉴定费 352,000 元，文荣公司支付司法鉴定费 250,000 元。

判决结果

一审判决：案涉鉴定意见可以作为认定案涉工程价款的依据。

二审判决：驳回上诉，维持原判。

最高人民法院再审判决：维持二审该项判决。

各方观点

文荣公司观点：本案鉴定意见不合法、不客观，鉴定意见无效。本案已有工程结算书，就不应当再进行鉴定，且鉴定程序存在鉴定人黄某1、杨某1没有《建设工程造价鉴定规范》规定的注册造价工程师资质，杨某1没有“工程造价纠纷鉴定”执业资格，黄某1没有参加勘验鉴定活动，杨某1没有参加鉴定计算工作，鉴定漏项（“9号公馆降排水方案”未计入造价、未鉴定电气安装中的线材、穿线增加费用、应立丰公司要求对“花架”重复施工的工程量未计入造价）等情形，原审判决认定鉴定有效是错误的。

立丰公司观点：案涉鉴定意见系经双方申请，一审法院委托后依法作出，不存在漏项等问题，合法有效。

法院观点

一审法院观点：本案中，文荣公司亦未提供证据证明在确定中标人前，立丰公司、文荣公司就投标价格、投标方案等实质性内容进行过谈判，文荣公司以39,200,064.2元中标为有效中标，以备案的中标合同39,200,064.2元合同鉴定造价52,689,229.57元为本案工程结算价款。

二审法院观点：文荣公司主张两名鉴定人不符合鉴定人条件，其中一名鉴定人职业资格证过期。二审法院认为，根据云南省司法厅云司通［2019］59号文件规定，在2019年11月30日前，鉴定人只要具有司法鉴定人资格即可，本案鉴定在此时间之前，涉案的鉴定人具有相应的司法鉴定资质证，鉴定人杨某1在鉴定过程中资格证在换证期间，新证有效期至2023年，不存在职业资格证过期的问题，文荣公司该上诉理由不能成立，文荣公司申请调取鉴定人的学历、工作经历等情况，二审法院不予准许。

最高人民法院观点：虽然本案三个鉴定人中，仅鉴定人黄某3具有注册造价工程师资质，其他二人均非注册造价工程师，但目前并无明确的法律法规规定司法鉴定人员数量须三人以上且须全部具备注册造价工程师资质，否则鉴定意见无效。本案是否应当重新鉴定还应根据鉴定意见是否客观真实、是否存在明显错误予以确定。本案中，文荣公司提出鉴定意见存在错漏问题：一是未将案涉项目降排水方案计入造价，对此，鉴定机构在二审中已向法院作了回复，称该方案中部分工程没有详细的规格尺寸，因资料提供不完整，双方质证无果，故未将该部分计入造价；二是文荣公司提出的花架问题，对此鉴定机构亦在二审中向法院作了回复，称花架工程造价1,060,542元已计入造价鉴定，至于花架重复施工的问题，因鉴定部门系通过对文荣公司实际完成的面积进行实测所作出的鉴定意见，故不存在漏算的问题。

法律规定

《司法鉴定管理决定》第二条规定，国家对从事下列司法鉴定业务的鉴定人和鉴定机构实行登记管理制度：（一）法医类鉴定；（二）物证类鉴定；（三）声像资料鉴定；（四）根据诉讼需要由国务院司法行政部门商最高人民法院、最高人民检察院确定的其他应当对鉴定人和鉴定机构实行登记管理的鉴定事项。法律对前款规定事项的鉴定人和鉴定机构的管理另有规定的，从其规定。

《司法鉴定管理决定》第四条规定，具备下列条件之一的人员，可以申请登记从事司法鉴定业务：（一）具有与所申请从事的司法鉴定业务相关的高级专业技术职称；（二）具有与所申请从事的司法鉴定业务相关的专业执业资格或者高等院校相关专业本科以上学历，从事相关工作五年以上；（三）具有与所申请从事的司法鉴定业务相关工作十年以上经历，具有较强的专业技能。因故意犯罪或者职务过失犯罪受过刑事处罚的，受过开除公职处分的，以及被撤销鉴定人登记的人员，不得从事司法鉴定业务。

《建设工程造价鉴定规范》第2.0.6条规定，鉴定人指受鉴定机构指派，负责鉴定项目工程造价鉴定的注册造价工程师。

《建设工程造价鉴定规范》第3.1.4条规定，鉴定人应在鉴定意见书上签名并加盖注册造价工程师执业专用章，对鉴定意见负责。

《建设工程造价鉴定规范》第3.4.3条规定，鉴定机构对同一鉴定事项，应指定两名及以上鉴定人共同进行鉴定。

律师点评

《司法鉴定管理决定》第二条第一款规定，国家对从事下列司法鉴定业务的鉴定人和鉴定机构实行登记管理制度：（1）法医类鉴定；（2）物证类鉴定；(3) 声像资料鉴定；(4) 根据诉讼需要由国务院司法行政部门商最高人民法院、最高人民检察院确定的其他应当对鉴定人和鉴定机构实行登记管理的鉴定事项。《司法鉴定管理决定》第四条第一款规定，具备下列条件之一的人员，可以申请登记从事司法鉴定业务：（1）具有与所申请从事的司法鉴定业务相关的高级专业技术职称；（2）具有与所申请从事的司法鉴定业务相关的专业执业资格或者高等院校相关专业本科以上学历，从事相关工作5年以上；(3) 具有与所申请从事的司法鉴定业务相关工作10年以上经历，具有较强的专业技能。根据前述法律规定，仅有前述四类鉴定机构的鉴定人需要实行登记管理；法律并未对工程造价的鉴定人是否应具备注册造价工程师资质作出明确的规定；故典型案例中最高人民法院认为，不能仅以1名鉴定人具有注册造价工程师资质，其他2名鉴定人不具有注册造价工程师资质而认定鉴定意见无效。

操作提示

鉴定人中仅有一个具有注册造价工程师资质的，该鉴定意见并非当然无效。故发承包双方发生结算纠纷后，通过工程造价司法鉴定确定结算价款，并选择注册造价工程师和非注册造价工程师作为鉴定人进行鉴定的，律师建议，发承包双方不能仅以鉴定人不具备注册造价工程师资质为由主张鉴定意见无效，还应当主要关注鉴定意见是否符合《民事诉讼证据规定》第四十条第一款规定的应当重新鉴定的情形。

九、鉴定人同时在两个鉴定机构执业，鉴定意见并非当然无效

关 键 词： 鉴定人　鉴定机构　鉴定意见

问题提出： 发承包双方在建设工程施工合同履行中，因工程价款结算、工期问题或质量问题发生纠纷，选择鉴定机构出具鉴定意见作为认定案涉工程价款、工期问题或质量问题的依据，出具鉴定意见的鉴定人同时在两个鉴定机构执业的，该鉴定意见是否无效？

案件名称： 陕西志诚建筑工程有限公司、陕西兴汉光源科技有限公司建设工程施工合同纠纷案件〔1〕

裁判规则： 最高人民法院认为，发承包双方在建设工程施工合同履行中，因工程价款结算、工期问题或质量问题发生纠纷，选择鉴定机构出具鉴定意见作为认定案涉工程价款、工期问题或质量问题的依据，出具鉴定意见的鉴定人同时在两个鉴定机构执业的，该鉴定意见并非当然无效。

案情简介

再审申请人（一审原告、二审上诉人）：陕西志诚建筑工程有限公司（以下简称志诚公司）

被申请人（一审被告、二审上诉人）：陕西兴汉光源科技有限公司（以下简称兴汉公司）

志诚公司与兴汉公司于2013年10月31日签订《陕西省建设工程施工合同》，约定：志诚公司承包施工兴汉公司西咸新区秦汉新城新厂区工程，承包范围为厂房一、厂房二、生产办公楼工程，不包含外部装修；合同工期为总日历天数455天，开工日期为2013年11月1日，竣工日期为2015年2月1日；合同价款为63,622,900元。志诚公司与兴汉公司于2013年11月1日签订《建设工程施工合同》，约定兴汉公司将西咸新区新厂区厂房一工程发包给志诚公司施工，开、竣工日期分别为2013年11月1日、2014年5月31日，总日历工期为180天；承包总价为29,280,000元。志诚公司与兴汉公司于2014年3月18日签订《陕西省建设工程施工合同》，约定志诚公司承包兴汉公司新厂区厂房二工程，承包范围为土方、结构主体、二次结构、安装工程，不包括金属屋面、玻璃幕墙、外墙干挂石材；合同工期为总日历天数270天，开工日期为2014年4月1日，竣工日期为2014年12月31日；合同总价为15,450,000元。志诚公司与兴汉公司于2014年8月26日签订《陕西省建设工程施工合同》，约定志诚公司承包兴汉公司新厂区办公楼工程，承包范围为土方工程、主体工程、二次围护结构、内墙抹灰、消防工程，不包括金属屋面、外墙装饰、2－8层安装；合同工期为总日历天数180天，开工日期为

〔1〕（2021）最高法民申2096号。

2014年8月1日，竣工日期为2015年2月1日；合同总价为18,892,881.2元。2013年12月1日，兴汉公司与陕西大成建设投资管理有限责任公司签订《建设工程监理合同》，该合同通用条款监理人的义务中约定：审查工程开工条件，对条件具备的签发开工令；经委托人同意，签发工程暂停令和复工令。

合同签订后，志诚公司按期进场施工，施工期间存在设计变更情形。2015年9月30日涉案工程停工，双方之后并未就复工事宜进行协商。兴汉公司对厂房一部分面积进行了使用。2017年3月20日，双方就志诚公司已完成施工部分形成编制说明，该编制说明中约定：本工程不计取养老保险及税金；甲供材料费用预算后扣除。2017年11月21日，兴汉公司实际控制施工现场。兴汉公司从2013年11月26日至2015年9月30日停工时向志诚公司直接支付工程款35,119,227.46元。另外，甲供钢材和电缆等共计8,825,358.52元。兴汉公司从2016年8月23日至2017年9月25日向志诚公司支付工程款3,863,428.25元。在本案审理过程中，因咸阳市渭城区人民法院的执行行为，兴汉公司代替志诚公司向施工人张某支付工程款及执行费320,968元。以上款项共计48,128,982.23元。

在审理期间，志诚公司申请对涉案的兴汉公司西咸新区秦汉新城新厂区厂房一、厂房二、办公楼及合同外增加的工程总造价进行司法鉴定。法院依法委托陕西锦桥昌工程造价咨询有限公司进行鉴定。鉴定机构最终得出的鉴定结论为：兴汉公司西咸新区新厂房及室外工程总造价为51,353,307.59元。

判决结果

一审判决：被告兴汉公司于本判决生效后15日内支付原告志诚公司剩余工程款3,224,325.36元及利息（以3,224,325.36元为基数，自2017年11月21日起至2019年8月19日止以中国人民银行同期贷款利率为标准计算，自2019年8月20日起至实际付款日止以全国银行间同业拆借中心公布的贷款市场报价利率为标准计算）。

二审判决：驳回上诉，维持原判。

最高人民法院裁定：维持二审判决，驳回再审申请。

各方观点

志诚公司观点：杨某翔、宋某峰、马某琴三人既在陕西华夏司法会计鉴定所从事司法鉴定业务，又在陕西锦桥昌工程造价咨询有限公司从事司法鉴定工作。杨某翔、宋某峰、马某琴三人已构成在两个鉴定机构从事司法鉴定业务，违反了《司法鉴定管理决定》第八条关于鉴定人应当在一个鉴定机构中从事司法鉴定业务的规定，杨某翔、宋某峰、马某琴三人已丧失鉴定人的相应资格，本案鉴定程序存在严重违法情形，应重新进行鉴定。

法院观点

一审观点：在审理期间，志诚公司申请对涉案的兴汉公司西咸新区秦汉新城新厂区厂房一、厂房二、办公楼及合同外增加的工程总造价进行司法鉴定。本院依法委托陕西锦桥昌工程造价咨询有限公司进行鉴定，陕西锦桥昌工程造价咨询有限公司依据当事人提交的鉴材，通过勘查现场等作出锦桥昌（2018）06 号司法鉴定意见书。本案组织当事人对该司法鉴定意见书及补充意见进行了多次质证，鉴定机构人员也出庭接受当事人的质询，并对当事人提出的异议进行了书面回复。志诚公司向法庭提出重新鉴定的申请，因其未提交重新鉴定的法定事实与理由，故对其重新鉴定的申请不予批准。合议庭认为该鉴定报告客观真实，依法予以认定。

最高人民法院观点：虽然志诚公司提交新证据证明案涉鉴定意见的鉴定人杨某翔、宋某峰、马某琴三人同时在陕西锦桥昌工程造价咨询有限公司和陕西华夏司法会计鉴定所从事司法鉴定业务，但通过杨某翔、宋某峰、马某琴三人的上述行为并不能得出该三人丧失鉴定人资格的结论，亦不能得出案涉鉴定意见无效的结论，故二审法院将鉴定意见作为认定本案相关事实的依据并无不当。

法律规定

《司法鉴定管理决定》第二条规定，国家对从事下列司法鉴定业务的鉴定人和鉴定机构实行登记管理制度：（一）法医类鉴定；（二）物证类鉴定；（三）声像资料鉴定；（四）根据诉讼需要由国务院司法行政部门商最高人民法院、最高人民检察院确定的其他应当对鉴定人和鉴定机构实行登记管理的鉴定事项。法律对前款规定事项的鉴定人和鉴定机构的管理另有规定的，从其规定。

《司法鉴定管理决定》第八条规定，各鉴定机构之间没有隶属关系；鉴定机构接受委托从事司法鉴定业务，不受地域范围的限制。鉴定人应当在一个鉴定机构中从事司法鉴定业务。

律师点评

《司法鉴定管理决定》第二条第一款规定，国家对从事下列司法鉴定业务的鉴定人和鉴定机构实行登记管理制度：（1）法医类鉴定；（2）物证类鉴定；（3）声像资料鉴定；（4）根据诉讼需要由国务院司法行政部门商最高人民法院、最高人民检察院确定的其他应当对鉴定人和鉴定机构实行登记管理的鉴定事项。工程造价司法鉴定并非前述法律规定的四类鉴定，故《司法鉴定管理决定》第八条不能适用于工程造价司法鉴定。因此，案例中最高人民法院认为，虽然鉴定人同时在两个鉴定机构执业，但并不能据此得出鉴定意见无效的结论。

操作提示

鉴定人同时在两个鉴定机构执业的，鉴定意见并非当然无效。故发承包双方就工程价款问题或工期问题、质量问题发生纠纷后，决定通过工程造价司法鉴定确定结算款或工期问题、质量问题，选择鉴定机构后鉴定机构指派同时在两个鉴定机构执业的鉴定人作出鉴定意见的，律师建议，发承包双方不能仅依据《司法鉴定管理决定》第八条规定主张鉴定意见无效，还应当主要关注鉴定意见是否符合《民事诉讼证据规定》第四十条第一款规定的应当重新鉴定的情形。

十、对结算依据存在重大争议的，鉴定机构可以按照各方主张的结算依据分别作出鉴定意见

关 键 词：结算依据　鉴定机构　重大争议

问题提出：发承包双方在建设工程施工合同履行中，因工程价款结算问题发生纠纷后，选择鉴定机构出具鉴定意见作为案涉工程价款结算依据，双方对结算依据存在重大争议的，鉴定机构是否可以按照各方主张的结算依据分别作出鉴定意见呢？

案件名称：新疆昆仑工程建设有限责任公司、新疆联合利丰房地产开发有限责任公司建设工程施工合同纠纷案件[1]

裁判规则：最高人民法院认为，发承包双方在建设工程施工合同履行中，因工程价款结算问题发生纠纷后，选择鉴定机构出具鉴定意见作为案涉工程价款结算依据，双方对结算依据存在重大争议的，鉴定机构可以按照各方主张的结算依据分别作出鉴定意见。

案情简介

上诉人（一审原告、反诉被告）：新疆昆仑工程建设有限责任公司（以下简称昆仑建设公司）

上诉人（一审被告、反诉原告）：新疆联合利丰房地产开发有限责任公司（以下简称联合利丰房产公司）

2013 年 8 月 9 日，联合利丰房产公司（甲方）与昆仑建设公司（乙方）签订补充协议约定，联合利丰房产公司为建设方，昆仑建设公司为施工方承建联众国际大厦项目工程。

2013 年 7 月 30 日，联合利丰房产公司向昆仑建设公司出具 300 万元保证金的收据。2013 年 8 月 15 日，联合利丰房产公司向昆仑建设公司出具 2700 万元保证金的收据。

2014 年8 月 4 日，联合利丰房产公司向昆仑建设公司发函称，在合同履行中双方存在很多问题，虽多次沟通协商，还是无法解决，建议协商解除合同。2014 年 11 月 9 日，昆仑建设公司回函称，遵照联合利丰房产公司 2014

---

[1]（2019）最高法民终 1863 号。

年8月4日提出的建议函，昆仑建设公司同意进行清算并解除合同，希望联合利丰房产公司委托的造价公司审核昆仑建设公司已完成的工作量，经双方确认后联合利丰房产公司在年底前一次付清工程款并退还缴纳的3000万元保证金及产生的利息。

2015年1月6日，联合利丰房产公司向昆仑建设公司公证送达解除合同的通知，要求在10日内（2015年1月6—15日）将自有机械设备和人员撤出施工场地，并提交施工图纸等所有施工资料。如未按期撤场，其有权将遗留在施工工地的设备、材料撤出，费用由昆仑建设公司承担。昆仑建设公司收下通知但拒绝在送达文书上签字。2015年1月8日，昆仑建设公司向联合利丰房产公司公证送达函件称，其应在2015年1月11日前完成对昆仑建设公司对该工程的前期投入及所完成工程量的清算工作并付清相关的款项，其后昆仑建设公司同意解除合同并撤出施工场地。

2014年12月1—4日，昆仑建设公司组织人员向联合利丰房产公司讨要农民工工资。2014年12月5日，联合利丰房产公司与昆仑建设公司签订《关于联众国际大厦工程项目拖欠农民工工资问题的协议》，约定联合利丰房产公司于2014年12月5日以现金形式支付700万元，以延期支票支付400万元，用于解决农民工返乡问题，余额待结算完毕后支付。双方自2014年12月5日起就项目工程量及农民工工资数额进行核算，于2014年12月11日前核算完毕。如对核算有异议，双方于2014年12月11日前共同聘请第三方评估机构并于2015年1月10日前出具结算报告。2014年12月5日，联合利丰房产公司向昆仑建设公司支付农民工工资1100万元，昆仑建设公司开具收据。2014年7月22日，联合利丰房产公司向童某章支付拆除建筑物或构筑物费91,216元，合计支付工程款11,091,216元。

本案审理过程中，经昆仑建设公司申请，一审法院委托新疆驰远天合工程造价咨询有限公司（以下简称驰远天合公司）对涉案已完工程进行工程造价鉴定。驰远天合公司于2016年8月4日出具《工程造价鉴定意见书》。昆仑建设公司对该鉴定意见书无异议，联合利丰房产公司提出异议。结合联合利丰房产公司提出的异议内容，一审法院对昆仑建设公司未经质证的证据依法组织双方质证后，驰远天合公司于2017年4月10日重新出具工程造价鉴定意见书，鉴定意见认定可确定部分造价为22,432,436.56元，不可确定部分造价为41,481,503.81元。可确定部分造价22,432,436.56元中包括北楼土建工程424,179.26元，南楼土建工程21,894,284.96元，南楼安装工程113,972.34元。关于不可确定部分造价41,481,503.81元，鉴定机构在鉴定意见书中说明其包含南、北楼桩基基础工程21,497,044.36元。联合利丰房产公司认为，应按补充协议约定的结算方式确定地基和桩基工程造价。鉴定机构认为，对于地基处理和桩基工程计价方式，应依据发承包双方招标公告、往来邮件、发包人签字的工作联系函及《联众国际大厦地基处理及桩基工程施工承包合同》约定，浸水及强夯按综合包干单价53元/m^2，3∶7灰土垫层按综合包干单价43元/m^2，扩底墩基础及灌注桩基础按综合包干单价2120元/m^2进行鉴定。

再查明，2013年9月28日，昆仑建设公司（甲方）将案涉工程的地基及桩基工程分包给山西冶金岩土工程勘察总公司（乙方），双方签订的《联众国际大厦地基处理及桩基工程施工承包合同》载明，工程内容包括浸水、强夯、3∶7灰土垫层、扩底墩基础、灌注桩基础施工。工程承包形式为甲方以包工包料形式承包给乙方施工。工程造价为工程量以甲乙双方现场代表签字认可的实际工程量计算。扩底墩基础及灌注桩基础综合包干单价2120元/m^2、浸水及强夯按综合包干单价53元/m^2、3∶7灰土垫层按综合包干单价43元/m^2。

判决结果

一审判决：联合利丰房产公司向昆仑建设公司支付工程款42,997,305.93元。

最高人民法院二审判决：（1）撤销新疆维吾尔自治区高级人民法院（2018）新民初91号民事判决；（2）本案发回新疆维吾尔自治区高级人民法院重审。

各方观点

昆仑建设公司观点：对鉴定意见书无异议。

联合利丰房产公司：工作联系函系复印件对真实性无法确认，且对联系函中确定的综合包干单价不予认可。应当以其与昆仑公司签订的《联众国际大厦建设工程施工补充协议》作为结算依据。

法院观点

一审法院观点：关于南、北楼桩基基础工程。2013年9月29日昆仑建设公司向联合利丰房产公司发出的工作联系函、昆仑建设公司与山西冶金岩土工程勘察总公司签订的《联众国际大厦地基处理及桩基工程施工承包合同》、联合利丰房产公司发布的招标公告及山西冶金岩土工程勘察总公司发出的关于联合利丰房产公司《地基处理及桩基招标公告》的往来邮件，可以证实昆仑建设公司将案涉工程项目中地基处理及桩基工程分包给山西冶金岩土工程勘察总公司施工，联合利丰房产公司对上述分包事实明知且同意。庭审中，联合利丰房产公司认为，工作联系函系复印件对真实性无法确认，且对联系函中确定的综合包干单价不予认可。根据本院查明的事实，工作联系函建设单位意见栏中，联合利丰房产公司工作人员丁某、建设单位负责人刘某柏签字注明同意昆仑建设公司意见，蔡某签名并注明同意并存档。依据上述内容，本院认定工作联系函的原件由联合利丰房产公司存档。工作联系函中记载分包工程的第一入围单位为山西冶金岩土工程勘察总公司且桩基分包工程的单位报价同昆仑建设公司与山西冶金岩土工程勘察总公司签订的《联众国际大厦地基处理及桩基工程施工承包合同》的桩基分包工程的单位报价一致，上述证据能够相互印证，形成证据链，证明联合利丰房产公司对于分包事实是明知的，对分包工程单位报价也是认可的。故鉴定机构依据工作联系函及《联众国际大厦地基处理及桩基工程施工承包合同》中确定的综合包干单价认定南、北楼桩基基础工程为21,497,044.36元，事实依据充分，本院予以采信。

最高人民法院二审观点：双方当事人对案涉桩基基础工程款结算依据存在争议，昆仑建设公司认为应当以其与山西冶金岩土工程勘察总公司签订的《联众国际大厦地基处理及桩基工程施工承包合同》作为结算依据；联合利丰房产公司认为应当以其与昆仑建设公司签订的《联众国际大厦建设工程施工补充协议》作为结算依据。在双方对结算依据存在重大争议的情况下，鉴定机构可按照双方主张的结算依据分别作出造价鉴定作为法院裁判依据。本案中鉴定机构仅依据昆仑建设公司主张的结算依据作出该部分工程造价，重审时可依据联合利丰房产公司主张的结算依据作出补充鉴定意见。

法律规定

《建设工程造价鉴定规范》第4.7.3条规定，当事人对证据的真实性提出异议，或证据本身彼此矛盾，鉴定人应及时提请委托人认定并按照委托人认定的证据作为鉴定依据。如委托人未及时认定，或认为需要鉴定人按照争议的证据出具多种鉴定意见的，鉴定人应在征求当事人对于有争议的证据的意见并书面记录后，将该部分有争议的证据分别鉴定并将鉴定意见单列，供委托人判断使用。

《建设工程造价鉴定规范》第4.7.7条规定，同一事项的同一证据，当事人对其理解不同发生争议，鉴定人可按不同的理解分别作出鉴定意见并说明，供委托人判断使用。

律师点评

《建设工程造价鉴定规范》第4.7.3条第二款规定，如委托人未及时认定，或认为需要鉴定人按照争议的证据出具多种鉴定意见，鉴定人应在征求当事人对于有争议的证据的意见并书面记录后，将该部分有争议的证据分别鉴定并将鉴定意见单列，供委托人判断使用；《建设工程造价鉴定规范》第4.7.7条规定，同一事项的同一证据，当事人对其理解不同发生争议的，鉴定人可按不同的理解分别作出鉴定意见并说明，供委托人判断使用。（2020）最高法民终852号案件中最高人民法院认为，建设工程造价鉴定应当适用《建设工程造价鉴定规范》；故案例中最高人民法院认为，发承包双方对结算依据存在重大争议的，鉴定机构可以各方主张的结算依据分别作出鉴定意见。河北省高级人民法院和北京市高级人民法院赞同最高人民法院的观点。《河北省高级人民法院关于印发〈建设工程施工合同案件审理指南〉的通知》（冀高法〔2018〕44号）第二十六条规定，人民法院在委托鉴定时可要求鉴定机构根据当事人所主张的不同结算依据分别作出鉴定结论，或者要求鉴定机构对存疑部分的工程量及价款鉴定后单独列项，供审判时审核认定使用，也可由人民法院就争议问题先作出明确结论后再启动鉴定程序。《北京市高级人民法院关于审理建设工程施工合同纠纷案件若干疑难问题的解答》（2012年8月6日，京高法发〔2012〕245号）第三十四条规定，工程造价鉴定中法院依职权判定的事项包括哪些？当事人对施工合同效力、结算依据、签证文件的真实性及效力等问题存在争议的，应由法院进行审查并做出认定。法院在委托鉴定时可要求鉴定机构根据当事人所主张的不同结算依据分别作出鉴定结论，或者对存疑部分的工程量及价款鉴定后单独列项，供审判时审核认定使用，也可就争议问题先作出明确结论后再启动鉴定程序。

操作提示

对结算依据存在重大争议的，鉴定机构可以按照各方主张的结算依据分别作出鉴定意见。故发承包双方结算时发生纠纷后，拟通过工程造价司法鉴定确定结算价款，但双方对结算依据存在重大争议的，可依据本条裁判规则主张由鉴定机构按照各方主张的结算依据分别作出鉴定意见。

十一、工程质量的修复加固费用按照市场价来认定

关 键 词： 工程质量不合格　修复加固费用　市场价

问题提出：《民法典》第八百零一条规定，因施工人的原因致使建设工程质量不符合约定的，发包人有权请求施工人在合理期限内无偿修理或者返工、改建；此处的修理或者返工、改建发生的费用即修复加固费用按照什么标准来认定呢？

案件名称： 福建九鼎建设集团有限公司、云南佳鸿宇合实业有限公司建设工程施工合同纠纷案件[1]

裁判规则： 最高人民法院认为，因施工人原因导致案涉工程质量不合格的，由此产生的修复加固费用按照市场价来认定。

案情简介

上诉人（一审原告、反诉被告）：福建九鼎建设集团有限公司（以下简称福建九鼎）

---

〔1〕（2020）最高法民终337号。

上诉人（一审被告、反诉原告）：云南佳鸿宇合实业有限公司（以下简称佳鸿宇合）

2015年1月15日，福建九鼎与佳鸿宇合签订《建设工程施工合同》，约定：福建九鼎自筹资金，承包佳鸿宇合位于昆明市晋宁县米钢结构厂房，具体栋号为3－1#—3－3#、3－31#—3－43#，工程为钢结构。案涉项目工程监理方为云南恒丰工程建设监理有限公司（以下简称恒丰监理），监理人代表发包人对工程施工相关事项进行检查、查验、审核、验收。

2014年10月8日，福建九鼎垫资进场施工。

2016年1月7日，福建九鼎完成了除三栋停工栋号外的其他13栋房屋主体封顶工作，并经监理人验收确认。

案涉项目经第三方云南和亚消防检测评价有限公司检测，确认存在明显质量问题，注明："如上述问题未按要求整改清楚，将严重影响消防验收（防火涂料验收合格后，方可进行下一项施工工序）。"

本案审理中，经福建九鼎申请，一审法院依法组织双方当事人通过随机抽取方式确定官审造价为案涉工程的工程造价鉴定机构，委托官审造价对福建九鼎负责施工的云南工业品产业基地标准化厂房五标段现场已完工程的造价进行司法鉴定。官审造价向一审法院出具《工程造价鉴定意见书》，鉴定意见总额为51,231,029.41元。

经佳鸿宇合申请，一审法院依法组织双方当事人通过随机抽取方式确定昆明必和必真工程质量检测有限公司（以下简称必和必真）为案涉工程的工程质量鉴定机构，委托必和必真对案涉工程已完工程部分防火、防腐料喷涂施工的质量进行鉴定，对不合格部分的占比及返工工程款进行司法鉴定。必和必真向一审法院出具编号为BHBZ－2019－SFJD－001的《司法鉴定意见书》及《补正意见书》，鉴定意见为：（1）钢结构防腐涂层不能满足设计和现行国家规范要求，质量不合格；（2）钢结构防火涂料厚度不能满足设计和现行国家规范要求，质量不合格；（3）已完成钢结构防火、防腐涂料不合格部分占已完部分工程量的100%；（4）不合格部分返工工程款金额详见由官审造价出具的《已完工的防火、防腐涂料喷涂施工不合格部分的返工工程造价鉴定意见书》，其中按定额标准进行计算的鉴定意见认定"质量鉴定不合格部分返工费用造价鉴定意见总金额为12,382,358.44元"，按市场价格进行计算的鉴定意见认定"质量鉴定不合格部分返工费用造价鉴定意见总金额为

10, 199, 761 元”。

经双方共同确认，佳鸿宇合已向福建九鼎支付工程款330 万元。

判决结果

一审判决：将10, 199, 761 元作为案涉工程防火防腐涂料重做费用从案涉工程价款中扣除。

最高人民法院二审判决：维持一审该项判决。

各方观点

福建九鼎观点：一审判决对案涉工程防火防腐涂料重做费用的认定错误。首先，一审委托必和必真鉴定的范围仅限于已完工部分防火防腐涂料喷涂施工的质量，并未包括返工工程施工程序，即案涉工程防火防腐涂料重做费用的鉴定并不在受托的鉴定范围内。且必和必真也没有对质量修复方案进行鉴定的资质，其所出具的修复方案不具有法律效力。基于此，一审法院未经摇号确定鉴定机构便自行委托官审造价对案涉工程防火防腐涂料重做费用予以鉴定，鉴定程序违法。其次，从官审造价作出的已完工程造价鉴定意见书来看，防火防腐涂料已完造价的鉴定意见为1, 924, 053. 09 元，而在重做费用鉴定意见中对同样工程量的防火防腐涂料的修复造价竟高达10, 199, 761 元，主要是官审造价对重做费用的鉴定采用的计价依据与已完工程造价鉴定采用的计价依据不同造成。而且，该质量鉴定是在工程停工四年后进行的，鉴定的并不是工程施工当时的质量，这是佳鸿宇合违约造成的，重做费用由福建九鼎全部承担有失公平。

佳鸿宇合观点：工程修复费用的鉴定机构并非双方摇号确定的鉴定机构，程序上存在瑕疵。且修复方案没有征询过原设计单位的意见，亦存在瑕疵。鉴定机构给出了两种修复费用的鉴定意见，但工程质量不合格需进行修复只能按照当下的市场价格即2013 年版云南省建设工程造价计价依据（以下简称2013 年定额）来计算。

法院观点

一审法院观点：本案中，案涉工程防火防腐涂料施工的结算依据是2003年度的相关定额，而本案在确定防火防腐涂料重做费用时，国家标准中的施工工艺发生变化，如按照2013年度的定额标准，就施工单价而言，与市场实际施工价格差距较大，故官审造价提出了两种鉴定意见。一审法院认为，在施工标准及工艺发生变化的前提下，官审造价以市场价格为参照作出的鉴定意见，符合客观事实，亦符合公平原则。故一审法院依法采信10,199,761元作为案涉工程防火防腐涂料重做费用的定案依据。

最高人民法院二审观点：（1）防火防腐涂料分项工程重做费用的鉴定程序是否存在不当。本案涉及两个鉴定事项，分别是已完工程造价与防火防腐涂料喷涂施工质量及重做费用。一审法院依据当事人的申请就上述鉴定事项分别委托了官审造价与必和必真两家机构。鉴定过程中由于必和必真仅具备工程质量鉴定资质，无法满足《司法鉴定委托书》[（2019）云委鉴第010号]关于"返工工程款金额"的鉴定要求，经一审法院同意官审造价在必和必真质量鉴定的基础上作出关于防火防腐涂料分项工程重做费用的鉴定。对此，福建九鼎、佳鸿宇合均主张防火防腐涂料分项工程重做费用的鉴定程序存在不当。本院认为，首先，前述鉴定机构均由一审法院组织当事人随机抽取，其鉴定意见未超出业务范围，鉴定人员均接受当事人的质询和一审法院的询问，鉴定结论经过双方当事人的质证。其次，根据《人民法院司法鉴定工作暂行规定》第十三条规定，"司法鉴定机构接受委托后，可根据情况自行鉴定，也可以组织专家、联合科研机构或者委托从相关鉴定人名册中随机选定的鉴定人进行鉴定"，必和必真不具备造价鉴定资格，一审法院从解决双方纠纷和减少诉累及诉讼成本的角度考虑，同意官审造价对防火防腐涂料分项工程重做费用进行鉴定，并无不当。最后，官审造价是根据必和必真出具的工程质量鉴定意见作出关于不合格工程修复费用的鉴定意见的，无证据表明两家鉴定机构存在损害当事人利益之行为。故一审法院采信官审造价作出的重做费用鉴定结论并无不当。

（2）防火防腐涂料分项工程重做费用如何认定。对于防火防腐涂料分项工程重做费用，官审造价分别采用两种标准作出两种鉴定意见，按2013年定额得出重做费用为12,382,358.44元，按市场价得出重做费用为10,199,761

元。佳鸿宇合主张鉴定机构依据的市场价格无证明材料，应采信以2013年定额为依据的鉴定意见。本院认为，佳鸿宇合未举证证明鉴定机构存在背离鉴定资料或者背离工程实际随意主观判断的情形。对于佳鸿宇合的异议，鉴定人员在一审中接受质询时已作出合理说明。故对于佳鸿宇合的该主张，本院不予支持。

福建九鼎主张，防火防腐涂料的费用在已完工程造价鉴定、重做费用鉴定中采用的标准不一致，导致修复费用远高于已完工程造价，并且鉴定发生在工程停工四年后，导致结论偏差。本院认为，首先，根据《已完工的防火、防腐涂料喷涂施工不合格部分的返工工程造价鉴定意见书》，重做费用中包含除重新涂刷防火防腐涂料外的工程项目，故防火防腐涂料分项工程的重做费用高于其已完工程造价，符合常理。其次，已完工程造价鉴定之目的在于确定当时的工程价款，重做费用鉴定之目的在于确认当前修复质量不合格的工程所需费用，福建九鼎在一审质证中也自认返工费用按照市场价更为公平。故一审法院采信以市场价为依据的鉴定意见并无不当。

法律规定

《民法典》第五百零九条规定，当事人应当按照约定全面履行自己的义务。当事人应当遵循诚信原则，根据合同的性质、目的和交易习惯履行通知、协助、保密等义务。当事人在履行合同过程中，应当避免浪费资源、污染环境和破坏生态。

《民法典》第五百一十条规定，合同生效后，当事人就质量、价款或者报酬、履行地点等内容没有约定或者约定不明确的，可以协议补充；不能达成补充协议的，按照合同相关条款或者交易习惯确定。

《民法典》第五百一十一条规定，当事人就有关合同内容约定不明确，依据前条规定仍不能确定的，适用下列规定：（一）质量要求不明确的，按照强制性国家标准履行；没有强制性国家标准的，按照推荐性国家标准履行；没有推荐性国家标准的，按照行业标准履行；没有国家标准、行业标准的，按照通常标准或者符合合同目的的特定标准履行。（二）价款或者报酬不明确的，按照订立合同时履行地的市场价格履行；依法应当执行政府定价或者政府指导价的，依照规定履行。（三）履行地点不明确，给付货币的，在接受货币一方所在地履行；交付不动产的，在不动产所在地履行；其他标的，在履行义务一方所在地履行。（四）履行期限不明确的，债务人可以随时履行，债权人也可以随时请求履行，但是应当给对方必要的准备时间。（五）履行方式不明确的，按照有利于实现合同目的的方式履行。（六）履行费用的负担不明确的，由履行义务一方负担；因债权人原因增加的履行费用，由债权人负担。

律师点评

因承包人原因导致工程存在质量问题的，依据《民法典》第八百零一条规定，承包人应承担无偿修理、返工、改建之修复义务；对于修复费用没有约定或者约定不明，且依据《民法典》第五百一十条规定，发承包双方无法就修复费用达成补充协议的，依据《民法典》第五百一十一条第二项之规定，应当按照订立合同时履行地的市场价格履行；故典型案例中最高人民法院认为，修复加固费用应按照订立合同时即修复义务履行时的市场价格确定。江苏省高级人民法院赞同最高人民法院的观点。《江苏省高级人民法院民一庭建设工程施工合同纠纷案件司法鉴定操作规程》（已失效）第四十四条规定，对于工程存在质量缺陷的，经有资质的鉴定机构确定修复方案后，鉴定机构可以根据鉴定时施工当地建设行政主管部门制定的工程计价依据计算修复加固费用。

操作提示

工程质量的修复加固费用按照市场价认定；《民法典》第五百零九条第一款规定，当事人应当按照约定全面履行自己的义务；故律师建议发承包双方在建设工程施工合同中明确约定修复加固费用的计取依据，否则，没有约定或者约定不明的，应当按照承包人修复义务履行时的市场价格确认修复加固费用。

十二、单方委托鉴定机构出具的意见并非当然无效

关 键 词： 单方委托　鉴定机构　无效

问题提出： 发承包双方在建设工程施工合同履行中，因工程价款结算、工期问题或质量问题发生纠纷后，以单方委托鉴定机构出具的意见作为认定案涉工程价款、工期问题或质量问题的依据的，该意见是否无效？

案件名称： 广东中人集团建设有限公司建设工程施工合同纠纷案件[1]

裁判规则： 最高人民法院认为，发承包双方在建设工程施工合同履行中，因工程价款结算、工期问题或质量问题发生纠纷后，以单方委托鉴定机构出具的意见作为认定案涉工程价款、工期问题或质量问题的依据的，该意见并非当然无效。

案情简介

再审申请人（一审原告、反诉被告，二审上诉人）：广东中人集团建设有限公司（以下简称中人公司）

被申请人（一审被告、反诉原告，二审上诉人）：清远市汉铿物业发展有限公司（以下简称汉铿公司）

2010年11月11日，中人公司与汉铿公司签订《施工合同》，约定由中人公司承建汉铿公司懿峰雅居C座、D座、H座、J座、L座、M座及地下室的土建、水电及防雷等工程，总建筑面积约135,000平方米；施工期限为540天，从2010年11月15日至2012年5月7日全部工程竣工完成；合同总价为245,547,800.00元。合同签订后，中人公司对该工程进行了施工。现工程已交付给汉铿公司使用，但双方未提供关于整体工程具体移交时间的证据。中人公司提交的《工程联系单》及《EMS快递凭证》显示，其于2014年11月13日向汉铿公司递交懿峰雅居H、J、L栋《结算书》，签收人为岳某嫦。于2015年3月2日向汉铿公司邮寄《清远市懿峰雅居（一期）结算书》，其上注明“不含H、J、L栋，包括土建、安装等全部专业”。2015年7月15日，中人公司出具《关于要求支付工程款的紧急致函》，内容包括：（1）懿峰雅居工程已经完工，其中地下室一期、二期为整体工程，因二期未施工，未能

---

[1] （2019）最高法民申5310号。

就合同范围内所有工程项目办理整体竣工验收手续；（2）其已于2015年3月2日递交完整的竣工结算（其中H、J、L栋已于2014年11月13日递交），因汉铿公司未能在28天内予以结算完毕，视为汉铿公司同意中人公司结算的工程结算总造价339,309,731.70元，并承认收到汉铿公司支付的182,670,250元工程款等。但中人公司未提供关于其实际损失数额的证据。

汉铿公司于2015年7月20日出具《复函》，提出懿峰雅居一期工程已顺利完成，承认收到包裹邮寄的“决算书”，但表示不认同该结算书的内容，认为决算书中工程增减项目混乱，签证项目没有双方确定单价，中人公司未按约定提交必要的竣工图纸、签证、设计变更等资料，无法进行核算，并要求中人公司提供的结算书应符合相关竣工结算书编制要求，按相关手续递交竣工结算书。

判决结果

一审判决：采信汉铿公司单方面委托广州市建银工程造价咨询有限公司（以下简称建银公司）出具的造价审核报告。

二审判决：维持该项判决。

最高人民法院裁定：维持二审判决，驳回再审申请。

各方观点

中人公司观点：（1）应按我方提交的结算书确定工程造价。（2）汉铿公司提出的20,783,028.77元扣款不能成立。建银公司的造价审核报告是汉铿公司单方面委托制作而成的，报告内容不全面，仅有相关的数据表格，无明细扣款依据资料。汉铿公司在全部庭审程序结束长达9个月后才提交此报告，我方明确对此不予认可。一审法院采信一方当事人未经庭审质证的证据，属于程序违法。

汉铿公司观点：我方在一审中多次向法庭提出就工程造价争议部分进行司法鉴定，法庭亦已向中人公司释明，但中人公司拒不同意鉴定，我方为保障案件的客观审理，委托了入选广东省高级人民法院司法鉴定资质的第三方工程造价评估鉴定机构建银公司对涉案工程的争议部分进行司法鉴定，中人公司在一审法院通知其对鉴定结论进行质证后，明确表示放弃质证。其不同意司法鉴定又未提供反驳的证据，且未申请重新鉴定，一审法院采信建银公司出具的鉴定结论是正确的。中人公司的决算书不具有法律效力，一审法院向中人公司释明不进行鉴定的法律后果后，中人公司仍拒不同意鉴定。我方在一审法院不采纳鉴定申请后，委托建银公司对涉案工程中两大主材差价调整及增减工程造价进行鉴定，建银公司的鉴定结论客观反映涉案事实，可以作为认定事实的依据。中人公司放弃鉴定相关权利，应承担不利后果。

法院观点

一审法院观点：（1）关于汉铿公司请求委托第三方对涉案工程取消、变更及争议项目进行造价鉴定。经查，本案是固定总价合同，虽然汉铿公司提供了双方的往来函、联系单、购买钢筋及混凝土价格凭证、第三方施工合同及付款凭证，以及经监理公司确认涉案工程存在增加、减少以及变更等的证据，但经一审法院释明，中人公司明确不同意进行造价鉴定。鉴于中人公司不同意造价鉴定，未能确定鉴定的材料及范围，而汉铿公司未就该取消、变更及争议项目提出反诉，且涉及第三人所做的工程，故汉铿公司要求委托第三方对取消、变更及争议项目进行造价鉴定不宜在本案中一并处理，可另循途径解决。

（2）关于本案实际工程总价款及计算。如前所述，中人公司提出按送审价结算的请求一审法院不予采纳，又不同意进行造价鉴定，亦未提供涉案工程存在增加及变更的证据，鉴于案涉工程已经完工并交付给汉铿公司使用，且汉铿公司确认尚欠中人公司工程款，并提供了案涉工程存在取消、变更的证据，一审法院根据现有证据以及双方对上述取消、变更工程没有争议的部分计算本案工程的实际总价款为 224,764,771.23 元（不含争议项目）[245,547,800.00元（合同约定总价）－20,783,028.77 元（两大主材调差、增减工程总额）]。至于争议部分双方可另循途径解决。

二审法院观点：在涉案工程价款不明的情况下，原审法院向中人公司释明可申请鉴定工程价款，但中人公司拒绝鉴定。在一审诉讼中，汉铿公司委托建银公司核实中人公司提交的竣工结算报告，建银公司出具《工程造价评审书》，核实工程实际造价为 224,764,771.23 元。该工程造价评审书已由一审法院寄送给中人公司质证，中人公司虽然不认可上述数额，但不能举证反驳，原审判决采信汉铿公司有关案涉工程实际造价为224,764,771.23元（不含争议项目）的主张，亦无不妥。

最高人民法院观点：汉铿公司还自行委托鉴定机构建银公司核实中人公司提交的竣工结算报告，建银公司出具《工程造价评审书》后，原审法院交由中人公司质证，中人公司虽不认可《工程造价评审书》，但又未能提供证据反驳。在汉铿公司提供的证据不足以证实其主张的具体工程款数额的情况下，原审法院根据现有证据对工程款（不含争议项目）进行认定，并无不妥。

关联案例

案件名称：新县鼎兴房地产开发有限责任公司、商城县金鼎建设工程有限公司建设工程施工合同纠纷案件〔1〕

法院观点：该案件中最高人民法院认为，案涉《补充协议》第四条约定："按图纸实际施工的面积乘以一次性包死单价每平方米1850元作为该工程的合同价款。"根据该条约定内容，案涉工程价款应当按图纸实际施工的面积乘以固定单价1850元计算。为证明实际施工的面积，商城县金鼎建设工程有限公司一审提交了其单方委托广西新侨工程造价咨询有限公司（以下简称广西新侨公司）作出的《信阳市龙源名苑小区4#楼建筑面积》。《信阳市龙源名苑小区4#楼建筑面积》是广西新侨公司依据图纸计算出的案涉工程建筑面积，有详细的面积说明，广西新侨公司系有资质的鉴定机构且在《信阳市龙源名苑小区4#楼建筑面积》上加盖相关鉴定人员印章。因此，在新县鼎兴房地产开发有限责任公司未提交相反证据情形下，二审判决采信《信阳市龙源名苑小区4#楼建筑面积》并无不当。

法律规定

《民事诉讼证据规定》第四十一条规定，对于一方当事人就专门性问题自行委托有关机构或者人员出具的意见，另一方当事人有证据或者理由足以反驳并申请鉴定的，人民法院应予准许。

---

〔1〕（2020）最高法民申5252号。

律师点评

《民事诉讼证据规定》第四十一条规定，对于一方当事人就专门性问题自行委托有关机构或者人员出具的意见，另一方当事人有证据或者理由足以反驳并申请鉴定的，人民法院应予准许。根据前述司法解释规定，对于单方委托鉴定机构出具的意见，只有在两种情形下申请鉴定，法院予以准许：第一种情形是有证据足以反驳的，第二种情形是有理由足以反驳的；故案例中最高人民法院认为，承包人单方委托的鉴定机构出具的意见不存在前述两种情形，因此，将该意见作为认定工程价款的依据。

操作提示

单方委托鉴定机构出具的意见并非当然无效。故在发承包双方就建设工程施工合同履行发生纠纷，且一方自行委托有关机构出具意见后，律师建议，作为另一方主要应当从该意见是否存在足以反驳的理由和是否存在足以反驳的证据两个方面对该意见进行质证，并申请司法鉴定，否则，法院可将该意见作为认定案件事实的依据。

十三、承包人未按照规费证核定费率缴纳规费的，不可以按照规费证主张规费

关 键 词： 规费证　核定费率　规费

问题提出： 发承包双方在建设工程施工合同履行中，因工程价款结算发生纠纷，选择鉴定机构作出的鉴定意见作为认定案涉工程价款的依据，鉴定机构认为承包人未按照规费证核定费率缴纳规费，不可以按照规费证认定规费，该意见是否采信？

案件名称： 中国建筑一局（集团）有限公司、辽宁上海城置业有限公司建设工程施工合同纠纷案件[1]

裁判规则： 最高人民法院认为，发承包双方在建设工程施工合同履行中，因工程价

[1] （2019）最高法民终339号。

款结算发生纠纷，选择鉴定机构作出的鉴定意见作为认定案涉工程价款的依据，鉴定机构主张承包人未按照规费证核定费率缴纳规费，不可以按照规费证认定规费，该意见可以采信。

案情简介

上诉人（原审原告）：中国建筑一局（集团）有限公司（以下简称中建一局）

被上诉人（原审被告）：辽宁上海城置业有限公司（以下简称上海城公司）

2013年2月，上海城公司作为甲方，中建一局作为乙方，签订一份《施工框架协议书》。该协议书约定：上海城公司委托中建一局进行上海城项目工程总承包施工，合作区域总建筑面积约30万平方米，其中一期工程约15万平方米（其中主楼17层、商业为二至三层、地下车库约4万平方米），一期工程开工时间约为2013年4月中旬；二期工程约15万平方米，开工时间约为2013年8月。计价方式：计价采用《辽宁省建设工程计价依据建筑、装饰装修、安装、市政、园林绿化工程计价定额》（2008年版）、《辽宁省建设工程费用标准》（2008年版）及相关的补充定额，按三类取费执行（其中安全文明施工费按照当地政府最新规定执行），规费、税金按当地政府相关规定执行。在上述计价条件基础上，另加80元/建筑平米，规费及税金另行计取。

2013年3月，双方签订一份《建设工程施工合同》，该合同约定：中建一局承建上海城公司发包的“上海城”工程的总承包工程。合同主要内容：合同价款的确定方式（专用条款第32.1条）为计价采用《辽宁省建设工程计价依据建筑、装饰装修、安装、市政、园林绿化工程计价定额》（2008年版）、《辽宁省建设工程费用标准》（2008年版）及相关的补充定额，按三类取费执行（其中安全文明施工费按照当地政府最新规定执行），规费、税金按当地政府相关规定执行。在上述计价条件基础上，另加80元/建筑平米（结构工程加50元/建筑平米，建筑工程加30元/建筑平米）计入总价，规费及税金另计。

合同签订后，中建一局按约于2013年4月30日对一期工程开始施工，于2014年12月31日完工。工程当时未经竣工验收，但上海城公司自认于2015

年1月6日将房屋交给买房的业主。

一期工程中的1#商铺不是中建一局施工的，2#商铺的基础由中建一局施工，其余工程由上海城公司委托他人施工。

工程施工期间，上海城公司已向中建一局支付工程款人民币178,518,435.39元。

“上海城”二期工程的总承包工程，上海城公司没有发包给中建一局施工。

因双方对工程造价有争议，中建一局申请工程造价鉴定，一审法院依鉴定程序委托辽宁东正工程造价咨询事务所有限公司（以下简称鉴定单位）对中建一局施工的“上海城”项目的工程造价进行鉴定。鉴定单位作出初步鉴定结论后，一审法院组织双方当事人及鉴定单位召开了两次听证会，针对双方当事人提出的异议，鉴定单位经进一步核实完善后，最终出具的鉴定结论为：第一部分造价为208,758,367.21元；第二部分争议部分造价为12,775,947.9元。鉴定意见说明：（1）鉴定意见第一部分造价仅为上海城一期图纸及签证的工程造价，其中包括上海城公司认为有争议的箍筋加密部分造价为3,252,522.96元。（2）鉴定意见中第二部分造价为争议部分，争议原因见附表一。（3）双方所提异议中，有部分内容鉴定机构无法计算，详见附表二。（4）后附双方所提争议内容明细表。（5）本次鉴定意见为鉴定机构第二次的调整意见，其中第一部分造价意见为图纸及签证部分鉴定机构最终意见（其中现场勘验箍筋未加密部分的3,252,522.96元造价争议应以最终法庭判定为准）；第二部分争议造价鉴定机构计算金额，由法庭判定是否采纳。

判决结果

一审判决：遗漏处理该诉讼请求。

最高人民法院二审判决：对中建一局主张的社会保障费和住房公积金计取差额1,607,950.97元不予支持。

各方观点

中建一局观点：一审判决遗漏因规费计取标准错误造成的社会保障费和

住房公积金计取差额1,607,950.97元。鉴定报告认为中建一局因案涉工程没有办理规费证，而采用无规费证1.8%的标准，但实际上中建一局办理的规费证标准为6%，鉴定报告因此少计算了1,607,950.97元。

上海城公司观点：关于规费计取标准问题，根据《辽宁省施工企业规费计取管理办法》（辽建发〔2006〕30号）和《辽宁省建设工程造价管理总站关于施工企业规费计取标准核定有关问题的通知》（辽建价发〔2009〕5号）文件的规定，施工企业应按工程造价管理部门核定的规费计取标准计取规费，如果在招标时没有核定规费计取标准，不能将其作为该工程规费计取的依据。

法院观点

一审法院观点：遗漏了该诉讼请求，故未回应该问题。

最高人民法院观点：关于规费的计取问题，中建一局取得规费证的时间是2013年9月17日，案涉工程于2013年4月30日开工，规费证取得是在案涉工程开工之后。中建一局亦未提供证据证明其按照规费证核定的费率缴纳了规费。一审法院采信鉴定机构按照有关文件规定核定的规费，并无不当。中建一局关于规费计取标准错误的主张依据不足，本院不予支持。

法律规定

《民法典》第五百零九条规定，当事人应当按照约定全面履行自己的义务。当事人应当遵循诚信原则，根据合同的性质、目的和交易习惯履行通知、协助、保密等义务。当事人在履行合同过程中，应当避免浪费资源、污染环境和破坏生态。

建标〔2013〕44号文第一条第一项规定，建筑安装工程费用项目按费用构成要素组成划分为人工费、材料费、施工机具使用费、企业管理费、利润、规费和税金。

建标〔2013〕44号文附件1第六条规定，规费：是指按国家法律、法规规定，由省级政府和省级有关权力部门规定必须缴纳或计取的费用。包括：1. 社会保险费：（1）养老保险费：是指企业按照规定标准为职工缴纳的基本养老保险费。（2）失业保险费：是指企业按照规定标准为职工缴纳的失业保险费。(3) 医疗保险费：是指企业按照规定标准为职工缴纳的基本医疗保险费。(4) 生育保险费：是指企业按照规定标准为职工缴纳的生育保险费。(5) 工伤保险费：是指企业按照规定标准为职工缴纳的工伤保险费。2. 住房公积金：是指企业按规定标准为职工缴纳的住房公积金。3. 工程排污费：是指按规定缴纳的施工现场工程排污费。其他应列而未列入的规费，按实际发生计取。

律师点评

建标〔2013〕44 号文第一条第一项规定，建筑安装工程费用项目按费用构成要素组成划分为人工费、材料费、施工机具使用费、企业管理费、利润、规费和税金。依据该规定，规费作为工程价款的组成部分，发包人应当支付给承包人；承包人取得了规费证并按照规费证核定的费率缴纳了规费的，可以按照实际发生的规费向发包人主张规费；承包人取得了规费证但并未按照规费证核定的费率缴纳规费的，仅能依据相关文件规定向发包人主张规费。

操作提示

承包人未按照规费证核定费率缴纳规费的，不可以按照规费证主张规费；故律师建议，发承包双方应当在建设工程施工合同中明确约定规费的计取依据，且承包人应当按照规费证核定费率缴纳规费，否则，发包人可以依据本条裁判规则向承包人进行抗辩。

后　　记

2019 年 10 月至今，我们坚持每天至少阅读 3 篇最高人民法院审理的建设工程合同纠纷案件的裁判文书，并从中梳理和提炼裁判规则，不断丰富和完善建设工程合同纠纷案件的裁判规则。截至本书成稿刊印之时，我们已阅读 2700 余篇最高人民法院审理的建设工程合同纠纷案件。

非常感谢法律出版社邀请我们为广大从业人员分享建设工程施工合同案例裁判规则。

我们要感谢很多人。感谢法律出版社应用分社冯雨春分社长盛情邀请，感谢北京德和衡律师事务所管理总监朱宁女士的大力支持，感谢法律出版社编辑李沂蔚老师的精心策划和宝贵意见，感谢为本书排版校对的工作人员，感谢法律出版社的大力支持，感谢家庭成员的支持。

我们欢迎广大从业人员提出宝贵意见和建议，在此提前致谢。

最后，感谢过去引领我们提升法律服务技能水平的诸位师长、前辈、同人和业界人士。他们的教导和智慧，已润物细无声地融入了本书。

2022 年 9 月